中华人民共和国行业标准

公路工程沥青及沥青混合料试验规程

Standard Test Methods of Bitumen and Bituminous
Mixtures for Highway Engineering

JTG E20—2011

主编单位：交通运输部公路科学研究院
批准部门：中华人民共和国交通运输部
实施日期：2011 年 12 月 01 日

人民交通出版社

图书在版编目(CIP)数据

公路工程沥青及沥青混合料试验规程:JTG E20—2011／交通运输部公路科学研究院主编. —北京:人民交通出版社,2011.11

ISBN 978-7-114-09468-2

Ⅰ.①公… Ⅱ.①交… Ⅲ.①沥青路面－试验规程－中国 Ⅳ.①U416.217-65

中国版本图书馆 CIP 数据核字(2011)第 211320 号

中华人民共和国行业标准
公路工程沥青及沥青混合料试验规程
JTG E20—2011
交通运输部公路科学研究院 主编
人民交通出版社出版发行
(100011 北京市朝阳区安定门外外馆斜街3号)
各地新华书店经销
北京市密东印刷有限公司印刷
开本:880×1230 1/16 印张:23.5 字数:501 千
2011年11月 第1版
2025年6月 第14次印刷
定价:106.00元
ISBN 978-7-114- 09468- 2

中华人民共和国交通运输部

公　　告

2011 年第 54 号

关于公布公路工程沥青及沥青
混合料试验规程的公告

现公布《公路工程沥青及沥青混合料试验规程》(JTG E20—2011)，自 2011 年 12 月 1 日起施行，原《公路工程沥青及沥青混合料试验规程》(JTJ 052—2000)同时废止。

该规范的管理权和解释权归交通运输部，日常解释和管理工作由主编单位交通运输部公路科学研究院负责。

请各有关单位在实践中注意总结经验，及时将发现的问题和修改建议函告交通运输部公路科学研究院(地址：北京市海淀区西土城路 8 号，邮政编码：100088)，以便修订时参考。

特此公告。

中华人民共和国交通运输部
二〇一一年九月十三日

主题词：公路　试验　规程　公告

交通运输部办公厅　　　　　　　　　　　　　　　　2011 年 9 月 14 日印发

前　言

《公路工程沥青及沥青混合料试验规程》(JTJ 052—2000)(以下简称原规程)自发布实施以来,在我国得到了广泛应用,对加强公路工程沥青及沥青混合料生产与管理、质量检验起到了重要作用。随着我国公路建设的快速发展,国外许多新设备、新技术和新方法在沥青及沥青混合料中得到了广泛应用。为提高我国沥青及沥青混合料的试验和评价水平,原规程需作进一步修订和完善,并非常有必要补充一些新的试验方法。为此,交通运输部(原交通部)在《2007 年度公路工程行业标准制修订项目计划》中下达了原规程的修订任务,由交通运输部公路科学研究院负责修订工作。

修订单位在认真总结多年来我国在沥青及沥青混合料方面的研究成果和应用经验的基础上,参阅了大量国内外相关标准规范和技术资料,并广泛征求了有关单位的意见,经过反复修改,完成了修订工作。

本次对原规程共修订 43 项,增补 13 项,删除 2 项。主要修订内容有:

(1)修改完善了部分沥青及沥青混合料试验方法的适用范围、仪具与材料技术要求、方法与步骤等。

(2)在沥青混合料理论最大相对密度测定方法中,取消了真空度标准,统一采用负压标准,同时对试验步骤中的细节进行了修订。

(3)对沥青混合料试件密度的测定方法、体积参数计算方法进行了补充完善;同时对沥青混合料试件的保存条件提出了要求。

(4)增补了沥青弯曲蠕变劲度试验(弯曲梁流变仪法)。

(5)增补了沥青流变性质试验(动态剪切流变仪法)。

(6)增补了沥青断裂性能试验(直接拉伸法)。

(7)增补了压力老化容器加速沥青老化试验。

(8)增补了乳化沥青与水混合稳定性试验。

(9)增补了沥青混合料中沥青含量试验(燃烧炉法)。

(10)增补了沥青混合料旋转压实试件制作方法(SGC 方法)。

(11)增补了沥青混合料旋转压实和剪切性能试验(GTM 方法)。

(12)增补了沥青混合料单轴压缩动态模量试验。

(13)增补了沥青混合料四点弯曲疲劳寿命试验。

(14)增补了稀浆混合料车辙变形试验。

(15)增补了稀浆混合料拌和试验。

(16)增补了稀浆混合料配伍性等级试验。

(17)删除了 T 0723 沥青混合料中沥青含量试验(回流式抽提仪法)、T 0724 沥青混合料中沥青含量试验(脂肪抽提器法)。

本规程由交通运输部公路科学研究院负责日常解释,希望各单位在使用中注意总结经验,及时将意见和建议函告交通运输部公路科学研究院(地址:北京市海淀区西土城路8号,邮政编码:100088,E-mail:fp.li@rioh.cn),以便修订时研用。

主 编 单 位:交通运输部公路科学研究院
主要起草人:李福普　严二虎　黄颂昌　秦永春　王志军　李　健

目 录

1	总则	1
2	术语和符号	4
2.1	术语	4
2.2	符号	8
3	沥青试验	10

T 0601—2011	沥青取样法	10
T 0602—2011	沥青试样准备方法	13
T 0603—2011	沥青密度与相对密度试验	16
T 0604—2011	沥青针入度试验	21
T 0605—2011	沥青延度试验	26
T 0606—2011	沥青软化点试验(环球法)	30
T 0607—2011	沥青溶解度试验	33
T 0608—1993	沥青蒸发损失试验	36
T 0609—2011	沥青薄膜加热试验	38
T 0610—2011	沥青旋转薄膜加热试验	42
T 0611—2011	沥青闪点与燃点试验(克利夫兰开口杯法)	46
T 0612—1993	沥青含水量试验	51
T 0613—1993	沥青脆点试验(弗拉斯法)	54
T 0614—2011	沥青灰分含量试验	58
T 0615—2011	沥青蜡含量试验(蒸馏法)	59
T 0616—1993	沥青与粗集料的黏附性试验	65
T 0617—1993	沥青化学组分试验(三组分法)	69
T 0618—1993	沥青化学组分试验(四组分法)	74
T 0619—2011	沥青运动黏度试验(毛细管法)	81
T 0620—2000	沥青动力黏度试验(真空减压毛细管法)	86
T 0621—1993	沥青标准黏度试验(道路沥青标准黏度计法)	90
T 0622—1993	沥青恩格拉黏度试验(恩格拉黏度计法)	93
T 0623—1993	沥青赛波特黏度试验(赛波特重质油黏度计法)	97
T 0624—2011	沥青黏韧性试验	102
T 0625—2011	沥青旋转黏度试验(布洛克菲尔德黏度计法)	106
T 0626—2000	沥青酸值测定方法	109

T 0627—2011	沥青弯曲蠕变劲度试验(弯曲梁流变仪法)	111
T 0628—2011	沥青流变性质试验(动态剪切流变仪法)	117
T 0629—2011	沥青断裂性能试验(直接拉伸法)	120
T 0630—2011	压力老化容器加速沥青老化试验	124
T 0631—1993	沥青浮漂度试验	128
T 0632—1993	液体石油沥青蒸馏试验	130
T 0633—1993	液体石油沥青闪点试验(泰格开口杯法)	135
T 0641—1993	煤沥青蒸馏试验	138
T 0642—1993	煤沥青焦油酸含量试验	142
T 0643—1993	煤沥青酚含量试验	144
T 0644—1993	煤沥青萘含量试验(色谱柱法)	146
T 0645—1993	煤沥青萘含量试验(抽滤法)	149
T 0646—1993	煤沥青甲苯不溶物含量试验	150
T 0651—1993	乳化沥青蒸发残留物含量试验	153
T 0652—1993	乳化沥青筛上剩余量试验	155
T 0653—1993	乳化沥青微粒离子电荷试验	157
T 0654—2011	乳化沥青与粗集料的黏附性试验	158
T 0655—1993	乳化沥青储存稳定性试验	161
T 0656—1993	乳化沥青低温储存稳定性试验	163
T 0657—2011	乳化沥青与水泥拌和试验	165
T 0658—1993	乳化沥青破乳速度试验	167
T 0659—1993	乳化沥青与矿料的拌和试验	169
T 0660—2000	沥青与集料的低温黏结性试验	171
T 0661—2011	聚合物改性沥青离析试验	173
T 0662—2000	沥青弹性恢复试验	175
T 0663—2000	沥青抗剥落剂性能评价试验	177
T 0664—2000	改性沥青用合成橡胶乳液试验	179
T 0665—2011	乳化沥青与水混合稳定性试验	184

4 沥青混合料试验   186

T 0701—2011	沥青混合料取样法	186
T 0702—2011	沥青混合料试件制作方法(击实法)	189
T 0703—2011	沥青混合料试件制作方法(轮碾法)	195
T 0704—2011	沥青混合料试件制作方法(静压法)	201
T 0705—2011	压实沥青混合料密度试验(表干法)	204
T 0706—2011	压实沥青混合料密度试验(水中重法)	214
T 0707—2011	压实沥青混合料密度试验(蜡封法)	216
T 0708—2011	压实沥青混合料密度试验(体积法)	223

编号	名称	页码
T 0709—2011	沥青混合料马歇尔稳定度试验	224
T 0710—2011	沥青路面芯样马歇尔试验	229
T 0711—2011	沥青混合料理论最大相对密度试验(真空法)	232
T 0712—2011	沥青混合料理论最大相对密度试验(溶剂法)	238
T 0713—2000	沥青混合料单轴压缩试验(圆柱体法)	240
T 0714—1993	沥青混合料单轴压缩试验(棱柱体法)	245
T 0715—2011	沥青混合料弯曲试验	249
T 0716—2011	沥青混合料劈裂试验	253
T 0717—1993	沥青混合料饱水率试验	258
T 0718—2011	沥青混合料抗剪强度试验(三轴压缩法)	260
T 0719—2011	沥青混合料车辙试验	265
T 0720—1993	沥青混合料线收缩系数试验	270
T 0721—1993	沥青混合料中沥青含量试验(射线法)	274
T 0722—1993	沥青混合料中沥青含量试验(离心分离法)	276
T 0725—2000	沥青混合料的矿料级配检验方法	279
T 0726—2011	从沥青混合料中回收沥青的方法(阿布森法)	282
T 0727—2011	从沥青混合料中回收沥青的方法(旋转蒸发器法)	286
T 0728—2000	沥青混合料弯曲蠕变试验	289
T 0729—2000	沥青混合料冻融劈裂试验	294
T 0730—2011	沥青混合料渗水试验	298
T 0731—2000	沥青混合料表面构造深度试验	301
T 0732—2011	沥青混合料谢伦堡沥青析漏试验	303
T 0733—2011	沥青混合料肯塔堡飞散试验	306
T 0734—2000	热拌沥青混合料加速老化方法	308
T 0735—2011	沥青混合料中沥青含量试验(燃烧炉法)	310
T 0736—2011	沥青混合料旋转压实试件制作方法(SGC方法)	316
T 0737—2011	沥青混合料旋转压实和剪切性能试验(GTM方法)	325
T 0738—2011	沥青混合料单轴压缩动态模量试验	332
T 0739—2011	沥青混合料四点弯曲疲劳寿命试验	338
T 0751—1993	乳化沥青稀浆封层混合料稠度试验	342
T 0752—2011	稀浆混合料湿轮磨耗试验	344
T 0753—2011	稀浆混合料破乳时间试验	347
T 0754—2011	稀浆混合料黏聚力试验	349
T 0755—2011	稀浆混合料负荷轮粘砂试验	351
T 0756—2011	稀浆混合料车辙变形试验	355
T 0757—2011	稀浆混合料拌和试验	356
T 0758—2011	稀浆混合料配伍性等级试验	358

1 总　　则

1.0.1 为规范和统一沥青及沥青混合料的试验方法,保证公路工程沥青及沥青混合料的质量,制定本规程。

1.0.2 本规程适用于公路沥青路面的设计、施工、养护以及质量检查、验收等各阶段的性能试验。

1.0.3 本规程使用的仪器设备,均应经相应的计量部门或检测机构定期检定合格,测试误差应满足本规程及其他相关规范的要求。

1.0.4 计量单位应采用国家法定计量单位。国外进口或原有仪具设备不符合我国法定计量单位者,使用时应换算成法定计量单位。

1.0.5 试验人员应具有沥青材料的基本知识,遵守安全操作和环境保护的规定。

1.0.6 当使用与本规程规定不同的量测仪具和设备时,必须检定合格。其试验技术指标、试验允许误差及基本试验条件应满足本规程的规定。

1.0.7 各项测试结果的计算及表示应符合有效数字的规定。对重复性试验和再现性试验的试验结果允许误差应符合本规程规定的要求。

1.0.8 公路工程沥青及沥青混合料试验除应遵照本规程要求外,尚应符合国家和行业现行相关标准的规定。对本规程中未作规定的试验项目,可参照国内外有关标准试验方法,但应在试验报告中予以说明。

条文说明

现在,国家对计量及质量监督的工作正在加强,相继成立了各级质检机构或检测中心,试验室要求进行计量认证,对仪具设备要求经计量部门或有关检测机构检定,如天平、压力机等还规定了检定周期、贴牌等。但道路仪具设备大部分是专用仪具,这些仪具设备应由试验人员进行自检,仪具设备不符合规定的不得使用。

第1.0.7条中对试验的允许误差规定非常重要，本规程对允许误差的规定尽量按国际上通行的方法采用重复性（Repeatability）和再现性（Reproducibility，也称复现性）的表述方法。

按中华人民共和国国家计量技术规范《通用计量术语及定义》（JJF 1001—1998），重复性有测量结果的重复性和测量仪具的重复性两种情况，测量结果的重复性是指"在相同测量条件下，对同一被测量进行连续多次测量所得结果之间的一致性"，重复性条件包括相同的测量程序、相同的观测者、在相同的条件下使用相同的测量仪具、相同地点、在短时间内的重复测量。重复性可以用测量结果的分散性定量地表示。分散性即测量不确定度，用标准差或其倍数表示。测量仪具的重复性是指"在相同测量条件下，重复测量同一个被测量，测量仪具提供相似示值的能力"，同样，重复性条件与上相同。

测量结果的再现性则是指"在改变了的测量条件下，同一被测量的测量结果之间的一致性"。所谓改变条件可包括测量原理、测量方法、观测者、测量仪具、参考测量标准、地点、使用条件、时间。

对沥青及沥青混合料试验，重复性试验可理解为在短期内，在同一试验室，由同一个试验人员，采用同一仪具，对同一个试样，完成两次以上的试验操作，所得的试验结果之间的误差（通常用标准差表示）。再现性试验是指在两个以上不同的试验室，由各自的试验人员，采用各自的仪具，按相同的试验方法，对同一试样，分别完成试验操作，所得的试验结果之间的误差。这两种误差的表示方法是对试验方法本身的规定，是试验方法的编制单位通过一系列的比照试验得出的，它要求不超过规定的允许误差。

重复性试验往往是对试验人员的操作水平、取样代表性的检验，再现性则同时检验仪具设备的性能。通过这两类试验，检验试验结果的法定效果，试验结果不符合允许误差要求时，试验室可判为达不到要求资质。试验员无上岗资质，仪具设备为不合格品，试验结果即属无效。

对国际通用的试验方法，本规程规定的允许误差大都取自于美国ASTM、AASHTO及日本道路协会铺装试验法的规定。

在本规程中，还有部分试验方法并没有规定允许误差的要求，对这些方法国外试验规程也无明确的规定。因此对于这些试验，试验结果的准确程度不能检验，应仔细操作。

试验室在具体试验过程中，对一个样品试验结果的获得有两种情况：一种是一次进行几个试验（如针入度要求扎3针，延度同时拉3个试样，一次拌和的混合料成型4个试件等），通常以几个试验（或试件）的平均值作为1个试验结果，试验方法一般规定几次试验结果的误差不得超过规定的允许误差，严格讲这一类试验并不能算作重复性试验，应该是重复几次得出几个试验结果的才是重复性试验；另一种情况是只进行一次试验便得到一个结果（如一个样品试验一次闪点，抽提一次得到一个油石比和矿料级配），通常又规定平行试验若干次，试验结果由几次平行试验的平均值表示，此时试验结果同时体现了重复性试验误差。这里平行试验的允许误差是检验这一次试验结果是否有效的标准，符合此规定者即可取平均值作为试验结果。

另外，当一项指标值是由两个试验结果的测定值计算得到时，该指标的允许值便与两个相关试验的误差有关。例如ASTM D 3203（AASHTO 7269）对压实的沥青混合料的空隙率VV规定由混合料的毛体积相对密度γ_s与理论最大相对密度γ_t按式$VV = (1 - \gamma_s/\gamma_t) \times 100$求得，则空隙率VV的误差（以标准差$\sigma_{x/y}$表示）与两项试验的标准差$\sigma_x$、$\sigma_y$，平均值$\bar{x}$、$\bar{y}$有关，如下式所示：

$$\sigma_{x/y} = \sqrt{\frac{\bar{y}^2 \sigma_x^2 + \bar{x}^2 \sigma_y^2}{\bar{y}^4}}$$

例如，当毛体积相对密度平均值为2.423，标准差为0.007，理论最大相对密度的平均值是2.523，标准差为0.004时，则空隙率的标准差$\sigma_{x/y} = 0.003\ 16$，即0.32%。注意，此式不是通用公式，因VV由γ_s/γ_t得到，故以$\sigma_{x/y}$表示。

对任何一个试验方法,若要求达到一定的允许误差,则首先必须有符合要求的仪具设备。为此,使用单位都应加强检验和计量认证,确保仪具设备处于合格状态。本规程不仅对仪具设备和材料作了统一规定,对操作步骤也按照我国的使用实践和仪具设备进行了统一。随着技术的发展,仪具设备的自动化水平不断提高,或者从国外进口设备,只要这些设备确实更加先进合理,不低于本规程规定的允许误差就可以使用。不符合规定时应作适当的改进,以达到规定的要求。

  本试验规程经修改后纳入的试验方法均系国内外经使用证明是成熟的试验方法。另外,还有不少属于特殊材料或特殊工程的试验方法,本规程并未收入,工程中需要进行此类试验时,可参照国外有关标准或国内其他相关试验规程执行。

2 术语和符号

2.1 术 语

2.1.1 沥青的密度 density of bitumen
沥青在规定温度下单位体积所具有的质量,以 g/cm³ 计。

2.1.2 沥青的相对密度 specific gravity of bitumen
在同一温度下,沥青质量与同体积的水质量之比值,无量纲。

2.1.3 针入度 penetration
在规定温度和时间内,附加一定质量的标准针垂直贯入沥青试样的深度,以0.1mm 计。

2.1.4 针入度指数 penetration index
沥青结合料的温度感应性指标,反映针入度随温度而变化的程度,由不同温度的针入度按规定方法计算得到,无量纲。

2.1.5 延度 ductility
规定形态的沥青试样,在规定温度下以一定速度受拉伸至断开时的长度,以 cm 计。

2.1.6 软化点(环球法) softening point
沥青试样在规定尺寸的金属环内,上置规定尺寸和质量的钢球,放于水或甘油中,以规定的速度加热,至钢球下沉达规定距离时的温度,以℃计。

2.1.7 沥青的溶解度 solubility
沥青试样在规定溶剂中可溶物的含量,以质量百分率表示。

2.1.8 蒸发损失 loss on heating
沥青试样在163℃温度条件下加热并保持5h后质量的损失,以百分率表示。

2.1.9 闪点 flash point

沥青试样在规定的盛样器内按规定的升温速度受热时所蒸发的气体以规定的方法与试焰接触,初次发生一瞬即灭的火焰时的温度,以℃计。盛样器对黏稠沥青是克利夫兰开口杯(简称COC),对液体沥青是泰格开口杯(简称TOC)。

2.1.10 弗拉斯脆点 fraass breaking point
涂于金属片上的沥青薄膜在规定条件下,因冷却和弯曲而出现裂纹时的温度,以℃计。

2.1.11 沥青的组分分析 analysis for broad chemical component of bitumen
按规定方法将沥青试样分离成若干个组成成分的化学分析方法。

2.1.12 沥青的黏度 viscosity of bitumen
沥青试样在规定条件下流动时形成的抵抗力或内部阻力的度量,也称黏滞度。

2.1.13 沥青混合料的密度 density of bituminous mixtures
压实沥青混合料常温条件下单位体积的干燥质量,以 g/cm^3 计。

2.1.14 沥青混合料的相对密度 specific gravity of bituminous mixtures
同一温度条件下压实沥青混合料试件密度与水密度的比值,无量纲。

2.1.15 沥青混合料的理论最大密度 theoretical maximum density of bituminous mixtures
假设压实沥青混合料试件全部为矿料(包括矿料自身内部的孔隙)及沥青所占有、空隙率为零的理想状态下的最大密度,以 g/cm^3 计。

2.1.16 沥青混合料的理论最大相对密度 theoretical maximum specific gravity of bituminous mixtures
同一温度条件下沥青混合料理论最大密度与水密度的比值,无量纲。

2.1.17 沥青混合料的表观密度 apparent density of bituminous mixtures
沥青混合料单位体积(含混合料实体体积与不吸收水分的内部闭口孔隙体积之和)的干质量,又称视密度,由水中重法测定(仅适用于吸水率小于0.5%的沥青混合料试件),以 g/cm^3 计。

2.1.18 沥青混合料的表观相对密度 apparent specific gravity of bituminous mixtures
沥青混合料表观密度与同温度水密度的比值,无量纲。

2.1.19 沥青混合料的毛体积密度 bulk density of bituminous mixtures

压实沥青混合料单位体积(含混合料的实体矿物成分及不吸收水分的闭口孔隙、能吸收水分的开口孔隙等颗粒表面轮廓线所包围的全部毛体积)的干质量,以 g/cm³ 计。

2.1.20 沥青混合料的毛体积相对密度 bulk specific gravity of bituminous mixtures

压实沥青混合料毛体积密度与同温度水密度的比值,无量纲。

2.1.21 沥青混合料试件的空隙率 percent air voids in bituminous mixtures

压实沥青混合料内矿料及沥青以外的空隙(不包括矿料自身内部已被沥青封闭的孔隙)的体积占混合料总体积的百分率,简称VV,以百分率表示。

2.1.22 沥青混合料试件的沥青体积百分率 percent bitumen volume in bituminous mixtures

压实沥青混合料试件内沥青部分的体积占混合料总体积的百分率,简称VA,以百分率表示。

2.1.23 沥青混合料试件的矿料间隙率 percent voids in mineral aggregate in bituminous mixtures

压实沥青混合料试件中矿料部分以外的体积占混合料总体积的百分率,简称VMA,以百分率表示。

2.1.24 沥青混合料试件的沥青饱和度 percent voids in mineral aggregate that are filled with asphalt in bituminous mixtures

沥青混合料试件内沥青部分的体积占矿料部分以外的体积(VMA)百分率,简称VFA,以百分率表示。沥青混合料内有效沥青部分(即扣除被集料吸收的沥青以外的沥青)的体积占矿料部分以外的体积(VMA)的百分率,称为有效沥青饱和度。

2.1.25 粗集料松装间隙率 percent voids in coarse mineral aggregate in the dry rodded condition

干燥粗集料(通常指4.75mm以上的集料)在标准容量筒中经捣实形成的粗集料部分以外的体积占粗集料总体积的百分率,简称VCA_{DRC},以百分率表示。

2.1.26 沥青混合料试件的粗集料间隙率 percent voids in coarse mineral aggregate in bituminous mixtures

沥青混合料试件内粗集料部分以外的体积占混合料试件总体积的百分率,简称VCA_{mix},以百分率表示。

2.1.27 马歇尔稳定度 marshall stability

按规定条件采用马歇尔试验仪测定的沥青混合料所能承受的最大荷载,以 kN 计。

2.1.28　流值　flow value
沥青混合料在马歇尔试验时相应于最大荷载时试件的竖向变形,以 mm 计。

2.1.29　动稳定度　dynamic stability
按规定条件进行沥青混合料车辙试验时,混合料试件变形进入稳定期后,每产生 1mm 轮辙变形试验轮所行走的次数,以次/mm 计。

2.1.30　沥青材料的劲度模量　stiffness of bituminous materials
沥青或沥青混合料在温度和加载时间一定的条件下,应力与应变的比值,是温度和荷载作用时间的函数,以 MPa 计。

2.1.31　沥青含量　asphalt content
沥青混合料中沥青结合料质量与沥青混合料总质量的比值,以百分率表示。

2.1.32　油石比　asphalt aggregate ratio
沥青混合料中沥青结合料质量与矿料总质量的比值,以百分率表示。

2.1.33　有效沥青含量　effective asphalt content
沥青混合料中总的沥青含量减去被集料吸收入内部孔隙的部分后、有效填充矿料间隙的沥青质量与沥青混合料总质量之比,以百分率表示。

2.1.34　稀浆混合料　slurry mixture
乳化沥青或改性乳化沥青、粗细集料、填料、水、添加剂等按一定比例拌和所形成的浆状混合物。

2.1.35　稀浆混合料可拌和时间　mixing time
当稀浆混合料变稠,手感到有力时,表明混合料开始有破乳的迹象,记录此刻的时间,即为可拌和时间,以 s 计。

2.1.36　稀浆混合料破乳时间　break time
破乳时间是乳化沥青中的沥青和水分离,沥青微粒吸附到石料上而水析出所需要的时间,以 min 计。

2.1.37　湿轮磨耗值　wet track abrasion test
在成型后的稀浆混合料上用湿轮磨耗仪磨耗一定时间后,测定试件磨耗前后单位磨耗面积的质量差,以 g/m² 计。

2.1.38 负荷轮黏附砂量 load wheel test

在成型后的稀浆混合料上用负荷轮试验仪模拟车轮碾压,通过一定作用次数后,测定试件单位负荷面积的黏附砂量,以 g/m² 计,用于确定稀浆混合料最大沥青用量。

2.2 符 号

ρ——密度;

γ——相对密度;

ρ_b——沥青密度;

γ_b——沥青与水的相对密度;

S_b——沥青溶解度;

L_T——沥青薄膜加热质量变化;

P——沥青针入度;

D——延度;

SP——软化点;

P_P——沥青中的蜡含量;

η——沥青的动力黏度;

ν——沥青的运动黏度;

E_ν——沥青的恩格拉度;

ν_s——沥青的赛波特黏度;

T_0——沥青黏韧性;

T_e——沥青韧性;

P_b——沥青混合料的沥青含量(沥青用量);

P_a——沥青混合料的油石比;

VV——沥青混合料的空隙率;

VMA——沥青混合料的矿料间隙率;

VCA_{DRC}——粗集料松装间隙率;

VCA_{mix}——沥青混合料中的粗集料间隙率;

VFA——沥青混合料的沥青饱和度;

γ_a——沥青混合料的表观相对密度;

ρ_a——沥青混合料的表观密度;

γ_f——沥青混合料的毛体积相对密度;

ρ_f——沥青混合料的毛体积密度;

γ_s——沥青混合料的表干毛体积相对密度(饱和面干毛体积相对密度);

ρ_s——沥青混合料的表干毛体积密度;

ρ_t——沥青混合料的理论最大密度；

γ_t——沥青混合料的理论最大相对密度；

S_w——沥青混合料的饱水率；

S_a——沥青混合料的吸水率；

R_C——沥青混合料的抗压强度；

R_B——沥青混合料的抗弯强度；

R_T——沥青混合料的劈裂抗拉强度；

MS——马歇尔稳定度；

FL——流值；

DS——车辙试验动稳定度；

c——黏结力；

φ——内摩擦角。

3 沥青试验

T 0601—2011 沥青取样法

1 目的与适用范围

1.1 本方法适用于在生产厂、储存或交货验收地点为检查沥青产品质量而采集各种沥青材料的样品。

1.2 进行沥青性质常规检验的取样数量为：黏稠沥青或固体沥青不少于4.0kg；液体沥青不少于1L；沥青乳液不少于4L。

进行沥青性质非常规检验及沥青混合料性质试验所需的沥青数量，应根据实际需要确定。

2 仪具与材料技术要求

2.1 盛样器：根据沥青的品种选择。液体或黏稠沥青采用广口、密封带盖的金属容器(如锅、桶等)；乳化沥青也可使用广口、带盖的聚氯乙烯塑料桶；固体沥青可用塑料袋，但需有外包装，以便携运。

2.2 沥青取样器：金属制、带塞、塞上有金属长柄提手，形状如图T 0601-1所示。

3 方法与步骤

3.1 准备工作

检查取样和盛样器是否干净、干燥，盖子是否配合严密。使用过的取样器或金属桶等盛样容器必须洗净、干燥后才可使用。对供质量仲裁用的沥青试样，应采用未使用过的新容器存放，且由供需双方人员共同取样，取样后双方在密封条上签字盖章。

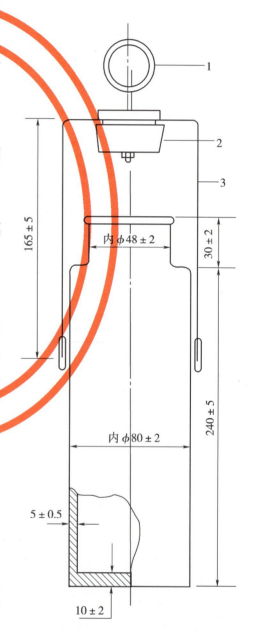

图 T 0601-1 沥青取样器(尺寸单位：mm)
1-吊环；2-聚四氟乙烯塞；3-手柄

3.2 试验步骤

3.2.1 从储油罐中取样

1）无搅拌设备的储罐

（1）液体沥青或经加热已经变成流体的黏稠沥青取样时，应先关闭进油阀和出油阀，然后取样。

（2）用取样器按液面上、中、下位置（液面高各为1/3等分处，但距罐底不得低于总液面高度的1/6）各取1~4L样品。每层取样后，取样器应尽可能倒净。当储罐过深时，亦可在流出口按不同流出深度分3次取样。对静态存取的沥青，不得仅从罐顶用小桶取样，也不得仅从罐底阀门流出少量沥青取样。

（3）将取出的3个样品充分混合后取4kg样品作为试样，样品也可分别进行检验。

2）有搅拌设备的储罐

将液体沥青或经加热已经变成流体的黏稠沥青充分搅拌后，用取样器从沥青层的中部取规定数量试样。

3.2.2 从槽车、罐车、沥青洒布车中取样

1）设有取样阀时，可旋开取样阀，待流出至少4kg或4L后再取样。取样阀如图T 0601-2所示。

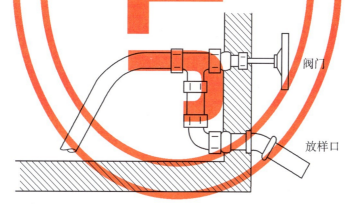

图T 0601-2 沥青取样阀

2）仅有放料阀时，待放出全部沥青的1/2时取样。

3）从顶盖处取样时，可用取样器从中部取样。

3.2.3 在装料或卸料过程中取样

在装料或卸料过程中取样时，要按时间间隔均匀地取至少3个规定数量样品，然后将这些样品充分混合后取规定数量样品作为试样，样品也可分别进行检验。

3.2.4 从沥青储存池中取样

沥青储存池中的沥青应待加热熔化后，经管道或沥青泵流至沥青加热锅之后取样。

分间隔每锅至少取 3 个样品,然后将这些样品充分混匀后再取 4.0kg 作为试样,样品也可分别进行检验。

3.2.5 从沥青运输船中取样

沥青运输船到港后,应分别从每个沥青舱取样,每个舱从不同的部位取 3 个 4kg 的样品,混合在一起,将这些样品充分混合后再从中取出 4kg,作为一个舱的沥青样品供检验用。在卸油过程中取样时,应根据卸油量,大体均匀地分间隔 3 次从卸油口或管道途中的取样口取样,然后混合作为一个样品供检验用。

3.2.6 从沥青桶中取样

1)当能确认是同一批生产的产品时,可随机取样。当不能确认是同一批生产的产品时,应根据桶数按照表 T 0601 规定或按总桶数的立方根数随机选取沥青桶数。

表 T 0601 选取沥青样品桶数

沥青桶总数	选取桶数	沥青桶总数	选取桶数
2~8	2	217~343	7
9~27	3	344~512	8
28~64	4	513~729	9
65~125	5	730~1 000	10
126~216	6	1 001~1 331	11

2)将沥青桶加热使桶中沥青全部熔化成流体后,按罐车取样方法取样。每个样品的数量,以充分混合后能满足供检验用样品的规定数量不少于 4.0kg 要求为限。

3)当沥青桶不便加热熔化沥青时,可在桶高的中部将桶凿开取样,但样品应在距桶壁 5cm 以上的内部凿取,并采取措施防止样品散落地面沾有尘土。

3.2.7 固体沥青取样

从桶、袋、箱装或散装整块中取样时,应在表面以下及容器侧面以内至少 5cm 处采取。如沥青能够打碎,可用一个干净的工具将沥青打碎后取中间部分试样;若沥青是软塑的,则用一个干净的热工具切割取样。

当能确认是同一批生产的样品时,应随机取出一件按本条的规定取 4kg 供检验用。

3.2.8 在验收地点取样

当沥青到达验收地点卸货时,应尽快取样。所取样品为两份:一份样品用于验收试验;另一份样品留存备查。

3.3 样品的保护与存放

3.3.1 除液体沥青、乳化沥青外,所有需加热的沥青试样必须存放在密封带盖的金属容器中,严禁灌入纸袋、塑料袋中存放。试样应存放在阴凉干净处,注意防止试样污染。装有试样的盛样器加盖、密封好并擦拭干净后,应在盛样器上(不得在盖上)标出识别标记,如试样来源、品种、取样日期、地点及取样人。

3.3.2 冬季乳化沥青试样应注意采取妥善防冻措施。

3.3.3 除试样的一部分用于检验外,其余试样应妥善保存备用。

3.3.4 试样需加热采取时,应一次取够一批试验所需的数量装入另一盛样器,其余试样密封保存,应尽量减少重复加热取样。用于质量仲裁检验的样品,重复加热的次数不得超过两次。

条文说明

沥青取样法是在生产厂、储存或交货验收地点为检查沥青产品质量而采取的代表性样品取样方法。本次修订主要参照国标《石油沥青取样法》(GB/T 11147—2010)及美国 ASTM D 140—93 的《沥青材料取样法》结合我国公路工程的实际情况编写。

本方法根据国标及 ASTM 取样法统一将黏稠沥青或固体沥青样品数量规定为不少于 4.0kg,数量太少缺乏代表性,试验结果可能不准确。

对沥青取样器,ASTM D 140 中有较详细的示意图,与本规程不一样。本方法列入了按国标所述的示意图,其具体形状和尺寸,各单位可根据需要参考示意图确定。

关于取样地点,国标根据 ASTM 方法合并为从油罐、槽车、罐车、油轮、油桶、纸袋中取样。本取样法中增加了从公路上常用的沥青储存池中取样,并补充了油罐装料或卸料过程中取样方法及在验收地点的取样方法,以满足公路工程检验沥青样品的需要。

当从油桶中取样时,ASTM 规定可从顶面下 75mm 处取样。根据我国实际情况,由于桶装沥青容易有破损情况导致进水,且桶的上下部沥青质量可能不均匀,除非化成液态,因此从顶面下取样是不合适的。在侧面凿开取样时,为方便取样,将 75mm 改为 50mm。

沥青热态长期静放会有轻度的分离,有的单位仅从储罐顶面用小桶取样,会影响试验结果(如蜡含量等),是不合适的。

由于沥青进库后保管不善进水,沥青桶从桶盖处进水,不仅增加了脱水工序,而且试样经常因脱水加热发生老化,导致产品质量检验不合格(通常是针入度或延度变小),因此工程单位在保管沥青及取样时必须注意防水问题。

T 0602—2011 沥青试样准备方法

1 目的与适用范围

1.1 本方法规定了按本规程 T 0601 取样的沥青试样在试验前的试样准备方法。

1.2 本方法适用于黏稠道路石油沥青、煤沥青、聚合物改性沥青等需要加热后才能进行试验的沥青试样,按此法准备的沥青供立即在试验室进行各项试验使用。

1.3 本方法也适用于对乳化沥青试样进行各项性能测试。每个样品的数量根据需要决定,常规测定不宜少于600g。

2 仪具与材料技术要求

2.1 烘箱:200℃,装有温度控制调节器。

2.2 加热炉具:电炉或燃气炉(丙烷石油气、天然气)。

2.3 石棉垫:不小于炉具上面积。

2.4 滤筛:筛孔孔径0.6mm。

2.5 沥青盛样器皿:金属锅或瓷坩埚。

2.6 烧杯:1 000mL。

2.7 温度计:量程0～100℃及200℃,分度值0.1℃。

2.8 天平:称量2 000g,感量不大于1g;称量100g,感量不大于0.1g。

2.9 其他:玻璃棒、溶剂、棉纱等。

3 方法与步骤

3.1 热沥青试样制备

3.1.1 将装有试样的盛样器带盖放入恒温烘箱中,当石油沥青试样中含有水分时,烘箱温度80℃左右,加热至沥青全部熔化后供脱水用。当石油沥青中无水分时,烘箱温度宜为软化点温度以上90℃,通常为135℃左右。对取来的沥青试样不得直接采用电炉或燃气炉明火加热。

3.1.2 当石油沥青试样中含有水分时,将盛样器皿放在可控温的砂浴、油浴、电热套上加热脱水,不得已采用电炉、燃气炉加热脱水时必须加放石棉垫。加热时间不超过30min,并用玻璃棒轻轻搅拌,防止局部过热。在沥青温度不超过100℃的条件下,仔细脱水至无泡沫为止,最后的加热温度不宜超过软化点以上100℃(石油沥青)或50℃(煤沥青)。

3.1.3 将盛样器中的沥青通过 0.6mm 的滤筛过滤,不等冷却立即一次灌入各项试验的模具中。当温度下降太多时,宜适当加热再灌模。根据需要也可将试样分装入擦拭干净并干燥的一个或数个沥青盛样器皿中,数量应满足一批试验项目所需的沥青样品。

3.1.4 在沥青灌模过程中,如温度下降可放入烘箱中适当加热,试样冷却后反复加热的次数不得超过两次,以防沥青老化影响试验结果。为避免混进气泡,在沥青灌模时不得反复搅动沥青。

3.1.5 灌模剩余的沥青应立即清洗干净,不得重复使用。

3.2 乳化沥青试样制备

3.2.1 将按本规程 T 0601 取有乳化沥青的盛样器适当晃动,使试样上下均匀。试样数量较少时,宜将盛样器上下倒置数次,使上下均匀。

3.2.2 将试样倒出要求数量,装入盛样器皿或烧杯中,供试验使用。

3.2.3 当乳化沥青在试验室自行配制时,可按下列步骤进行:
1)按上述方法准备热沥青试样。
2)根据所需制备的沥青乳液质量及沥青、乳化剂、水的比例计算各种材料的数量。
(1)沥青用量按式(T 0602-1)计算。

$$m_b = m_E \times P_b \quad \text{(T 0602-1)}$$

式中:m_b——所需的沥青质量(g);
m_E——乳液总质量(g);
P_b——乳液中沥青含量(%)。
(2)乳化剂用量按式(T 0602-2)计算。

$$m_e = m_E \times P_E / P_e \quad \text{(T 0602-2)}$$

式中:m_e——乳化剂用量(g);
P_E——乳液中乳化剂的含量(%);
P_e——乳化剂浓度(乳化剂中有效成分含量,%)。
(3)水的用量按式(T 0602-3)计算。

$$m_w = m_E - m_E \times P_b \quad \text{(T 0602-3)}$$

式中:m_w——配制乳液所需水的质量(g)。

3)称取所需质量的乳化剂放入 1 000mL 烧杯中。
4)向盛有乳化剂的烧杯中加入所需的水(扣除乳化剂中所含水的质量)。
5)将烧杯放到电炉上加热并不断搅拌,直到乳化剂完全溶解,当需调节 pH 值时可加入适量的外加剂,将溶液加热到40~60℃。

6)在容器中称取准备好的沥青并加热到120~150℃。

7)开动乳化机,用热水先把乳化机预热几分钟,然后把热水排净。

8)将预热的乳化剂倒入乳化机中,随即将预热的沥青徐徐倒入,待全部沥青乳液在机中循环1min后放出,进行各项试验或密封保存。

注:在倒入乳化沥青过程中,需随时观察乳化情况。如出现异常,应立即停止倒入乳化沥青,并把乳化机中的沥青乳化剂混合液放出。

条文说明

本次修订仍保留1993年的方法,考虑聚合物改性沥青应用较多,在适用范围中增加了聚合物改性沥青,对乳化沥青的要求进行了简化。由于道路用沥青取样后送到试验室时通常已冷却固化,在沥青加热、脱水、过滤的过程中肯定会影响沥青本身性能,如针入度减小、延度变小等,故本方法规定必须用烘箱加热熔化沥青。尤其是进行质量仲裁试验时,严禁用电炉或明火加热,以免试验数据失真。加热温度及加热时间系根据原规程和实践经验参照了国外标准中有关条款制定。

T 0603—2011 沥青密度与相对密度试验

1 目的与适用范围

本方法适用于使用比重瓶测定沥青材料的密度与相对密度。非特殊要求,本方法宜在试验温度25℃及15℃下测定沥青密度与相对密度。

注:对液体石油沥青,也可以采用适宜的液体比重计测定密度或相对密度。

2 仪具与材料技术要求

2.1 比重瓶:玻璃制,瓶塞下部与瓶口须经仔细研磨。瓶塞中间有一个垂直孔,其下部为凹形,以便由孔中排除空气。比重瓶的容积为20~30mL,质量不超过40g,形状和尺寸如图T 0603-1所示。

2.2 恒温水槽:控温的准确度为0.1℃。

2.3 烘箱:200℃,装有温度自动调节器。

2.4 天平:感量不大于1mg。

2.5 滤筛:0.6mm、2.36mm各1个。

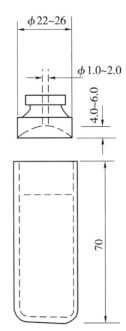

图 T 0603-1 比重瓶
(尺寸单位:mm)

2.6 温度计:量程 0~50℃,分度值 0.1℃。

2.7 烧杯:600~800mL。

2.8 真空干燥器。

2.9 洗液:玻璃仪器清洗液,三氯乙烯(分析纯)等。

2.10 蒸馏水(或纯净水)。

2.11 表面活性剂:洗衣粉(或洗涤灵)。

2.12 其他:软布、滤纸等。

3 方法与步骤

3.1 准备工作

3.1.1 用洗液、水、蒸馏水先后仔细洗涤比重瓶,然后烘干称其质量(m_1),准确至 1mg。

3.1.2 将盛有冷却蒸馏水的烧杯浸入恒温水槽中保温,在烧杯中插入温度计,水的深度必须超过比重瓶顶部 40mm 以上。

3.1.3 使恒温水槽及烧杯中的蒸馏水达到规定的试验温度 ±0.1℃。

3.2 比重瓶水值的测定步骤

3.2.1 将比重瓶及瓶塞放入恒温水槽中的烧杯里,烧杯底浸没水中的深度应不少于 100mm,烧杯口露出水面,并用夹具将其固牢。

3.2.2 待烧杯中水温再次达到规定温度并保温 30min 后,将瓶塞塞入瓶口,使多余的水由瓶塞上的毛细孔中挤出。此时比重瓶内不得有气泡。

3.2.3 将烧杯从水槽中取出,再从烧杯中取出比重瓶,立即用干净软布将瓶塞顶部擦拭一次,再迅速擦干比重瓶外面的水分,称其质量(m_2),准确至 1mg。瓶塞顶部只能擦拭一次,即使由于膨胀瓶塞上有小水滴也不能再擦拭。

3.2.4 以 $m_2 - m_1$ 作为试验温度时比重瓶的水值。

注：比重瓶的水值应经常校正，一般每年至少进行一次。

3.3 液体沥青试样的试验步骤

3.3.1 将试样过筛(0.6mm)后注入干燥比重瓶中至满，不得混入气泡。

3.3.2 将盛有试样的比重瓶及瓶塞移入恒温水槽（测定温度 ±0.1℃）内盛有水的烧杯中，水面应在瓶口下约40mm。不得使水浸入瓶内。

3.3.3 待烧杯内的水温达到要求的温度后保温30min，然后将瓶塞塞上，使多余的试样由瓶塞的毛细孔中挤出。用蘸有三氯乙烯的棉花擦净孔口挤出的试样，并保持孔中充满试样。

3.3.4 从水中取出比重瓶，立即用干净软布擦去瓶外的水分或黏附的试样（不得再擦孔口）后，称其质量(m_3)，准确至3位小数。

3.4 黏稠沥青试样的试验步骤

3.4.1 按本规程 T 0602 方法准备沥青试样，沥青的加热温度宜不高于估计软化点以上100℃（石油沥青或聚合物改性沥青），将沥青小心注入比重瓶中，约至2/3高度。不得使试样黏附瓶口或上方瓶壁，并防止混入气泡。

3.4.2 取出盛有试样的比重瓶，移入干燥器中，在室温下冷却不少于1h，连同瓶塞称其质量(m_4)，准确至3位小数。

3.4.3 将盛有蒸馏水的烧杯放入已达试验温度的恒温水槽中，然后将称量后盛有试样的比重瓶放入烧杯中（瓶塞也放进烧杯中），等烧杯中的水温达到规定试验温度后保温30min，使比重瓶中气泡上升到水面，待确认比重瓶已经恒温且无气泡后，再将比重瓶的瓶塞塞紧，使多余的水从塞孔中溢出，此时应不得带入气泡。

3.4.4 取出比重瓶，按前述方法迅速揩干瓶外水分后称其质量(m_5)，准确至3位小数。

3.5 固体沥青试样的试验步骤

3.5.1 试验前，如试样表面潮湿，可在干燥、洁净的环境下自然吹干，或置50℃烘箱中烘干。

3.5.2 将50~100g试样打碎,过0.6mm及2.36mm筛。取0.6~2.36mm的粉碎试样不少于5g放入清洁、干燥的比重瓶中,塞紧瓶塞后称其质量(m_6),准确至3位小数。

3.5.3 取下瓶塞,将恒温水槽内烧杯中的蒸馏水注入比重瓶,水面高于试样约10mm,同时加入几滴表面活性剂溶液(如1%洗衣粉、洗涤灵),并摇动比重瓶使大部分试样沉入水底,必须使试样颗粒表面所吸附的气泡逸出。摇动时勿使试样摇出瓶外。

3.5.4 取下瓶塞,将盛有试样和蒸馏水的比重瓶置真空干燥箱(器)中抽真空,逐渐达到真空度98kPa(735mmHg)不少于15min。当比重瓶试样表面仍有气泡时,可再加几滴表面活性剂溶液,摇动后再抽真空。必要时,可反复几次操作,直至无气泡为止。

注:抽真空不宜过快,以防止样品被带出比重瓶。

3.5.5 将保温烧杯中的蒸馏水再注入比重瓶中至满,轻轻塞好瓶塞,再将带塞的比重瓶放入盛有蒸馏水的烧杯中,并塞紧瓶塞。

3.5.6 将装有比重瓶的盛水烧杯再置恒温水槽(试验温度±0.1℃)中保持至少30min后,取出比重瓶,迅速揩干瓶外水分后称其质量(m_7),准确至3位小数。

4 计算

4.1 试验温度下液体沥青试样的密度和相对密度按式(T 0603-1)及式(T 0603-2)计算。

$$\rho_b = \frac{m_3 - m_1}{m_2 - m_1} \times \rho_w \tag{T 0603-1}$$

$$\gamma_b = \frac{m_3 - m_1}{m_2 - m_1} \tag{T 0603-2}$$

式中:ρ_b——试样在试验温度下的密度(g/cm³);
　　　γ_b——试样在试验温度下的相对密度;
　　　m_1——比重瓶质量(g);
　　　m_2——比重瓶与所盛满水的合计质量(g);
　　　m_3——比重瓶与所盛满试样的合计质量(g);
　　　ρ_w——试验温度下水的密度(g/cm³),15℃水的密度为0.999 1g/cm³,25℃水的密度为0.997 1g/cm³。

4.2 试验温度下黏稠沥青试样的密度和相对密度按式(T 0603-3)及式(T 0603-4)计算。

$$\rho_b = \frac{m_4 - m_1}{(m_2 - m_1) - (m_5 - m_4)} \times \rho_w \quad (\text{T } 0603\text{-}3)$$

$$\gamma_b = \frac{m_4 - m_1}{(m_2 - m_1) - (m_5 - m_4)} \quad (\text{T } 0603\text{-}4)$$

式中：m_4——比重瓶与沥青试样合计质量(g)；

m_5——比重瓶与试样和水合计质量(g)。

4.3 试验温度下固体沥青试样的密度和相对密度按式（T 0603-5）及式（T 0603-6）计算。

$$\rho_b = \frac{m_6 - m_1}{(m_2 - m_1) - (m_7 - m_6)} \times \rho_w \quad (\text{T } 0603\text{-}5)$$

$$\gamma_b = \frac{m_6 - m_1}{(m_2 - m_1) - (m_7 - m_6)} \quad (\text{T } 0603\text{-}6)$$

式中：m_6——比重瓶与沥青试样合计质量(g)；

m_7——比重瓶与试样和水合计质量(g)。

5 报告

同一试样应平行试验两次，当两次试验结果的差值符合重复性试验的允许误差要求时，以平均值作为沥青的密度试验结果，并准确至3位小数，试验报告应注明试验温度。

6 允许误差

6.1 对黏稠石油沥青及液体沥青的密度，重复性试验的允许误差为 0.003g/cm³，再现性试验的允许误差为 0.007g/cm³。

6.2 对固体沥青，重复性试验的允许误差为 0.01g/cm³，再现性试验的允许误差为 0.02g/cm³。

6.3 相对密度的允许误差要求与密度相同（无单位）。

条文说明

各国沥青标准中大都列有相对密度或密度标准，并有相应试验方法。沥青密度用于储油容器中沥青体积与质量的换算，相对密度用于沥青混合料理论密度的计算，供配合比设计及空隙率计算使用。但测定相对密度或密度的温度各国有所不同。ASTM D 70 及 AASHTO T 228 规定了 25℃ 或 15.6℃ 的沥青与水的相对密度（25℃/25℃，15.6℃/15.6℃）。但在沥青混合料的密度测定时都使用 25℃/25℃ 相对密度。沥青体积计算则以 15℃ 密度为准。为此，本规程根据与国际先进标准靠拢的原则，结合我国沥青密度采用 15℃ 标准，而沥青混合料配合比计算时又需要的是沥青 25℃ 的相对密度，所以本次修订在目的与适用范围里规定非特殊要求，宜在试验温度 25℃ 及 15℃ 下测定沥青密度与相对密度，去掉了原方法中温度的换算公式,要求按实际温度测定沥青密度或相对密度。根据试验需要也可以选择其他的试验温度。本方法测定步骤参照 ASTM D 70、AASHTO T 228 等方法编写,并参照国标补充了固体沥青试验方法。

对液体沥青相对密度测定方法,国标 GB/T 8928 中并无规定,ASTM D 3142 及 AASHTO T 227 是采用比重计测定的,方法很简单。我国石油部门也开始用比重计进行测定,但目前尚未形成标准。考虑到目前尚无新的标准方法代替,本方法仍维持原试验规程中用比重瓶测定的方法。同时,在标准中增加一条,也可用适当的比重计测定。

T 0604—2011 沥青针入度试验

1 目的与适用范围

本方法适用于测定道路石油沥青、聚合物改性沥青针入度以及液体石油沥青蒸馏或乳化沥青蒸发后残留物的针入度,以 0.1mm 计。其标准试验条件为温度25℃,荷重100g,贯入时间5s。

针入度指数 PI 用以描述沥青的温度敏感性,宜在15℃、25℃、30℃等 3 个或 3 个以上温度条件下测定针入度后按规定的方法计算得到,若30℃时的针入度值过大,可采用5℃代替。当量软化点 T_{800} 是相当于沥青针入度为800时的温度,用以评价沥青的高温稳定性。当量脆点 $T_{1.2}$ 是相当于沥青针入度为1.2时的温度,用以评价沥青的低温抗裂性能。

2 仪具与材料技术要求

2.1 针入度仪:为提高测试精度,针入度试验宜采用能够自动计时的针入度仪进行测定,要求针和针连杆必须在无明显摩擦下垂直运动,针的贯入深度必须准确至0.1mm。针和针连杆组合件总质量为50g±0.05g,另附50g±0.05g砝码一只,试验时总质量为100g±0.05g。仪器应有放置平底玻璃保温皿的平台,并有调节水平的装置,针连杆应与平台相垂直。应有针连杆制动按钮,使针连杆可自由下落。针连杆应易于装拆,以便检查其质量。仪器还设有可自由转动与调节距离的悬臂,其端部有一面小镜或聚光灯泡,借以观察针尖与试样表面接触情况。且应对装置的准确性经常校验。当采用其他试验条件时,应在试验结果中注明。

2.2 标准针:由硬化回火的不锈钢制成,洛氏硬度 HRC54~60,表面粗糙度 Ra0.2~0.3μm,针及针杆总质量2.5g±0.05g。针杆上应打印有号码标志。针应设有固定用装置盒(筒),以免碰撞针尖。每根针必须附有计量部门的检验单,并定期进行检验。其尺寸及形状如图 T 0604-1 所示。

2.3 盛样皿:金属制,圆柱形平底。小盛样皿的内径55mm,深35mm(适用于针入度小于200的试样);大盛样皿内径70mm,深45mm(适用于针入度为200~350的试样);对针入度大于350的试样需使用特殊盛样皿,其深度不小于60mm,容积不小于125mL。

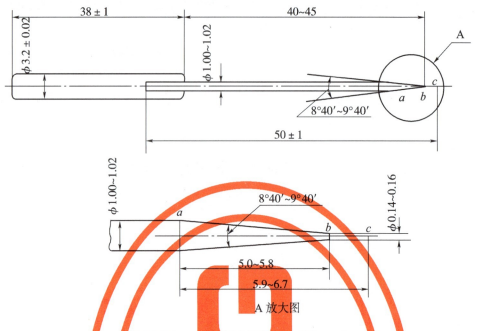

图 T 0604-1　针入度标准针(尺寸单位:mm)

2.4 恒温水槽:容量不小于10L,控温的准确度为0.1℃。水槽中应设有一带孔的搁架,位于水面下不得少于100mm,距水槽底不得少于50mm处。

2.5 平底玻璃皿:容量不小于1L,深度不小于80mm。内设有一不锈钢三脚支架,能使盛样皿稳定。

2.6 温度计或温度传感器:精度为0.1℃。

2.7 计时器:精度为0.1s。

2.8 位移计或位移传感器:精度为0.1mm。

2.9 盛样皿盖:平板玻璃,直径不小于盛样皿开口尺寸。

2.10 溶剂:三氯乙烯等。

2.11 其他:电炉或砂浴、石棉网、金属锅或瓷把坩埚等。

3　方法与步骤

3.1 准备工作

3.1.1 按本规程 T 0602 的方法准备试样。

3.1.2 按试验要求将恒温水槽调节到要求的试验温度25℃,或15℃、30℃(5℃),保持稳定。

3.1.3 将试样注入盛样皿中,试样高度应超过预计针入度值10mm,并盖上盛样皿,以防落入灰尘。盛有试样的盛样皿在15~30℃室温中冷却不少于1.5h(小盛样皿)、2h(大盛样皿)或3h(特殊盛样皿)后,应移入保持规定试验温度±0.1℃的恒温水槽中,并应保温不少于1.5h(小盛样皿)、2h(大试样皿)或2.5h(特殊盛样皿)。

3.1.4 调整针入度仪使之水平。检查针连杆和导轨,以确认无水和其他外来物,无明显摩擦。用三氯乙烯或其他溶剂清洗标准针,并擦干。将标准针插入针连杆,用螺钉固紧。按试验条件,加上附加砝码。

3.2 试验步骤

3.2.1 取出达到恒温的盛样皿,并移入水温控制在试验温度±0.1℃(可用恒温水槽中的水)的平底玻璃皿中的三脚支架上,试样表面以上的水层深度不小于10mm。

3.2.2 将盛有试样的平底玻璃皿置于针入度仪的平台上。慢慢放下针连杆,用适当位置的反光镜或灯光反射观察,使针尖恰好与试样表面接触,将位移计或刻度盘指针复位为零。

3.2.3 开始试验,按下释放键,这时计时与标准针落下贯入试样同时开始,至5s时自动停止。

3.2.4 读取位移计或刻度盘指针的读数,准确至0.1mm。

3.2.5 同一试样平行试验至少3次,各测试点之间及与盛样皿边缘的距离不应小于10mm。每次试验后应将盛有盛样皿的平底玻璃皿放入恒温水槽,使平底玻璃皿中水温保持试验温度。每次试验应换一根干净标准针或将标准针取下用蘸有三氯乙烯溶剂的棉花或布揩净,再用干棉花或布擦干。

3.2.6 测定针入度大于200的沥青试样时,至少用3支标准针,每次试验后将针留在试样中,直至3次平行试验完成后,才能将标准针取出。

3.2.7 测定针入度指数 PI 时,按同样的方法在15℃、25℃、30℃(或5℃)3个或3

个以上(必要时增加10℃、20℃等)温度条件下分别测定沥青的针入度,但用于仲裁试验的温度条件应为5个。

4 计算

根据测试结果可按以下方法计算针入度指数、当量软化点及当量脆点。

4.1 公式计算法

4.1.1 将3个或3个以上不同温度条件下测试的针入度值取对数,令 $y = \lg P, x = T$,按式(T 0604-1)的针入度对数与温度的直线关系,进行 $y = a + bx$ 一元一次方程的直线回归,求取针入度温度指数 $A_{\lg Pen}$。

$$\lg P = K + A_{\lg Pen} \times T \tag{T 0604-1}$$

式中:$\lg P$——不同温度条件下测得的针入度值的对数;

T——试验温度(℃);

K——回归方程的常数项 a;

$A_{\lg Pen}$——回归方程的系数 b。

按式(T 0604-1)回归时必须进行相关性检验,直线回归相关系数 R 不得小于0.997(置信度95%),否则,试验无效。

4.1.2 按式(T 0604-2)确定沥青的针入度指数,并记为PI。

$$PI = \frac{20 - 500 A_{\lg Pen}}{1 + 50 A_{\lg Pen}} \tag{T 0604-2}$$

4.1.3 按式(T 0604-3)确定沥青的当量软化点 T_{800}。

$$T_{800} = \frac{\lg 800 - K}{A_{\lg Pen}} = \frac{2.9031 - K}{A_{\lg Pen}} \tag{T 0604-3}$$

4.1.4 按式(T 0604-4)确定沥青的当量脆点 $T_{1.2}$。

$$T_{1.2} = \frac{\lg 1.2 - K}{A_{\lg Pen}} = \frac{0.0792 - K}{A_{\lg Pen}} \tag{T 0604-4}$$

4.1.5 按式(T 0604-5)计算沥青的塑性温度范围 ΔT。

$$\Delta T = T_{800} - T_{1.2} = \frac{2.8239}{A_{\lg Pen}} \tag{T 0604-5}$$

4.2 诺模图法

将3个或3个以上不同温度条件下测试的针入度值绘于图T 0604-2的针入度温度关系诺模图中,按最小二乘法法则绘制回归直线,将直线向两端延长,分别与针入度为800

及 1.2 的水平线相交,交点的温度即为当量软化点 T_{800} 和当量脆点 $T_{1.2}$。以图中 O 点为原点,绘制回归直线的平行线,与 PI 线相交,读取交点处的 PI 值即为该沥青的针入度指数。此法不能检验针入度对数与温度直线回归的相关系数,仅供快速草算时使用。

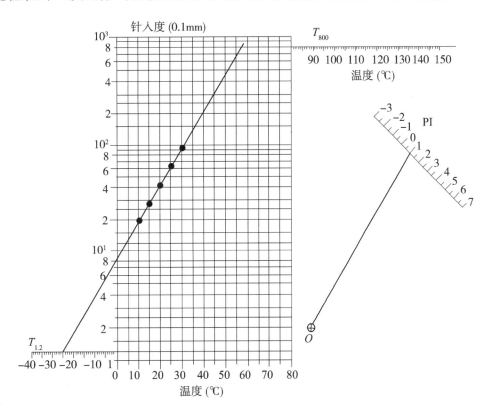

图 T 0604-2　确定道路沥青 PI、T_{800}、$T_{1.2}$ 的针入度温度关系诺模图

5　报告

5.1　应报告标准温度(25℃)时的针入度以及其他试验温度 T 所对应的针入度,及由此求取针入度指数 PI、当量软化点 T_{800}、当量脆点 $T_{1.2}$ 的方法和结果。当采用公式计算法时,应报告按式(T 0604-1)回归的直线相关系数 R。

5.2　同一试样 3 次平行试验结果的最大值和最小值之差在下列允许误差范围内时,计算 3 次试验结果的平均值,取整数作为针入度试验结果,以 0.1mm 计。

针入度(0.1mm)	允许误差(0.1mm)
0~49	2
50~149	4
150~249	12
250~500	20

当试验值不符合此要求时,应重新进行试验。

6 允许误差

6.1 当试验结果小于50(0.1mm)时,重复性试验的允许误差为2(0.1mm),再现性试验的允许误差为4(0.1mm)。

6.2 当试验结果大于或等于50(0.1mm)时,重复性试验的允许误差为平均值的4%,再现性试验的允许误差为平均值的8%。

条文说明

沥青针入度的试验温度一般以25℃为准。为沥青研究工作需要,ASTM、AASHTO还规定了0℃、4℃、45℃及46.1℃试验时的针、连杆与砝码的总质量及时间。0℃及4℃时为200g、60s,45℃及46.1℃时为50g、5s。但实际上非标准的温度、总质量变化的测定方法很多。

国内外针入度仪的种类很多,故取消了针入度仪的仪器图,仅列入了对仪器的具体要求。考虑到针入度值的影响因素较多(温度、时间、人的影响),为提高测试精度,因此要求针入度试验宜采用能够自动计时的针入度仪进行测定。针入度试验的关键是标准针的形状及尺寸,现在国标、ISO标准、ASTM D 5、AASHTO T 49及日本道路协会铺装试验法便览3-5-1等国内外标准规定的标准针的尺寸都是相同的,本方法的规定也相同,但我国使用不合格针的情况比较普遍。为纠正这一情况,本方法规定了标准针必须要有计量部门的检验单方可使用。

试验规程及国标规定有两种尺寸的盛样皿,但在46℃试验时,沥青的针入度往往超过350,故本试验法按照ASTM D 5规定补充了一种特制盛样皿的规格要求,内深不小于60mm,容积不小于125mL。

平底玻璃皿:按照ASTM规定容积不小于350mL;日本规定为直径约110mm,高度60~90mm,则容积为570~855mL;而国标规定容积不小于0.5L,高度不小于80mm。由于玻璃皿的容积越小,保持水温越困难,试验误差也越大,因此本试验法仍维持原试验规程容积不小于1L,高度不小于60mm的规定。

在准备工作中,对盛有试样的试样皿在室温下冷却及水槽中保温的时间,原试验方法规定为1~1.5h(小盛样皿)、1.5~2h(大盛样皿)及2~2.5h(特殊盛样皿)。通过试验发现,如果试样在室温下冷却1h(尤其是夏天气温较高时),在水浴里面也保温1h,测定的针入度值偏大(5~10mm),说明试样内部的温度不是实际要测定的温度,尤其是在施工现场环境比较差的工地试验室,夏季试验室的温度会很高。所以本次修订将在室温中的冷却时间及恒温水槽里面的保温时间去掉了下限,统一为不少于1.5h、2.0h或2.5h。

T 0605—2011 沥青延度试验

1 目的与适用范围

1.1 本方法适用于测定道路石油沥青、聚合物改性沥青、液体石油沥青蒸馏残留物和乳化沥青蒸发残留物等材料的延度。

1.2 沥青延度的试验温度与拉伸速率可根据要求采用,通常采用的试验温度为25℃、15℃、10℃或5℃,拉伸速度为5cm/min±0.25cm/min。当低温采用1cm/min±0.5cm/min拉伸速度时,应在报告中注明。

2 仪具与材料技术要求

2.1 延度仪:延度仪的测量长度不宜大于150cm,仪器应有自动控温、控速系统。应满足试件浸没于水中,能保持规定的试验温度及规定的拉伸速度拉伸试件,且试验时应无明显振动。该仪器的形状及组成如图T 0605-1所示。

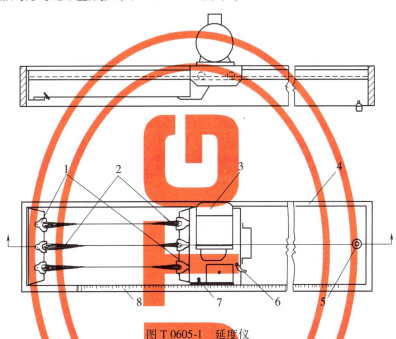

图T 0605-1 延度仪
1-试模;2-试样;3-电机;4-水槽;5-泄水孔;6-开关柄;7-指针;8-标尺

2.2 试模:黄铜制,由两个端模和两个侧模组成,试模内侧表面粗糙度Ra0.2μm。其形状及尺寸如图T 0605-2所示。

2.3 试模底板:玻璃板或磨光的铜板、不锈钢板(表面粗糙度Ra0.2μm)。

2.4 恒温水槽:容量不少于10L,控制温度的准确度为0.1℃。水槽中应设有带孔搁架,搁架距水槽底不得少于50mm。试件浸入水中深度不小于100mm。

2.5 温度计:量程0~50℃,分度值0.1℃。

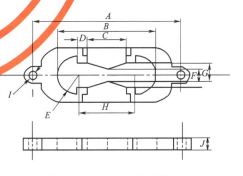

图T 0605-2 延度仪试模
A-两端模环中心点距离111.5~113.5mm;B-试件总长74.5~75.5mm;C-端模间距29.7~30.3mm;D-肩长6.8~7.2mm;E-半径15.75~16.25mm;F-最小横断面宽9.9~10.1mm;G-端模口宽19.8~20.2mm;H-两半圆心间距离42.9~43.1mm;I-端模孔直径6.5~6.7mm;J-厚度9.9~10.1mm

2.6 砂浴或其他加热炉具。

2.7 甘油滑石粉隔离剂(甘油与滑石粉的质量比2:1)。

2.8 其他:平刮刀、石棉网、酒精、食盐等。

3 方法与步骤

3.1 准备工作

3.1.1 将隔离剂拌和均匀,涂于清洁干燥的试模底板和两个侧模的内侧表面,并将试模在试模底板上装妥。

3.1.2 按本规程 T 0602 规定的方法准备试样,然后将试样仔细自试模的一端至另一端往返数次缓缓注入模中,最后略高出试模。灌模时不得使气泡混入。

3.1.3 试件在室温中冷却不少于1.5h,然后用热刮刀刮除高出试模的沥青,使沥青面与试模面齐平。沥青的刮法应自试模的中间刮向两端,且表面应刮得平滑。将试模连同底板再放入规定试验温度的水槽中保温1.5h。

3.1.4 检查延度仪延伸速度是否符合规定要求,然后移动滑板使其指针正对标尺的零点。将延度仪注水,并保温达到试验温度±0.1℃。

3.2 试验步骤

3.2.1 将保温后的试件连同底板移入延度仪的水槽中,然后将盛有试样的试模自玻璃板或不锈钢板上取下,将试模两端的孔分别套在滑板及槽端固定板的金属柱上,并取下侧模。水面距试件表面应不小于25mm。

3.2.2 开动延度仪,并注意观察试样的延伸情况。此时应注意,在试验过程中,水温应始终保持在试验温度规定范围内,且仪器不得有振动,水面不得有晃动,当水槽采用循环水时,应暂时中断循环,停止水流。在试验中,当发现沥青细丝浮于水面或沉入槽底时,应在水中加入酒精或食盐,调整水的密度至与试样相近后,重新试验。

3.2.3 试件拉断时,读取指针所指标尺上的读数,以 cm 计。在正常情况下,试件延伸时应成锥尖状,拉断时实际断面接近于零。如不能得到这种结果,则应在报告中注明。

4 报告

同一样品，每次平行试验不少于 3 个，如 3 个测定结果均大于 100cm，试验结果记作">100cm"；特殊需要也可分别记录实测值。3 个测定结果中，当有一个以上的测定值小于 100cm 时，若最大值或最小值与平均值之差满足重复性试验要求，则取 3 个测定结果的平均值的整数作为延度试验结果，若平均值大于 100cm，记作">100cm"；若最大值或最小值与平均值之差不符合重复性试验要求时，试验应重新进行。

5 允许误差

当试验结果小于 100cm 时，重复性试验的允许误差为平均值的 20%，再现性试验的允许误差为平均值的 30%。

条文说明

本试验方法是在 2000 年试验规程(T 0605—1993)的基础上按照国标 GB/T 4508、ASTM D 113 及结合试验过程中发现的问题进行修改制定的。

首先本次修订对延度仪的试模按照 ASTM D 113 的尺寸图进行了修改。第二是对延度仪的测定长度规定不宜大于 150cm，其理由是延度仪大于 100cm 这个长度对我国所用的道路石油沥青已经足够了，而有的单位要求做 200cm 的延度仪是毫无意义的。因为延度试验时是以 5cm/min 的速度在拉伸，拉到 150cm 就需要 30min，而这个时候的沥青已经成发丝那么细了，如果继续拉一方面很难看见，另一方面温度也随着时间的延长而在变化，导致得出的延度值偏高。

根据实践经验，在试验方法的准备工作中，将试件在室温中冷却的时间进行了修改。原试验方法中规定试件在室温中冷却不少于 30~40min，然后置于规定试验温度 ±0.1℃ 的恒温水槽中，保持 30min 后取出，然后再刮平。通过实践发现，这种方法很不合理，没有必要放入水里保温，从水槽中取出来的试件上面会有水，这时再用很热的刮刀去刮平，会发生沥青乱溅现象，容易烫伤人。另外，如果试验温度较高，拿出来不小心时容易变形。本次修改为就在室温中冷却不少于 1.5h，然后再刮平。

第 3.1.3 条规定"将试模连同底板再放入规定试验温度的水槽中保温 1.5h。"当延度仪设备水槽的温度能够精确控制在试验温度 ±0.1℃ 时，试件可以在仪器的水槽中保温。

试模底板在 ASTM 中规定为钢板，所用隔离剂为汞剂；国标中规定为磨光金属板，隔离剂为甘油—滑石粉。但在实践中，用玻璃板比较方便，故本试验法规定为玻璃板或不锈钢板。

本规程认为舍去低值的方法是不合适的，且延度误差超过 5% 的情况甚多。美国对延度值的允许误差规定了一张图表，不同延度有不同的要求(图 T 0605-3)。图中，延度在 50~100cm 时，重复性为 10~30cm，再现性为 20~50cm。法国标准不分延度大小规定重复性为平均值的 10%，再现性为平均值的 20%。本试验法在修订时考虑到我国的现状，参考法国的方法同时适当放宽，较符合实际情况，也是根据实践经验提出的。

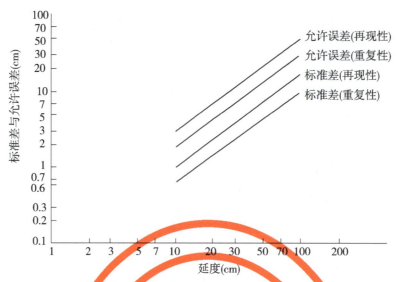

图 T 0605-3 延度值的允许误差要求(ASTM D 113、AASHTO T 51)

T 0606—2011 沥青软化点试验(环球法)

1 目的与适用范围

本方法适用于测定道路石油沥青、聚合物改性沥青的软化点,也适用于测定液体石油沥青、煤沥青蒸馏残留物或乳化沥青蒸发残留物的软化点。

2 仪具与材料技术要求

2.1 软化点试验仪:如图 T 0606-1 所示。由下列部件组成:

2.1.1 钢球:直径 9.53mm,质量 3.5g±0.05g。

2.1.2 试样环:黄铜或不锈钢等制成,形状和尺寸如图 T 0606-2 所示。

2.1.3 钢球定位环:黄铜或不锈钢制成,形状和尺寸如图 T 0606-3 所示。

2.1.4 金属支架:由两个主杆和三层平行的金属板组成。上层为一圆盘,直径略大于烧杯直径,中间有一圆孔,用以插放温度计。中层板形状和尺寸如图 T 0606-4 所示。板上有两个孔,各放置金属环,中

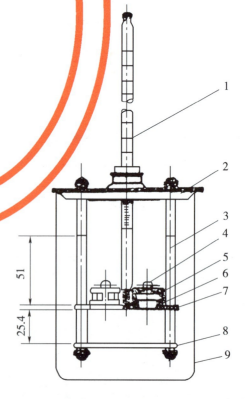

图 T 0606-1 软化点试验仪
1-温度计;2-上盖板;3-立杆;4-钢球;5-钢球定位环;6-金属环;7-中层板;8-下底板;9-烧杯

间有一小孔可支持温度计的测温端部。一侧立杆距环上面51mm处刻有水高标记。环下面距下层底板为25.4mm，而下底板距烧杯底不小于12.7mm，也不得大于19mm。三层金属板和两个主杆由两螺母固定在一起。

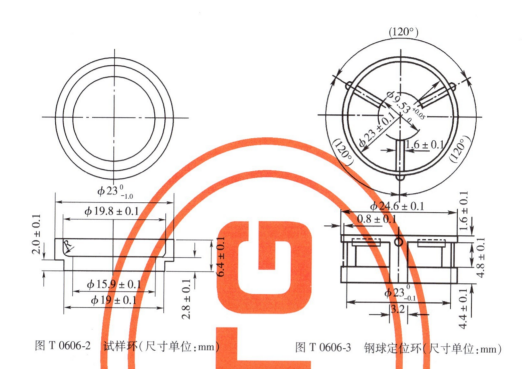

图 T 0606-2　试样环（尺寸单位：mm）　　　图 T 0606-3　钢球定位环（尺寸单位：mm）

2.1.5 耐热玻璃烧杯：容量800～1000mL，直径不小于86mm，高不小于120mm。

2.1.6 温度计：量程0～100℃，分度值0.5℃。

2.2 装有温度调节器的电炉或其他加热炉具（液化石油气、天然气等）。应采用带有振荡搅拌器的加热电炉，振荡子置于烧杯底部。

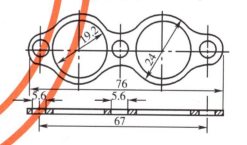

图 T 0606-4　中层板（尺寸单位：mm）

2.3 当采用自动软化点仪时，各项要求应与2.1及2.2相同，温度采用温度传感器测定，并能自动显示或记录，且应对自动装置的准确性经常校验。

2.4 试样底板：金属板（表面粗糙度应达 Ra0.8μm）或玻璃板。

2.5 恒温水槽：控温的准确度为±0.5℃。

2.6 平直刮刀。

2.7 甘油、滑石粉隔离剂（甘油与滑石粉的质量比为2:1）。

2.8 蒸馏水或纯净水。

2.9 其他：石棉网。

3 方法与步骤

3.1 准备工作

3.1.1 将试样环置于涂有甘油滑石粉隔离剂的试样底板上。按本规程 T 0602 的规定方法将准备好的沥青试样徐徐注入试样环内至略高出环面为止。

如估计试样软化点高于120℃，则试样环和试样底板（不用玻璃板）均应预热至80~100℃。

3.1.2 试样在室温冷却30min后，用热刮刀刮除环面上的试样，应使其与环面齐平。

3.2 试验步骤

3.2.1 试样软化点在80℃以下者：

1）将装有试样的试样环连同试样底板置于装有5℃±0.5℃水的恒温水槽中至少15min；同时将金属支架、钢球、钢球定位环等亦置于相同水槽中。

2）烧杯内注入新煮沸并冷却至5℃的蒸馏水或纯净水，水面略低于立杆上的深度标记。

3）从恒温水槽中取出盛有试样的试样环放置在支架中层板的圆孔中，套上定位环；然后将整个环架放入烧杯中，调整水面至深度标记，并保持水温为5℃±0.5℃。环架上任何部分不得附有气泡。将0~100℃的温度计由上层板中心孔垂直插入，使端部测温头底部与试样环下面齐平。

4）将盛有水和环架的烧杯移至放有石棉网的加热炉具上，然后将钢球放在定位环中间的试样中央，立即开动电磁振荡搅拌器，使水微微振荡，并开始加热，使杯中水温在3min内调节至维持每分钟上升5℃±0.5℃。在加热过程中，应记录每分钟上升的温度值，如温度上升速度超出此范围，则试验应重做。

5）试样受热软化逐渐下坠，至与下层底板表面接触时，立即读取温度，准确至0.5℃。

3.2.2 试样软化点在80℃以上者：

1）将装有试样的试样环连同试样底板置于装有32℃±1℃甘油的恒温槽中至少15min；同时将金属支架、钢球、钢球定位环等亦置于甘油中。

2）在烧杯内注入预先加热至32℃的甘油，其液面略低于立杆上的深度标记。

3）从恒温槽中取出装有试样的试样环，按上述3.2.1的方法进行测定，准确至1℃。

4 报告

同一试样平行试验两次，当两次测定值的差值符合重复性试验允许误差要求时，取其平均值作为软化点试验结果,准确至0.5℃。

5 允许误差

5.1 当试样软化点小于80℃时,重复性试验的允许误差为1℃,再现性试验的允许误差为4℃。

5.2 当试样软化点大于或等于80℃时,重复性试验的允许误差为2℃,再现性试验的允许误差为8℃。

条文说明

沥青软化点试验有环球法及克沙氏法。除德国DIN外,国际上一般采用环球法测定。所以我国也以环球法为标准软化点试验方法。国外标准中,同为环球法也有水槽法与油浴法之别,ASTM D 36规定软化点在80℃以上者用甘油浴测定。但ASTM D 2398及AASHTO T 53则规定均用乙烯乙二醇浴测定,该标准适用于软化点30～175℃范围,并说明了与ASTM方法的差异。当软化点低于80℃时,按T 53法测定的软化点要比按D 36测定值高2.5℃,比石油学会IP 58法高4.0℃;当软化点高于80℃时,T 53法测定结果比D 36法要高1.5℃,与IP 58法持平。对道路石油沥青来说,软化点不可能高于80℃,除AASHTO外国际上均使用水槽,因此本方法仍采用水槽。但对一些聚合物改性沥青、建筑石油沥青等,软化点可能高于80℃,则应按ASTM D 36规定使用甘油浴试验。

对试样环形状的规定,从试样环加工制作及目前实际使用情况看,基本上都是台阶形的。现在ASTM D 36、AASHTO T 53以及日本道路协会铺装试验法便览3-5-2等均只规定了一种台阶形环。故本试验法也规定成一种台阶形的试样环。石油部门提出的国标均规定试样环为铜制,但目前国内产品试样环为铜制的甚少,故本试验法仍规定为铜或不锈钢制成。

目前大部分国家的软化点试验采用电磁振荡搅拌器使水循环的方法,这样可以使水温更加均匀,故本办法也要求这样做。同时对自动软化点仪提出了具体要求,且规定应对自动装置的准确性经常校验。

温度计:按照国内一般温度计生产情况及软化点测定允许误差,温度计要求为0～100℃(分度值0.5℃)的规格。

试验方法中仍对沥青软化点在80℃以下及80℃以上分别编写。道路沥青软化点一般均不超过80℃,但聚合物改性沥青、建筑沥青等的软化点可能高于80℃,故保留这两种情况的写法。

对于试验结果的误差,AASHTO规定重复性允许误差2℃,再现性允许误差3℃。本方法规定的重复性允许误差采用石油沥青国标中规定的1℃(软化点80℃以下)、2℃(软化点80℃以上),再现性允许误差则分别为4℃及8℃。此规定均与日本道路协会铺装试验法便览及ASTM的规定相同。

T 0607—2011 沥青溶解度试验

1 目的与适用范围

本方法适用于测定道路石油沥青、聚合物改性沥青、液体石油沥青或乳化沥青蒸发后残留物的溶解度。非经注明,溶剂为三氯乙烯。

2 仪具与材料技术要求

2.1 分析天平:感量不大于0.1mg。

2.2 锥形烧瓶:250mL。

2.3 古氏坩埚:50mL,如图 T 0607-1 所示。

2.4 玻璃纤维滤纸:直径2.6cm,最小过滤孔0.6μm。

2.5 过滤瓶:250mL。

2.6 洗瓶。

2.7 量筒:100mL。

2.8 干燥器。

2.9 烘箱:装有温度自动调节器。

2.10 水槽。

2.11 三氯乙烯:化学纯。

图 T 0607-1 古氏坩埚

3 方法与步骤

3.1 准备工作

3.1.1 按本规程 T 0602 规定的方法准备沥青试样。

3.1.2 将玻璃纤维滤纸置于洁净的古氏坩埚中的底部,用溶剂冲洗滤纸和古氏坩埚,使溶剂挥发后,置温度为105℃±5℃的烘箱内干燥至恒重(一般为15min),然后移入干燥器中冷却,冷却时间不少于30min,称其质量(m_1),准确至0.1mg。

3.1.3 称取已烘干的锥形烧瓶和玻璃棒的质量(m_2),准确至0.1mg。

3.2 试验步骤

3.2.1 用预先干燥的锥形烧瓶称取沥青试样2g(m_3),准确至0.1mg。

3.2.2 在不断摇动下,分次加入三氯乙烯 100mL,直至试样溶解后盖上瓶塞,并在室温下放置至少 15min。

3.2.3 将已称质量的滤纸及古氏坩埚,安装在过滤烧瓶上,用少量的三氯乙烯润湿玻璃纤维滤纸;然后,将沥青溶液沿玻璃棒倒入玻璃纤维滤纸中,并以连续滴状速度进行过滤,直至全部溶液滤完;用少量溶剂分次清洗锥形烧瓶,将全部不溶物移至坩埚中;再用溶剂洗涤古氏坩埚的玻璃纤维滤纸,直至滤液无色透明为止。

3.2.4 取出古氏坩埚,置通风处,直至无溶剂气味为止;然后,将古氏坩埚移入温度为 105℃±5℃ 的烘箱中至少 20min;同时,将原锥形瓶、玻璃棒等也置于烘箱中烘至恒重。

3.2.5 取出古氏坩埚及锥形瓶等置干燥器中冷却 30min±5min 后,分别称其质量(m_4、m_5),直至连续称量的差不大于 0.3mg 为止。

4 计算

沥青试样的可溶物含量按式(T 0607-1)计算。

$$S_b = \left[1 - \frac{(m_4 - m_1) + (m_5 - m_2)}{m_3 - m_2}\right] \times 100 \quad (\text{T 0607-1})$$

式中:S_b——沥青试样的溶解度(%);
m_1——古氏坩埚与玻璃纤维滤纸合计质量(g);
m_2——锥形瓶与玻璃棒合计质量(g);
m_3——锥形瓶、玻璃棒与沥青试样合计质量(g);
m_4——古氏坩埚、玻璃纤维滤纸与不溶物合计质量(g);
m_5——锥形瓶、玻璃棒与黏附不溶物合计质量(g)。

5 报告

同一试样至少平行试验两次,当两次结果之差不大于 0.1% 时,取其平均值作为试验结果。对于溶解度大于 99.0% 的试验结果,准确至 0.01%;对于溶解度小于或等于 99.0% 的试验结果,准确至 0.1%。

6 允许误差

当试验结果平均值大于 99.0% 时,重复性试验的允许误差为 0.1%,再现性试验的允许误差为 0.26%。

条文说明

沥青溶解液过滤的方法很多,ASTM D 2042 中规定用古氏坩埚及玻璃纤维滤纸,本试验法依照国标修改为用古氏坩埚及玻璃纤维滤纸。由于聚合物改性沥青也需要做溶解液,本次修订在适用范围里面增加了聚合物改性沥青。在试验步骤里面,为了与相同的标准方法一致,去掉了水流泵或真空泵过滤的方法。

古氏坩埚及滤纸的溶剂挥发后置入烘箱的温度,国标及1983年试验规程均为105~110℃,而本试验法中规定温度为105℃±5℃,以便与其他试验方法的温度一致。烘干时间规定为15min,操作方便且更明确。

允许误差按照ASTM D 2042的要求进行了修改。

T 0608—1993 沥青蒸发损失试验

1 目的与适用范围

本方法适用于测定石油沥青的蒸发损失,蒸发损失后的残留物应进行针入度试验,计算残留物针入度占原试样针入度的百分率,并根据需要测定沥青残留物的延度、软化点等,以评定沥青受热时性质的变化。

2 仪具与材料技术要求

2.1 烘箱:内部尺寸不小于330mm×330mm,装有温度自动调节器,控制温度的准确度为1℃。箱内安装有一个直径大于250mm的转盘,中心由一垂直轴悬挂于烘箱中央,通过传动机构,使转盘以5.5r/min±1r/min的速度转动。转盘呈水平装置,上有6个凹圆槽,供放置盛样皿使用。烘箱正面安装有大于100mm×100mm的铰接密封窗门,窗门内层为玻璃制成,试验时不必打开烘箱门,只要打开窗门,即可通过玻璃读取箱内温度计的读数。烘箱应至少有一个进气孔及一个出气孔。烘箱亦可用T 0609"沥青薄膜加热试验"所用的薄膜加热烘箱代替。

2.2 盛样皿:金属或硬玻璃制成,不少于两个,平底,筒状,内径55mm±1mm,深35mm±1mm。亦可用洁净的针入度试验用盛样皿代替。

2.3 温度计:量程0~200℃,分度值0.5℃。

2.4 分析天平:感量不大于1mg。

2.5 其他:沥青熔化锅、计时器等。

3 方法与步骤

3.1 准备工作

3.1.1 称洁净、干燥的盛样皿的质量(m_0),准确至1mg。

3.1.2 按本规程 T 0602 沥青准备方法准备试样。将试样缓缓倾入两个盛样皿中,质量约 50g±0.5g,冷却至室温后再称试样与盛样皿合计质量(m_1),准确至 1mg。

3.1.3 将烘箱调成水平,使转盘在水平面上旋转;再将温度计挂在转盘上方,位于转盘边缘内侧 20mm,水银球底部在转盘顶面上的 6mm 处;然后打开烘箱的上下气孔,并加热保持温度 163℃±1℃。

3.2 试验步骤

3.2.1 待温度恒定后,将两个已盛试样的盛样皿置于烘箱内,注意观察温度下降,从温度回升至 163℃时开始计算,连续保持 5h。但全部时间不得超过 5.25h。

注:不宜将不同品种或标号的沥青同时放进一个烘箱中进行试验。

3.2.2 加热终了后取出盛样皿,在不落入灰尘的条件下,在室温下冷却,称取质量(m_2),准确至 1mg。

3.2.3 将盛样皿置于加热炉具上徐徐加热将沥青熔化,并用玻璃棒上下搅匀;并按本规程 T 0604 针入度试验法规定的步骤测定此残留物的针入度,如果试样数量不够本规程 T 0604 要求时,应增加试样皿数量;然后合并在要求的试样皿内试验。

4 计算

4.1 沥青试样蒸发损失百分率按式(T 0608-1)计算,当试样蒸发试验后质量减少时为负值,质量增加时为正值。

$$L_\mathrm{b} = \frac{m_2 - m_1}{m_1 - m_0} \times 100 \qquad (\text{T 0608-1})$$

式中:L_b——试样的蒸发损失(%);

m_0——盛样皿质量(g);

m_1——加热前盛样皿与试样合计质量(g);

m_2——加热后盛样皿与试样合计质量(g)。

4.2 试样蒸发后残留物的针入度占原试样针入度的百分率按式(T 0608-2)计算。

$$K_\mathrm{P} = \frac{P_2}{P_1} \times 100 \qquad (\text{T 0608-2})$$

式中:K_P——针入度比(%);

P_1——原试样的针入度(0.1mm);

P_2——蒸发损失后残留物的针入度(0.1mm)。

5 报告

同一试样平行试验两次,两个盛样皿的蒸发损失百分率之差符合重复性试验的允许误差时,求取其平均值作为试验结果,准确至2位小数。

6 允许误差

6.1 当蒸发损失小于0.5%时,重复性试验的允许误差为0.10%,再现性试验的允许误差为0.20%。

6.2 当蒸发损失大于或等于0.5%时,重复性试验的允许误差为0.20%,再现性试验的允许误差为0.40%。

6.3 残留物针入度的允许误差同本规程T 0604规定,不符合要求时应重新试验。

条文说明

关于试验方法名称,1983年试验规程中称为"沥青加热损失试验"(沥107—83),是按ASTM英文名翻译的,ASTM及AASHTO的试验名称为加热损失,但条文及试验结果也称为蒸发损失,尤其是我国沥青标准SY 1661中的指标名为蒸发损失。为与薄膜加热损失区分起见,本规程更名为"沥青蒸发损失试验"。

蒸发损失后的沥青残留物应进行针入度试验,但根据需要也可进行其他各项试验,以确定沥青受热时的变化。

试验用的烘箱,ASTM为专用烘箱,日本采用薄膜加热烘箱,而国标规定用"82型沥青薄膜烘箱"。本试验法按照国标GB/T 11964及ASTM D 6规定,烘箱由1983年试验规程按前苏联方法规定的一般烘箱改为美、日等国规定的水平旋转烘箱,按照ASTM等说明了蒸发试验用烘箱的规格、要求等,并注明了可用"沥青薄膜加热试验"用的烘箱代替。烘箱中转盘的转速,国外规定大都是5~6r/min,与薄膜加热烘箱5.5r/min±1r/min不同;本方法规定与薄膜加热烘箱相同,统一为5.5r/min±1r/min。

根据ASTM规定,温度计为特制155~170℃温度计。目前国产专用温度计能符合ASTM的规定要求,但考虑到温度计生产的实际情况,本试验规定采用一般温度计,但分度值要求为0.5℃。

T 0609—2011 沥青薄膜加热试验

1 目的与适用范围

本方法适用于测定道路石油沥青、聚合物改性沥青薄膜加热后的质量变化,并根据需要,测定薄膜加热后残留物的针入度、延度、软化点、黏度等性质的变化,以评定沥青的耐老化性能。

2 仪具与材料技术要求

2.1 薄膜加热烘箱:形状和尺寸如图 T 0609-1 所示,工作温度范围可达 200℃,控温的准确度为 1℃,装有温度调节器和可转动的圆盘架(图 T 0609-2)。

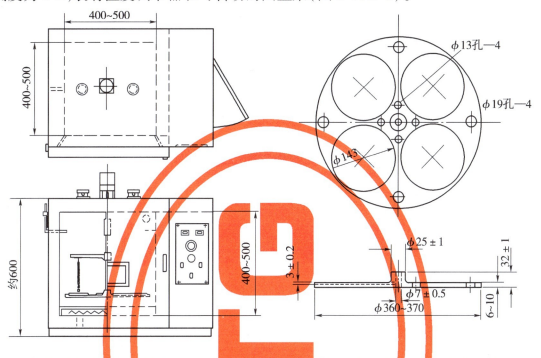

图 T 0609-1 薄膜加热烘箱(尺寸单位:mm)　　图 T 0609-2 圆盘架(尺寸单位:mm)

圆盘直径 360~370mm,上有浅槽 4 个,供放置盛样皿,转盘中心由一垂直轴悬挂于烘箱的中央,由传动机构使转盘水平转动,速度为 5.5r/min±1r/min。门为双层,两层之间应留有间隙,内层门为玻璃制,只要打开外门,便可通过玻璃窗读取烘箱中温度计的读数。烘箱应能自动通风,为此在烘箱底部及顶部分别设有空气入口和出口,以供热空气和蒸气的逸出和空气进入。

2.2 盛样皿:可用不锈钢或铝制成,不少于 4 个,在使用中不变形。形状和尺寸如图 T 0609-3 所示。

2.3 温度计:量程 0~200℃,分度值 0.5℃(允许由普通温度计代替)。

2.4 分析天平:感量不大于 1mg。

2.5 其他:干燥器、计时器等。

3 方法与步骤

3.1 准备工作

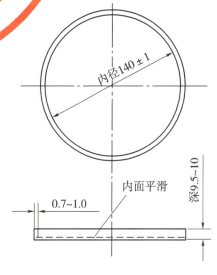

图 T 0609-3 盛样皿(尺寸单位:mm)

3.1.1 将洁净、烘干、冷却后的盛样皿编号，称其质量(m_0)，准确至1mg。

3.1.2 按本规程T 0602沥青试样准备方法准备沥青试样，分别注入4个已称质量的盛样皿中50g±0.5g，并形成沥青厚度均匀的薄膜，放入干燥器中冷却至室温后称取质量(m_1)，准确至1mg。同时按规定方法，测定沥青试样薄膜加热试验前的针入度、黏度、软化点、脆点及延度等性质。当试验项目需要，预计沥青数量不够时，可增加盛样皿数目，但不允许将不同品种或不同标号的沥青同时放在一个烘箱中进行试验。

3.1.3 将温度计垂直悬挂于转盘轴上，位于转盘中心，水银球应在转盘顶面上的6mm处，并将烘箱加热并保持至163℃±1℃。

3.2 试验步骤

3.2.1 把烘箱调整水平，使转盘在水平面上以5.5r/min±1r/min的速度旋转，转盘与水平面倾斜角不大于3°，温度计位置距转盘中心和边缘距离相等。

3.2.2 在烘箱达到恒温163℃后，迅速将盛有试样的盛样皿放入烘箱内的转盘上，并关闭烘箱门和开动转盘架；使烘箱内温度回升至162℃时开始计时，并在163℃±1℃温度下保持5h。但从放置试样开始至试验结束的总时间，不得超过5.25h。

3.2.3 试验结束后，从烘箱中取出盛样皿，如果不需要测定试样的质量变化，按3.2.5进行；如果需要测定试样的质量变化，随机取其中两个盛样皿放入干燥器中冷却至室温后，分别称其质量(m_2)，准确至1mg。

3.2.4 试样称量后，将盛样皿放回163℃±1℃的烘箱中转动15min；取出试样，立即按照3.2.5的步骤进行工作。

3.2.5 将每个盛样皿的试样，用刮刀或刮铲刮入一适当的容器内，置于加热炉上加热，并适当搅拌使充分融化达流动状态，倒入针入度盛样皿或延度、软化点等试模内，并按规定方法进行针入度等各项薄膜加热试验后残留物的相应试验。如在当日不能进行试验时，试样应放置在容器内，但全部试验必须在加热后72h内完成。

4 计算

4.1 沥青薄膜试验后质量变化按式(T 0609-1)计算，准确至3位小数(质量减少为负值，质量增加为正值)。

$$L_\mathrm{T} = \frac{m_2 - m_1}{m_1 - m_0} \times 100 \qquad (\text{T } 0609\text{-}1)$$

式中：L_T——试样薄膜加热质量变化(%)；

m_0——盛样皿质量(g)；

m_1——薄膜烘箱加热前盛样皿与试样合计质量(g)；

m_2——薄膜烘箱加热后盛样皿与试样合计质量(g)。

4.2 沥青薄膜烘箱试验后，残留物针入度比以残留物针入度占原试样针入度的比值按式(T 0609-2)计算。

$$K_\mathrm{P} = \frac{P_2}{P_1} \times 100 \qquad (\text{T } 0609\text{-}2)$$

式中：K_P——试样薄膜加热后残留物针入度比(%)；

P_1——薄膜加热试验前原试样的针入度(0.1mm)；

P_2——薄膜烘箱加热后残留物的针入度(0.1mm)。

4.3 沥青薄膜加热试验的残留物软化点增值按式(T 0609-3)计算。

$$\Delta T = T_2 - T_1 \qquad (\text{T } 0609\text{-}3)$$

式中：ΔT——薄膜加热试验后软化点增值(℃)；

T_1——薄膜加热试验前软化点(℃)；

T_2——薄膜加热试验后软化点(℃)。

4.4 沥青薄膜加热试验黏度比按式(T 0609-4)计算。

$$K_\eta = \frac{\eta_2}{\eta_1} \qquad (\text{T } 0609\text{-}4)$$

式中：K_η——薄膜加热试验前后60℃黏度比；

η_2——薄膜加热试验后60℃黏度(Pa·s)；

η_1——薄膜加热试验前60℃黏度(Pa·s)。

4.5 沥青的老化指数按式(T 0609-5)计算。

$$C = \lg\lg(\eta_2 \times 10^3) - \lg\lg(\eta_1 \times 10^3) \qquad (\text{T } 0609\text{-}5)$$

式中：C——沥青薄膜加热试验的老化指数。

5 报告

本试验的报告应注明下列结果：

5.1 质量变化。当两个试样皿的质量变化符合重复性试验允许误差要求时，取其平均值作为试验结果，准确至3位小数。

5.2 根据需要报告残留物的针入度及针入度比、软化点及软化点增值、黏度及黏度比、老化指数、延度、脆点等各项性质的变化。

6 允许误差

6.1 当薄膜加热后质量变化小于或等于0.4%时,重复性试验的允许误差为0.04%,再现性试验的允许误差为0.16%。

6.2 当薄膜加热后质量变化大于0.4%时,重复性试验的允许误差为平均值的8%,再现性试验的允许误差为平均值的40%。

6.3 残留物针入度、软化点、延度、黏度等性质试验的允许误差应符合相应的试验方法规定。

条文说明

本试验在2000年试验规程"沥青薄膜加热试验"基础上,参照国标GB/T 5304—2001及国外标准进行了修改,尤其是在试验步骤上基本上是一致的。沥青薄膜加热试验常简称为TFOT。本方法适用于测定石油沥青、聚合物改性沥青薄膜烘箱加热后质量和性质的变化,测定项目可根据需要决定。

对质量损失测定,美国等方法要求精确到0.001g,本方法与国外规定及国标相同。允许误差按ASTM等国外试验法规定。

T 0610—2011 沥青旋转薄膜加热试验

1 目的与适用范围

本方法适用于测定道路石油沥青、聚合物改性沥青旋转薄膜烘箱加热(简称RTFOT)后的质量变化,并根据需要测定旋转薄膜加热后,沥青残留物的针入度、黏度、延度及脆点等性质的变化,以评定沥青的老化性能。

2 仪具与材料技术要求

2.1 旋转薄膜烘箱:烘箱恒温室形状如图T 0610-1所示。烘箱具有双层壁,电热系统应有温度自动调节器,可保持温度为163℃±0.5℃,其内部尺寸为高381mm、宽483mm、深445mm±13mm(关门后)。烘箱门上有一双层耐热的玻璃窗,其宽为305~380mm、高203~229mm,可以通过此窗观察烘箱内部试验情况。最上部的加热元件应位于烘箱顶板的下方25mm±3mm,烘箱应调整成水平状态。

烘箱的顶部及底部均有通气口。底部通气口面积为150mm²±7mm²,对称配置,可供均匀进入空气的加热之用。上部通气口匀称地排列在烘箱顶部,其开口面积为93mm² ± 4.5mm²。

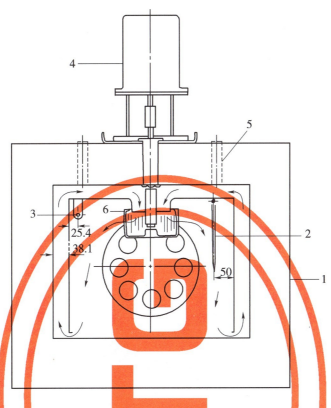

图 T 0610-1　旋转薄膜烘箱恒温室(尺寸单位:mm)
1-恒温箱;2-温度计;3-温度传感器;4-风扇电动机;5-换气孔;6-箱形风扇

烘箱内有一内壁,烘箱与内壁之间有一个通风空间,间隙为38.1mm。在烘箱宽的中点上,且从环形金属架表面至其轴间152.4mm处,有一外径133mm、宽73mm的鼠笼式风扇,并用一电动机驱动旋转,其速度为1 725r/min。鼠笼式风扇将以与叶片相反的方向转动。

烘箱温度的传感器装置在距左侧25.4mm及空气封闭箱内上顶板下约38.1mm处,以使测温元件处于距烘箱内后壁约203.2mm位置。将测试用的温度计悬挂或附着在顶板的一个距烘箱右侧中点50.8mm的装配架上。温度计悬挂时,其水银球与环形金属架的轴线相距25.4mm以内。温度控制器应能使全部装好沥青试样后,在10min之内达到试验温度。

烘箱内有一个直径为304.8mm的垂直环形架,架上装备有适当的能锁闭及开启8个水平放置的玻璃盛样瓶的固定装置。垂直环形架通过直径19mm的轴,以15r/min ± 0.2r/min速度转动。

烘箱内装备有一个空气喷嘴,在最低位置上向转动玻璃盛样瓶喷进热空气。喷嘴孔径为1.016mm,连接着一根长为7.6m、外径为8mm的铜管。铜管水平盘绕在烘箱的底部,并连通着一个能调节流量、新鲜的和无尘的空气源。为保证空气充分干燥,可用活性硅胶作为指示剂。在烘箱表面上装备有温度指示器,空气流量计的流量应为4 000 mL/min ± 200mL/min。

2.2 盛样瓶:耐热玻璃制,形状如图 T 0610-2 所示,高为 139.7mm ± 1.5mm,外径为 64mm ± 1.2mm,壁厚为 2.4mm ± 0.3mm,口部直径为 31.75mm ± 1.5mm。

2.3 温度计:量程 0 ~ 200℃,分度值 0.5℃。

2.4 分析天平:感量不大于 1mg。

2.5 溶剂:汽油、三氯乙烯等。

3 方法与步骤

3.1 准备工作

3.1.1 用汽油或三氯乙烯洗净盛样瓶后,置温度 105℃ ± 5℃烘箱中烘干,并在干燥器中冷却后编号称其质量(m_0),准确至 1mg。盛样瓶的数量应能满足试验的试样需要,通常不少于 8 个。

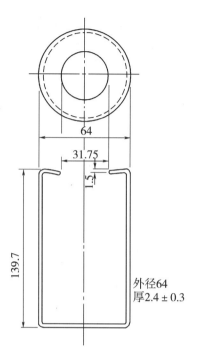

图 T 0610-2　盛样瓶
(尺寸单位:mm)

3.1.2 将旋转加热烘箱调节水平,并在 163℃ ± 0.5℃下预热不少于 16h,使箱内空气充分加热均匀。调节好温度控制器,使全部盛样瓶装入环形金属架后,烘箱的温度应在 10min 以内达到 163℃ ± 0.5℃。

3.1.3 调整喷气嘴与盛样瓶开口处的距离为 6.35mm,并调节流量计,使空气流量为 4 000mL/min ± 200mL/min。

3.1.4 按本规程 T 0602 的方法准备沥青试样,分别注入已称质量的盛样瓶中,其质量为 35g ± 0.5g,放入干燥器中冷却至室温后称取质量(m_1),准确至 1mg。需测定加热前后沥青性质变化时,应同时灌样测定加热前沥青的性质。

3.2 试验步骤

3.2.1 将称量完后的全部试样瓶放入烘箱环形架的各个瓶位中,关上烘箱门后开启环形架转动开关,以 15r/min ± 0.2r/min 速度转动。同时开始将流速 4 000mL/min ± 200mL/min 的热空气喷入转动着的盛样瓶的试样中,烘箱的温度应在 10min 回升到 163℃ ± 0.5℃,使试样在 163℃ ± 0.5℃温度下受热时间不少于 75min。总的持续时间为 85min。若 10min 内达不到试验温度,则试验不得继续进行。

3.2.2 到达时间后,停止环形架转动及喷射热空气,立即逐个取出盛样瓶,并迅速将试样倒入一洁净的容器内混匀(进行加热质量变化的试样除外),以备进行旋转薄膜加热试验后的沥青性质的试验,但不允许将已倒过的沥青试样瓶重复加热来取得更多的试样。所有试验项目应在72h内全部完成。

3.2.3 将进行质量变化试验的试样瓶放入真空干燥器中,冷却至室温,称取质量(m_2),准确至1mg。此瓶内的试样即予废弃(不得重复加热用来进行其他性质的试验)。

4 计算

4.1 沥青旋转薄膜加热试验后质量变化按式(T 0610-1)计算,准确至3位小数(质量减少为负值,质量增加为正值)。

$$L_T = \frac{m_2 - m_1}{m_1 - m_0} \times 100 \quad (T\ 0610\text{-}1)$$

式中：L_T——试样旋转薄膜加热质量变化(%);

m_0——盛样瓶质量(g);

m_1——旋转薄膜加热前盛样瓶与试样合计质量(g);

m_2——旋转薄膜加热后盛样瓶与试样合计质量(g)。

4.2 沥青旋转薄膜加热试验后,残留物针入度比以残留物针入度占原试样针入度的比值按式(T 0610-2)计算。

$$K_P = \frac{P_2}{P_1} \times 100 \quad (T\ 0610\text{-}2)$$

式中：K_P——试样旋转薄膜加热后残留物针入度比(%);

P_1——旋转薄膜加热前原试样的针入度(0.1mm);

P_2——旋转薄膜加热后残留物的针入度(0.1mm)。

4.3 沥青旋转薄膜加热试验的残留物软化点增值按式(T 0610-3)计算。

$$\Delta T = T_2 - T_1 \quad (T\ 0610\text{-}3)$$

式中：ΔT——旋转薄膜加热试验后软化点增值(℃);

T_1——旋转薄膜加热试验前软化点(℃);

T_2——旋转薄膜加热试验后软化点(℃)。

4.4 沥青旋转薄膜加热试验黏度比按式(T 0610-4)计算。

$$K_\eta = \frac{\eta_2}{\eta_1} \quad (T\ 0610\text{-}4)$$

式中：K_η——旋转薄膜加热试验前后60℃黏度比；
η_2——旋转薄膜加热试验后60℃黏度（Pa·s）；
η_1——旋转薄膜加热试验前60℃黏度（Pa·s）。

4.5 沥青的老化指数按式（T 0610-5）计算。

$$C = \lg\lg(\eta_2 \times 10^3) - \lg\lg(\eta_1 \times 10^3) \qquad (\text{T 0610-5})$$

式中：C——沥青旋转薄膜加热试验的老化指数。

5 报告

与本规程 T 0609 的报告要求相同。

6 允许误差

6.1 当旋转薄膜加热后质量变化小于或等于0.4%时，重复性试验的允许误差为0.04%，再现性试验的允许误差为0.16%。

6.2 当旋转薄膜加热后质量变化大于0.4%时，重复性试验的允许误差为平均值的8%，再现性试验的允许误差为平均值的40%。

6.3 残留物针入度、软化点、延度、黏度等性质试验的允许误差应符合相应试验方法的规定。

条文说明

沥青旋转薄膜加热试验（简称RTFOT）与沥青薄膜加热试验（简称TFOT）是同一性质的试验，但试验条件不同，也是国际上通行的一种试验。美国等一些沥青标准中规定旋转薄膜加热可以用薄膜加热试验替代。由于RTFOT沥青膜更薄，只有5~10μm，因此试验时间可以缩短，且更加接近沥青混合料拌和时的实际情况。目前国内许多单位已有这项试验设备，国内研制的沥青旋转薄膜烘箱也在大批量生产。本次修订在使用范围里增加了聚合物改性沥青。对沥青残留物测定的要求和允许误差等，均参考ASTM D 2872及日本的试验方法编写，有的地方作了文字上的修改。国内外大量试验证明，RTFOT与TFOT大体上有同等效果，故允许互相替代。尤其是对聚合物改性沥青，当黏度较高的改性沥青在进行RTFOT试验时，在旋转过程中沥青容易堆积在瓶口处，有时就会发生沥青从瓶口流出的现象。在规范中允许采用TFOT或RTFOT。

T 0611—2011 沥青闪点与燃点试验（克利夫兰开口杯法）

1 目的与适用范围

本方法适用于克利夫兰开口杯（简称COC）测定黏稠石油沥青、聚合物改性沥青及闪点在79℃以上的液体石油沥青的闪点和燃点,以评定施工的安全性。

2 仪具与材料技术要求

2.1 克利夫兰开口杯式闪点仪:形状和尺寸如图 T 0611-1 所示。它由下列部分组成:

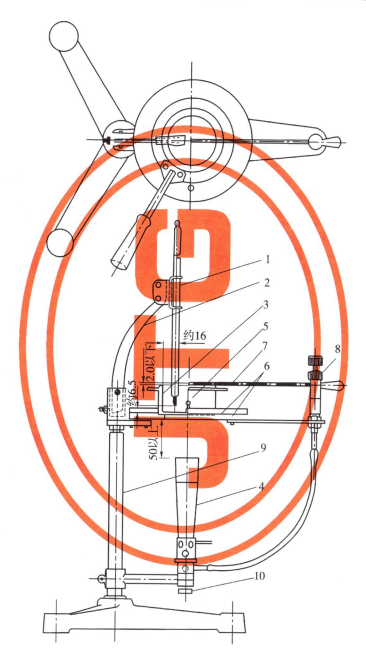

图 T 0611-1 克利夫兰开口杯式闪点仪(尺寸单位:mm)

1-温度计;2-温度计支架;3-金属试验杯;4-加热器具;5-试验标准球;6-加热板;7-试验火焰喷嘴;8-试验火焰调节开关;9-加热板支架;10-加热器调节钮

2.1.1 克利夫兰开口杯:用黄铜或铜合金制成,内口直径 63.5mm ± 0.5mm,深 33.6mm ± 0.5mm,在内壁与杯上口的距离为 9.4mm ± 0.4mm 处刻有一道环状标线,带一个弯柄把手,形状及尺寸如图 T 0611-2 所示。

2.1.2 加热板:黄铜或铸铁制,直径 145~160mm,厚约 6.5mm,上有石棉垫板,中心有圆孔,以支承金属试样杯。在距中心 58mm 处有一个与标准试焰大小相当的 $\phi 4.0mm \pm 0.2mm$ 电镀金属小球,供火焰调节的对照使用。加热板如图 T 0611-3 所示。

2.1.3 温度计:量程 0~360℃,分度值 2℃。

2.1.4 点火器:金属管制,端部为产生火焰的尖嘴,端部外径约 1.6mm,内径为 0.7~0.8mm,与可燃气体压力容器(如液化丙烷气或天然气)连接,火焰大小可以调节。点火器可以150mm 半径水平旋转,且端部恰好通过坩埚中

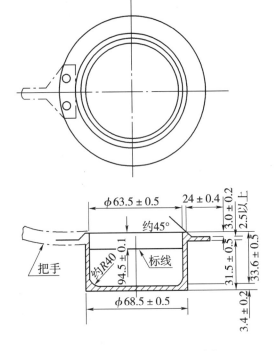

图 T 0611-2　克利夫兰开口杯(尺寸单位:mm)

心上方 2~2.5mm,也可采用电动旋转点火用具,但火焰通过金属试验杯的时间应为 1.0s 左右。

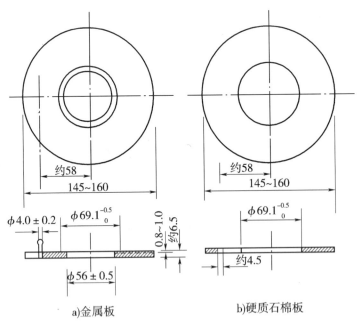

a)金属板　　　　b)硬质石棉板

图 T 0611-3　加热板(尺寸单位:mm)

2.1.5 铁支架:高约 500mm,附有温度计夹及试样杯支架,支脚为高度调节器,使加热顶保持水平。

2.2 防风屏:金属薄板制,三面将仪器围住挡风,内壁涂成黑色,高约 600mm。

2.3 加热源附有调节器的1kW电炉或燃气炉：根据需要，可以控制加热试样的升温速度为14～17℃/min、5.5℃/min±0.5℃/min。

3 方法与步骤

3.1 准备工作

3.1.1 将试样杯用溶剂洗净、烘干，装置于支架上。加热板放在可调电炉上，如用燃气炉时，加热板距炉口约50mm，接好可燃气管道或电源。

3.1.2 安装温度计，垂直插入试样杯中，温度计的水银球距杯底约6.5mm，位置在与点火器相对一侧距杯边缘约16mm处。

3.1.3 按本规程 T 0602 沥青试样准备方法准备试样后，注入试样杯中至标线处，并使试样杯外部不沾有沥青。

注：试样加热温度不能超过闪点以下55℃。

3.1.4 全部装置应置于室内光线较暗且无显著空气流通的地方，并用防风屏三面围护。

3.1.5 将点火器转向一侧，试验点火，调节火苗成标准球的形状或成直径为4mm±0.8mm的小球形试焰。

3.2 试验步骤

3.2.1 开始加热试样，升温速度迅速地达到14～17℃/min。待试样温度达到预期闪点前56℃时，调节加热器降低升温速度，以便在预期闪点前28℃时能使升温速度控制在5.5℃/min±0.5℃/min。

3.2.2 试样温度达到预期闪点前28℃时开始，每隔2℃将点火器的试焰沿试验杯口中心以150mm半径作弧水平扫过一次；从试验杯口的一边至另一边所经过的时间约1s。此时应确认点火器的试焰为直径4mm±0.8mm的火球，并位于坩埚口上方2～2.5mm处。

3.2.3 当试样液面上最初出现一瞬间即灭的蓝色火焰时，立即从温度计上读记温度，作为试样的闪点。

3.2.4 继续加热，保持试样升温速度5.5℃/min±0.5℃/min，并按上述操作要求用点火器点火试验。

3.2.5 当试样接触火焰立即着火,并能继续燃烧不少于5s时,停止加热,并读记温度计上的温度,作为试样的燃点。

4 报告

4.1 同一试样至少平行试验两次,两次测定结果的差值不超过重复性试验允许误差8℃时,取其平均值的整数作为试验结果。

4.2 当试验时大气压在95.3kPa(715mmHg)以下时,应对闪点或燃点的试验结果进行修正。当大气压为95.3~84.5kPa(715~634mmHg)时,修正值增加2.8℃;当大气压为84.5~73.3kPa(634~550mmHg)时,修正值增加5.5℃。

5 允许误差

重复性试验的允许误差为:闪点8℃,燃点8℃;
再现性试验的允许误差为:闪点16℃,燃点14℃。

条文说明

沥青的闪点是各国沥青质量的安全性指标,同时沥青燃点是施工安全的一项参考指标,因此本方法将两个指标同时纳入。本次修订在使用范围里增加了聚合物改性沥青,煤沥青不适合热拌混合料,所以在适用范围里取消了煤沥青。由于各国所用盛样容器规格不一,绝大多数国家都采用ASTM D 92、AASHTO T 48中的克利夫兰式开口杯(Cleveland Open Cup)(黏稠石油沥青等试验用),简称COC法;液体沥青试验则采用ASTM D 143、AASHTO T 79中的泰格开口杯(Tag Open Cup),简称TOC法。所以本方法也采用克利夫兰式开口杯法,按AASHTO T 48规定适用于黏稠石油沥青、聚合物改性沥青;对闪点在79℃以下的液体石油沥青,采用泰格杯试验方法(T 0633)。

各种开口杯的试样尺寸比较见表T 0611-1。由表T 0611-1可见,泰格开口杯及克利夫兰开口杯的沥青液面与杯口距离相同,只是因为闪点较低,从安全角度出发,改明火加热为水槽或油浴加热,且杯子为玻璃制成。

表 T 0611-1 开口杯比较(单位:mm)

开口杯	克利夫兰式	泰格式	布林肯式
形式	带方柄的圆筒皿	圆筒	坩埚
材料	金属制(铜)	玻璃制	金属制(铁)
内径	63.5	50	64
外径	68	55	65
内高	33	48	47
壁厚	2.4	5	1
底厚	3	4	1
标记与杯口距离	9.5	9.5	18及12
加热	明火或电炉直接加热	水槽或油浴	砂浴

根据ASTM及日本等国的试验法,采用普通的燃气或电炉加热,将使试验更为简单。对温度计的要求,ASTM规定为-6~400℃(黏稠沥青)及-7~170℃(液体沥青)两种,日本则使用0~400℃,前苏联使用0~360℃。根据我国温度计的生产情况,规定温度计为0~360℃。

点火器的形状及产生的试焰对测定结果有一定影响。目前燃气使用普遍,小管的丙烷气也很方便,因此采用了金属管燃气点火用具。关于试焰标准,在杯子上附有小球,AASHTO T 48规定为ϕ3.8~5.4mm,试验时控制与此相同;日本规定小球尺寸为ϕ4.0mm±0.2mm,试验时考虑过于精密不可能达到。本方法采用ϕ4mm±0.8mm,以便于使用。

点火器口位置,日本规定在杯口2.0mm以内,AASHTO规定不高于2.5mm。

试验步骤中的加热上升速度及点火时间与ASTM、AASHTO及日本方法是一致的。

对允许误差,AASHTO规定重复性为8℃,无再现性要求。ASTM有再现性要求,闪点为17℃,燃点为14℃。日本道路协会铺装试验法便览3-5-5只测闪点,重复性8℃,再现性16℃。本方法是根据国外规定综合确定的。

T 0612—1993 沥青含水量试验

1 目的与适用范围

本方法适用于测定石油沥青、煤沥青或乳化沥青等的含水量。

2 仪具与材料技术要求

2.1 含水量测定仪:如图T 0612-1所示。它由下列几部分组成:

2.1.1 玻璃烧瓶:硬玻璃制,圆底,短颈,直径100mm,容积500mL。

2.1.2 水分接受器:形状和尺寸如图T 0612-2所示。在容积0.3mL以下设有10等分刻度;0.3~1mL间设有7等分的刻度;1~10mL间每分度为0.2mL。精密度相近的水分接受器也可使用。

2.1.3 冷凝管:直形,内管直径10mm±1mm,全长350~400mm,末端斜切,套管直径40~50mm,长250~300mm,进出水管口接近两端。尺寸相近的冷凝管也可使用。

2.2 铁架:附有铁环及铁夹。

2.3 量筒:100mL,最小分度1mL。

2.4 天平:感量不大于0.1g。

2.5 加热器:装有温度调节器的电炉或燃气炉。

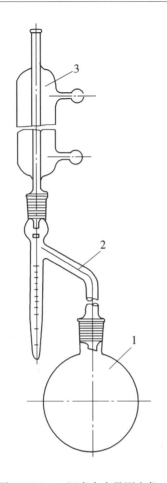
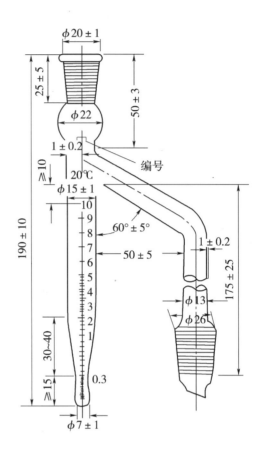

图 T 0612-1 沥青含水量测定仪
1-烧瓶;2-水分接受器;3-冷凝管

图 T 0612-2 水分接受器(尺寸单位:mm)

2.6 石棉网。

2.7 溶剂:二甲苯或甲苯与二甲苯(体积比 20:80)的混合物等,工业纯。

2.8 其他:玻璃毛细管(一端封闭)或烘干的无釉磁片、带橡皮头的玻璃棒等。

3 方法与步骤

3.1 准备工作

3.1.1 称量洗净并烘干的玻璃烧瓶的质量(m_1),准确至 0.1g。

3.1.2 将试样充分摇匀,或预热至 50~80℃,使其成流体后注入玻璃烧瓶中约 100g(水分少于 25% 时)或 50g(水分多于 25% 时),称其合计质量(m_2),准确至 0.1g。

3.1.3 用量筒量取 200mL 溶剂,注入烧瓶中。将烧瓶中的混合物仔细摇匀,勿使其溅出瓶外,并投入一些玻璃毛细管或无釉磁片。

3.1.4 将仪器装置按图 T 0612-1 装配好。先将洗净并烘干的水分接受器 2 的支管紧密地安装在玻璃烧瓶 1 上,使支管的斜口进入烧瓶 15～20cm;然后在接受器上连接冷凝管 3。冷凝管的内壁要预先用棉花拭干。安装时,冷凝管与水分接受器的轴心线要互相重合,冷凝管的下端的斜口切面要与接受器的支管管口相对。为避免蒸汽逸出,应在塞子缝隙上再涂抹火棉胶。进入冷凝管的水温与室温相差较大时,应在冷凝管的上端用棉花塞紧,以免空气中的水蒸气进入冷凝管凝结。

3.2 试验步骤

3.2.1 加热烧瓶并控制冷凝液的回流速度,使冷凝管的斜口保持每秒滴下 2～5 滴液体。

3.2.2 回馏过程中,水分接受器中的水将达到最大容积刻度前,停止加热,待无溶剂滴出时,迅速取下接受器,并将溶剂及水倒入一量筒中,然后装好继续加热回馏。

3.2.3 回馏将近完毕时,如果冷凝管内壁沾有水滴,应使烧瓶中的混合液在短时间剧烈沸腾,利用冷凝的溶剂将水滴尽量洗入接受器中。

3.2.4 接受器中收集的水体积不再增加,而且上层的溶剂完全透明时,应停止加热。

停止加热后,如冷凝管内壁仍有水滴,应从冷凝管上端倒入溶剂,把水滴冲进接受器。如溶剂冲洗依然无效,就用细玻璃棒带有橡皮的一端,把冷凝器内的水刮到接受器中。

3.2.5 使玻璃烧瓶冷却后,将仪器拆卸,读记接受器内或量筒中水分的体积(V_w)。

当接受器内的溶剂呈现浑浊,且管底收集的水分不超过 0.2mL 时,将接受器放入热水中浸 20～30min,使溶剂澄清,再将接受器冷却至室温后,才读记管底收集水分的体积。

4 计算

试样含水量按式(T 0612-1)计算。

$$P_w = \frac{V_w \times \rho_w}{m_2 - m_1} \times 100 \qquad (T\ 0612\text{-}1)$$

式中:P_w——试样含水量(%);

V_w——接受器中水分的体积(mL);

m_1——玻璃烧瓶质量(g);
m_2——玻璃烧瓶与试样合计质量(g);
ρ_w——水的密度(≈ 1g/mL)。

5 报告

同一试样至少平行试验两次,当两次平行试验结果的差值符合重复性试验允许误差要求时,取其平均值作为试验结果。

6 允许误差

6.1 对黏稠石油沥青,若接受器中的水不足1mL时,重复性试验的允许误差为0.1mL,再现性试验的允许误差为0.2mL;若接受器中的水为1.1~25mL时,重复性试验的允许误差为0.1mL或平均值的2%,再现性试验的允许误差为0.2mL或平均值的10%。

6.2 对乳化沥青,重复性试验的允许误差为0.8%,再现性试验的允许误差为2.0%。

条文说明

正常情况下沥青产品中不含水分,但是沥青从制造到使用的各个环节中都有可能混进水分。沥青中的水分不仅影响沥青质量,且影响施工安全。ASTM D 95及AASHTO T 55规定了石油沥青、煤沥青含水量的测定方法,ASTM D 244乳化沥青试验中也有含水量测定方法。本试验法在文字上参考国外这些方法作了些修改。日本道路协会铺装试验法便览中无沥青的含水量试验。

含水量测定仪在ASTM标准中列有两种:一种为金属蒸馏釜,可供含水较多时使用;另一种为玻璃制蒸馏瓶,可供含水较少时应用。我国在20世纪50年代尚有金属釜产品出售,现在只有很少单位尚有此项设备,为此本试验法仍维持使用玻璃蒸馏瓶。

试验用溶剂在ASTM D 95及AASHTO T 55中规定为二甲苯(工业纯)、20%甲苯与80%二甲苯的混合物、石脑油等,前苏联规定为轻油产品、甲苯、二甲苯或苯等,目的是能溶解沥青的各种成分。为此,本试验法参照AASHTO T 55选用二甲苯或甲苯与二甲苯的混合物。

本试验法考虑到乳化沥青测定的需要,增补了在回馏过程中,水分接受器中的水将达最大容积前,停止加热,待无溶剂滴出时,迅速取下接受器,将溶剂及水倒入一量筒中,然后装好继续加热回馏的做法。

试验的允许误差,黏稠沥青采用ASTM D 95及AASHTO T 55的规定,对乳化沥青采用ASTM D 24.4的规定。

T 0613—1993 沥青脆点试验(弗拉斯法)

1 目的与适用范围

本方法适用于测定各种沥青材料的弗拉斯脆点。

2 仪具与材料技术要求

2.1 弗拉斯脆点仪:如图 T 0613-1 所示。它由下列各部分组成:

2.1.1 弯曲器:如图 T 0613-2 所示,由两个同心圆管组成,它们由硬质玻璃或其他绝缘材料制成。在每一圆管的下端紧紧地装上夹钳,位于两夹钳之间的内管部分留有夹缝,下端有一圆孔,起固定温度计作用,以便插入内管中的温度计从缝隙可看到水银球固定在内管下端圆孔中。同心圆两管上端装置一个带有摇把的机械升降器。转动摇把,可使内管相对于外管上下移动,从而改变两夹钳之间的距离。夹钳(图 T 0613-3)之间的最大距离为 40mm ± 0.1mm,摇动摇把 10~12 圈能使两夹钳之间的距离缩短 3.5mm ± 0.2mm。

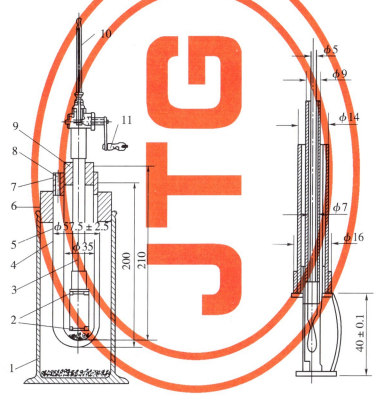

图 T 0613-1 弗拉斯脆点仪(尺寸单位:mm)　　图 T 0613-2 弯曲器(尺寸单位:mm)
1-外筒;2-夹钳;3-硬塑料管;4-真空玻璃管;5-试样管;6、7、9-橡胶管;8-通冷却液管道;10-温度计;11-摇把

2.1.2 薄钢片:不锈钢制成,具有弹性,重复弯曲不变形,长 41mm ± 0.5mm,宽 20mm ± 0.2mm,厚 0.15mm ± 0.02mm,不用时钢片必须展平。

2.1.3 冷却装置:包括一个大试管(内径 35mm,长 210mm),该试管借橡皮塞偏轴固定在另一个较大的平底或带木座的已构成真空的双层壁的圆柱玻璃筒(内径 55mm,外径

65mm，长220mm）内，橡皮塞上装有一个小漏斗。在需要时玻璃筒也可用一个合适尺寸的冷藏瓶或其他冷浴代替。

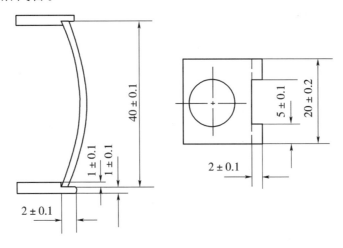

图 T 0613-3　夹钳（尺寸单位：mm）

2.2　温度计：量程 -38～+30℃，分度值 0.5℃。

2.3　干冰或其他冷却剂。

2.4　工业酒精。

2.5　天平：感量不大于 0.01g。

2.6　其他：电炉、滤筛等。

3　方法与步骤

3.1　准备工作

3.1.1　按本规程 T 0602 的方法准备沥青试样。

3.1.2　在一块洁净的薄钢片上，称取试样 0.4g±0.01g 后将薄钢片在电炉上慢慢加热；当沥青刚刚流动时，用镊子夹住薄钢片前后左右摆动，使试样均匀地布满在薄钢片表面上，形成光滑的薄膜。在制样过程中防止样品膜产生气泡，并从开始加热起应在 5～10min 内完成。

注：对于软化点高的试样，也可用干净的细针尖展开或用玻璃纸等薄片隔开按压，并经过适当加热制备成薄膜试件。

当仪器附有将试样压制成宽 20mm、厚 0.5mm 薄膜的特殊压膜设备时，可将压制的试样薄膜按长度贴在不锈钢薄片上，并加微热，使之与钢片很好地黏结起来。

将制备成的试样薄膜小心地移置于平稳的试验台上,在室温下冷却至少30min,并保护试样薄膜不得沾染灰尘。

3.1.3 在玻璃圆柱筒中注入工业酒精,注入量约为空间的一半。

3.2 试验步骤

3.2.1 将涂有试样薄膜的钢片稍稍弯曲,并仔细装入弯曲器的两个夹钳中间。

3.2.2 将已装妥样片的弯曲器置于大试管中,装妥温度计,再将装有弯曲器的大试管置于圆柱玻璃筒内;然后从漏斗中将干冰(固体二氧化碳)慢慢加到酒精中,控制温度下降的速度1℃/min。

3.2.3 当温度到达预计的脆点以前10℃时,开始以60r/min的速度转动摇把,直到摇不动为止(一般转动摇把10~20转)。不取出弯曲器观察薄片上试样是否有裂缝,有时也可听到断裂响声,这时就不必再转动摇把,如无裂缝则以相同的速度转回。如此操作,使薄钢片每分钟弯曲一次。

3.2.4 当薄钢片弯曲时,出现一个或多个裂缝时的温度即作为试样的脆点。

4 报告

同一试样至少平行试验3次,每次试验都必须使温度回升到与第一次试验相同的状态,取误差在3℃范围内的3个测定值的平均值作为试验结果,取整数作为试样的脆点。

5 允许误差

重复性试验的允许误差为2℃。

条文说明

本试验法是在1983年试验规程(沥118—83)的基础上,参照国标GB/T 4510及国外通行标准如ISO—80及日本道路协会铺装试验法便览3-5-13等标准等修改制定的,此试验法未列入AASHTO标准。

弗拉斯脆点弯曲器,1983年试验规程按瑞士进口仪器规定为塑料管,现根据国标及国外标准,统一采用硬质玻璃或其他绝缘材料制成。但国内有用钢制的,由于钢管受温度影响较大,试验结果也受影响,故不宜采用。薄钢片在国标及国外标准中规定为"有弹性的钢片",实际使用发现普通钢片易锈蚀,故仍决定使用"有弹性的不锈钢片"的规定。只是钢片的尺寸按照国标及国外标准,由原来的长

40mm±0.5mm 统一修改为长 41mm±0.5mm。冷却装置按照国标进行了修改。根据实践,有的冷却装置将干冰放入筒内冷却酒精时较为困难,而目前各种新的制冷设备不断出现,因此补充了玻璃筒也可用一个合适尺寸的冷藏瓶或其他冷浴代替的条款。

弗拉斯脆点的试验误差普遍反映较大,其中一个重要原因是每次试验时的起始温度不同,第二次试验的起始温度往往低于第一次的温度。为提高试验精密度,本方法规定平行试验3次,每次试验都必须使温度回升到与第一次试验时相同的状态开始,并取误差在3℃范围内的3个测定值的平均值为试验结果。

按照国标及国外的标准对允许误差的要求作了修改。

T 0614—2011 沥青灰分含量试验

1 目的与适用范围

本方法适用于测定石油沥青、岩沥青、湖沥青等材料的灰分含量。

2 仪具与材料技术要求

2.1 高温炉:控制温度 900℃±10℃,具有温度调节控制器。

2.2 蒸发皿:容量 50mL。

2.3 天平:感量不大于 0.1mg。

2.4 其他:干燥器、坩埚钳、烘箱等。

3 方法与步骤

3.1 准备工作

将蒸发皿洗净、烘干后,置于已加热至恒温 900℃±10℃ 的高温炉中煅烧至恒重(连续称量两次的差数不大于 0.3mg)为止。

3.2 试验步骤

3.2.1 按本规程 T 0602 准备沥青试样,注入蒸发皿内 3g 样品,准确至 0.1mg。

3.2.2 将盛有试样的蒸发皿置于高温炉中,逐渐提高温度,但注意升温不可过快,以防试样溅溢损失。使蒸发皿中试样的挥发物全部挥发,仅剩下炭状残留物后,再将高温炉升至 900℃±10℃,煅烧 2h。如煅烧后仍有黑色颗粒再继续煅烧,至残留物无黑色为止。

3.2.3 取出蒸发皿,置空气中冷却5min,然后置于干燥器中冷却至室温后称其质量,准确至0.1mg。

3.2.4 重复进行煅烧,每次15～30min,直至冷却后连续称量两次的差数不大于0.3mg为止。

4 计算

沥青试样的灰分含量按式(T 0614-1)计算。

$$P_a = \frac{m_2 - m}{m_1 - m} \times 100 \qquad (\text{T } 0614\text{-}1)$$

式中:P_a——灰分含量(%);
m——蒸发皿质量(g);
m_1——蒸发皿与试样合计质量(g);
m_2——蒸发皿与灰分合计质量(g)。

5 报告

同一试样至少平行试验两次,两次平行试验结果的差值不大于0.03%时,取平均值作为试验结果。

6 允许误差

重复性试验的允许误差为0.03%,再现性试验的允许误差为0.05%。

条文说明

本试验法仍保留2000年试验规程中的方法,但作了一些改动。考虑到现在有的沥青材料需要做灰分含量试验,所以扩大了适用范围。对高温炉原方法要求温度是950℃,由于试验是在控制温度900℃±10℃煅烧,所以本次修订要求高温炉的控制温度为900℃±10℃。在重复煅烧时,要求连续称量两次的差数不大于0.3mg。AASHTO T 111沥青材料无机物或灰分含量测定方法为用一坩埚内盛3～5g试样加热至燃烧,后用碳酸铵饱和溶液中和的燃烧法(与本规程T 0722类似)。本规程仍采用高温炉方法,两者略有不同。

T 0615—2011 沥青蜡含量试验(蒸馏法)

1 目的与适用范围

本方法适用于采用裂解蒸馏法测定道路石油沥青中的蜡含量。

2 仪具与材料技术要求

2.1 蒸馏烧瓶:形状和尺寸如图 T 0615-1 所示,采用耐热玻璃制成。

2.2 自动制冷装置:冷浴槽可容纳 3 套蜡冷却过滤装置,冷却温度能达到 -30℃,并且能控制在 -30℃±0.1℃。冷却液介质可采用工业酒精或乙二醇的水溶液等。

2.3 蜡冷却过滤装置:由砂芯过滤漏斗、吸滤瓶、试样冷却筒、柱杆塞等组成,形状和尺寸如图 T 0615-2 所示,砂芯过滤漏斗(P16)的孔径系数为 10~16μm。

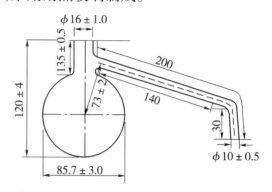

图 T 0615-1 蒸馏烧瓶(尺寸单位:mm)

2.4 蜡过滤瓶:类似锥形瓶,有一个分支,能够进行真空抽吸的玻璃瓶(图 T 0615-3)。

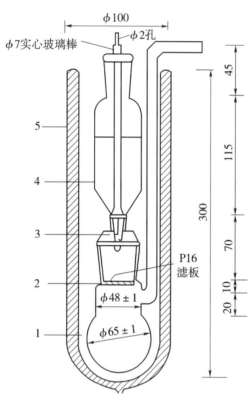

图 T 0615-2 冷却过滤装置(尺寸单位:mm)
1-吸滤瓶;2-砂芯过滤漏斗;3-柱杆塞;4-试样冷却筒;5-冷浴槽

图 T 0615-3 蜡过滤瓶

2.5 立式可调高温炉:恒温 550℃±10℃。

2.6 分析天平:感量不大于 0.1mg、0.1g 各 1 台。

2.7 温度计:量程-30~+60℃,分度值0.5℃。

2.8 锥形烧瓶:150mL或250mL数个。

2.9 玻璃漏斗:直径40mm。

2.10 真空泵。

2.11 无水乙醚、无水乙醇:分析纯。

2.12 石油醚(60~90℃):分析纯。

2.13 工业酒精。

2.14 干燥器。

2.15 烘箱:控制温度100℃±5℃。

2.16 其他:电热套、量筒、烧杯、冷凝管、蒸馏水、燃气灯等。

3 方法与步骤

3.1 准备工作

3.1.1 将蒸馏烧瓶洗净、烘干后称其质量,准确至0.1g,然后置干燥箱中备用。

3.1.2 将150mL或250mL锥形瓶洗净、烘干、编号后称其质量,准确至0.1mg,然后置干燥器中备用。

3.1.3 将冷却装置各部洗净、干燥,其中砂芯过滤漏斗用洗液浸泡后用蒸馏水冲洗干净,然后烘干备用。

3.1.4 按本规程T 0602方法准备沥青试样。

3.1.5 将高温炉预加热并控制炉内恒温550℃±10℃。

3.1.6 在烧杯内备好碎冰水。

3.2 试验步骤

3.2.1 向蒸馏烧瓶中装入沥青试样(m_b)50g±1g,准确至0.1g。用软木塞盖严蒸馏瓶。用已知质量的锥形瓶作接受器,浸在装有碎冰的烧杯中。

3.2.2 将盛有试样的蒸馏瓶置已恒温550℃±10℃的高温电炉中,蒸馏瓶支管与置于冰水中的锥形瓶连接。随后蒸馏瓶底将渐渐烧红。

如用燃气灯时,应调节火焰高度将蒸馏瓶周围包住。

3.2.3 调节加热强度(即调节蒸馏瓶至高温炉间距离或燃气灯火焰大小),从加热开始起5~8min内开始初馏(支管端口流出第一滴馏分);然后以每秒两滴(4~5 mL/min)的流出速度继续蒸馏至无馏分油,瓶内蒸馏残留物完全形成焦炭为止。全部蒸馏过程必须在25min内完成。蒸馏完后支管中残留的馏分不应流入接受器中。

3.2.4 将盛有馏分油的锥形瓶从冰水中取出,拭干瓶外水分,置室温下冷却称其质量,得到馏分油总质量(m_1),准确至0.05g。

3.2.5 将盛有馏分油的锥形瓶盖上盖,稍加热熔化,并摇晃锥形瓶使试样均匀。加热时温度不要太高,避免有蒸发损失;然后,将熔化的馏分油注入另一已知质量的锥形瓶(250mL)中,称取用于脱蜡的馏分油质量1~3g(m_2),准确至0.1mg。估计蜡含量高的试样馏分油数量宜少取,反之需多取,使其冷冻过滤后能得到0.05~0.1g蜡,但取样量不得超过10g。

3.2.6 准备好符合控温精度的自动制冷装置,向冷浴中注入适量的冷液(工业酒精),其液面比试样冷却筒内液面(无水乙醚—乙醇)高100mm以上,设定制冷温度,使其冷浴温度保持在-20℃±0.5℃。把温度计浸没在冷浴150mm深处。

3.2.7 将吸滤瓶、玻璃过滤漏斗、试样冷却筒和柱杆塞组成冷冻过滤组件,按图T 0615-2所示组装好。

3.2.8 将盛有馏分油的锥形瓶注入10mL无水乙醚,使其充分溶解;然后注入试样冷却筒中,再用15mL无水乙醚分两次清洗盛油的锥形瓶,并将清洗液倒入试样冷却筒中;再将25mL无水乙醇注入试样冷却筒内与无水乙醚充分混合均匀。

3.2.9 将冷冻过滤组件放入已经预冷的冷浴中,冷却1h,使蜡充分结晶。在带有磨口塞的试管中装入30mL无水乙醚—无水乙醇(体积比1:1)混合液(作洗液用),并放入冷浴中冷却至-20℃±0.5℃,恒冷15min以后再使用。

3.2.10 当试样冷却筒中溶液冷却结晶后,拔起柱杆塞,过滤结晶析出的蜡,并将柱杆塞用适当方法悬吊在试样冷却筒中,保持自然过滤 30min。

3.2.11 当砂芯过滤漏斗内看不到液体时,启动真空泵,使滤液的过滤速度为每秒 1 滴左右,抽滤至无液体滴落;再将已冷却的无水乙醚—无水乙醇(体积比 1∶1)混合液一次加入 30mL,洗涤蜡层、柱杆塞及试样冷却筒内壁;继续过滤,当溶剂在蜡层上看不见时,继续抽滤 5min,将蜡中的溶剂抽干。

3.2.12 从冷浴中取出冷冻过滤组件,取下吸滤瓶,将其中溶液倾入一回收瓶中。吸滤瓶也用无水乙醚—无水乙醇混合液冲洗 3 次,每次用 10～15mL,洗液并入回收瓶中。

3.2.13 将冷冻过滤组件(不包括吸滤瓶)装在蜡过滤瓶上,用 30mL 已预热至 30～40℃的石油醚将砂芯过滤漏斗、试样冷却筒和柱杆塞的蜡溶解;拔起柱杆塞,待漏斗中无溶液后,再用热石油醚溶解漏斗中的蜡两次,每次用量 35mL;然后立即真空泵吸滤,至无液体滴落。

3.2.14 将吸滤瓶中蜡溶液倾入已称质量的锥形瓶中,并用常温石油醚分 3 次清洗吸滤瓶,每次用量 5～10mL。洗液倒入锥形瓶的蜡溶液中。

3.2.15 将盛有蜡溶液的锥形瓶放在适宜的热源上蒸馏到石油醚蒸发净尽后,将锥形瓶置温度为 105℃±5℃的烘箱中除去石油醚;然后放入真空干燥箱(105℃±5℃、残压 21～35kPa)中 1h,再置干燥器中冷却 1h 后称其质量,得到析出蜡的质量 m_w,准确至 0.1mg。

3.2.16 同一沥青试样蒸馏后,应从馏分油中取两个以上试样进行平行试验。当取两个试样试验的结果超出重复性试验允许误差要求时,需追加试验。当为仲裁性试验时,平行试验数应为 3 个。

4 计算

4.1 沥青试样的蜡含量按式(T 0615-1)计算。

$$P_P = \frac{m_1 \times m_w}{m_b \times m_2} \times 100 \qquad (\text{T 0615-1})$$

式中:P_P——蜡含量(%);

m_b——沥青试样质量(g);

m_1——馏分油总质量(g);

m_2——用于测定蜡的馏分油质量(g);
m_w——析出蜡的质量(g)。

4.2 所进行的平行试验结果的最大值与最小值之差符合重复性试验误差要求时,取其平均值作为蜡含量结果,准确至1位小数(%);当超过重复性试验误差时,以分离得到的蜡的质量(g)为横轴,蜡的质量百分率为纵轴,按直线关系回归求出蜡的质量为0.075g时蜡的质量百分率,作为蜡含量结果,准确至1位小数(%)。

注:关系直线的方向系数应为正值,否则应重新试验。

5 允许误差

蜡含量测定时重复性或再现性试验的允许误差应符合下列要求:

蜡含量(%)	重复性(%)	再现性(%)
0~1.0	0.1	0.3
1.0~3.0	0.3	0.5
>3.0	0.5	1.0

条文说明

沥青的蜡含量是沥青技术要求中比较重要的指标,试验误差也比较大,这与人的操作熟练程度等有关。本次修订尽量与国标的方法一致,去掉了原方法中蜡分离方法二,这是由于在2000年修订时新的蜡分离冷却装置不过关,为了过渡保留了1983年的过滤方法,但是这种方法温度不容易控制,过滤过程中需要用干冰等方法控温。

原方法中的再现性允许误差范围太宽,本次修订参照国标规定统一了允许误差。

石油沥青中的蜡含量测定是个比较复杂的问题,它是以蒸馏法馏出油分后,使蜡在规定的溶剂及低温下结晶析出,蜡含量以质量百分率表示。目前关于沥青中蜡含量测定的方法很多,欧洲就有很多种,如:德国DIN 52015蒸馏方法、法国NF-T66、IR method、Iatroscan method(与DIN 52015方法结果具有较好的相关性)等。

1999年欧洲颁布的EN12591(1999)"Bitumen and bituminous binders—Specifications for paving grade bitumens"提出了两种蜡含量测定方法,即蒸馏法(EN12606-1)和萃取法(EN12606-2)。其中EN12606-1参考了1980年DIN 52015,现在德国废除了DIN 52015(1980),也采用了EN12606-1蒸馏法。而EN12606-1方法中过滤馏分油中蜡的分离不是采用砂芯漏斗,而是采用滤纸。根据其试验方法要求采用φ110mm的接近中速或者中—快速的定量分析滤纸,这与DIN的规定是一样的。查看欧洲最著名的Munktell和Sartorius实验室定量分析滤纸规格,Munktell中—快速滤纸孔径一般为8~10μm,中速滤纸孔径为7μm;而Sartorius中—快速滤纸孔径为8~12μm。因此可以看出,欧洲方法过滤馏分油中蜡的分离采用的滤纸孔径为7~12μm。

我国1993年和2000年《公路工程沥青及沥青混合料试验规程》中的蜡含量测定方法也采用蒸馏法,基本上是参照中石化SH/T 0425行业标准制定的。而SH/T 0425又主要是参照日本石油协会JPI方法及德国DIN 52015中的蒸馏法经修订而成的。但是本次修订发现JTJ 052—2000方法与SH/T 0425方法中对砂芯漏斗规定不同,JTJ 052—2000中规定砂芯漏斗采用国际标准P16规格

(7~16μm)中的10~16μm,而 SH/T 0425 方法中要求采用20~30μm,即属于 P30 规格(孔径16~30μm)。现在无法找到 SH/T 0425 方法差异的原因,日本石油协会 JPI 方法也根本没有砂芯漏斗孔径为16~30μm 的标准,而 DIN 52015 和欧洲 EN12606-1 又是采用滤纸。但是无论是滤纸还是砂芯漏斗,其过滤原理是一样的,即滤纸/砂芯漏斗的过滤孔径应小于沉淀粒度,对于同一孔径的滤纸或砂芯漏斗,其只能对大于其孔径的颗粒进行截留、沉淀,因此过滤的效果也应该是一致的。如上所述,EN12606-1 滤纸孔径为7~12μm,对应的砂芯漏斗孔径也应该是7~12μm,与国际标准 P16 规格的砂芯漏斗7~16μm 基本对应,但是这与 SH/T 0425 的砂芯漏斗孔径20~30μm 相差太大。砂芯漏斗的孔径对含蜡量测定结果有一定的影响,砂芯漏斗的孔径越小,其蜡沉淀物相应越多,其含蜡量结果偏高,反之则含蜡量结果偏低。考虑到试验方法的变化会影响试验结果,且 JTJ 052—2000 方法已经被广泛应用于道路石油沥青的检测,相应技术指标值的制定也都是基于 JTJ 052—2000 的方法,而且试验方法的砂芯漏斗孔径与欧洲滤纸孔径基本一样,因此对砂芯漏斗的孔径仍然保留 JTJ 052—2000 的尺寸。

T 0616—1993 沥青与粗集料的黏附性试验

1 目的与适用范围

本方法适用于检验沥青与粗集料表面的黏附性及评定粗集料的抗水剥离能力。对于最大粒径大于13.2mm 的集料应用水煮法,对最大粒径小于或等于13.2mm 的集料应用水浸法进行试验。当同一种料源集料最大粒径既有大于又有小于13.2mm 的集料时,取大于13.2mm 水煮法试验为标准,对细粒式沥青混合料应以水浸法试验为标准。

2 仪具与材料技术要求

2.1 天平:称量500g,感量不大于0.01g。

2.2 恒温水槽:能保持温度80℃±1℃。

2.3 拌和用小型容器:500mL。

2.4 烧杯:1 000mL。

2.5 试验架。

2.6 细线:尼龙线或棉线、铜丝线。

2.7 铁丝网。

2.8 标准筛:方孔筛,9.5mm、13.2mm、19mm 各1个。

2.9 烘箱:装有自动温度调节器。

2.10 电炉、燃气炉。

2.11 玻璃板:200mm×200mm 左右。

2.12 搪瓷盘:300mm×400mm 左右。

2.13 其他:拌和铲、石棉网、纱布、手套等。

3 水煮法试验

3.1 准备工作

3.1.1 将集料过13.2mm、19mm 筛,取粒径13.2～19mm 形状接近立方体的规则集料5个,用洁净水洗净,置温度为105℃±5℃的烘箱中烘干,然后放在干燥器中备用。

3.1.2 大烧杯中盛水,并置于加热炉的石棉网上煮沸。

3.2 试验步骤

3.2.1 将集料逐个用细线在中部系牢,再置105℃±5℃烘箱内1h。按本规程 T 0602的方法准备沥青试样。

3.2.2 逐个用线提起加热的矿料颗粒,浸入预先加热的沥青(石油沥青130～150℃)中45s后,轻轻拿出,使集料颗粒完全为沥青膜所裹覆。

3.2.3 将裹覆沥青的集料颗粒悬挂于试验架上,下面垫一张纸,使多余的沥青流掉,并在室温下冷却15min。

3.2.4 待集料颗粒冷却后,逐个用线提起,浸入盛有煮沸水的大烧杯中央,调整加热炉,使烧杯中的水保持微沸状态,如图 T 0616-1c)和 b)所示,但不允许有沸开的泡沫,如图 T 0616-1a)所示。

3.2.5 浸煮3min后,将集料从水中取出,

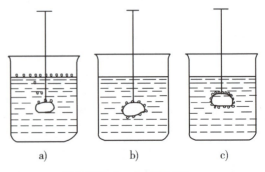

图 T 0616-1 水煮法试验

适当冷却；然后放入一个盛有常温水的纸杯等容器中，在水中观察矿料颗粒上沥青膜的剥落程度，并按表 T 0616-1 评定其黏附性等级。

表 T 0616-1　沥青与集料的黏附性等级

试验后集料表面上沥青膜剥落情况	黏附性等级
沥青膜完全保存，剥离面积百分率接近于 0	5
沥青膜少部为水所移动，厚度不均匀，剥离面积百分率小于 10%	4
沥青膜局部明显地为水所移动，基本保留在集料表面上，剥离面积百分率小于 30%	3
沥青膜大部为水所移动，局部保留在集料表面上，剥离面积百分率大于 30%	2
沥青膜完全为水所移动，集料基本裸露，沥青全浮于水面上	1

3.2.6　同一试样应平行试验 5 个集料颗粒，并由两名以上经验丰富的试验人员分别评定后，取平均等级作为试验结果。

4　水浸法试验

4.1　准备工作

4.1.1　将集料过 9.5mm、13.2mm 筛，取粒径 9.5～13.2mm 形状规则的集料 200g 用洁净水洗净，并置温度为 105℃±5℃ 的烘箱中烘干，然后放在干燥器中备用。

4.1.2　按本规程 T 0602 准备沥青试样，加热至按 T 0702 的要求决定的拌和温度。

4.1.3　将煮沸过的热水注入恒温水槽中，并维持温度 80℃±1℃。

4.2　试验步骤

4.2.1　按四分法称取集料颗粒（9.5～13.2mm）100g 置搪瓷盘中，连同搪瓷盘一起放入已升温至沥青拌和温度以上 5℃ 的烘箱中持续加热 1h。

4.2.2　按每 100g 集料加入沥青 5.5g±0.2g 的比例称取沥青，准确至 0.1g，放入小型拌和容器中，一起置入同一烘箱中加热 15min。

4.2.3　将搪瓷盘中的集料倒入拌和容器的沥青中后，从烘箱中取出拌和容器，立即用金属铲均匀拌和 1～1.5min，使集料完全被沥青薄膜裹覆；然后，立即将裹有沥青的集料取 20 个，用小铲移至玻璃板上摊开，并置室温下冷却 1h。

4.2.4 将放有集料的玻璃板浸入温度为80℃±1℃的恒温水槽中,保持30min,并将剥离及浮于水面的沥青用纸片捞出。

4.2.5 由水中小心取出玻璃板,浸入水槽内的冷水中,仔细观察裹覆集料的沥青薄膜的剥落情况。由两名以上经验丰富的试验人员分别目测,评定剥离面积的百分率,评定后取平均值。

注:为使估计的剥离面积百分率较为正确,宜先制取若干个不同剥离率的样本,用比照法目测评定。不同剥离率的样本,可用加不同比例抗剥离剂的改性沥青与酸性集料拌和后浸水得到,也可由同一种沥青与不同集料品种拌和后浸水得到,逐个仔细计算得出样本的剥离面积百分率。

4.2.6 由剥离面积百分率按表T 0616-1评定沥青与集料黏附性的等级。

5 报告

试验结果应报告采用的方法及集料粒径。

条文说明

本方法原名"沥青与矿料的黏附性试验",1983年试验规程(沥121—83)称为"沥青的黏结力试验",更确切地说它是用来检验粗集料表面被沥青薄膜裹覆后,抵抗受水浸蚀造成剥落的能力,称为"沥青与粗集料的黏附性试验"比较确切。

在国外,沥青与粗集料的黏附性试验方法很多,如前苏联原用水煮法,后改用与白云石黏结法。其他国家多用浸水法,但水的温度及浸水时间各有不同。

在ASTM中有两个方法检验水对沥青与集料黏附性的影响,D 3625是水煮法,D 1664是水浸法(常温)。ASTM D 3625在1995年以前称为"Standard Test Method for Effect of Water on Bituminous Coated Aggeregate Using Boilling Water",1996年改为"Standard Practice for……"。将"试验方法"改为"实施步骤"是因为不再要求试验报告由目测得到的保留裹覆沥青的百分率,明显是由于目测估计的准确性较差的缘故。因此在AASHTO试验方法中没有水煮法,但保留了水浸法(T 182,与ASTM D 1664同),用100g 6.3~9.5mm集料拌和5.5g沥青后,在25℃水中浸泡16~18h,用75W灯泡照射观察沥青膜剥落程度,要求保留面积不小于95%。另外,AASHTO特别重视沥青混合料的水损害试验方法,规定了用浸水或冻融前后的抗压强度(T 165)、劈裂强度(T 283)的比值来表征水稳定性。尤其是AASHTO T 283已成为标准的水损害评价方法(见本规程T 0729条文说明)。根据我国长期实践,水煮法时间短,沥青膜剥落情况直观明显,但缺乏定量指标,评定等级的人为因素影响较大。考虑到国际上也通用水浸法,故本试验法除保持1983年试验规程的水煮法(适用于大于13.2mm的粗集料)外,还参考日本道路协会铺装试验法便览3-4-16"粗集料抗水剥离性能试验方法",增补了水浸法(适用于小于13.2mm的粗集料),因水温较高及浸水时间较短,便于使用及观察沥青薄膜剥落情况。当同一料源既有大于13.2mm又有小于13.2mm不同粒径的集料时,本方法规定以大于13.2mm的水煮法试验为标准,对细粒式沥青混合料则以水浸法为标准。1983年规程中有干燥集料及潮湿集料两种情况的水煮法,由于热拌沥青混合料实际上不存在集料潮湿的情况,而乳化沥青另有方法评定,故本方法规定只用干燥集料进行试验。

一些学者对本方法提出了许多不同意见,指出过分依赖于本方法确定的黏附性等级,忽视沥青混合料水损害试验方法是危险的,生产单位应予重视。由于沥青与粗集料黏附性试验的局限性,它主要用于确定粗集料的适用性,对沥青混合料的综合抗水损害能力必须通过浸水马歇尔试验、冻融劈裂试验等进行检验。

本方法中水浸法所用仪具及材料均参照日本道路协会铺装试验法便览3-4-16的方法编写。考虑到目测的剥离面积不可能太准,故评定等级的标准不采用剥离面积百分率,仍统一以等级表示。同样为适用于水浸法试验,将原集料裸露的提法改为剥离面积百分率(或剥离度),更为确切。

沥青与矿料的黏附性等级评定往往因人而异。为弥补这一缺点,本方法规定由两名以上经验丰富的试验人员分别目测后取平均值。

T 0617—1993 沥青化学组分试验(三组分法)

1 目的与适用范围

本方法适用于用抽提法进行道路石油沥青的三组分成分分析。

2 仪具与材料技术要求

2.1 锥形瓶:200mL,带磨口玻璃塞。

2.2 冷凝管:直形或弯形。

2.3 烧杯:250mL、1 000mL。

2.4 漏斗:直径约9cm。

2.5 脂肪抽提器:500mL,形状如图 T 0617-1 所示。

2.6 玻璃漏斗:直径约4cm,编号 G3 或 G4。

2.7 吸滤瓶:500mL。

2.8 定性滤纸:大张。

2.9 定量滤纸:直径约12cm。

2.10 冷冻机或冷却过滤装置:冷却过滤装置如图 T 0617-2 所示。

2.11 保温瓶(桶)。

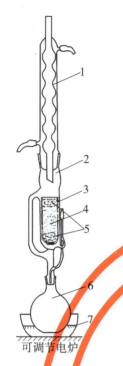
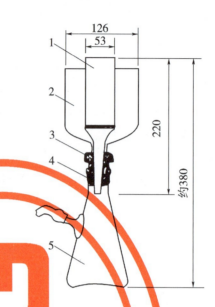

图 T 0617-1　脂肪抽提器
1-冷凝管；2-脂肪抽提器；3-滤纸筒；4-试样及硅胶；5-脱脂棉；6-烧瓶；7-砂浴

图 T 0617-2　冷却过滤装置（尺寸单位：mm）
1-玻璃漏斗；2-玻璃外套；3-橡胶垫圈；4-玻璃磨塞；5-吸滤瓶

2.12 真空泵或水流泵。

2.13 砂浴或附有温度调节器的电炉。

2.14 分析天平：感量不大于 0.1mg。

2.15 正庚烷、苯、无水乙醇、甲基乙基酮（丁酮）：分析纯。

2.16 硅胶：微球形、粒度 0.35~0.125mm、孔径大于 8nm。

2.17 工业酒精及干冰。

2.18 其他：烘箱、干燥器、洗液、蒸馏水、脱脂棉、牛角勺、吸液管、表面皿、玻璃棒、搪瓷盘、广口瓶等。

3　方法与步骤

3.1　准备工作

3.1.1 按 T 0602 的方法准备沥青试样。

3.1.2 将锥形瓶、烧杯、漏斗等用洗液、水及蒸馏水先后洗净,并置温度为110℃±5℃的烘箱中烘干。

3.1.3 将烘干的锥形瓶冷却后编号,并置干燥器中备用。

3.2 沥青质含量测定步骤

3.2.1 将锥形瓶洗净、烘干,称取质量 m_1,用其称取约1g沥青试样(m),准确至0.1mg。

3.2.2 将盛有试样的锥形瓶,置砂浴或电炉上微热,使沥青熔化,在瓶底上均匀分布成一薄层。注入正庚烷30mL(液体沥青)或40mL(黏稠沥青),装妥冷凝器,接通冷却水,置砂浴或砂盘(电炉)上,使溶剂煮沸回流0.5~1h,将试样充分溶解。

3.2.3 使正庚烷溶液稍冷却,取下锥形瓶,用玻璃塞塞妥,并静置于暗橱中过夜,使沥青质充分沉淀。

3.2.4 次日,不经搅动将正庚烷溶液过滤至一干净的烧杯中。锥形瓶内的残留物及滤纸,用少量热正庚烷洗涤2~3次,最后用吸液管沿滤纸周边反复用正庚烷冲洗,直至滤纸及滤液无色为止。烧杯中的滤液,用表面皿盖妥,留待测定胶质及油蜡含量之用。

3.2.5 滤纸上的残留物用热苯使之溶解至原锥形瓶(m_1)中,并用热苯洗涤滤纸,至滤液无色为止。

3.2.6 将锥形瓶中苯溶剂回收后,置烘箱(110℃±5℃)中烘至恒重(m_2),准确至0.1mg。

3.3 胶质含量测定步骤

3.3.1 活化硅胶:将硅胶置于一大烧杯中,加蒸馏水煮沸30min。注意煮沸时要用玻璃棒勤加搅拌,以防迸溅。静置冷却后,倾析出上面清水,再用蒸馏水洗涤1~2次。然后,将硅胶倒入一搪瓷盘中,置烘箱(105℃±5℃)中烘干后,再将烘箱温度继续升高至150℃,并保持5h。取出搪瓷盘,在室温下冷却后,再将硅胶储存在一带塞的广口瓶中备用。

3.3.2 卷制滤纸筒:当缺乏专用的滤纸筒时,将大张滤纸裁成18cm×40cm大小后，将滤纸放在一直径约4cm的玻璃管上，卷成一直径4cm、长14cm带底的滤纸筒。注意，随卷纸，随逐渐把底边折好。纸筒卷成后，用大头针将底别好，并用棉线把筒的上口系牢。

3.3.3 将活化后的硅胶，逐步加入到盛有脱除沥青质的正庚烷溶液的烧杯中，并不停地用玻璃棒搅拌。硅胶的用量取决于沥青的种类。加入硅胶后，上层正庚烷溶液以呈浅黄色为度，一般用量为试样的30～50倍。硅胶加完后，用表面皿盖好，并静置6～8h。

3.3.4 在滤纸筒的底部，先铺一薄层脱脂棉后，再用牛角勺将烧杯内吸附有溶液的硅胶装(压)入滤纸筒中，并用一端裹有脱脂棉的玻璃棒仔细将烧杯内部及牛角勺擦净。擦净用的脱脂棉一并装入滤纸筒内。最后，在硅胶上面再用一薄层脱脂棉覆盖。

3.3.5 抽提油蜡：将装好硅胶的滤纸筒放入脂肪抽提筒内，再将正庚烷200mL注入烧瓶中，然后装妥冷凝器，置砂浴或电炉的砂盘上加热回流，并保持冷凝管端2～3滴/s的速度，抽提时间一般不少于16h。抽提结束后，待稍冷却，取下烧瓶，将正庚烷溶液用滤纸过滤至一已称质量的锥形瓶(m_3)中，以除去可能带入的硅胶粉末。烧瓶及滤纸用少量正庚烷洗涤2～3次，洗液一并装入锥形瓶内。此项正庚烷溶液留待测定油蜡含量之用。

3.3.6 抽提胶质：将苯与乙醇的混合液（体积比4:1)200mL注入烧瓶中，装妥抽提筒及冷凝器，继续在砂浴（砂盘）上加热，并保持冷凝管端口2～3滴/s的速度，抽提时间一般不少于20h。

抽提结束后，稍冷取下烧瓶，并将瓶中苯—乙醇混合溶液用滤纸过滤至另一已称质量的锥形瓶(m_4)中，以除去可能带入的硅胶粉末。烧瓶及滤纸再用少量苯—乙醇混合液洗涤2～3次，洗液一并装入锥形瓶内。

3.3.7 将盛有苯—乙醇滤液的锥形瓶回收苯—乙醇混合液后，置110℃±5℃的烘箱中烘至恒重(m_5)，准确至0.1mg。

3.4 油分与蜡含量测定步骤

3.4.1 将玻璃漏斗、吸滤瓶、甲乙酮（丁酮）—苯混合液（体积比3:2）等置预先冷却至-20℃的冷冻机内冷却。当采用图T 0617-2所示的冷却过滤装置时，可仅将甲乙酮—苯混合液置于盛酒精—干冰的保温瓶内冷却至-20℃。

3.4.2 用盛有正庚烷溶液的锥形瓶(m_3)回收正庚烷后，置105℃±5℃的烘箱内烘至恒重(m_6),准确至 0.1mg。

3.4.3 将盛有烘干油蜡的锥形瓶置砂浴上微热,使油蜡熔化,并注入苯 12mL,然后在不断摇动的状态下逐渐注入甲乙酮 18mL。如在注入甲乙酮后,有絮状结晶析出,则应将锥形瓶再置砂浴上小心地加热(不允许明火)至接近混合液的沸点,同时不断摇动,至溶液完全透明为止(如有地蜡,溶液可有轻微乳浊)。

3.4.4 将盛有混合液的锥形瓶冷却至室温后,置预先冷却的冷冻机或盛有酒精—干冰的保温瓶内,使混合液冷却至 -20℃,并继续保持 30min。

3.4.5 在冷冻机内,将混合液倾至装在吸滤瓶上并已冷却至 -20℃的玻璃漏斗中,用真空泵或流水泵抽滤。再用少量预先冷却至 -20℃的甲乙酮—苯混合液洗涤圆锥形瓶及漏斗 2~3 次。

当使用图 T 0617-2 所示的冷却过滤装置时,先在玻璃外套中注入工业酒精至容积的 2/3 处,并在酒精中悬挂一负温度计。将干冰逐渐加入酒精中,使温度下降至 -20℃,并保持此温度。然后,将预先在保温瓶内冷却并保温为 -20℃ 的混合液倾入玻璃漏斗中,用真空泵或流水泵吸滤。溶液吸滤将尽时,用预先冷却至 -20℃ 的甲乙酮—苯混合液洗涤原锥形瓶及漏斗 2~3 次。

3.4.6 吸滤结束后,将吸滤瓶内的滤液倾入一已称质量的锥形瓶(m_7)中,并用少量甲乙酮—苯洗涤吸滤瓶 2~3 次,洗液一并装入锥形瓶内。

3.4.7 玻璃漏斗上的蜡,用热苯溶解,并用真空泵或流水泵吸滤。然后,用少量热苯再洗涤玻璃漏斗 2~3 次。吸滤后,将吸滤瓶内的苯溶液倾入原冷冻油蜡的锥形瓶(m_3)内。

3.4.8 用盛有甲乙酮—苯溶液(m_7)及苯溶液(m_3)的锥形瓶分别回收溶剂后,置烘箱 105℃ ±5℃ 中烘至恒重(m_9、m_8),准确至 0.1mg。

4 计算

4.1 试样中沥青质的含量按式(T 0617-1)计算。

$$A_S = \frac{m_2 - m_1}{m} \times 100 \qquad (T\ 0617\text{-}1)$$

式中:A_S——沥青质含量(%);
m——试样质量(g);
m_1——锥形瓶质量(g);
m_2——锥形瓶与沥青质合计质量(g)。

4.2 试样的胶质含量按式(T 0617-2)计算。

$$R = \frac{m_5 - m_4}{m} \times 100 \quad \text{(T 0617-2)}$$

式中：R——试样中胶质含量(%)；
　　　m——试样质量(g)；
　　　m_4——锥形瓶质量(g)；
　　　m_5——锥形瓶与胶质合计质量(g)。

4.3 试样的油分及蜡含量按式(T 0617-3)～式(T 0617-5)分别进行计算。

$$P_{OP} = \frac{m_6 - m_3}{m} \times 100 \quad \text{(T 0617-3)}$$

$$P_O = \frac{m_9 - m_7}{m} \times 100 \quad \text{(T 0617-4)}$$

$$P_P = \frac{m_8 - m_3}{m} \times 100 \quad \text{(T 0617-5)}$$

式中：P_{OP}——试样的油蜡含量(%)；
　　　P_O——试样的油分含量(%)；
　　　P_P——试样的蜡含量(%)；
　　　m_3——回收苯溶液后的锥形瓶质量(g)；
　　　m_7——回收甲乙酮—苯溶液后的锥形瓶质量(g)；
　　　m_6——锥形瓶与油蜡合计质量(g)；
　　　m_8——锥形瓶与蜡合计质量(g)；
　　　m_9——锥形瓶与油分合计质量(g)。

5 报告

同一试样至少平行试验两次，当两次平行试验结果与其平均值的误差不超过10%时，取其平均值作为试验结果。

条文说明

本方法仍沿用1983年试验规程中的方法(沥119—83)，即国际上常用的马卡森(Marcusson)法，是一种典型的溶剂吸附法，只是对文字叙述作了少量修改。

T 0618—1993 沥青化学组分试验(四组分法)

1 目的与适用范围

本方法适用于采用溶剂沉淀及色谱柱法进行道路石油沥青的四组分成分分析。

2 仪具与材料技术要求

2.1 沥青质抽提器:由球形冷凝器及100mL抽提器组装而成,如图 T 0618-1 所示。

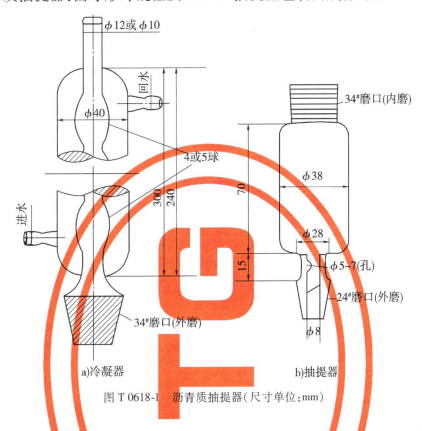

图 T 0618-1　沥青质抽提器(尺寸单位:mm)

2.2 玻璃吸附柱:外面带夹套,热水循环保温,形状和尺寸如图 T 0618-2 所示。

2.3 真空干燥箱。

2.4 高温炉:0~1 000℃,有自动温度控制器。

2.5 恒温水槽:控温准确度为1℃。

2.6 磨口锥形瓶(200~250mL)、磨口冷凝器、磨口弯管、牛角管。

2.7 量筒(20mL、50mL、100mL)。

2.8 氧化铝:层析用、中性,粒度0.15~0.075mm(100~200目),比表面积大于150m^2/g,孔体积250mm^3/g。

2.9 石油醚:60~90℃,分析纯。

2.10 正庚烷:分析纯。

2.11 甲苯、无水乙醇、丙酮:分析纯。

2.12 硅胶:细孔、粒度0.42~0.15mm(40~100目)。

2.13 分析天平:感量不大于1g、1mg、0.1mg各1台。

2.14 定量滤纸:中速 ϕ110~125mm。

2.15 干燥器。

2.16 电热板(电热套)。

2.17 其他:瓷蒸发皿(300mL)、吸液管、蒸馏水、大细口瓶、玻璃漏斗、漏斗架、二联橡皮球等。

3 方法与步骤

3.1 准备工作

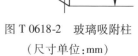

图 T 0618-2 玻璃吸附柱
(尺寸单位:mm)

3.1.1 将沥青质测定器、玻璃吸附柱、锥形瓶等洗净、编号,并置105℃±5℃的烘箱中烘干至恒重,称其质量,准确至0.1mg。

3.1.2 活化氧化铝:将氧化铝倾入瓷蒸发皿,并置于高温炉(500℃)中加热6h。然后,取出瓷蒸发皿置干燥器中,冷却至室温,将氧化铝装入已称质量的细口瓶中,并用吸液管加入氧化铝质量1%的蒸馏水,塞紧橡皮塞。剧烈摇动瓶中氧化铝及蒸馏水5min,放置24h备用。活化后的氧化铝一般可使用两周,时间较长或已吸水者,需要重新活化处理。

3.1.3 正庚烷及石油醚脱去芳烃:将100g活化后的硅胶置玻璃吸附柱中,使正庚烷或石油醚通过硅胶,即可脱去其中的芳烃。脱去芳烃的正庚烷或石油醚用硫酸—甲醛(体积比20:1)溶液试验,不变红色即可。

3.2 试验步骤

3.2.1 用四组分法分析沥青化学组分的流程如图 T 0618-3 所示,图中溶剂用量为每克试样的用量。

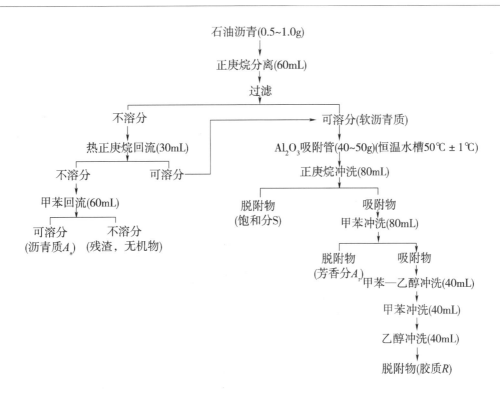

图 T 0618-3 沥青四组分分析流程图

3.2.2 沥青质含量测定：

1）在已称量为恒重的磨口锥形瓶（1号）中，称取试样 1g±0.1g（m）（对沥青质小于 10% 的试样）或 0.5g±0.01g（对沥青质大于 10% 的试样），准确至 0.1mg。注入正庚烷，用量为每克试样 60mL。将锥形瓶与冷凝器连接好，用电热板或电热套加热回流 0.5~1h，稍冷却后取下锥形瓶，盖上塞子，在暗处静置 1.5~2.0h。

2）将锥形瓶（1号）中的正庚烷溶液用定量滤纸慢慢地过滤至另一锥形瓶（2号）中，再用热正庚烷（60~70℃）30mL 将锥形瓶（1号）中的沥青质残留物分次洗涤，尽可能完全地倒入滤纸中（注意：过滤时不得使沥青质沾到滤纸的上边缘处）。最后若锥形瓶中沾有沥青质洗涤不下时，不再洗涤，锥形瓶（1号）留后备用。

3）取出滤纸及残留物，折叠后放入抽提器，装上盛有滤液的锥形瓶（2号），与冷凝器相连接，置于电热板或电热套上回流抽提 1h，冲洗滤纸上的软沥青质部分，至滴下液体无色为止。冷却后取下锥形瓶（2号），抽提器及滤纸保留不动。

4）向锥形瓶（1号）中注入 60mL 甲苯，再与沥青质抽提器相接，抽提 1h，至滤纸及滤液无色为止。滤纸上的残留物为无机物与残留碳。

5）待锥形瓶（1号）冷却至室温后，回收甲苯溶剂，再置入温度 105℃±5℃、真空度 93kPa±1kPa（700mmHg±10mmHg）的真空干燥箱中 1h，使甲苯挥发干净，然后取出放入干燥器中，冷却至室温，称其质量（m_1），准确至 0.1mg。

3.2.3 饱和分、芳香分及胶质含量的测定：

1）回收锥形瓶（2号）中的大部分正庚烷，使溶液浓缩至约10mL。

注：对沥青质含量小于10%的样品，也可直接称取0.5g±0.01g沥青试样，装入锥形瓶中（锥形瓶编号仍为2号，代替原来2号瓶），准确至0.1mg，加10mL正庚烷稀释，但最后得到的是胶质与沥青质的合计质量（m_5）。

2）开动超级恒温水槽，使加热的水循环，并控制水温50℃±1℃。

3）在洗净及干燥的玻璃吸附柱下端，塞以少量脱脂棉，并用漏斗从上端装入活化氧化铝40~50g（准确至0.1g），同时用带橡皮的玻璃棒轻轻敲打，使氧化铝密实。

4）从玻璃吸附柱上口注入正庚烷30mL预湿氧化铝，全部正庚烷倾入氧化铝时，注入锥形瓶（2号）中试样溶液或正庚烷溶解稀释的沥青试样。用10mL正庚烷分2~3次冲洗（正庚烷用量是后述冲洗饱和分80mL正庚烷的一部分），洗液倒入玻璃吸附柱中。当试样溶液全部进入氧化铝时，加少量氧化铝（约0.3g）覆盖在表面。再加一薄层脱脂棉。

5）在玻璃吸附柱下端，放一量筒，接受一开始流出的纯正庚烷。

6）按同样步骤，依次注入下列数量的冲洗溶剂（按每克Al_2O_3所需的溶剂数量计算总溶剂数量）：

冲洗溶剂		用量（mL/g，Al_2O_3）
第一次	正庚烷	80（总量中应扣除已用于冲洗的正庚烷数量）
第二次	甲苯	80
第三次	甲苯—乙醇（体积比1:1）混合液	40
第四次	甲苯	40
第五次	乙醇	40

注：第一次冲洗可用脱芳烃的石油醚代替正庚烷作饱和分的冲洗剂，但仲裁试验时，必须使用正庚烷。

7）最初流出的为纯正庚烷20mL，可作为总正庚烷80mL的一部分重复使用。以后，分别换上已编号及恒重的已称质量的锥形瓶，接受由玻璃吸附柱中流出的溶液。每瓶接受液不宜超过瓶容量的2/3，以便回收溶剂。

流速可用二联橡皮球加压调节，开始时不宜太快，以保证充分吸附。当吸附柱中沥青组分的黑色带不再下移时，流速可稍加快，整个过程中保持2~4mL/min。

当每一种溶剂全部注进氧化铝时，再换加另一种溶剂。在色谱柱中溶剂不同颜色界限到达色谱柱底部时再更换已恒重的接受锥形瓶（第三次冲洗剂甲苯—乙醇以下可接受于同一瓶中）。

8）第一次冲洗剂为正庚烷时，流出物为饱和分溶液，无色。第二次冲洗剂为甲苯时，流出物为芳香分溶液，黄至深棕色。冲洗最后三种溶剂时，流出物为胶质溶液（当直接使用沥青试样时，为胶质与沥青质的混合液），深褐至黑色。如冲洗前两种溶剂时，有黑色溶剂流下，说明试样的氧化铝太少，应加大用量，重新试验。

9）将冲洗出的各组分，在水槽（95~98℃）上回收溶剂。溶剂基本回收后，将盛有各组分的锥形瓶置真空干燥箱在温度105℃±5℃、真空度93kPa±1kPa（700mmHg±

10mmHg)条件下干燥 1h,取出后在干燥器中冷却至室温,称其质量,即为饱和分质量(m_2)、芳香分质量(m_3)、胶质质量(m_4),准确至 0.1mg。

注:当直接使用沥青试样时,最后回收的应为胶质及沥青质合计质量(m_5)。

3.2.4 当需测定饱和分及芳香分中的蜡含量时,按本规程 T 0617 方法的有关步骤进行。

4 计算

4.1 试样的沥青质含量按式(T 0618-1)计算。

$$A_s = \frac{m_1}{m} \times 100 \qquad (T\ 0618\text{-}1)$$

式中:A_s——试样的沥青质含量(%);
m——试样质量(g);
m_1——试样中沥青质含量(g)。

4.2 试样的饱和分、芳香分的含量,分别按式(T 0618-2)、式(T 0618-3)计算。

$$S = \frac{m_2}{m} \times 100 \qquad (T\ 0618\text{-}2)$$

$$A_r = \frac{m_3}{m} \times 100 \qquad (T\ 0618\text{-}3)$$

式中:S——饱和分含量(%);
A_r——芳香分含量(%);
m_2——试样中饱和分质量(g);
m_3——试样中芳香分质量(g)。

4.3 试样的胶质含量

4.3.1 试样的胶质含量可由已测定的沥青质、饱和分、芳香分含量采用差减法按式(T 0618-4)计算。

$$R = 100 - A_s - S - A_r \qquad (T\ 0618\text{-}4)$$

式中:R——胶质含量(%)。

4.3.2 当试样的饱和分、芳香分及胶质是利用正庚烷分离沥青质后的软沥青质溶液的浓溶液进行吸附柱冲洗时,试样的胶质含量由实测的胶质部分的含量按式(T 0618-5)计算。

$$R = \frac{m_4}{m} \times 100 \qquad (T\ 0618\text{-}5)$$

式中：m_4——试样中胶质的质量（g）。

4.3.3 当试样的沥青质含量小于10%，直接用沥青试样进行吸附柱冲洗，得到的是胶质加沥青质的合计质量时，胶质含量按式（T 0618-6）计算。

$$R = \frac{m_5 - m_1}{m} \times 100 \quad\quad (T\ 0618\text{-}6)$$

式中：m_5——试样中胶质加沥青质的质量（g）。

4.4 当胶质含量按式（T 0618-5）或式（T 0618-6）计算时，试验过程中各组分的实际回收率按式（T 0618-7）计算。

$$C = A_s + S + A_r + R \quad\quad (T\ 0618\text{-}7)$$

式中：C——试验时各组分的实际回收率（%）。

5 报告

5.1 同一试样至少平行试验两次，两次试验结果符合表 T 0618-1 重复性试验允许误差的要求时方属有效，取其平均值作为试验结果。

5.2 试验应报告各组分的含量及回收率，根据需要，报告芳香分及饱和分中的蜡含量。

6 允许误差

试验结果的允许误差应符合表 T 0618-1 的要求。

表 T 0618-1 四组分测定的允许误差要求

组 分	测定值范围（%）	重复性试验（%）	再现性试验（%）
饱和分（S）	12～27	1.2	4.0
芳香分（A_r）	21～47	1.6	2.4
胶质（R）	31～55	1.6	4.3
沥青质（A_s）	≤10	0.5	1.2
	>10	1.6	2.4

条文说明

关于石油沥青的组分分析，国际上有多种方法。ASTM D 4124 是一种常用的四组分方法，它将沥青分为沥青质（Asphaltenes）、饱和分（Saturates）、环烷芳香分（Naphthene aromatics）及极性芳香分（Polar aromatics）。此法称为科尔贝特（Corbett）法。另一种有名的组成分析法是化学沉淀法，称为罗斯特勒（Rostler）法，它将沥青分为沥青质、氮基、第一酸性分、第二酸性分及链烷分五大组分。1983年试验规程附录二中的沥青四组分分析方法是根据石油化工研究院提出的方法编写的。现在中国石化总公司已委托石油化工研究院修改提出了新方法且列为行业标准，本方法是参照此行业标准及日本道路协会铺装试验法便览 3-5-15 编写的。

关于氧化铝凝胶的处理方法,日本道路协会按照日本石油协会的方法规定将 Al_2O_3 铺放在平底容器中,厚度 2cm,将其置加热干燥箱中 180℃ 活化 3h,然后取出 Al_2O_3 与活性硅胶一起放入干燥器中冷却保存至第二天供使用,且认为由于 Al_2O_3 活化不充分,将使饱和分含量增加。但石油化工研究院的研究认为,各国 Al_2O_3 标准不同,不能采用统一方法,仍保留采用将 Al_2O_3 在 500℃ 下活化 6h 后第二天加入 1% 的蒸馏水的方法。我国方法与日本方法另一个不同之处是,我国方法最后用以冲洗胶质的溶剂为甲苯—乙醇、甲苯、乙醇三种,而日本用的是甲醇、甲苯、甲醇三种溶剂,其效果是一样的。而甲醇在使用过程中挥发刺激眼睛较厉害,改成乙醇为好。在吸附及冲洗过程中,装置保温在 50℃±1℃ 水槽中,日本的规定为 50℃±2℃。根据日本的报告,如试验在室温下进行,沥青中的蜡分将不能充分溶解出来,对试验结果有影响。

饱和分、芳香分、胶质、沥青质的代号与日本试验法统一为 S、A_r、R、A_s。

T 0619—2011 沥青运动黏度试验(毛细管法)

1 目的与适用范围

1.1 本方法适用于采用毛细管黏度计测定黏稠石油沥青、液体石油沥青及其蒸馏后残留物的运动黏度。

1.2 非经注明,试验温度为 135℃(黏稠石油沥青)及 60℃(液体石油沥青)。

2 仪具与材料技术要求

2.1 毛细管黏度计:通常采用坎芬式(Cannon-Fenske)逆流毛细管黏度计,也可采用国外通用的其他类型,如翟富斯横臂式(Zeitfuchs Cross-Arm)黏度计、兰特兹—翟富斯(Lantz-Zeitfuchs)型逆流式黏度计以及 BS/IP/RTU 型逆式黏度计等毛细管黏度计进行测定。坎芬式黏度计的形状如图 T 0619-1 所示,其型号和尺寸见表 T 0619-1。

2.2 恒温水槽或油浴:具有透明壁或装有观测孔,容积不小于 2L,并能使毛细管距浴壁的距离及试样距浴面至少为 20mm,并装有加热温度调节器、自动搅拌器及带夹具的盖子等,其控温精密度能达到测定要求。

2.3 温度计:分度值 0.1℃。

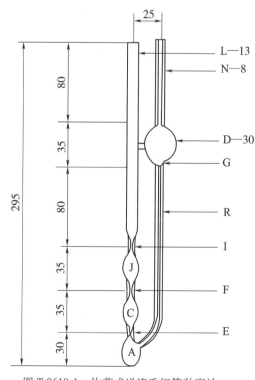

图 T 0619-1 坎芬式逆流毛细管黏度计
(尺寸单位:mm)

表 T 0619-1 坎芬式逆流毛细管黏度计尺寸及适用的运动黏度范围

型号	近似测定常数 (mm²/s²)	运动黏度范围 (mm²/s)	R 管内径 (mm)(±2%)	N、G、E、F、I 管内径 (mm)(±5%)	球 A、C、J 容积 (mL)(±5%)	球 D 容积 (mL)(±5%)
200	0.1	6~100	1.02	3.2	2.1	11
300	0.25	15~200	1.26	3.4	2.1	11
350	0.5	30~500	1.48	3.4	2.1	11
400	1.2	72~1 200	1.88	3.4	2.1	11
450	2.5	150~2 500	2.20	3.7	2.1	11
500	8	48~8 000	3.10	4.0	2.1	11
600	20	120~20 000	4.00	4.7	2.1	13

2.4 烘箱:装有温度自动控制调节器。

2.5 秒表:分度值0.1s,15min 的误差不超过±0.05％。

2.6 水流泵或橡皮球。

2.7 硅油或闪点高于215℃的矿物油。

2.8 三氯乙烯:化学纯。

2.9 其他:洗液、蒸馏水等。

3 方法与步骤

3.1 准备工作

3.1.1 估计试样的黏度,根据试样流经毛细管规定体积的时间是否大于60s 来选择黏度计的型号。

3.1.2 将黏度计用三氯乙烯等溶剂洗涤干净。如黏度计沾有油污,应用洗液、蒸馏水或无水乙醚等仔细洗涤。洗涤后置温度105℃±5℃的烘箱中烘干,或用通过棉花过滤的热空气吹干,然后预热至要求的测定温度。

3.1.3 将液体沥青在室温下充分搅拌30min,注意勿带入空气形成气泡。如液体沥青黏度过大可将试样置60℃±3℃的烘箱中,加热30min。按本规程T 0602准备黏稠沥青试样,均匀加热至试验温度±5℃后倾入一个小盛样器中,其容积不少于20mL,并用盖子盖好。

3.1.4 调节恒温水槽或油浴的液面及温度,使温度保持在试验温度±0.1℃。

3.2 试验步骤

3.2.1 将黏度计预热至试验温度后取出垂直倒置,使毛细管N通过橡皮管浸入沥青试样中。在管L的管口接一橡皮球(或水流泵)吸气,使试样经毛细管N充满D球并充满至G处后,用夹子夹住N管上的橡皮管,取出N管并迅速揩干N管口外部所黏附试样,并将黏度计倒转恢复到正常位置。然后用夹子夹紧L管上橡皮球的皮管。

3.2.2 将黏度计移入恒温水槽或油浴(试验温度±0.1℃)中,用橡皮夹子将L管夹持固定,并使L管保持垂直。注意,夹持时,D球须浸入水或油面下至少20mm。

3.2.3 放松L管夹子,使试样流入A球达一半时夹住夹子,试样停止流动。然后在恒温浴中保温30min后,放松L管夹子,让试样依靠重力流动。当试样弯液面达到标线E时,开动秒表,当试样液面流经标线F及J时,读取秒表,分别记录试样流经标志E到F和F到J的时间,准确至0.1s。如试样流经时间小于60s,应改选另一个毛细管直径较小的黏度计,重复上述操作。

4 计算

4.1 按式(T 0619-1)、式(T 0619-2)分别计算流经C、J测定球的运动黏度。

$$\nu_C = C_C \times t_C \quad \text{(T 0619-1)}$$
$$\nu_J = C_J \times t_J \quad \text{(T 0619-2)}$$

式中:ν_C、ν_J——试样流经C、J测定球的运动黏度(mm²/s);

C_C、C_J——C、J球的黏度计标定常数(mm²/s²);

t_C、t_J——试样流经C、J球的时间(s)。

4.2 当ν_C及ν_J之差不超过平均值的3%时,试样的运动黏度按式(T 0619-3)计算;当ν_C及ν_J之差超过平均值的3%时,试验应重新进行。

$$\nu_T = \frac{\nu_C + \nu_J}{2} \quad \text{(T 0619-3)}$$

式中:ν_T——试样在温度T℃时的运动黏度(mm²/s);

ν_C——试样流经C测定球的运动黏度(mm²/s);

ν_J——试样流经 J 测定球的运动黏度(mm^2/s)。

5 报告

同一试样至少用两根毛细管平行试验两次，取平均值作为试验结果。

6 允许误差

6.1 重复性试验的允许误差

对黏稠沥青：平均值的 3%。

对液体沥青：

60℃运动黏度范围 (mm^2/s)	允许误差 (以平均值的%计)
<3 000	1.5
3 000~6 000	2.0
>6 000	8.9

6.2 再现性试验的允许误差

对黏稠沥青：平均值的 8.8%。

对液体沥青：

60℃运动黏度范围 (mm^2/s)	允许误差 (以平均值的%计)
<3 000	3.0
3 000~6 000	9.0
>6 000	10.0

条文说明

沥青的运动黏度是一些国家划分黏稠石油沥青(135℃)及液体沥青(60℃)标号的一个指标。1993 年该规程修订时增补了运动黏度试验方法，基本上是按照 ASTM D 2170、AASHTO T 201 及日本道路协会铺装试验法便览 3-5-10"高温运动黏度试验方法"制定的。

运动黏度的单位按国家规定采用 SI 制，改为 m^2/s 或 mm^2/s [1St(斯) = $1cm^2/s$ = $10^{-4}m^2/s$，1cSt(厘斯) = $1mm^2/s$ = $10^{-6}m^2/s$]。根据 ASTM D 4402 及 AASHTO T 316 现在基本上都统一采用布氏旋转黏度方法测定沥青的黏度确定施工温度，因此本次修订取消了采用该方法测沥青黏度确定施工温度的规定。

对运动黏度的测定，与本方法相关的还有 T 0621、T 0622、T 0623 的三种流出型黏度计，除我国道路标准黏度计尚未建立与运动黏度的换算关系外，恩格拉黏度计、赛波特黏度计在国外已建立了与运动黏度的换算关系及计算关系式。表 T 0619-2 列出的换算关系可供参考。

毛细管黏度计的形式很多，在 ASTM D 2170 及 AASHTO T 201 中运动黏度计即规定有坎农—芬斯基式(Cannon-Fenske)、翟富斯横臂式(Zeitfuchs Cross-Arm)、兰特兹—翟富斯(Lantz-Zeitfuchs)、BS/IP 及/RTU 形管式等。这几种形式的黏度计根据具体情况选择任一种使用。日本道路协会根据建设省土木研究所的研究结果推荐采用坎芬式黏度计,但也允许采用其他形式的黏度计。国内目前石油产品所用的是品斯基(Pensky)式逆流式黏度计,但 ASTM 2170 中并未推荐此种形式。为适应试验工作需要,本试验法仅选用坎芬式黏度计一种规格,但也允许采用其他类型的毛细管黏度计。

表 T 0619-2　等温度的不同黏度测定方法的结果近似换算表

运动黏度 (mm^2/s)	恩格拉度	赛波特黏度 (s)	运动黏度 (mm^2/s)	恩格拉度	赛波特黏度 (s)
1.8	1.14	—	96.8	12.8	47
2.7	1.18	—	102.2	13.5	49
4.2	1.32	—	107.6	14.2	51
5.8	1.46	—	118.4	15.6	56
7.4	1.6	—	129.2	17	61
8.9	1.75	—	140.3	18.5	66
10.3	1.88	—	151	19.9	71
11.7	2.02	—	162	21.3	76
13	2.15	—	173	22.7	81
14.3	2.31	—	183	24.2	86
15.6	2.42	—	194	25.6	91
16.8	2.55	—	205	27	96
18.1	2.68	—	215	28.4	100
19.2	2.81	—	259	34.1	121
20.4	2.95	—	302	39.8	141
22.8	3.21	—	345	45.5	160
25	3.49	—	388	51	180
27.4	3.77	—	432	57	200
29.6	4.04	—	541	71	250
31.8	4.32	—	650	85	300
34	4.59	—	758	99	350
36	4.88	—	866	114	400
38.4	5.15	—	974	128	450
40.6	5.44	—	1 082	142	500
42.8	5.72	23	1 190	156	550
47.2	6.28	25.3	1 300	170	600
51.6	6.85	27	1 405	185	650
55.9	7.38	28.7	1 405	185	650
60.2	7.95	30.5	1 515	199	700
64.5	8.51	32.5	1 625	213	750
69.9	9.24	35	1 730	227	800
75.3	9.95	37.2	1 840	242	850
80.7	10.7	39.5	1 950	256	900
86.1	11.4	42	2 055	270	950
91.5	12.1	44.2	2 165	284	1 000

温度计:按照 ASTM 中规定,测定 60℃黏度时用 58.5~61.5℃温度计,测定 135℃时用 133.5~136.5℃温度计。测定误差,ASTM 规定在 60℃时为±0.01℃,135℃时为±0.03℃。AASHTO 规定温度计分度值为 0.01℃,保温要求±0.03℃;日本 JIS K 2207 规定温度计分度值为 0.05℃,保温为 0.03℃,重复性误差为 1.8%。日本道路协会铺装试验法便览说明中指出,这对道路部门是不合适的,事实上达不到,因而规定为保温槽温度为±0.1℃,试验结果的重复性误差为 3%。我国国标 GB 265 及 GB 514 规定运动黏度的温度计分度值为 0.1℃。像国外规定那样精密的温度计,国内尚无产品。因此根据我国情况仅规定分度值为 0.1℃的温度计,恒温水槽的保温要求为±0.1℃。

毛细管黏度计的标定常数 C_C 及 C_J 至关重要,一般利用生产厂给定的常数,必要时应使用标准黏度油由规定的计量单位进行标定。

黏稠石油沥青重复性试验的允许误差按照日本道路协会铺装试验法便览的规定,由 1.8% 改为 3%。

T 0620—2000 沥青动力黏度试验(真空减压毛细管法)

1 目的与适用范围

本方法适用于采用真空减压毛细管黏度计测定黏稠石油沥青的动力黏度。非经注明,试验温度为 60℃,真空度为 40kPa。

2 仪具与材料技术要求

2.1 真空减压毛细管黏度计:一组 3 支毛细管,通常采用美国沥青学会式(Asphalt Institute,即 AI 式)毛细管,也可采用坎农曼宁式(Cannon-Manning,即 CM 式)或改进坎培式(Modified Koppers,即 MK 式)毛细管测定。AI 式毛细管的形状如图 T 0620-1 所示,型号和尺寸见表 T 0620-1。

2.2 温度计:量程 50~100℃,分度值 0.1℃。

2.3 恒温水槽:硬玻璃制,其高度需使黏度计置入时,最高一条时间标线在液面下至少为 20mm,内设有加热和温度自动控制器,能使水温保持在试验温度±0.1℃,并有搅拌器及夹持设备。水槽中不同位置的温度差不得大于±0.1℃。保温装置的控温宜准确至±0.1℃。

2.4 真空减压系统:应能使真空度达到 40kPa ± 66.5Pa(300mmHg ± 0.5mmHg)的压力,全部装置简要

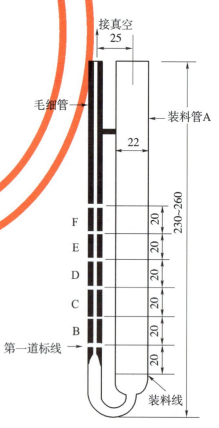

图 T 0620-1 真空减压毛细管黏度计
(尺寸单位:mm)

示意如图 T 0620-2 所示。各连接处不得漏气,以保证密闭。在开启毛细管减压阀进行测定时,应不产生水银柱降低情况。在开口端连接水银压力计,可读至 133Pa(1mmHg)的刻度,用真空泵或吸气泵抽真空。

表 T 0620-1　真空减压毛细管黏度计(美国沥青协会式)尺寸和动力黏度范围

型 号	毛细管半径 (mm)	大致标定系数,40kPa 真空(Pa·s/s)			黏度范围 (Pa·s)
		管 B	管 C	管 D	
25	0.125	0.2	0.1	0.07	4.2~80
50	0.25	0.8	0.4	0.3	18~320
100	0.50	3.2	1.6	1	60~1 280
200	1.0	12.8	6.4	4	240~5 200
400	2.0	50	25	16	960~20 000
400R	2.0	50	25	16	960~140 000
800R	4.0	200	100	64	3 800~580 000

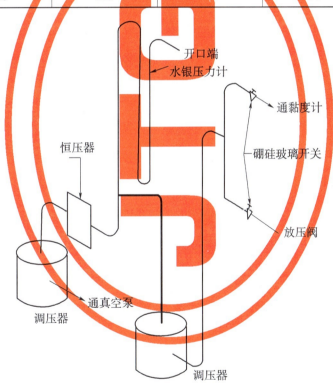

图 T 0620-2　真空减压系统装置

2.5　秒表:2 个,分度值 0.1s,总量程 15min 的误差不大于 ±0.05%。

2.6　烘箱:有自动温度控制器。

2.7　溶剂:三氯乙烯(化学纯)等。

2.8 其他：洗液、蒸馏水等。

3 方法与步骤

3.1 准备工作

3.1.1 估计试样的黏度，根据试样流经规定体积的时间是否在60s以上，来选择真空毛细管黏度计的型号。

3.1.2 将真空毛细管黏度计用三氯乙烯等溶剂洗涤干净。如黏度计沾有油污，可用洗液、蒸馏水等仔细洗涤。洗涤后置烘箱中烘干或用通过棉花的热空气吹干。

3.1.3 按本规程T 0602准备沥青试样，将脱水过筛的试样仔细加热至充分流动状态。在加热时，予以适当搅拌，以保证加热均匀。然后将试样倾入另一个便于灌入毛细管的小盛样器中，数量约为50mL，并用盖子盖好。

3.1.4 将水槽加热，并调节恒温在60℃±0.1℃范围之内，温度计应预先校验。

3.1.5 将选用的真空毛细管黏度计和试样置烘箱（135℃±5℃）中加热30min。

3.2 试验步骤

3.2.1 将加热的黏度计置一容器中，然后将热沥青试样自装料管A注入毛细管黏度计，试样应不致粘在管壁上，并使试样液面在E标线处±2mm之内。

3.2.2 将装好试样的毛细管黏度计放回电烘箱（135℃±5.5℃）中，保温10min±2min，以使管中试样所产生气泡逸出。

3.2.3 从烘箱中取出3支毛细管黏度计，在室温条件下冷却2min后，安装在保持试验温度的恒温水槽中，其位置应使I标线在水槽液面以下至少为20mm。自烘箱中取出黏度计，至装好放入恒温水槽的操作时间应控制在5min之内。

3.2.4 将真空系统与黏度计连接，关闭活塞或阀门。

3.2.5 开动真空泵或抽气泵，使真空度达到40kPa±66.5Pa（300mmHg±0.5mmHg）。

3.2.6 黏度计在恒温水槽中保持30min后，打开连接减压系统阀门，当试样吸到第一标线时同时开动两个秒表，测定通过连续的一对标线间隔时间，准确至0.1s，记录第一个超过60s的标线符号及间隔时间。

3.2.7 按此方法对另两支黏度计做平行试验。

3.3 试验结束后，从恒温水槽中取出毛细管，按下列顺序进行清洗：

3.3.1 将毛细管倒置于适当大小的烧杯中，放入预热至135℃的烘箱中约0.5~1h，使毛细管中的沥青充分流出，但时间不能太长，以免沥青烘焦附在管中。

3.3.2 从烘箱中取出烧杯及毛细管，迅速用洁净棉纱轻轻地把毛细管口周围的沥青擦净。

3.3.3 从试样管口注入三氯乙烯溶剂，然后用吸耳球对准毛细管上口抽吸，沥青渐渐被溶解，从毛细管口吸出，进入吸耳球，反复几次。直至注入的三氯乙烯抽出时为清澈透明为止，最后用蒸馏水洗净、烘干、收藏备用。

4 计算

沥青试样的动力黏度按式(T 0620-1)计算。

$$\eta = K \times t \quad \quad (\text{T 0620-1})$$

式中：η——沥青试样在测定温度下的动力黏度(Pa·s)；
K——选择的第一对超过60s的一对标线间的黏度计常数(Pa·s/s)；
t——通过第一对超过60s标线的时间间隔(s)。

5 报告

一次试验的3支黏度计平行试验结果的误差应不大于平均值的7%，否则，应重新试验。符合此要求时，取3支黏度计测定结果的平均值作为沥青动力黏度的测定值。

6 允许误差

重复性试验的允许误差为平均值的7%，再现性试验的允许误差为平均值的10%。

条文说明

沥青的动力黏度(也称为绝对黏度或简称为黏度)是沥青性质的主要指标之一。美国、澳大利亚等已经利用其60℃黏度作为道路石油沥青的分级标准。黏度单位根据国家标准采用帕秒(Pa·s,1泊=0.1Pa·s)表示。

真空减压毛细管的形式很多，ASTM D 2171及AASHTO T 202中推荐的有坎农—曼宁(Cannon-Manning)式(CM式)、美国沥青协会式(AI式)及改进坎培(Modified Koppers)式(MK式)三种，日本沥青协会经过比较规定采用 AI 式毛细管。我国有一些单位已引进了 AI 式毛细管,且已开始定型生产此种形式,使用中清洗毛细管也比较方便,为此本规程推荐采用 AI 式。但也有单位引进了 CM 式毛细管,故也允许使用其他形式的毛细管。本试验法列出了 AI 式毛细管的数据,道路沥青最常用的是 100 号毛细管。含蜡量较高的道路沥青黏度较小,可用 50 号毛细管,有些稠油沥青黏度较大的可用 200 号毛细管。在 ASTM D 2171 及 AASHTO T 202 中,还列有 400R、800R 两种毛细管型号,是适用于屋面防水沥青的。本次修订增加了 400R 及 800R 型毛细管,以适应于聚合物改性沥青等更黏稠的情况。

试验用温度计,在美国等国的规定温度范围为 58.5~61.5℃、分度值 0.02℃(美国)或 0.03℃(日本),但试验要求水温控制 ±0.03℃(ASTM、日本)或 ±0.06℃(AASHTO)。我国目前较难购得如此精确的温度计,故本试验法根据国际《温度计》(GB 514)规定分度值放宽至 0.1℃,控温要求也与 T 0619 相同,放宽到 ±0.1℃,以利于国产设备的推广应用。

试验方法基本上参照日本沥青协会试验方法(后改进为日本道路协会铺装试验法便览 3-5-11)的步骤编写。本方法仅列出了用 AI 式毛细管的试验步骤。试验时真空度为 300mmHg,即 400kPa。

毛细管黏度计及沥青试样在烘箱中加热的温度,ASTM 中统一规定为 135℃±5.5℃。但日本道路协会试验法规定直馏沥青为 135℃±2℃,半氧化沥青为 150℃±5℃,改性沥青为 170℃±2℃。本试验法按 ASTM 仅规定为 135℃±5℃,当对半氧化沥青或改性沥青进行试验时,可参照日本规定适当提高。

ASTM 中规定了试验后清洗黏度计的步骤。考虑到该方法的清洗工作比较困难,且很重要,故本试验法中列入了清洗的步骤。此步骤是结合我们的实践经验制定的,如果试验室有其他清洗方法,也允许采用,以洁净为度。

值得强调的是,该方法是沥青技术要求的关键试验,不得以其他试验方法(如布氏旋转黏度试验、DSR 动态剪切流变仪法等)替代,特别是目前低标号沥青应用逐渐增多,高黏改性沥青也有所应用,这些沥青均具有明显的非牛顿流动特性,其 60℃动力黏度的不同方法检测值之间不具有互换性。

T 0621—1993 沥青标准黏度试验(道路沥青标准黏度计法)

1 目的与适用范围

本方法适用于采用道路沥青标准黏度计测定液体石油沥青、煤沥青、乳化沥青等材料流动状态时的黏度。本方法测定的黏度应注明温度及流孔孔径,以 $C_{t,d}$ 表示 [t 为试验温度(℃);d 为孔径(mm)]。

2 仪具与材料技术要求

2.1 道路沥青标准黏度计:形状和尺寸如图 T 0621-1 所示。它由下列部分组成:

2.1.1 水槽:环槽形,内径 160mm,深 100mm,中央有一圆井,井壁与水槽之间距离不少于 55mm。环槽中存放保温用液体(水或油),上下方各设有一流水管。水槽下装有可以调节高低的三脚架,架上有一圆盘承托水槽,水槽底离试验台面约 200mm。水槽控温精密度 ±0.2℃。

2.1.2 盛样管:形状和尺寸如图 T 0621-2 所示。管体为黄铜,而带流孔的底板为磷青铜制成。盛样管的流孔 d 有 3mm±0.025mm、4mm±0.025mm、5mm±0.025mm 和 10mm±0.025mm 四种。根据试验需要,选择盛样管流孔的孔径。

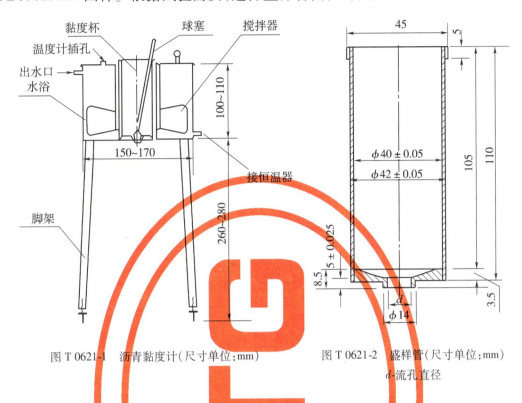

图 T 0621-1　沥青黏度计(尺寸单位:mm)　　　图 T 0621-2　盛样管(尺寸单位:mm)
　　　　　　　　　　　　　　　　　　　　　　　　　　　　d—流孔直径

2.1.3 球塞:用以堵塞流孔,形状和尺寸如图 T 0621-3 所示。杆上有一标记。直径 12.7mm±0.05mm 球塞的标记高为 92mm±0.25mm,用以指示 10mm 盛样管内试样的高度;直径 6.35mm±0.05mm 球塞的标记高为 90.3mm±0.25mm,用以指示其他盛样管内试样的高度。

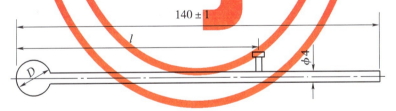

图 T 0621-3　球塞(尺寸单位:mm)

2.1.4 水槽盖:盖的中央有套筒,可套在水槽的圆井上,下附有搅拌叶。盖上有一把手,转动把手时可借搅拌叶调匀水槽内水温。盖上还有一插孔,可放置温度计。

2.1.5 温度计:分度值 0.1℃。

2.1.6 接受瓶:开口,圆柱形玻璃容器,100mL,在 25mL、50mL、75mL、100mL 处有刻度;也可采用 100mL 量筒。

2.1.7 流孔检查棒:磷青铜制,长100mm,检查4mm和10mm流孔及检查3mm和5mm流孔各1支,检查段位于两端,长度不小于10mm,直径按流孔下限尺寸制造。

2.2 秒表:分度值0.1s。

2.3 循环恒温水槽。

2.4 肥皂水或矿物油。

2.5 其他:加热炉、大蒸发皿等。

3 方法与步骤

3.1 准备工作

3.1.1 按本规程 T 0602 准备沥青试样。根据沥青材料的种类和稠度,选择需要流孔孔径的盛样管,置水槽圆井中。用规定的球塞堵好流孔,流孔下放蒸发皿,以备接受不慎流出的试样。除10mm流孔采用直径12.7mm球塞外,其余流孔均采用直径为6.35mm的球塞。

3.1.2 根据试验温度需要,调整恒温水槽的水温为试验温度±0.1℃,并将其进出口与黏度计水槽的进出口用胶管接妥,使热水流进行正常循环。

3.2 试验步骤

3.2.1 将试样加热至比试验温度高2~3℃(当试验温度低于室温时,试样须冷却至比试验温度低2~3℃)时注入盛样管,其数量以液面到达球塞杆垂直时杆上的标记为准。

3.2.2 试样在水槽中保持试验温度至少30min,用温度计轻轻搅拌试样,测量试样的温度为试验温度±0.1℃时,调整试样液面至球塞杆的标记处,再继续保温1~3min。

3.2.3 将流孔下蒸发皿移去,放置接受瓶或量筒,使其中心正对流孔。接受瓶或量筒可预先注入肥皂水或矿物油25mL,以利洗涤及读数准确。

3.2.4 提起球塞,借标记悬挂在试样管边上。待试样流入接受瓶或量筒达25mL(量筒刻度50mL)时,按动秒表;待试样流出75mL(量筒刻度100mL)时,按停秒表。

3.2.5 记取试样流出 50mL 所经过的时间,准确至 s,即为试样的黏度。

4 报告

同一试样至少平行试验两次,当两次测定的差值不大于平均值的 4% 时,取其平均值的整数作为试验结果。

5 允许误差

重复性试验的允许误差为平均值的 4%。

条文说明

道路沥青标准黏度计是国际上液体沥青材料条件黏度测定方法的一种,我国自 20 世纪 50 年代起引用了前苏联的沥青黏度计及方法。本试验规程是将 1983 年试验规程中的试验法(沥 105—83)稍加修改制定的。

适用范围补充了乳化沥青。黏度的表示方法考虑到计算机使用的方便,统一改为 $C_{t,d}$ 的形式[t 为测试温度(℃);d 为流孔孔径(mm)]。

道路沥青标准黏度计原参照前苏联的标准制定,前苏联 ГОСТ 已经有修改,我国也拟参考英国 BS76 等变更本方法采用新的黏度计标准。其中流孔的孔径原仪器为 3mm、5mm 及 10mm 三种,流孔长分别为 7.7mm 及 5mm;新黏度计为 3mm、4mm、5mm 及 10mm 四种,而流孔长均为 5mm。试样管由 1 个变为 4 个。水槽及试验温度由 ±0.5℃ 改为 ±0.1℃。

试验条件中增加了沥青黏度计与循环恒温水槽连接及保温等工作,以减小试验结果误差。

T 0622—1993 沥青恩格拉黏度试验(恩格拉黏度计法)

1 目的与适用范围

本方法采用恩格拉黏度计测定乳化沥青及煤沥青的恩格拉黏度,用恩格拉度(E_v)表示。非经注明,测定温度为 25℃。

2 仪具与材料技术要求

2.1 恩格拉黏度计:符合现行 GB 266 标准,包括盛样用的内容器和作为水或油浴用的外容器、堵塞流出管用的硬木塞、金属三脚架和接受瓶等。其形状如图 T 0622-1 所示。

2.1.1 盛样器:由黄铜制成,底部为球面形,内表面要经过磨光并镀金。从底部起以等距离在内壁上安装有 3 个向上弯成直角的小尖钉,作为控制试样面高度和仪器水平的指示器。在容器底部中心处有一流出孔,此孔焊接着黄铜小管,其内部装有铂制小管,铂管内部必须磨光。内容器的铜制盖为中空凸形,盖上有两个孔口,供插入木塞和温度计使用。其形状和尺寸如图 T 0622-2 及表 T 0622-1 所示。

2.1.2 外容器:黄铜制成,用 3 根支柱使内容器固定在外容器中。容器中设有搅拌器。

2.1.3 三脚架:其中两脚设有调节螺钉。

2.1.4 温度计:量程 0~30℃ 或 0~50℃,分度值 0.1℃;量程 0~100℃,分度值 1.0℃。

2.1.5 接受瓶:玻璃制宽口,试验用容积为 50mL,标定用容积为 200mL。接受瓶中颈细狭部分中部有容积刻线,刻线应在 20℃ 时刻划。

2.2 秒表:分度值 0.1s。

2.3 吸液管:5mL。

2.4 二甲苯:化学纯。

2.5 乙醇:95%,化学纯。

2.6 滤筛:筛孔 1.18mm。

2.7 其他:洗液、汽油等。

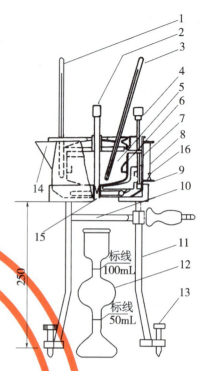

图 T 0622-1 恩格拉黏度计
(尺寸单位:mm)
1-保温浴温度计;2-硬木塞杆;3-试样用温度计;4-容器盖;5-盛样器;6-液面标记;7-保温浴槽;8-保温浴搅拌器;9-电热器;10-燃气灯;11-三脚架;12-量杯;13-水平脚架;14-溢出口;15-铂制流出口;16-水准器

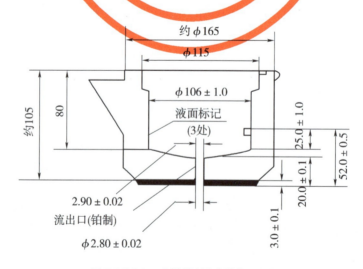

图 T 0622-2 盛样器(尺寸单位:mm)

表 T 0622-1 盛样器的尺寸

零件名称		尺寸(mm)	允许误差(mm)
内容器	内径	106.0	±1.00
	底部至扩大部分间的高度	70.0	±1.00
	底部突出部分的深度	7.0	±0.10
	扩大部分的内径	115.0	±1.00
	扩大部分的高度	30.0	±2.00
	从钉尖的水平面至流出管下边缘的距离	52.0	±0.50
流出管	总长	20.0	±0.10
	突出部分的长度	3.0	±0.30
	在管顶水平面处的内径	2.9	±0.02
	下方末端的内径	2.8	±0.02

3 方法与步骤

3.1 准备工作

3.1.1 将黏度计的内容器、流出管孔依次用二甲苯及蒸馏水仔细洗净,并用滤纸吸去剩下的水滴,然后用空气吹干。

注:不得用布擦拭。

3.1.2 将黏度计置于三脚架上,并将干净的木塞插入内容器流出管的孔中。

3.1.3 将接受瓶依次用汽油、洗液、水及蒸馏水清洗干净后置烘箱(105℃±5℃)中烘干。

3.1.4 将准备的乳化沥青试样用1.18mm筛网过滤。

3.1.5 黏度计的水值(t_w)采用下列两种方法之一测定:

1)直接测定蒸馏水在25℃时从黏度计流出50mL所需的时间(s),作为水值。

2)测定蒸馏水在20℃时从黏度计流出200mL所需的时间(s)乘以换算系数F得到。其测定步骤如下:

(1)将新的蒸馏水(20℃)注入黏度计的内容器中,直至内容器的3个尖钉的尖端刚刚露出水面为止;同时,将同温度的水注入黏度计的外容器中,直至浸到内容器的扩大部分为止。

(2)旋转三脚架的螺钉,调整黏度计的位置,使内容器中3个尖钉的尖端处于同一水平面上。

(3)将标定用(200mL)的接受瓶置于黏度计的流出管下方。轻轻提离木塞,使内容器中的水全部放入接受瓶内,但不计算流出时间。此时流出管内要充满水,并使流出管底端悬着一大滴水珠。

（4）立即将木塞插入流出管内,并将接受瓶中的水沿玻璃棒小心地注回内容器中。注意,勿使水溅出。随后将接受瓶在内容器上倒置 1～2min,使瓶中水全部流出,然后将接受瓶再放回流出管下方。需要时,可加水调整水面使 3 个钉尖恰好露出。

（5）调整并保持内外容器中的水温,内容器中的水用插有温度计的盖围绕木塞转动,以使水能充分搅拌;然后用外容器中的搅拌器搅拌保温用水(或油)。

（6）当两个容器中的水温等于 20℃(在 5min 内水温差数不超过 ±0.1℃)时,迅速提离木塞(应能自动卡住并保持提离状态,不允许拔出木塞),同时开动秒表。使蒸馏水流至凹形液面的下缘达 200mL,停止秒表,并记取流出时间(s)。

（7）蒸馏水流出 200mL 的时间连续测定 4 次,如各次测定时间与其算术平均值的差数不大于 0.5s,就用此算术平均值作为第一次测定的平均流出时间。以同样要求进行另一次平行测定。如两次平行测定结果之差不大于 0.5s,则取两次平行测定结果的平均值以符号 K_{20} 表示,然后换算成与沥青试样试验相同条件的水值。由 20℃、200mL 水的流出时间换算成 25℃、50mL 水的流出时间的换算系数 F 为 0.224。即 $t_w = K_{20} \times 0.224$。

注:黏度计的水值每 4 个月至少校正一次。

3.2 试验步骤

3.2.1 将已过筛和预热到稍高于规定温度 2℃ 左右的试样,注入干净并插好木塞(注意,不可过分用力压插木塞,以免木塞很快磨损)的内容器中,并须使其液面稍高于尖钉的尖端。注意,试样中不应产生气泡。盖好黏度计盖,并插好温度计。

3.2.2 事先将外容器的水预热,温度须稍高于测试温度。

3.2.3 在流出管下方放置一个洁净干燥的 50mL 试样接受瓶。调节内容器中试样和外容器中水的温度,至规定的试验温度 25℃ ±0.1℃。为保持试样的温度,在试验过程中,内外容器中液体的温差不应超过 ±0.2℃。注意,在控制温度时,外容器中保温液体的温度一般应稍高于内容器中试样的温度。

3.2.4 当试样的温度达到测试温度,并保持 2min 后,迅速提离木塞,木塞提起位置应保持与测水值时相同。

3.2.5 当试样流至第一条标线 50mL 时开动秒表,至达到第二条标线 100mL 时,立即按停秒表,并记取时间,准确至 0.1s。

4 计算

试样的恩格拉黏度按式(T 0622-1)计算。

$$E_{v} = \frac{t_{T}}{t_{w}} \tag{T 0622-1}$$

式中：E_v——试样在温度 T 时的恩格拉度；

t_T——试样在温度 T 时的流出时间(s)；

t_w——恩格拉黏度计的水值，即水在 25℃ 时流出相同体积 50mL 的时间(s)；可以直接测定，亦可由 20℃、200mL 水的流出时间 K_{20} 换算成 25℃、50mL 水的流出时间，其换算系数 F 为 0.224，则：$t_w = K_{20} \times F = K_{20} \times 0.224$。

5 报告

同一试样至少平行试验两次，当两次结果的差值不大于平均值的 4% 时，取其平均值作为试验结果。

6 允许误差

重复性试验的允许误差为平均值的 4%，再现性试验的允许误差为平均值的 6%。

条文说明

沥青的恩格拉黏度是试样在规定温度下，由恩格拉黏度计的规定尺寸的流孔，流出 50mL 所需时间(s)与流出同体积的水所需时间(s)的比值，用恩格拉度(E_v)表示。恩格拉(Angler)黏度计是国际上通用液体沥青及乳化沥青材料黏度测定方法的一种，通常用于测定乳化沥青(如日本)或软煤沥青(如美国)，并用恩格拉度作为划分标号依据(ASTM D 490)。在我国随着乳化沥青的研究与应用，为便于与国外标准比较，在其技术要求中也将恩格拉度与道路沥青标准黏度并列作为划分乳化沥青标号的标准。本试验法是参照 ASTM D 1665 及日本道路协会铺装试验法便览 3-6-1 制定的。

恩格拉黏度计：在我国已有行标 SH/T 0099.1，照此使用。

乳化沥青试样过滤的筛孔孔径，ASTM 规定为 0.5mm，日本规定为 0.85mm。按本试验规程各项试验法统一规定，均使用 1.18mm。

测定黏度计的水值，ASTM 规定采用 200mL 接受瓶在 20℃ 时测定，但恩格拉黏度计一般在 25℃ 时测定。标定水值(K_{20})应乘以 0.224 换算成 25℃、50mL 水的水值。此过程甚为麻烦，日本试验法将此步骤取消，直接测定 25℃ 流出 50mL 的时间。考虑我国实际情况，以简单为宜，故本试验法同时列出了水值用 25℃、50mL 直接测定及 ASTM 方法两个方法供使用。

T 0623—1993 沥青赛波特黏度试验(赛波特重质油黏度计法)

1 目的与适用范围

本方法采用赛波特重质油黏度计测定较高温度时的黏稠石油沥青、乳化沥青、液体石油沥青等的条件黏度，并用于确定沥青的施工温度。通常情况下，黏稠石油沥青的测定温度为 120~180℃，乳化沥青及液体石油沥青的标准试验温度为 25℃ 及 50℃。

2 仪具与材料技术要求

2.1 赛波特重质油黏度计:形状和尺寸如图 T 0623-1 所示。它由下列各部分组成:

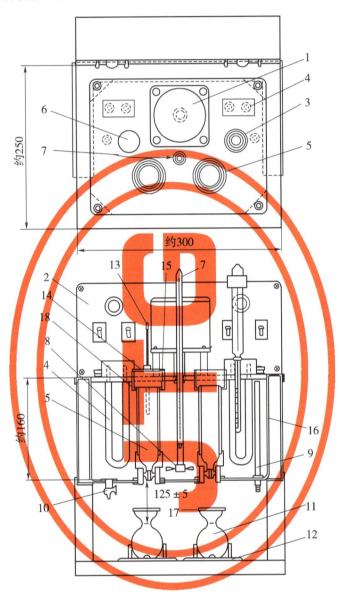

图 T 0623-1 赛波特重质油黏度计(双管式)(尺寸单位:mm)

1-电动机;2-配电盘;3-温度调节器;4-电热器;5-试料管;6-保温液注入口;7-温度计;8-搅拌器;9-溢流口;10-保温液排出口;11-试样接受瓶;12-试样瓶台;13-试样温度计;14-温度计夹具;15-替换胶圈;16-恒温槽;17-软木塞;18-支架

2.1.1 保温槽:耐腐蚀金属制,圆筒形。槽盖中心有一垂直的圆形盛样管,边部有进出水管,槽内装有可以调控的电热器,以加热保温槽内的水或油(闪点在250℃以上的汽缸油或导热油、硅油等),温度可控制在常温至240℃±0.1℃范围内。盖上有温度计支承孔。槽下装有三脚架,其中有两脚设调整水平螺钉。

2.1.2 试样接受瓶:耐热玻璃制,形状和尺寸如图 T 0623-2 所示。其刻线下的容积在20℃时为60mL±0.05mL。

2.1.3 盛样管:形状及尺寸如图 T 0623-3 所示。管上有金属盖,直径为56mm,厚为7mm。盖上有孔,以备插入温度计。

2.1.4 温度计:量程 0～30℃、0～50℃,分度值0.1℃;量程 0～100℃、0～200℃、0～300℃,分度值1℃。

2.1.5 软木塞:底部设有拉手环。

2.2 标准黏度油:附有标定用的标准流出时间(s)。

2.3 滤筛网:筛孔为0.15mm。

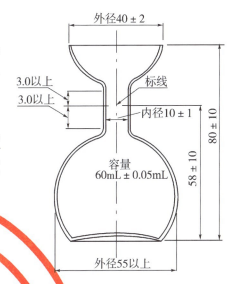

图 T 0623-2　试样接受瓶(尺寸单位:mm)

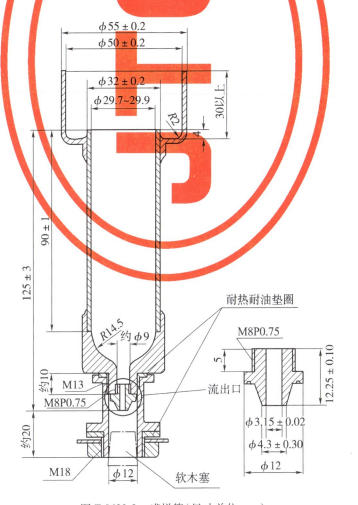

图 T 0623-3　盛样管(尺寸单位:mm)

2.4 秒表:分度值0.1s。

2.5 其他:二甲苯、润滑油、沥青熔化锅、加热炉、烘箱等。

3 方法与步骤

3.1 准备工作

3.1.1 将盛样管及流孔用二甲苯等溶剂洗净、干燥。

3.1.2 按本规程 T 0602 准备沥青试样。用一容器取试样约450g,将其缓慢加热,不断搅匀(最后的30℃温度内搅拌不能停止),加热至规定的试验温度以上10~15℃。试样只允许加热使用一次,不允许重复加热测定。

3.1.3 将保温槽的水或油加热,并保持规定的试验温度。当温度高于80℃时,必须使用耐高温的汽缸油或导热油、硅油等。

3.1.4 黏度计的标定:黏度计使用不多于3年即需重新标定一次。标定方法如下:
1)在50℃检验赛波特重质油黏度计所测定的黏度。
2)如用黏度计所测定标准黏度油的流出时间(不少于90s)与黏度计说明书所提供的标准流出时间差异在0.2%以上时,则测定的时间应按式(T 0623-1)计算的标定系数进行修正;当误差超过1%时,仪器不得使用。

$$F = \frac{t_s}{t} \tag{T 0623-1}$$

式中:F——标定系数;
t_s——黏度计提供的标准流出时间(s);
t——相同的标准黏度油在50℃的实际流出时间(s)。

3.2 试验步骤

3.2.1 将软木塞塞紧盛样管底部空腔,深6.5~9.5mm,其松紧程度既要使试样不致从流孔中流出,还要易于拉出软木塞;然后,将接受瓶置于流孔的下方,且使流孔正对着接受瓶的中心。

3.2.2 将试样用0.15mm筛网过筛,并注入盛样管中,其数量以液面达到盛样管上的标线为准,盖上管盖。

3.2.3 用插入管中的温度计水平搅拌试样,但不得碰到盛样管,搅拌速度30~50

r/min,使试样达到规定试验温度 ±0.1℃保持1min。

3.2.4 立即取出温度计、管盖,拔掉堵塞盛样管底部的软木塞,同时按动秒表,使试样流入接受瓶。至试样达到接受瓶的60mL标线处,再按停秒表,记取时间,准确至0.1s。

4 计算

4.1 沥青的赛波特黏度可按式(T 0623-2)计算。

$$\nu_s = \nu_1 \times F \tag{T 0623-2}$$

式中:ν_s——试样的赛波特黏度(s);
ν_1——试样测定的黏度(s);
F——黏度计标定系数。

4.2 石油沥青相同试验温度条件下的运动黏度可按式(T 0623-3)换算得到。

$$\eta_s = 2.12 \times \nu_s \tag{T 0623-3}$$

式中:η_s——测定温度条件下的运动黏度(mm^2/s)。

4.3 乳化沥青相同温度时的恩格拉度可按式(T 0623-4)换算得到。

$$E_v = 0.280 \times \nu_s \tag{T 0623-4}$$

式中:E_v——测定温度条件下的恩格拉度。

5 报告

同一种试样至少平行试验两次,两次测定结果符合重复性试验允许误差要求时,取其平均值作为试验结果。试样黏度在200s以下时,准确至0.5s;在200s以上时,准确至1s。

6 允许误差

重复性试验的允许误差为平均值的4%,再现性试验的允许误差为平均值的6%。

条文说明

沥青的塞波特黏度是试样在规定温度下,自赛波特重质油黏度计的规定尺寸的流孔流出60mL试样的时间,以s表示。赛波特黏度计是国际上最常用的一种液体沥青材料流出型黏度计,常用以测定施工温度下的沥青黏度,有的国家也用作乳化沥青划分标号的标准。赛波特黏度计有两种,即赛波特重质油黏度计(Sayboltand Furol Viscosity)、赛波特通用黏度计(Saybolt Universal Viscosity)。其区别在于黏度计采用流孔的孔径不同,前者采用孔径3.15mm,后者采用孔径1.76mm。我国一些国际招标的公路常提出用赛波特黏度,试验法也常以此决定施工温度,故增补此方法。本方法按照大多数国家的情况规定用赛波特重质油黏度计测定,试验法参照 ASTM D 88、AASHTO T 72 及日本道路协会铺装试验法便览3-5-12制定,并结合我国的使用情况,作了局部修改。

本试验图中标明的尺寸系选自ASTM及日本道路协会标准。黏度计的标定按ASTM D 88及AASHTO T 72规定,通用型是在37.8℃时校正,重油型是在50℃校正,校正期不多于3年。黏度计的保温ASTM规定为±0.03℃,AASHTO规定为±0.05℃,日本规定为±0.3℃(石油沥青)及±0.1℃(乳液),考虑我国实际情况,本规程规定为±0.1℃。

国外常由赛波特黏度计测定的秒数换算成运动黏度或恩格拉度,本试验法收入了日本道路协会铺装试验法便览3-5-12中提出的换算公式。允许误差按ASTM E 102规定。

T 0624—2011 沥青黏韧性试验

1 目的与适用范围

本方法适用于测定改性沥青的黏韧性,以评价沥青掺加改性剂后的改性效果。通常情况下适用于SBR改性沥青。非经注明,试验温度为25℃,拉伸速度为500mm/min。

2 仪具与材料技术要求

2.1 黏韧性试验器:3套,形状和尺寸如图T 0624-1所示,由不锈钢或铜制成。它由下

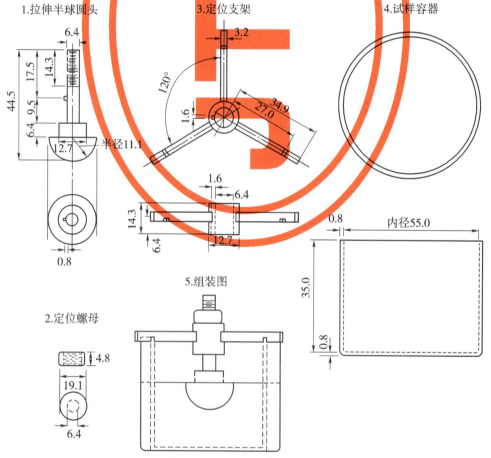

图 T 0624-1 黏韧性试验器(尺寸单位:mm)

列部分组成：

2.1.1 拉伸半球圆头：半径11.1mm，表面粗糙度应达Ra3.2μm，上有连接螺杆，用以安装定位螺母，并与拉伸试验机上夹具连接，连接杆上有定位销钉。

2.1.2 定位螺母：拧在连接杆上。

2.1.3 定位支架：由一中孔套筒及与其相接的3根支杆组成，支杆在半径27mm处有刻槽。支架通过定位销固定拉伸半球圆头位置。

2.1.4 试样器：金属制内径55mm，深35mm。

2.2 恒温水槽：能控制恒温25℃±0.1℃，内有多孔的安放试样器的架子。

2.3 温度计：量程0~50℃，分度值0.1℃。

2.4 拉伸试验机：能以500mm/min速度等速拉伸，最大加载能力为1kN，拉伸变形及荷载能同时由记录仪记录绘成曲线，试验机备有固定黏韧性试验器的上下夹具。

2.5 烘箱：装有温度控制器。

2.6 天平：感量不大于1g及不大于1mg两种。

2.7 其他：三氯乙烯等。

3 方法与步骤

3.1 准备工作

3.1.1 按本规程T 0602的方法准备沥青试样。当试验改性沥青时，改性剂的加入应根据要求的方法操作并搅拌均匀。

3.1.2 将试样容器放入60~80℃烘箱中，预热1h。

3.1.3 用三氯乙烯溶剂擦净拉伸半球圆头，装入定位支架中干燥待用，将热沥青试样逐渐注入预热的试样容器中，质量为50g±1g。注意试样中不得混入气泡。

3.1.4 迅速将拉伸半球圆头浸入沥青试样中，定位支架架在试样容器上方，用定位螺母压紧固定,使半球圆头上面恰好与沥青试样齐平,在室温下静置1~1.5h。此时,试样稍有收缩,适当调整定位螺母,使半球圆头高度保持与沥青上表面齐平。

3.1.5 将安装好的黏韧性试验器连同试样一起置入温度为25℃±0.1℃的恒温水槽中保温不少于1.5h。

3.2 试验步骤

3.2.1 将黏韧性试验器从恒温水槽中取出,倒掉沥青面上的水,迅速将试验器的上连接杆及试样器安装到拉伸试验机的上下压头夹具间。注意,安装时不得使半球圆头与沥青的相对位置产生扰动。

3.2.2 调整好记录仪及试验机,记录仪以 Y 轴表示荷载,X 轴表示时间。立即以500mm/min的速度开始拉伸,拉至300mm时结束。此时记录仪记录荷载及拉伸时间,拉伸变形由拉伸速度与 X 轴记录的拉伸时间求取,如图 T 0624-2 所示。为使记录曲线清晰,记录仪时间轴的走纸速度可选用500mm/min或1 000mm/min。

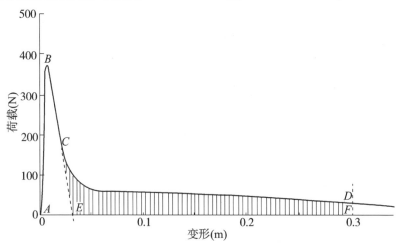

图 T 0624-2 黏韧性试验荷载—变形曲线

3.2.3 黏韧性试验器从恒温水槽中取出到试验结束的时间不能超过1min。

4 计算

4.1 在图 T 0624-2 的荷载—变形曲线上将曲线 BC 下降的直线部分延长至 E,用虚线表示。

4.2 分别量取曲线 $ABCE$ 及 $CDFE$ 所包围的面积,记作 A_1 及 A_2。面积可以用求积仪或数记录纸方格数求算,也可由记录纸张的质量比例法求出。此时用剪刀剪下 $ABCE$ 及

$CDFE$,分别称取质量 m_1、m_2,准确至 1mg,再由已知面积的记录纸称取单位面积的记录纸质量 m_0,并按式(T 0624-1)及式(T 0624-2)求得到曲线面积 A_1、A_2。

$$A_1 = \frac{m_1}{m_0} \qquad (\text{T 0624-1})$$

$$A_2 = \frac{m_2}{m_0} \qquad (\text{T 0624-2})$$

式中:A_1——曲线 $ABCE$ 的面积(N·m);
  A_2——曲线 $CDFE$ 的面积(N·m);
  m_0——单位面积记录纸质量[g/(N·m)];
  m_1——$ABCE$ 部分记录纸质量(g);
  m_2——$CDFE$ 部分记录纸质量(g)。

4.3 试样的黏韧性及韧性按式(T 0624-3)及式(T 0624-4)计算。

$$T_0 = A_1 + A_2 \qquad (\text{T 0624-3})$$

$$T_e = A_2 \qquad (\text{T 0624-4})$$

式中:T_0——沥青的黏韧性(N·m);
  T_e——沥青的韧性(N·m)。

5 报告

同一试样至少进行 3 次平行试验,当最大值或最小值与平均值之差不超过 3 倍标准差时,取平均值作为试验结果,准确至 1 位小数。

条文说明

沥青黏韧性试验的结果是用于评价 SBR 改性沥青、橡胶和树脂等沥青,以及用于做排水路面的高黏度改性沥青改性效果的一种比较好的方法,对 SBR 改性沥青要求做黏韧性试验,并已列入《公路沥青路面施工技术规范》(JTG F40—2004)中。本次修订在适用范围内增加了 SBR 改性沥青。在准备工作中要求黏韧性试验器连同试样在恒温水槽中保温不少于 1.5h。

沥青黏韧性试验最早由 Benson 于 1955 年提出,1974 年日本橡胶协会定为标准,并收入日本道路协会铺装试验法便览中。现在日本沥青路面铺装要纲的改性沥青标准中正式列入了黏韧性指标。试验时,一开始表现出需要较大的荷载,后来则有一较长时间的变形段,将总的功称作 toughness。将后期较长时间变形的部分称作 tenacity,单位为 N·m。以此两项指标评价改性沥青的质量。关于试验指标的名称,日本原称 toughness 为握裹力,tenacity 为黏结力,后直接改用音译名,我国的不少译者也有各种叫法。本试验法经多次讨论统一称为黏韧性(toughness)及韧性(tenacity)。

本试验法完全按照 ASTM D 5801—95 及日本道路协会铺装试验法便览 3-5-17 编写。由于现在测试仪器设备发展很快,许多试验室已具备万能材料试验机,且具有自记功能,可以采用这类设备将黏韧性试验的应力—应变曲线全部记录下来,或通过计算机采集数据,采用积分方法计算曲线所包围的面积,直接得出试验结果。

T 0625—2011 沥青旋转黏度试验(布洛克菲尔德黏度计法)

1 目的与适用范围

1.1 本方法适用于采用布洛克菲尔德黏度计(Brookfield,简称布氏黏度计)旋转法测定道路沥青在45℃以上温度范围内的表观黏度,以帕斯卡秒(Pa·s)计。

1.2 本方法测定的不同温度的黏度曲线,用于确定各种沥青混合料的拌和温度和压实温度。

2 仪具与材料技术要求

2.1 布洛克菲尔德黏度计:具有直接显示黏度、扭矩、剪切应力、剪变率、转速和试验温度等项目的功能,如图 T 0625-1 所示。它主要由下列部分组成:

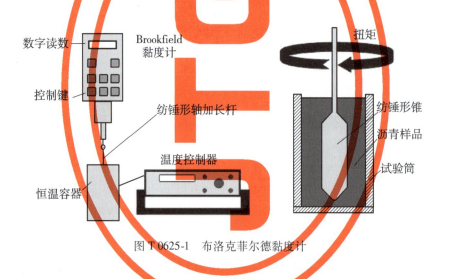

图 T 0625-1 布洛克菲尔德黏度计

2.1.1 适用于不同黏度范围的标准高温黏度测量系统,如 LV、RV、HA 或 HB 型系列等,其量程应满足被测改性沥青黏度的要求。

2.1.2 不同型号的转子,根据沥青黏度选用。

2.1.3 自动温度控温系统,包括恒温室、恒温控制器、盛样筒(为试管形状)、温度传感器等。

2.1.4 数据采集和显示系统、绘图记录设备等。

2.2 烘箱:有自动温度控制器,控温的准确度为 ±1℃。

2.3 标准温度计:分度值0.1℃。

2.4 秒表。

3 试验步骤

3.1 按本规程 T 0602 的方法准备沥青试样,分装在盛样容器中,在烘箱中加热至软化点以上100℃左右保温30~60min备用,对改性沥青尤应注意去除气泡。

3.2 仪器在安装时必须调至水平,使用前应检查仪器的水准器气泡是否对中。开启黏度计温度控制器电源,设定温度控制系统至要求的试验温度。此系统的控温准确度应在使用前严格标定。

3.3 根据估计的沥青黏度,按仪器说明书规定的不同型号的转子所适用的速率和黏度范围,选择适宜的转子。

3.4 取出沥青盛样容器,适当搅拌,按转子型号所要求的体积向黏度计的盛样筒中添加沥青试样,根据试样的密度换算成质量。加入沥青试样后的液面应符合不同型号转子的规定要求,试样体积应与系统标定时的标准体积一致。

3.5 将转子与盛样筒一起置于已控温至试验温度的烘箱中保温,维持1.5h。当试验温度较低时,可将盛样筒试样适当放冷至稍低于试验温度后再放入烘箱中保温。

3.6 取出转子和盛样筒安装在黏度计上,降低黏度计,使转子插进盛样筒的沥青液面中,至规定的高度。

3.7 使沥青试样在恒温容器中保温,达到试验所需的平衡温度(不少于15min)。

3.8 按仪器说明书的要求选择转子速率,例如在135℃测定时,对RV、HA、HB型黏度计可采用20r/min,对LV型黏度计可采用12r/min,在60℃测定可选用0.5r/min等。开动布洛克菲尔德黏度计,观察读数,扭矩读数应在10%~98%范围内。在整个测量黏度过程中,不得改变设定的转速。仪器在测定前是否需要归零,可按操作说明书规定进行。

3.9 观测黏度变化,当小数点后面2位读数稳定后,在每个试验温度下,每隔60s读数一次,连续读数3次,以3次读数的平均值作为测定值。

3.10 对每个要求的试验温度,重复以上过程进行试验。试验温度宜从低到高进行,盛样筒和转子的恒温时间应不小于1.5h。

3.11 如果在试验温度下的扭矩读数不在10%~98%的范围内,必须更换转子或降低转子转速后重新试验。

3.12 利用布洛克菲尔德黏度计测定不同温度的表观黏度,绘制黏温曲线。一般可采用135℃和175℃的表观黏度,根据需要也可以采用其他温度。

4 报告

4.1 同一种试样至少平行试验两次,两次测定结果符合重复性试验允许误差要求时,以平均值作为测定值。

4.2 将在不同温度条件下测定的黏度,绘于图 T 0625-2 所示的黏温曲线中,确定沥青混合料的施工温度。当使用石油沥青时,宜以黏度为 0.17Pa·s±0.02Pa·s 时的温度作为拌和温度范围;以 0.28Pa·s±0.03Pa·s 时的温度作为压实成型温度范围。

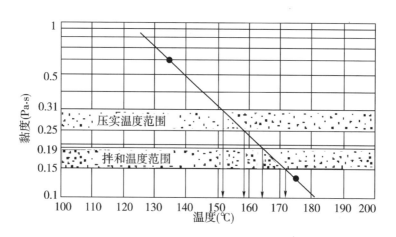

图 T 0625-2 由沥青结合料的黏温曲线确定施工温度

4.3 报告试验温度、转子的型号和转速。

4.4 绘制黏温曲线,给出推荐的拌和及压实施工温度范围。

5 允许误差

重复性试验的允许误差为平均值的3.5%,再现性试验的允许误差为平均值的14.5%。

条文说明

测定沥青从较低温度到较高温度范围内的黏度,通常需要不同类型的黏度计,本规程也已分别作了规定。例如,为60℃黏度分级用动力黏度,世界上基本上都统一采用真空减压毛细管黏度计测定

(本规程 T 0620)。近年来由于改性沥青的黏度增大,需要采用较粗的黏度管测定。自从美国 SHRP 战略公路研究计划推出采用布洛克菲尔德(Brookfield)黏度计方法(ASTM D 4402)测定黏度后,各国道路界对此十分重视。SHRP 沥青结合料性能规范中提出了对改性沥青 135℃ 黏度不得超过 3Pa·s 的技术要求,以控制改性沥青的施工性能。我国《公路沥青路面施工技术规范》(JTG F40—2004)也已将此指标纳入了改性沥青的技术要求。为此,本规程参照美国 ASTM D 4402 和 AASHTO T 316 标准制定了本方法。

根据不同温度下的黏度绘制黏温曲线以确定沥青混合料的拌和温度和压实温度时,原试验规程 T 0702 规定可采用 T 0625、T 0619 和 T 0623 等三种方法。随着布氏旋转黏度测定方法应用越来越多,方法简便,而且 ASTM D 6925 和 AASHTO T 312 均统一采用布氏旋转黏度方法作为标准方法来确定沥青混合料的拌和温度和压实温度,因此本次修订根据我国实践,也将确定沥青混合料的拌和温度和压实温度的方法统一为布氏旋转黏度测定方法。

原方法规定确定黏温曲线的温度为 60℃、135℃ 和 175℃,本次修订参考 ASTM 和 AASHTO 方法,并结合我国实践,规定可采用 135℃ 和 175℃,也可根据需要选择其他温度。

本方法适用于测定牛顿流体或非牛顿流体之剪应力与剪变率之比,即表观黏度。剪应力与剪变率之比值为常数的属于牛顿流体,比值不是常数的流体则是非牛顿流体。许多流体都表现出牛顿流体和非牛顿流体两种特性,这取决于剪变率的大小。黏度是流体抗流动的量度,黏度的国际单位制单位是帕斯卡秒(Pa·s),1Pa·s 相当于 10 泊,1 厘泊(cP)是 1 毫帕斯卡秒(mPa·s),常用做黏度单位,1Pa·s = 1 000mPa·s。

本方法可用于测量沥青在使用温度时的表观黏度。在本方法的试验条件或温度范围内,某些沥青可表现出非牛顿特性。因为非牛顿性流体的表观黏度值不是唯一的材料性质,而是反映流体和测量系统的特性。应该注意,本方法是在某一个规定的测定条件下测量获得的黏度值,并不能预测不同条件下的使用性能。对各种非牛顿体沥青之间表观黏度值之间的比较,应采用同类型黏度计在相同的剪应力和剪切历程条件下获得的测定值进行。

本方法(图 T 0625-2 由黏温曲线确定施工温度的方法)是基于未经改性的普通道路石油沥青的数据得出的。当用于改性沥青时,由此确定的拌和温度和压实温度可能偏高,所以此法是否适合于改性沥青国内外都有不同看法,但是目前还没有合适的方法。因此,各单位在应用该方法确定改性沥青混合料的拌和温度和压实温度时,还应该结合工程中的实践经验,确定合理的拌和温度和压实温度。

由于目前市场上销售的布洛克菲尔德黏度计都具有直接显示黏度、扭矩、剪切速率、剪切应力、转速和试验温度的功能,无须进行计算,所以取消了原规程的 4.2 条。操作者在使用布洛克菲尔德黏度计前应该仔细阅读并理解厂家所提供的仪器操作说明书。详细的操作步骤可按仪器说明书进行。

本方法判断试验结果允许误差可接受性的置信度为 95%。

T 0626—2000　沥青酸值测定方法

1　目的与适用范围

本方法适用于测定道路石油沥青的酸值。

2　仪具与材料技术要求

2.1　氢氧化钾乙醇标准溶液:0.1mol/L。

2.2 盐酸标准溶液:0.1mol/L。

2.3 无水乙醇:化学纯。

2.4 苯:化学纯。

2.5 圆底烧瓶:带标准磨口。

2.6 球形回流冷凝器:40cm,具有与烧瓶相配合的标准磨口。

2.7 恒温水槽。

2.8 玻璃电极。

2.9 饱和甘汞电极。

2.10 其他:烧杯、容量瓶、100mL移液管。

3 方法与步骤

3.1 准备工作

3.1.1 氢氧化钾乙醇标准溶液的配制

取 5.6g 氢氧化钾于洁净的烧杯中,用少量的无水乙醇溶解并转移至1L 容量瓶中,反复用乙醇洗涤烧杯内的残余氢氧化钾,一并移至容量瓶中,最后用无水乙醇稀释至要求刻度,得到浓度约为 0.1mol/L 的氢氧化钾乙醇标准溶液。

3.1.2 氢氧化钾乙醇标准溶液的标定

用浓度为0.1mol/L 的标准盐酸溶液,按常规无机化学或分析化学中关于溶液配制及酸碱滴定的方法,对氢氧化钾乙醇标准溶液进行滴定,测定其准确的浓度,准确至 0.00001mol/L。

3.2 试验步骤

3.2.1 按本规程规定的方法准备沥青试样。取沥青3~5g,准确至0.1mg,置于250mL 圆底烧瓶中。

3.2.2 按每克沥青加5mL 苯的用量加入15~25mL 苯,在温度65℃±5℃的恒温水槽内回流0.5h。

3.2.3 在沥青中加入100mL无水乙醇,密封静置过夜。

3.2.4 用玻璃电极作为指示电极,饱和甘汞电极作为参考电极,按照分析化学的方法采用电位滴定法用氢氧化钾乙醇标准溶液滴定至终点。

3.2.5 取一圆底烧瓶,加入与3.2.2步骤相同量的苯,再加入100mL的无水乙醇,搅拌均匀后密封静置过夜,作为空白试样;然后按照3.2.4步骤测定空白试样消耗氢氧化钾乙醇标准溶液的体积。

4 计算

沥青的酸值按式(T 0626-1)计算。

$$A = \frac{56.1 \times (V - V_0) \times C}{m} \quad (\text{T } 0626\text{-}1)$$

式中:A——沥青的酸值[mL·mol/(L·g)];
V——滴定试样所消耗的氢氧化钾乙醇标准溶液的体积(mL);
V_0——滴定空白试样消耗氢氧化钾乙醇标准溶液的体积(mL);
C——氢氧化钾乙醇标准溶液浓度(mol/L);
m——沥青用量(g)。

条文说明

本方法的基本原理是将沥青溶解于苯和乙醇的混合溶剂中,以氢氧化钾的乙醇标准溶液中和沥青中的游离酸,由消耗氢氧化钾乙醇溶液的体积来计算酸值。

GB 264 润滑油酸值的试验方法、《植物油脂检验酸价测定法》(GB 5530—85)、《粮食、油料检验粮食酸度测定法》(GB 5517—85)与本方法基本上是一致的,只是溶剂和具体操作步骤略有不同,更详细的方法可参照 ASTM D 664。

T 0627—2011 沥青弯曲蠕变劲度试验(弯曲梁流变仪法)

1 目的与适用范围

1.1 本方法用弯曲梁流变仪测定沥青的弯曲蠕变劲度和 m 值。测量的弯曲蠕变劲度范围为 20~1 000MPa。

1.2 本方法适用于原样沥青、压力老化后的沥青和薄膜烘箱(或旋转薄膜烘箱)后的老化沥青。

1.3 根据本方法进行试验时,若试件的形变大于4mm或小于0.08mm时,试验结果无效。

2 仪具与材料技术要求

2.1 弯曲梁流变仪试验系统
由以下几部分组成:

2.1.1 带有试件支架的加载框。

2.1.2 将试件保持在试验温度下并提供浮力以抵消试件重力的恒温浴。

2.1.3 计算机控制和数据自动采集系统元件。

2.1.4 试样梁模具。

2.1.5 检量和校正系统的梁。

2.2 试验系统基本技术要求和参数

2.2.1 加载框:由一套试件支架、加载轴、荷载传感器、荷载调零装置、加载装置及位移测量传感器等组成。示意图如图 T 0627-1 所示。

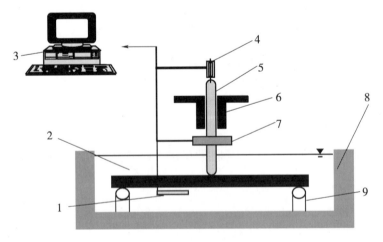

图 T 0627-1 弯曲梁流变仪示意图
1-温度传感器;2-沥青试件;3-控制与数据采集;4-位移传感器;5-加载轴;6-空气轴承;7-荷载传感器;8-水槽;9-试件支架

2.2.2 加载系统:能向试件施加 35mN±5mN 的接触荷载,试验过程中将试验荷载保持在980mN±50mN以内。技术要求如下：

1）加载系统要求：试验荷载的升压时间应不少于5s。开始试验时系统在0.5~5s内将接触荷载从35mN±5mN增加到初始试验荷载980mN±50mN，此时试验荷载应稳定在平均试验荷载±50mN之内，之后稳定在平均试验荷载±10mN。

2）加载轴：带有半径为6.3mm±1.3mm球形接触点。

3）荷载传感器：用来测量初始接触荷载和试验荷载。最小量程应不小于2.00N，分辨率不小于2.5mN。

4）线性差动式位移传感器（LVDT）：量程不小于6mm，分辨率不小于2.5μm。

5）试件支架：接触半径为3.0mm±0.3mm由不锈钢或其他防腐蚀金属制成的支架。

2.2.3 温度传感器：测量范围为0~-36℃，精确至±0.1℃。

2.2.4 恒温浴：在-36~0℃范围能将浴内各点温度保持在试验温度±0.1℃。

2.2.5 数据采集系统分辨率：最小荷载2.5mN，最小形变为2.5μm和最小恒温浴内温度变化为±0.1℃。当接触荷载转换到试验荷载信号被激活时，数据采集系统将及时感受该点。数据采集系统将记录在8.0s、15.0s、30.0s、60.0s、120.0s和240.0s的荷载和形变。

2.2.6 试件模具：材料为铝板或不锈钢（也可用硅橡胶）。模具内部尺寸为：长127mm±2.0mm、厚6.35mm±0.05mm、宽12.70mm±0.05mm。图T 0627-2为试件成型示意图。

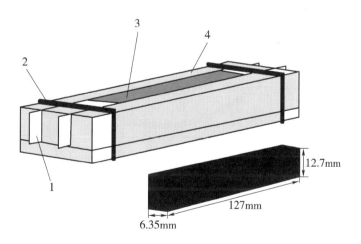

图T 0627-2 试件成型示意图（铝板）
1-醋酸盐塑料；2-O形橡胶圈；3-沥青样品；4-铝模

2.2.7 不锈钢（厚）梁：长127mm±2.0mm、宽12.7mm±0.1mm、厚6.4mm±0.1mm；不锈钢（薄）梁：长127mm±0.5mm、宽12.7mm±0.1mm、厚1.0~1.6mm。

2.2.8 标准砝码:通常需要 4 个,每个质量 100.0g ± 0.2g,用于 BBR 荷载传感器的标定。

2.2.9 标准温度计:分度值 0.1℃的浸入式玻璃液体温度计,用于检查温度传感器的温度。

2.2.10 塑料片:厚度为 0.08 ~ 0.15mm 的干净塑料片,塑料片不会因热沥青的作用而变形。

2.2.11 丙三醇—滑石粉混合物:用作金属模具内端面上的隔离剂。可用 20% 的丙三醇和 80% 的滑石粉。

2.2.12 恒温浴液体:不被沥青吸附及不影响沥青性质的溶液。液体在试验温度下的相对密度应不超过 1.05,合适的液体包括乙醇、甲醇、稳定的异丙醇、丙三醇—甲醇—水的混合液(例如:60% 的丙三醇,15% 的甲醇,25% 的水),也可使用其他试剂,但不得使用硅酮或含有硅酮类的混合物。

3 方法与步骤

3.1 准备工作

3.1.1 按操作说明书打开软件、加载和数据采集系统。

3.1.2 选择试验温度并将浴液的温度调节到所选温度。试验前将温度恒温到试验温度 ±0.1℃。

3.1.3 打开空气轴承,用荷载调节器调节加载轴,使它在垂直路径约中间点处自由漂浮。

3.1.4 调节负载设置:将厚 6.4mm 的不锈钢梁放在支架上,调节相关按钮,使接触荷载达到 35mN ± 10mN,相应的初始试验荷载应为 980mN ± 50mN。

3.1.5 系统检查:在每次进行试验前,将厚度为 1.0 ~ 1.6mm 的不锈钢(薄)梁放在样品支架上,按程序要求操作测定薄梁模量,模量值应在薄梁模量的标准值范围内。

3.1.6 温度传感器的检查:当试验温度改变时,用标准温度计显示的温度与数据采集系统显示的温度进行比较,数据采集系统显示的温度与标准温度计显示的温度差应该在 ±0.1℃内。

3.2 试件制备

3.2.1 金属模具的准备

将模具清理干净,在模具的 3 个长金属部分的内表面涂一层石油基润滑脂,用润滑脂将塑料片平粘到金属上。

1)将塑料片放在金属表面,用手指挤压塑料片,靠摩擦力将塑料片压在金属表面上。

2)在两个端件的内表面涂一层丙三醇和滑石粉的混合物,以防止沥青粘到金属端件上。

3)按图 T 0627-2 安装模具。用 O 形橡胶环将模件紧紧捆在一起。检查模具,用力将塑料片向金属表面压,以挤出气泡。

4)安装结束后,将模具放在室温下等待浇注沥青。

3.2.2 试件的制备

1)按本规程 T 0602 的方法准备试样。将沥青在烘箱中加热,直到沥青充分流动,成为容易浇注的状态。

2)浇注试件(金属模):模具放在室温下,将沥青从模具的一端向另一端来回浇注,使沥青略高出模具。倾倒时使盛样容器距模具顶端 20~30mm,以单一路径向另一端浇注沥青,将倒满沥青的模具在室温下冷却 45~60min。冷却到室温后,用热刀切掉并切平冷却后高出模具顶端的沥青样品。

3.2.3 试件的存放和脱模

1)试验前将模具中的试件置于室温下,试件浇注完后应在 4h 内完成试验。

2)在脱模前,将含试件的金属模放在冷却室或水浴中冷却,保证试件在脱模时不变形。冷却温度宜采用 $-5℃ \pm 5℃$,冷却时间为 5~10min。

3)当模具内试件已达到脱模条件时,宜立即拆掉金属模具将试件移出。为了避免试件变形,应将塑料片和侧模从试件上滑动脱模。

注:在脱模过程中,小心拿好试件不要使试件变形。变形的试件将会影响测得的劲度和 m 值。

3.3 试验步骤

3.3.1 试件脱模后,立即将试件放入达到试验温度的恒温浴中,恒温保持 $60min \pm 5min$ 后,将试件安放在支架上,保持恒温浴温度在试验温度 $\pm 0.1℃$ 内。

3.3.2 将试件资料、试验荷载、试验温度等有关信息输入到计算机中。

3.3.3 向试件手动施加一个 $35mN \pm 10mN$ 的接触荷载,施加荷载时间不能大于 10s,且保证试件和荷载头之间的接触。

3.3.4 激活自动试验系统,加载过程为:

1)在 1s±0.1s 内施加 980mN±50mN 的初始荷载。

2)将荷载减少到 35mN±10mN,维持 20s±1s。

3)施加试验荷载 980mN±50mN,维持时间为 240s。计算机将从 0.5s 起,以 0.5s 的时间间隔自动记录并计算荷载及形变值。

4)卸去试验荷载并返回到 35mN±10mN 的接触荷载。

5)从支架上移走试件进行下一个试验。

4 报告

4.1 按试验要求,报告包括下列内容:

1)试件编号、项目编号。

2)试验日期。

3)试件宽度、厚度,准确至 0.01mm。

4)试验温度,准确至 0.1℃。

5)施加试验荷载的时间(h,min)。

6)试验过程中的最高温度、最低温度,准确至 0.1℃。

7)试验过程中记录的最大荷载、最小荷载,准确至 1mN。

4.2 对 8.0s、15.0s、30.0s、60.0s、120.0s 和 240.0s 时间报告下列试验结果:

1)施加荷载的时间,准确至 0.1s。

2)试验荷载,准确至 1mN。

3)试件的形变量,用 mm 表示,准确至 1μm。

4)测量得到的劲度模量,用 MPa 表示,取 3 位有效数字。

5)m 值,准确至 0.001。

5 允许误差

5.1 重复性试验两个结果的差值(用平均值的百分数表示)应不超过表 T 0627-1 的重复性允许误差值。

5.2 再现性试验两个结果的差值(用平均值的百分数表示)应不超过表 T 0627-1 的再现性允许误差值。

表 T 0627-1 重复性和再现性允许误差值

条件	两个试验结果的允许误差(%)	
重复性	蠕变劲度(MPa)	7.2
	m 值	2.9
再现性	蠕变劲度(MPa)	17.8
	m 值	6.8

条文说明

本试验方法参考 ASTM D 6648—01 及 AASHTO T 313—09 方法,结合国内多年来的使用情况编写。操作者在使用弯曲梁流变仪前需仔细阅读厂家所提供的仪器设备说明书,详细的操作步骤可按仪器说明书进行。

T 0628—2011 沥青流变性质试验(动态剪切流变仪法)

1 目的与适用范围

1.1 本方法适用于测定沥青的动态剪切模量和相位角。沥青动态剪切模量测量值的范围为 0.1~10MPa,相应的温度范围为 5~85℃。

1.2 本方法适用于原样沥青、压力老化后的沥青和薄膜烘箱(或旋转薄膜烘箱)后的老化沥青。如用于含有颗粒的沥青,本标准试验方法只适用于颗粒尺寸小于 250μm 的沥青。

1.3 通过本方法测得的复合剪切模量和相位角经计算可以确定沥青性能(PG)分级等级。

2 仪具与材料技术要求

2.1 动态剪切流变仪:试验系统由平行金属板、环境室、加载设备、控制和数据采集系统组成。其基本原理如图 T 0628-1 所示。

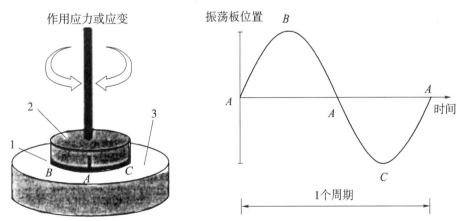

图 T 0628-1 动态剪切流变仪基本原理
1-沥青;2-振荡板;3-固定板

2.2 试验系统基本技术要求和参数:

2.2.1 试验板:两种规格的表面光滑的金属板。一块直径为 8.00mm±0.05mm;另一块直径为25mm±0.05mm。

2.2.2 环境室:用来控制试验时试件的温度,通过加热或冷却维持一个恒定的试件环境。环境室中加热或冷却试件的介质应为不影响沥青性质的液体或气体。

2.2.3 温度控制器:在5～85℃温度范围内可将试件温度控制在试验温度±0.1℃内。

2.2.4 加载设备:可以向试件施加10rad/s±0.1rad/s频率的正弦振荡荷载。加载方式可采用应力控制荷载或应变控制荷载。

2.2.5 控制和数据采集系统:可记录温度、频率、偏转角和扭矩。应满足表T 0628-1中规定的精度要求。

表 T 0628-1 控制和数据采集系统精度要求

测定值	精度	测定值	精度
温度	0.1℃	扭矩	10mN·m
频率	1%	偏转角度	100μrad

2.2.6 温度传感器:精确至±0.1℃。

2.3 试件修整器:刮刀或刀片,用于修整试件。

3 方法与步骤

3.1 准备工作

3.1.1 按本规程T 0602的方法准备试样。加热沥青至足够流动状态,用来浇注试件,原样沥青加热的温度不宜高于135℃,改性沥青加热温度不超过163℃。在加热过程中给样品加盖,并适当进行搅拌以保证样品的均匀性和赶走气泡。

3.1.2 将选择的试验板固定于试验机上,在试验温度下,建立试验板零间隙水平。向上移动顶板,使板间隙为1mm±0.05mm(直径25mm,用于原样沥青和薄膜烘箱或旋转薄膜烘箱老化后的沥青)或2mm±0.05mm(直径8mm,用于压力老化后的沥青)。

3.1.3 仔细清洁试验板表面,使沥青均匀牢固地粘到试验板上。当采用8mm试件时,将环境室温度升到约45℃;当采用25mm试件时,将环境室升到试验温度或试验温度范围的初始温度。

3.1.4 取出试验板,将沥青浇注在试验板的中心处,使得沥青基本覆盖整个板(除了周边留有 2mm 宽外)。待沥青变硬后将试验板装回流变仪。

3.1.5 移动试验板挤压两个试验板间的试件,加热试件修整器,修整周边多余的沥青。

3.1.6 试件修整后,调整间隙到试验间隙。

3.2 试验步骤

3.2.1 调整好试验板间隙后,将试件温度升到试验温度 ±0.1℃。

1)当对沥青进行确认试验时,从沥青性能分级要求(PG)中选择合适的试验温度。

2)将温度控制器设定到所需要的试验温度 ±0.1℃,对试件恒温至少 10min,然后开始试验。

3.2.2 在应力或应变控制方式下进行试验。

1)当采用应力控制方式时,从表 T 0628-2 中选择合适的应力值进行试验。动态剪切流变仪能自动控制应力,不需操作者调整。

2)当采用应变控制方式时,从表 T 0628-3 中选择合适的应变值进行试验。动态剪切流变仪能自动控制应变,不需操作者调整。

表 T 0628-2 目标应力值

材 料	临界值(kPa)	应力(kPa)	
		目标水平	范围
原样沥青	$G^*/\sin\delta$	≥1.0	0.12	0.09~0.15
TFOT/RTFOT 残留物	$G^*/\sin\delta$	≥2.2	0.22	0.18~0.26
PAV 残留物	$G^*\sin\delta$	≤5 000	50.0	40.0~60.0

注:G^* 为复合剪切模量。

表 T 0628-3 目标应变值

材 料	临界值(kPa)	应变(%)	
		目标值	范围
原样沥青	$G^*/\sin\delta$	≥1.0	12	9~15
TFOT/RTFOT 残留物	$G^*/\sin\delta$	≥2.2	10	8~12
PAV 残留物	$G^*\sin\delta$	≤5 000	1	0.8~1.2

3.2.3 当温度达到平衡时,设备将自动以 10rad/s 的频率和选择的应力(或应变)目标值进行试验,第一次 10 个循环,不记录数据,第二次 10 个循环,记录数据,用于计算复合剪切模量和相位角。记录和计算均由数据采集系统完成。

3.2.4 试件制备和修整结束后,应立即进行试验。在多个温度下进行试验时,从试件加热到整个试验结束应在4h内。

4 报告

4.1 每个试验报告应包括以下内容：

1) 试验板直径，准确至0.1mm；试验间隙，准确至1μm。
2) 试验温度，准确至0.1℃。
3) 试验频率，准确至0.1rad/s。
4) 应力或应变大小，准确至0.01%。
5) 复合模量G^*，单位kPa，取3位有效数字。
6) 相位角δ，准确至0.1°。

4.2 报告所用试验材料名称、规格、来源及试验仪器的型号。

5 允许误差

5.1 重复性试验两个结果的差值（用平均值的百分数表示）应不超过表T 0628-4的重复性允许误差。

5.2 再现性试验两个结果的差值（用平均值的百分数表示）应不超过表T 0628-4的再现性允许误差值。

表T 0628-4 重复性和再现性允许误差值

试验参数		重复性(%)	再现性(%)
原样沥青	$G^*/\sin\delta$	6.4	17.0
TFOT/RTFOT残留物	$G^*/\sin\delta$	9.0	22.2
PAV残留物	$G^*\sin\delta$	13.8	40.2

条文说明

本试验方法参考《动态剪切流变仪测定沥青胶结料流变性质试验法(DSR)》(AASHTO T 315—09)并结合国内多年来的使用情况编写。操作者在使用动态剪切流变仪前需仔细阅读厂家所提供的仪器操作说明书，详细的操作步骤可按仪器说明书进行。

T 0629—2011 沥青断裂性能试验（直接拉伸法）

1 目的与适用范围

1.1 本方法规定了用直接拉伸试验测定沥青破坏应变和破坏应力的方法，适用于原样沥青、沥青旋转薄膜烘箱试验后(RTFOT)和沥青压力老化容器老化(PAV)后的沥青材料。试验温度范围：0~-36℃。

1.2 本试验方法只适用于颗粒尺寸小于 250μm 的沥青。

2 仪具与材料技术要求

2.1 直接拉伸试验仪主要由以下几部分组成：

2.1.1 以闭路耦合反馈控制的位移与加载系统。

2.1.2 试件夹持系统。

2.1.3 低温液体冷浴槽。

2.1.4 荷载测量和伸长测量记录仪。

2.1.5 温度检测和记录设备仪。

2.1.6 数据自动采集和显示系统。

2.1.7 信号控制器：控制力、位移及应变，并与计算机连接。

2.2 直接拉伸试验仪的技术要求和参数：

2.2.1 具有温控系统的加载设备：加载能力不小于 500N。加载系统可安装于桌面。夹持系统应浸没在冷却液中。夹具应在液体表面下至少 25mm，通过直接拉伸试件完成加载。图 T 0629-1 为直接拉伸试件示意图。

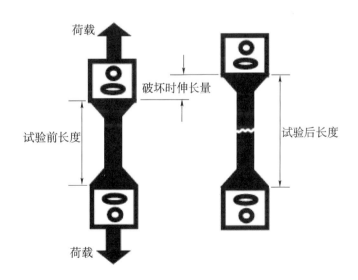

图 T 0629-1　直接拉伸试件示意图

2.2.2 试件夹持系统:具有轴向拉力和自动对中能力。保证塑料端模能挂上去。

2.2.3 冷冻机和冷浴槽:冷冻机通过管道与冷却槽相连接。冷浴槽应有足够的空间,能容纳试件和夹持系统。温度控制范围为试验温度±0.1℃。

2.2.4 荷载测量和记录系统:荷载最小量程为500N,用灵敏度为0.1N的荷载传感器测量,用数据采集系统分析数据,荷载和应力显示精度为0.1N。

2.2.5 伸长测量和记录系统:精确至1μm。

2.2.6 数据采集系统:计算机应具备自动显示荷载、伸长量、温度和应力—应变曲线的功能。

2.3 冷却液:宜采用醋酸钾溶液,也可用质量比42%的乙酸钾粉末和58%的去离子水或蒸馏水的混合液。

2.4 试模:由铝合金制成。

2.5 标准温度计:分度值0.1℃。

2.6 烘箱:温度为160℃±5℃的强制对流式烘箱。

2.7 隔离剂:质量比1:1的甘油和滑石粉调成的混合物。

2.8 溶剂:用于清洁试模、端模和板,可用石油醚、庚烷等无溶解性和无腐蚀性的溶剂。

3 方法与步骤

3.1 准备工作

3.1.1 按本规程T 0602的方法准备试样。将冷浴槽设定在要求的试验温度并稳定于±0.1℃范围内。将沥青样品加热,直至呈容易浇注状态,但加热温度不宜超过135℃;对于改性沥青或者老化后的沥青,应保证浇注时的流动度,且加热温度不宜超过165℃。加热时间应尽量短,为保证均匀性可以稍加搅拌,搅拌时应小心不要让气泡裹进沥青中。

3.1.2 用隔离剂涂满试模的两个内侧模板,使其金属表面均匀分布一薄层隔离剂,金属表面无暴露部分。将一张预先裁好的隔离纸放在试模的托板上,将侧模板放在隔离纸上,将端模放在试模的两端,将另一侧模放在底板上形成一个完整的试模组件。把试模组件放在一个平整的瓷砖上,并放入163℃烘箱中保温30min。

3.1.3 从烘箱中取出瓷砖和试模,置于平坦的台面上,然后一次性浇注成型。热沥青的液面应稍稍高出试模表面,便于冷却后修整。

3.1.4 将试模在室温下自然冷却约60min,然后用热刮刀刮平顶部多余沥青。注意,修整后的沥青试件表面应是平整的。

3.1.5 将带模试件放入0℃冰箱或冷浴中冷却5min左右,待试件变硬后小心脱模。注意,在脱模过程中应避免扭曲或弯曲试件,否则影响试验结果。

3.2 试验步骤

3.2.1 按3.1所述准备6个试件。

3.2.2 设定冷浴温度至试验温度,稳定至±0.2℃;然后按程序将力值调零。

3.2.3 将试件放入恒温的冷浴中养护60min±5min;然后用专用夹子夹住试件,将试件安装在销子上。注意,试模的孔与样品架的上下轴相吻合。

3.2.4 试件就位后,检查试件是否安放平稳。注意,此时计算机上显示的力值数值应小于0.1N,否则需检查原因。

3.2.5 设定拉伸速率为1mm/min。将位移及应变复零,开始试验。

3.2.6 当试件拉断或应变超过10%时停止试验,并移走试件和沥青碎片。

3.2.7 当荷载达到峰值时试件突然断裂,记为脆性破坏,此时为最大应力状态下的最大应变;如果试件达到最大应力时未断裂而继续变形,则破坏应变记录为相应于最大应力时的应变;当应变超过10%时,不必继续试验,记录破坏应变为"大于10%",该沥青满足有关规范试验温度下的要求。

3.2.8 记录破坏荷载和试件的破坏形状,如果试件在颈部破坏,则记录破坏数据并注明在颈部;如属于超过10%未断裂,则记录10%伸长时的荷载并注明试件没有断裂。

3.2.9 重复3.2.2~3.2.7步骤,直至6个试件测试完毕。

3.2.10 塑料端模可重复使用,试验完成后应认真清洗。将塑料端模浸在溶剂中,然后用柔软的布擦干净,再用干净的肥皂液或洗涤剂去除黏结面上溶剂留下的油膜。

4 计算

4.1 按照式(T 0629-1)计算每个试件的破坏应力。

$$\sigma_f = P_f/A \tag{T 0629-1}$$

式中：σ_f——破坏应力(MPa)；

P_f——破坏荷载(N)；

A——试件的初始横断面积(mm^2)。

4.2 按照式(T 0629-2)计算每个试件的破坏应变。

$$\varepsilon_f = \delta_f/L \tag{T 0629-2}$$

式中：ε_f——破坏应变(mm/mm)；

δ_f——破坏时伸长值(mm)；

L——试件有效拉伸长度(mm)。

5 报告

同一试验结果中去掉两个破坏应力最低试件,如两个或多个试件破坏应力相同,但应变不同,则去掉两个破坏应变值较低的试件,用剩余 4 个试件的试验结果计算破坏应力和破坏应变的平均值及标准差。

条文说明

本试验方法参考 ASTM D 6723、《直接拉伸试验测定沥青断裂性能的试验方法(DTT)》(AASHTO T 314—07)并结合国内多年来的使用情况编写。操作者在使用前需仔细阅读厂家所提供的仪器操作说明书,详细的操作步骤可按仪器说明书进行。

T 0630—2011 压力老化容器加速沥青老化试验

1 目的与适用范围

1.1 本方法采用高温和压缩空气在压力容器中对沥青进行加速老化,目的是模拟沥青在道路使用过程中发生的氧化老化,用来评价不同沥青在试验温度和压力条件下的抗氧化老化能力,但不能说明混合料因素的影响或沥青实际使用条件下对老化的影响。

1.2 本方法使用的样品为旋转薄膜烘箱试验方法得到的残留物。

2 仪具与材料技术要求

2.1 压力老化试验仪(PAV)

如图 T 0630-1 所示,主要由以下几部分组成:

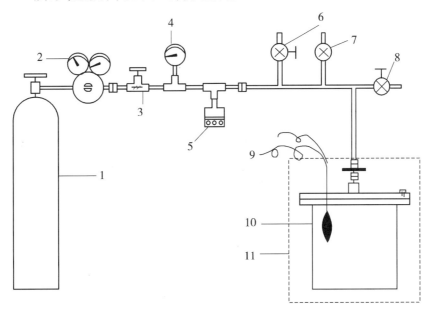

图 T 0630-1 压力老化试验仪(PAV)示意图

1-压缩空气瓶;2-压力调节器;3-针阀;4-压力计;5-安全膜;6-压力缓释阀;7-减压阀;8-针阀;9-铂电阻;10-压力容器;11-温度控制

2.1.1 1个压力容器。

2.1.2 压力控制设备。

2.1.3 温度控制设备。

2.1.4 压力和温度测量设备。

2.1.5 标准的薄膜烘箱盛样盘等。

2.2 直接拉伸试验仪的技术要求和参数

2.2.1 压力容器:压力在 2.1MPa ± 0.1MPa。压力容器包括一个盘架,盘架可以水平放置 10 个薄膜烘箱盛样盘。图 T 0630-2 为压力容器(PAV)内部结构示意图。

2.2.2 压力控制设备:

1)减压阀:防止容器中的压力超过容器的设计压力。在老化过程中容器中压力应不超过2.5MPa。

2)压力调节器:将容器中的压力控制到±0.02MPa,并且在老化过程中,使容器的压力控制在2.1MPa±0.1MPa(表压)。

3)压力缓释阀:完成试验后,在8～15min内将容器中2.1MPa的压力慢速地减至大气压力。

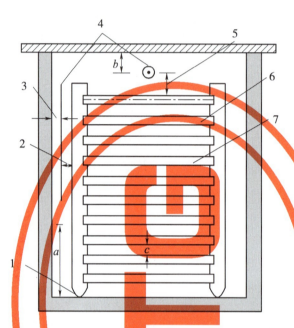

图 T 0630-2 压力容器(PAV)内部结构示意图

1-组件支撑点;2-与传感器表面至少有5mm净距;3-壁净距≥10mm;4-温度传感器和温度显示线;5-距离沥青胶结料顶部≥10mm;6-盛样盘和支撑组件;7-10个老化盛样盘放在支座架上,整个组件可以作为一个完整的单元移动

a-组件支撑点到各层支座架顶面距离;组件支撑点不少于3个,测量3个组件支撑点到各层支座架顶面距离,3个值之间的差值控制在±0.05mm;控制差值主要是保证盛样盘的水平性;b-距离压力容器内部顶面距离≥10mm;c-≥12mm

2.2.3 温度控制设备:在90～110℃温度范围,能够将压力容器内部温度控制在老化温度的±0.5℃。

2.2.4 温度记录设备:在整个老化过程中记录温度并准确至0.1℃。

2.2.5 压力表:在老化过程中,将压力容器内部的压力准确测量至±0.02MPa之内。

2.2.6 盛样盘:10个满足薄膜加热试验标准的不锈钢盘。

2.2.7 天平:感量不大于0.1g。

2.2.8 压缩空气瓶。

3 方法与步骤

3.1 准备工作

3.1.1 按本规程 T 0602 的方法准备试样。沥青进行旋转薄膜烘箱试验(RTFOT)，将老化试验后的残留物倒入一个容器中。

3.1.2 将已知质量的标准薄膜烘箱试验盛样盘放在天平上，向盘中加入 50g ± 0.5g 的沥青，使沥青薄膜厚度约 3.2mm。如果残留物已冷却，可将其加热至流动状态再灌样。

3.2 试验步骤

3.2.1 将盘架放在压力容器内部，按相关要求选择压力老化容器温度，开启加热器，将压力容器预热到选定的老化温度。当温度达到老化温度后，迅速将压力容器打开，将准备好的盛样盘放入压力容器中的试样架上，然后关闭压力容器。

3.2.2 当压力容器内部的温度达到低于规定温度2℃时(要求在 2h 内达到)，供给 2.1MPa ± 0.1MPa 的空气压力，并开始计时。保持压力容器内的温度和空气压力 20h ± 10min。

3.2.3 到规定的 20h 老化时间后，开启减压阀，使压力老化容器(PAV)内的压力在 8~15min 减小到与外部压力相同。

3.2.4 在 20h 的老化阶段，如果温度记录设备显示的温度高于或低于目标老化温度 ±0.5℃的总时间超过60min，则老化过程无效，废弃试验样品；同样，如果压力超出规定范围，亦废弃试验样品。

3.2.5 打开压力容器，拿出试验架和盛样盘，将盘中热的残留物倒入一个容器中，加热并搅拌除去气泡后，可立刻进行压力老化(PAV)残留物的性能测定。如果不立即对残留物进行试验，应盖好在室温下存放，留待以后试验。

4 报告

试验结束后报告包括：样品编号、老化温度，准确至0.5℃；记录最高和最低老化温度，准确至0.1℃；总老化时间，准确至1min。

条文说明

本试验方法参考 ASTM D 6521、《压力老化容器加速老化沥青的标准方法》(AASHTO R28—2009)

并结合国内多年来的使用情况编写。操作者在使用前应该仔细阅读厂家所提供的仪器操作说明书,详细的操作步骤可按仪器说明书进行。

T 0631—1993 沥青浮漂度试验

1 目的与适用范围

1.1 沥青的浮漂度是试样在规定的浮漂仪中,自放入一定温度的水槽内起,逐渐软化至被水冲破所需要的时间,以 s 计。

1.2 试验根据相关规范在规定的温度下进行。非经注明,液体石油沥青蒸馏后,残留物的试验温度为 50℃,煤沥青试验温度为 32℃ 或 50℃。

1.3 本方法适用于测定慢凝液体石油沥青蒸馏后残留物、煤沥青等材料的浮漂度。

2 仪具与材料技术要求

2.1 浮漂仪:由铝或铝合金浮碟与铜管组成,其形状和尺寸如图 T 0631-1 所示。浮碟壁厚 1.4mm ± 0.1mm,控制质量为 37.9g ± 0.2g;铜管壁厚为 1.4mm ± 0.1mm,控制质量为 9.8g ± 0.2g。铜管的螺钉部分,拧入浮碟的底孔后,应密封不漏水。带有试样的铜管与浮碟的总质量为 53.2g,浮置水面上后,碟的边缘距水面应为 8.5mm ± 1.5mm。

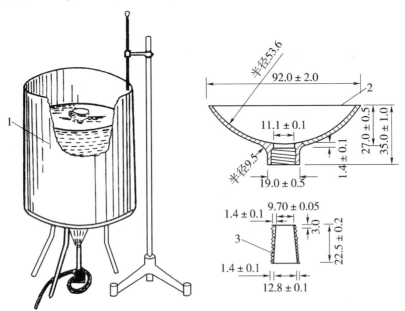

图 T 0631-1 浮漂仪(尺寸单位:mm)
1-水槽;2-浮碟;3-铜管

2.2 水槽:直径不小于 185mm,注水深度不小于 185mm,水面距水槽上口至少 100mm。能保持水温 5℃ ± 1℃。

2.3 温度计:量程 0～100℃,分度值 1℃;量程 0～30℃,分度值 0.5℃。

2.4 可以调节的加热炉。

2.5 甘油滑石粉隔离剂:甘油与滑石粉的比例为2:1(质量比)。

2.6 铜板或玻璃板。

2.7 秒表:分度值 0.1s。

2.8 其他:刮刀、冰或冰箱、酒精灯等。

3 方法与步骤

3.1 准备工作

3.1.1 在铜板或玻璃板上涂以薄层甘油滑石粉隔离剂,并将铜管较小一端向下置于板上。

3.1.2 按本规程 T 0602 准备沥青试样后注满铜管,并高出管面。

3.1.3 将保温水槽用冰调节成水温5℃±1℃。

3.1.4 将沥青试样在室温下冷却约 15～60min 后,连底板置于水温为 5℃±1℃ 的水槽中 5min。煤沥青在试样注入完后可立即置于水温为 5℃±1℃ 的水槽中 5min。

随后,取出铜管,用热刀刮去凸出的试样,并务必使管口齐平;然后再置回5℃水温的水槽中 15～30min。

3.1.5 将浮漂仪水槽中的水加热至试验温度,温度计的水银球底应在水面下 40mm±2mm。

3.2 试验步骤

3.2.1 试样在5℃的水槽中保持 15～30min 后,将铜管拧紧于浮碟的底孔,再重新置5℃水中1min。注意,如铜管装于浮碟的底孔后有漏水现象,可在铜管的螺钉部分涂以少量黄油,再拧入浮碟的底孔中。

3.2.2 1min 后取出浮漂仪,迅速用布拭干碟上的水分;然后置于保持试验规定温度的浮漂仪水槽中,同时按动秒表。

3.2.3 试样受热软化,并被逐渐冲出铜管。当规定温度的水使铜管内试样冲破后浸入浮碟内时,立即按停秒表,并记取时间,准确至1s。

4 报告

同一试样至少平行试验两次,当两次试验结果之差值不大于4s时,取平均值作为试验结果。

条文说明

本试验法基本按照1983年试验规程中所列的试验法(沥111—83)并参照ASTM D 139及AASHTO T 50作了局部修改或补充。图T 0631-1中尺寸按AASHTO T 50作了改正,将铜管总高22.5mm±0.5mm改为22.5mm±0.2mm,拧入部分由2.5mm改为3mm,浮碟厚由2.5mm改为1.4mm±0.1mm。

浮漂度的试验温度在液体石油沥青及煤沥青的标准中一般有规定,我国液体石油沥青蒸馏后残留物的浮漂度试验温度为50℃,在煤沥青标准中无规定,在ASTM D 490中规定为32℃及50℃。

关于允许误差,ASTM D 139—77中规定:当煤沥青浮漂度为32~50℃时,重复性试验允许误差为平均值的6.5%,再现性试验的允许误差为11.9%。但AASHTO T 50—81(1986)已将此规定全部删去,故本规程保留1983年试验规程中两次差值不大于4s的要求,但不作为允许误差要求。

T 0632—1993 液体石油沥青蒸馏试验

1 目的与适用范围

本方法适用于测定液体石油沥青材料的馏分含量。根据需要,残留物可进行针入度、黏度、延度、浮漂度等各种试验。除非特殊需要,当海拔为零时,各馏分蒸馏的标准切换温度为225℃、316℃、360℃。

2 仪具与材料技术要求

2.1 蒸馏烧瓶:形状和尺寸如图T 0632-1所示。

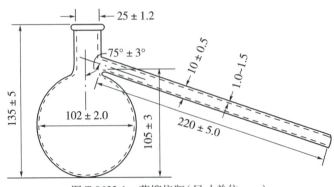

图T 0632-1 蒸馏烧瓶(尺寸单位:mm)

2.2 保温罩:形状和尺寸如图 T 0632-2 所示,由金属(1mm 厚)片制成,周围内衬 3mm 厚的石棉,并有两个对称的云母小窗,罩底及两个半圆拼成的顶盖内衬 6mm 厚的石棉层。

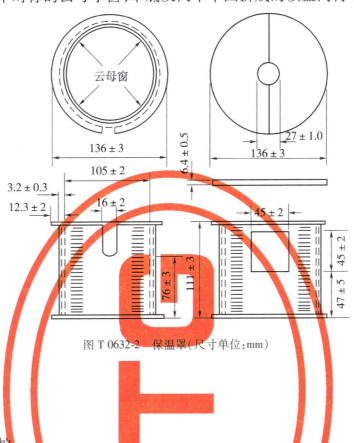

图 T 0632-2　保温罩(尺寸单位:mm)

2.3 冷凝管。

2.4 可调加热炉。

2.5 铁架:两个,一个上有铁环,用以支承蒸馏瓶和保温罩;一个上有铁夹,用以夹持冷凝器。

2.6 量筒:100mL,刻度 0.5mL。

2.7 温度计:量程 0~360℃,分度值 1℃。

2.8 导接管:玻璃(厚约 1mm)制,牛角形,弯角约 105°,大端内径约 18mm,小端内径不小于 5mm。

2.9 铁丝网。

2.10 天平:感量不大于 0.1g。

2.11 其他:残留物盛样器、软木塞或橡胶塞等。

3 方法与步骤

3.1 准备工作

3.1.1 将蒸馏烧瓶、冷凝器、导接管及量筒等洗净、烘干。

3.1.2 将试样加热搅拌均匀后,注入已称质量的蒸馏烧瓶(m_1)内,其质量相当于按密度折算为体积200mL。当试样含水量超过2%时,则取质量相当于100mL体积的试样。

3.1.3 液体石油沥青装置如图T 0632-3所示。先将两层铁丝网置于铁架的铁环或加热炉具上,并在其上置保温罩;然后,将温度计插入蒸馏烧瓶带孔的木塞中,并用软木塞或橡胶塞塞紧瓶口,须注意温度计插入试样后,其水银球底距蒸馏烧瓶底约6~7mm;温度计装妥后,再将蒸馏烧瓶垂直置于保温罩内,并将保温罩的上盖盖妥;用木塞将蒸馏烧瓶的支管与冷凝管连接,插入部分25~50mm,但注意勿使两管壁相接触,并使冷凝管与蒸馏烧瓶的轴线平行;在冷凝管的下端用软木塞与导接管连接,其角端伸入量筒中至少25mm,但不得低于100mL的刻度标志。为避免蒸馏出的馏分损失,量筒上可盖一厚纸板或木板,板上穿一洞以备导接管下端通过。仪器全部装妥后,在冷凝管的外套筒接通水源,使水由冷凝管的下端进入,由上端流出。

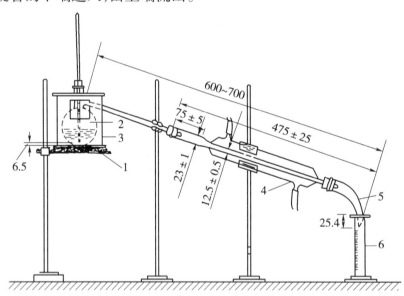

图 T 0632-3 液体石油沥青蒸馏装置(尺寸单位:mm)
1-调节加热器;2-蒸馏烧瓶;3-保温罩;4-冷凝管;5-牛角管;6-量筒

3.2 试验步骤

3.2.1 将蒸馏烧瓶均匀加热,使第一滴蒸馏液滴出时间不早于5min,亦不迟于15min。以后须调节加热温度,使蒸馏速度260℃前为50~70滴/min,260~316℃为20~

70滴/min,316~360℃完成蒸馏时间不超过10min。在加热过程中,如试样起泡沫,蒸馏速度可略降低,但应尽快恢复正常。

注:蒸馏至316℃时,若蒸馏出的馏分数量很少,可保持蒸馏温度上升5℃/min以上。

3.2.2 每当达到规定要求的蒸馏温度,如225℃、316℃和360℃时,立即读记量筒内蒸馏出馏分的体积(V),准确至0.5mL。如蒸馏出的馏分达到100mL,而温度尚未达到最后的温度时,应立即调换另一量筒。

3.2.3 当蒸馏温度达到360℃时,停止加热,移走烧瓶,取走温度计。待蒸馏烧瓶及冷凝管中蒸馏液流入量筒后,立即将残留物摇匀后倾入一容器中,备做其他试验使用。从停止蒸馏至开始倾倒残留物的时间应不超过15s。

3.3 温度修正

根据需要(如仲裁试验等),试验的实际蒸馏切换温度可根据试验室的高程进行修正。通常在海拔150m以上时,温度修正按表T 0632-1进行,也可根据大气压按表T 0632-2进行修正。

表T 0632-1 高程与温度的换算

高程(m)	实际的蒸馏温度(℃)				
	1	2	3	4	5
-305	192	227	263	318	362
-152	191	226	261	317	361
0	190	225	260	316	360
152	189	224	259	315	359
305	189	224	258	314	358
457	188	223	258	313	357
610	187	222	257	312	356
762	186	221	256	312	355
914	186	220	255	311	354
1 067	185	220	254	310	353
1 219	184	219	254	309	352
1 372	184	218	253	308	351
1 524	183	218	252	307	350
1 676	182	217	251	306	349
1 829	182	216	250	305	349
1 981	181	215	250	305	348
2 134	180	215	249	304	347
2 286	180	214	248	303	346
2 438	179	213	248	302	345

注:本试验使用表中第2、4、5列的温度。

表 T 0632-2 温度的气压修正系数

公称温度（℃）	每1.333kPa(10mmHg)气压差的修正系数（℃）	公称温度（℃）	每1.333kPa(10mmHg)气压差的修正系数（℃）
160	0.514	275	0.65
175	0.531	300	0.68
190	0.549	315.6	0.698
225	0.591	325	0.709
250	0.62	360	0.751
269	0.632		

注：不足101.325kPa(760mmHg)为减，大于101.325kPa(760mmHg)为加。

4 计算

4.1 各规定蒸馏温度的馏分含量按式(T 0632-1)计算。

$$P_i = \frac{V_i}{(m_2 - m_1)/\rho} \times 100 \tag{T 0632-1}$$

式中：P_i——规定蒸馏温度的馏分含量(体积)(%)；

V_i——规定蒸馏温度的馏分体积(mL)；

m_1——蒸馏烧瓶质量(g)；

m_2——蒸馏烧瓶及试样合计质量(g)；

ρ——试样密度(g/cm³)。

4.2 蒸馏后残留物含量按式(T 0632-2)计算。

$$P_R = \frac{m_R - m_1}{(m_2 - m_1)/d} \times 100 \tag{T 0632-2}$$

式中：P_R——蒸馏残留物含量(%)；

m_R——蒸馏烧瓶与残留物合计质量(g)。

5 报告

同一试样至少平行试验两次，取其平均值作为试验结果。

6 允许误差

重复性试验的允许误差为平均值的1.0%；再现性试验的允许误差对175℃以下馏分为平均值的3.5%，对175℃以上馏分为平均值的2.0%。

条文说明

本方法是在1983年试验规程(沥110—83)的基础上参照ASTM D 402方法修改制定的，明确蒸馏后残留物视需要可进行黏度、浮漂度等试验。

蒸馏温度范围，ASTM等规定为0~190℃、190~225℃、225~260℃、260~316℃。我国液体石油

沥青技术要求无190℃,仅有225℃、315℃、360℃,故本试验法统一为225℃、315℃、360℃,且把315℃改为316℃,以与国外统一。

按ASTM方法补充了蒸馏温度范围316~360℃及各温度范围的蒸馏速度、蒸馏后残留物含量的计算公式。关于蒸馏切换温度受气压或高程的影响,1983年试验规程不考虑。本方法按照AASHTO及日本的试验法列入修正温度的表格供需要时(如仲裁试验)使用。

T 0633—1993 液体石油沥青闪点试验(泰格开口杯法)

1 目的与适用范围

本方法适用于采用泰格开口杯(简称TOC)测定闪点低于93℃的液体石油沥青材料的闪点。

2 仪具与材料技术要求

2.1 闪点仪:泰格开口杯式,形状和尺寸如图T 0633-1所示。它由下列部分组成:

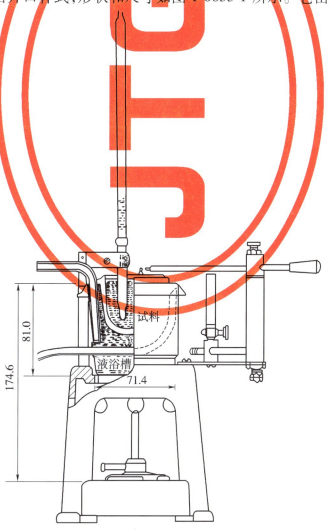

图 T 0633-1 闪点仪(尺寸单位:mm)

2.1.1 泰格开口杯:耐热玻璃制,壁厚2.4mm±0.4mm,底部有一直径15.9mm、深0.8mm的凹陷,杯的总质量不超过95g,上口尺寸φ54.8mm±1.6mm、深47.6mm,杯上口外侧有一突缘,其高度为7.9mm±0.8mm,形状和尺寸如图T 0633-2所示。

注:在缺乏标准的耐热玻璃制泰格开口杯时,允许用金属坩埚代替。坩埚深47mm,上口直径64mm,下口直径38mm,在杯口下方3.2mm处有一刻线,但金属坩埚不得用砂浴或其他明火加热,必须支起在保温液浴中受热以保安全。

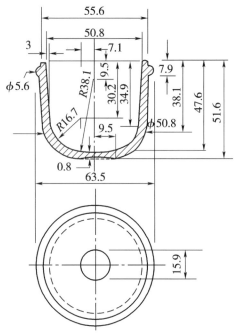

图 T 0633-2　泰格开口杯(尺寸单位:mm)

2.1.2 量规:如图T 0633-3所示,厚度3.2mm,下面有2个3.2mm±0.25mm的突起,距底部3.2mm处有两个直径各为4.0mm及0.8mm的小孔。

2.1.3 保温液浴槽:铜制,对闪点低于79.5℃的可直接用水槽,对闪点高于79.5℃的应采用水与乙二醇1:1混合液作介质。

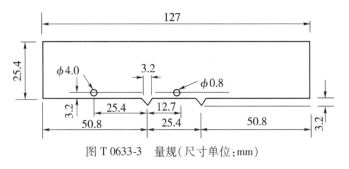

图 T 0633-3　量规(尺寸单位:mm)

2.1.4 温度计:分度值1℃。

2.1.5 点火器:金属管制,端部为产生火焰的尖嘴,端部外径约1.6mm,内径为0.7~0.8mm,与可燃气体压力容器(如液化丙烷气或天然气)连接,火焰大小可以调节成与仪器上口的直径4mm的小球相仿。点火器可以152.4mm半径水平旋转。也可采用电动旋转点火用具,但火焰通过试验杯的时间应为1.0s。

2.1.6 铁支架:附有温度计夹及试样杯支架,支脚为高度调节器,使加热顶保持水平。

2.2 防风屏:金属薄板制,三面将仪器围住挡风,内壁涂成黑色,高约600mm。

2.3 加热源:附有调节器的1kW电炉或燃气炉。根据需要,可以控制加热试样的升温速度为10℃/min±1℃/min或1℃/min±0.3℃/min。

2.4 秒表:分度值0.1s,总量程15min的误差不大于±0.05%。

3 方法与步骤

3.1 准备工作

3.1.1 将试样杯用溶剂洗净、烘干,装置于支架上。

3.1.2 安装温度计,位置在与点火器相对一侧,距杯边缘与杯中心等距离约16mm处。垂直插入试样杯中,温度计的水银球距杯底约6.3mm。

3.1.3 调节保温液浴的温度至少低于预期闪点温度16.5℃。

3.1.4 按本规程 T 0602 沥青试样准备方法准备试样,待试样温度降至预计闪点温度以下至少11℃,注入试样杯至杯口约3.2mm线处,并使试样杯其他部位不沾有沥青。

3.1.5 全部装置应置于室内光线较暗且无显著空气流通的地方,并用防风屏三面围护,室温宜保持25℃±5℃范围。

3.1.6 调节量规,使点火器端部中心恰好通过试样杯中心上方3.2mm,将点火器转向一侧,试验点火,调节火苗成标准球的形状或成直径为4mm±0.8mm的小球形试焰。

3.2 试验步骤

3.2.1 开始加热试样,调节加热器升温速度,以便在预期闪点前16.5℃后稳定控制在1℃/min±0.25℃/min。

3.2.2 当试样温度达到预期闪点前10~15℃时,用量规精确测试试样面高度,调整为3.2mm;然后开始试验,每隔1℃将点火器的试焰沿试验杯口中心水平扫过一次,从试验杯口的一边至另一边所经过的时间约1s。此时应确认点火器的试焰直径与仪器上的ϕ4mm的小球相仿。

注:试验时不应对着试样杯呼气。

3.2.3 当试样液面上最初出现一闪即灭的蓝色火焰时,立即从温度计上读记温度,作为试样的闪点,准确至1℃。注意勿将试焰四周的蓝白色火焰误认为是闪点火焰。

4 报告

对同一试样至少平行试验两次,两次试验的差值不超过10℃时,以平均值为泰格闪点,准确至1℃。

5 允许误差

重复性试验的允许误差为10℃,再现性试验的允许误差为15℃。

条文说明

当液体石油沥青闪点低于93℃时,国外均不采用克利夫兰开口杯测定,而采用泰格开口杯。两者的主要不同是泰格杯采用油浴(或水槽)加热,不用明火加热,对含低沸点溶剂的液体石油沥青更加安全。

本方法按 AASHTO T 79 及日本道路协会铺装试验法便览5-3-1编写。

T 0641—1993 煤沥青蒸馏试验

1 目的与适用范围

本方法适用于测定煤沥青的馏分含量。蒸馏的馏分用于焦油酸含量及萘含量测定。根据需要可用于测定蒸馏后残留物的软化点等性质。除非特殊需要,海拔为零时各馏分蒸馏的标准切换温度为170℃、270℃、300℃。

2 仪具与材料技术要求

2.1 蒸馏烧瓶:短颈的黏油类蒸馏瓶,容积250mL,尺寸如图 T 0641-1 所示。

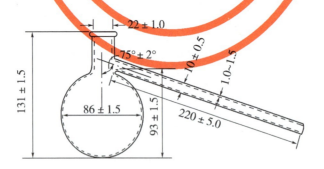

图 T 0641-1 蒸馏烧瓶(尺寸单位:mm)

2.2 保温罩及防护屏:形状和尺寸如图 T 0641-2 所示。

2.3 冷凝管:形状和尺寸如图 T 0641-3 所示。

2.4 可调燃气炉或电炉(附电阻调节器)。

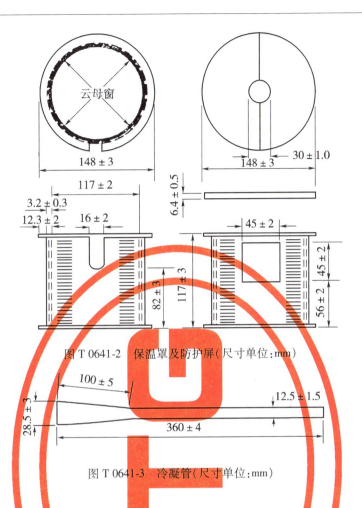

图 T 0641-2　保温罩及防护屏(尺寸单位:mm)

图 T 0641-3　冷凝管(尺寸单位:mm)

2.5　铁架:两个,一个上附有铁环,用以支承蒸馏瓶和保温罩;一个附有铁夹子,用以夹持空气冷凝管。

2.6　锥形瓶:3~4个,50mL。

2.7　温度计:量程0~360℃,分度值1℃。

2.8　天平:感量不大于0.1g及不大于1mg的天平各1个。

2.9　铁丝网。

2.10　其他:烘箱、软木塞或橡胶塞等。

3　方法与步骤

3.1　准备工作

3.1.1　将蒸馏烧瓶、空气冷凝管、锥形瓶洗净、烘干,并称其质量,3个锥形瓶(编号 i

为1、2、3)的质量分别为m_i,准确至0.1g。

3.1.2 按照本规程T 0602方法准备试样(注意防止馏分挥发,搅拌均匀),注入已称质量的蒸馏烧瓶(m_4)内100g±0.1g,称其合计质量(m_5)。

3.1.3 根据需要,按本规程T 0612测定试样中的水分含量m_w,准确至0.1g。

3.1.4 蒸馏装置如图T 0641-4所示。先将两层铁丝网置于电炉或燃气炉铁架上,并在其上置保温罩;然后,将温度计插入蒸馏烧瓶带孔的软木塞或橡胶塞中,并将软木塞塞紧蒸馏瓶的瓶口,须注意使温度计的水银球上端与蒸馏瓶的支管口下面齐平。将装妥温度计的蒸馏瓶垂直置于保温罩内,并将保温罩的盖盖好。随后将软木塞及蒸馏瓶支管与空气冷凝管相连接,支管插入冷凝管内30~50mm。注意勿使两管壁相接触,并使冷凝管与蒸馏瓶的轴线平行。如用燃气炉加热时,火焰与蒸馏瓶底须相距5~7mm。

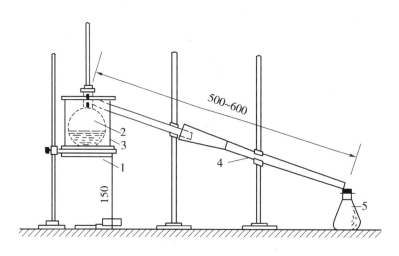

图T 0641-4 煤沥青蒸馏试验装置(尺寸单位:mm)
1-调节加热器;2-蒸馏烧瓶;3-保温罩;4-冷凝管;5-锥形瓶

3.1.5 蒸馏装置装妥后,在冷凝管的下端放置一已称量的锥形瓶,以接收加热后流出的馏分。

3.2 试验步骤

3.2.1 均匀加热保温罩内已盛有试样的蒸馏瓶,使第一滴蒸馏出的馏分滴入锥形瓶的时间不早于5min,亦不得迟于15min。第一滴馏分馏出后2min内调节加热,使蒸馏的馏分馏出的速度为50~70滴/min。

3.2.2 加热过程中,如试样起泡沫,蒸馏速度可略降低,但应尽快恢复正常。

3.2.3 在蒸馏时,如发现在空气冷凝管内壁有萘、蒽等凝固物,应立即用微火在管下均匀加热,使其熔化滴下。

3.2.4 每次达到规定的蒸馏温度,如170℃、270℃、300℃时,立即更换已称质量的锥形瓶。在最后规定温度,即300℃时,立刻停止加热。对冷凝管内所留存的馏分,微火加热使其熔化后并入最后馏分的锥形瓶中。

3.2.5 称量每个盛有馏分的锥形瓶合计质量,分别为m'_i,准确至1mg。

3.2.6 蒸馏瓶内残留物冷却至室温后,取下称其合计质量(m_6),准确至0.1g。如蒸馏残留物准备进行其他试验,应使其冷却至少5min以上并趁热将残留物倾出至一容器中备用。

3.3 根据需要(如仲裁试验等),试验时的实际切换温度可根据高程或气压按本规程T 0632的方法进行修正。

4 计算

4.1 蒸馏试验的结果应换算成无水分的含量。试样的净质量按式(T 0641-1)计算。

$$m = m_5 - m_4 - m_w \qquad (\text{T 0641-1})$$

式中:m——试样的净质量(g);
m_w——试样中水分含量(g);
m_4——蒸馏烧瓶质量(g);
m_5——蒸馏烧瓶与试样合计质量(g)。

4.2 各个蒸馏温度的馏分含量按式(T 0641-2)、式(T 0641-3)计算。
170℃前馏分:

$$P_i = \frac{(m'_i - m_i) - m_w}{m} \times 100 \qquad (\text{T 0641-2})$$

270℃及300℃前馏分:

$$P_i = \frac{(m'_i - m_w)}{m} \times 100 \qquad (\text{T 0641-3})$$

式中:P_i——170℃、270℃、300℃各温度前的馏分含量(%);
m_i——用于各规定馏分的锥形瓶质量(g),$i=1,2,3$;
m'_i——各规定温度前的馏分质量与相应锥形瓶的合计质量(g),$i=1,2,3$。

4.3 蒸馏后残留物的含量按式(T 0641-4)计算。

$$P_r = \frac{m_6 - m_4}{m} \times 100 \qquad (\text{T 0641-4})$$

式中：P_r——蒸馏后残留物含量(%)；

m_6——蒸馏后蒸馏烧瓶及残留物合计质量(g)。

5 报告

同一试样至少平行试验两次，取其平均值作为试验结果。

6 允许误差

重复性试验的允许误差，170℃前馏分为0.5%，270℃前馏分为1.0%，300℃前馏分为1.5%。

条文说明

本方法是在1983年试验规程(沥112—83)基础上参照原冶金工业部制定的行业标准及ASTM D 20修改制定的。

蒸馏试验所使用的蒸馏烧瓶，及美国ASTM D 20、日本JIS、前苏联ГОСТ、1983年试验规程等均规定使用短颈250mL烧瓶。原冶金工业部行业标准规定采用焦化专用的玻璃仪——黏油类蒸馏瓶(长颈250mL)，并认为这两种蒸馏瓶不会影响试验结果。但实际上长颈瓶试验是不行的，所以本试验方法仍规定采用短颈蒸馏瓶。

蒸馏时，馏分切换温度在1983年试验规程中未考虑补正问题，ASTM中仅规定要考虑大气压力补正。原冶金工业部行业标准中，实际切换温度除考虑大气压力补正外，又考虑了温度计补正值及水银柱外露部分的温度校正值，但修正方法非常麻烦，实际上做不到。本试验法现按ASTM及AASHTO的方法进行补正。允许误差按照原冶金工业部行业标准进行了修改。

T 0642—1993 煤沥青焦油酸含量试验

1 目的与适用范围

本方法适用于测定道路煤沥青的焦油酸含量。

2 仪具与材料技术要求

2.1 双球测定管：玻璃制，形状和尺寸如图T 0642-1所示。

2.2 铁架：附有铁环，环内径不小于49mm，亦不得大于56mm。

2.3 煤沥青蒸馏试验装置：同本规程T 0641煤沥青蒸馏试验。

2.4 氢氧化钠溶液：浓度18.3%。

2.5 溶剂:三氯乙烯、苯。

2.6 蒸馏水。

2.7 恒温水槽。

2.8 锥形瓶。

2.9 其他:洗液等。

3 方法与步骤

3.1 准备工作

3.1.1 用三氯乙烯、洗液、水及蒸馏水先后洗涤双球测定管,再用氢氧化钠溶液摇洗数次。

3.1.2 将煤沥青试样按照本规程 T 0641 蒸馏法,蒸馏出各种温度范围的馏分,并称其总质量(m)。

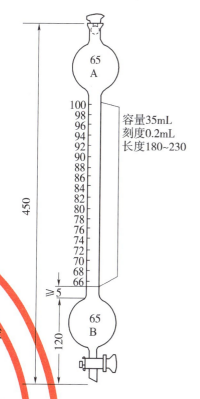

图 T 0642-1 双球测定管
(尺寸单位:mm)

3.2 试验步骤

3.2.1 将盛有蒸馏出馏分的锥形瓶置水槽(60℃)中约 20min,使馏分完全熔化;然后,将全部馏分注入双球测定管中,并用苯 50mL 分次冲洗锥形瓶,洗液并入双球测定管中。

3.2.2 将 50mL 氢氧化钠溶液(浓度 18.3%)注入双球测定管中,并将混合溶液猛烈摇动 3min 后,将双球测定管置铁架的铁环中静置,使溶液很好地分层。

3.2.3 将分层的下部溶液从双球测定管的旋塞放出,流入一锥形瓶中。

3.2.4 再将氢氧化钠溶液 30mL 注入双球测定管中,并继续摇动 2min 后静置。待溶液分层后再将下层溶液放出至盛第一次放出液的锥形瓶中。

3.2.5 将 65mL 苯(25℃)注入原双球测定管中,使焦油酸在管中摇洗数次;然后将双球测定管静置,待管内液体分层清晰后,准确读记管上刻度值求算焦油酸的体积。

3.3 计算

试样的焦油酸含量按式(T 0642-1)计算。

$$P_\mathrm{f} = \frac{\rho \times V}{m} \times 100 \tag{T 0642-1}$$

式中：P_f——试样的焦油酸含量(%)；

　　　m——馏分总质量(g)；

　　　ρ——焦油酸的密度(g/cm^3)；

　　　V——焦油酸的体积(mL)。

4 报告

同一试样至少平行试验两次，两次测定结果误差不大于1%时，取其平均值作为试验结果。

5 允许误差

重复性试验的允许误差为1%。

条文说明

煤沥青的焦油酸含量是通过测定试样总的蒸馏馏分与氢氧化钠溶液作用形成水溶性酚钠物质的含量求得，以体积百分率表示。

煤沥青的焦油酸含量及酚含量都是测定蒸馏出馏分与氢氧化钠溶液作用形成水溶性酚钠物质的含量。本方法采用双球测定管进行试验。此法是将1983年试验规程(沥113—83)按照原冶金工业部行业标准并参考美国Abraham"沥青及类似物"中的试验方法编写的。这种方法按照其馏分范围，所测得的结果称为焦油酸含量。

本试验法的氢氧化钠溶液的浓度由酚含量试验用的10%修改为18.3%。煤沥青馏分在原来的酚含量试验中用的是中油馏分(170~270℃)，现修改为煤沥青蒸馏试验的全部馏分。在双球测定管中最先流出的是下部的苯和水，经氢氧化钠溶液洗涤、静置后，焦油酸处于管的最上部，最后可将其放出称取质量或用比重瓶测定密度求算焦油酸质量。

T 0643—1993 煤沥青酚含量试验

1 目的与适用范围

本方法适用于测定道路煤沥青的酚含量。

2 仪具与材料技术要求

2.1 双球测定管：玻璃制成，形状和尺寸同本规程 T 0642 要求。

2.2 铁架：附有铁环，环的内径为 49~56mm。

2.3 氢氧化钠溶液:化学纯,浓度10%,加氯化钠至饱和。

2.4 洗液:重铬酸钾与浓硫酸混合液。

2.5 苯:化学纯。

2.6 蒸馏水。

3 方法与步骤

3.1 准备工作
用洗液、水、蒸馏水先后洗涤双球测定管,再用氢氧化钠溶液摇洗数次。

3.2 试验步骤

3.2.1 将氢氧化钠溶液注入双球测定管的B球,至C管刻度0点以上,但不宜高于5mL。待溶液自管壁完全流下后,准确读记管上刻度数量(V_1)。

3.2.2 把按本规程T 0641蒸馏试验蒸馏出来的中油馏分(170~270℃馏出液)全部倾入测定管内。用10~15mL的苯,分数次冲洗原盛中油馏分的锥形瓶,并将冲洗液一并倒入测定管内。

3.2.3 用手扶紧A球的瓶塞,将测定管倒转,使氢氧化钠溶液与中油馏分在A球内摇荡5min;然后再倒回测定管,垂直置于铁架的铁环上1h,使溶液分层。为加速分层,可将测定管转动片刻;然后根据分层界限,准确读记管上刻度数量(V_2)。

4 计算

煤沥青酚含量按式(T 0643-1)计算。

$$P_f = \frac{(V_2 - V_1) \times \rho}{m} \times 100 \quad (\text{T 0643-1})$$

式中:P_f——试样中酚含量(%);
V_1——加入氢氧化钠溶液的读数(mL);
V_2——氢氧化钠溶液与中油馏分作用分层界限的读数(mL);
m——用于蒸馏试验的试样质量(g);
ρ——煤沥青试样的密度(g/cm³)。

5 报告

同一试样至少平行试验两次,取平均值作为试验结果。

条文说明

煤沥青的酚含量是试样的中油馏分与氢氧化钠溶液作用形成水溶性酚钠物质的含量,以体积百分率表示。煤沥青酚含量试验与焦油酸含量试验的不同已在 T 0642 条文说明中叙述。根据需要,也可用中油馏分测定酚含量,故仍保留1983年试验方法。

T 0644—1993 煤沥青萘含量试验(色谱柱法)

1 目的与适用范围

1.1 本方法适用于测定道路煤沥青的萘含量。

1.2 本试验采用色谱柱法通过中油(170~270℃)及重油(270~300℃)两种馏分测定煤沥青的萘含量。

2 仪具与材料技术要求

2.1 色谱仪:带有氢火焰离子化鉴定器。仪器的技术条件如下:
1) 柱温:190℃(实际温度)。
2) 汽化温度:340℃(表温)。
3) 检测温度:200℃(表温)。
4) 载气:柱前压力 0.19MPa,流量 27mL/min。
5) 燃气:氢气,流量 55mL/min。
6) 空气:流量 550mL/min。
7) 灵敏度:对萘含量为 0.1g/mL 的标样,进样量 0.5mL 时,其萘峰高不低于 100mm。
8) 分离度 R:不低于 1.5。

2.2 微量注射器:1μL。

2.3 容量瓶:25mL。

2.4 烧杯。

2.5 分析天平:感量不大于 0.2mg。

2.6 注射器:10mL。

2.7 阿皮松 L。

2.8 6210 红色担体:粒度 0.18~0.25mm(60~80 目),在 300℃烘箱中烘烤 2h。

2.9 苯、二甲苯:化学纯。

2.10 氮气、氢气:纯度 99.5%以上。

2.11 压缩空气:经净化。

2.12 其他:红外线灯、真空泵、气体流量计。

3 方法与步骤

3.1 准备工作

3.1.1 色谱柱制备:阿皮松 L 与 6201 担体按 10∶90 配比。先将称好的固定液阿皮松置于烧杯内,加适量苯溶解后,再缓慢地加入 6201 担体,轻轻搅动使其混合均匀。在红外线灯下干燥,待大部分苯挥发至无苯味时,放入温度为 110~120℃的烘箱中烘 2h。用真空泵抽吸装入内径 3~4mm 的洗净色谱柱内 2mL,在 180℃时老化 6h,然后再升温至 250℃时老化 4h。

3.1.2 标样配制

1)称取 2.5g 纯萘于 25mL 容量瓶中,准确至 0.2mg,注入 20mL 二甲苯溶解。待萘全部溶解后,再注入二甲苯至刻线,摇匀,密闭保存。

2)线性范围的测定:

(1)在与试验相同的色谱操作条件下,用 1μL 微量注射器注入 0.2μL、0.4μL、0.6μL、0.8μL、1.0μL 萘标样进行分析,分别量出萘峰高。

(2)以萘峰高为纵坐标、萘标样进样量为横坐标,绘制关系曲线,找出浓度与萘峰高成直线关系的范围。

(3)每换一次色谱柱或改变色谱操作条件都要进行一次线性范围的测定。

3.1.3 将煤沥青试样按照本规程 T 0641 蒸馏方法馏出 170~270℃及 270~300℃的馏分。

3.1.4 按本规程 T 0612 测定煤沥青试样的含水量(%),计算出所用沥青试样中的水分含量(m_w)。

3.2 试验步骤

3.2.1 将170~270℃及270~300℃的馏分分别注入25mL的容量瓶中,并用少量二甲苯分次冲洗锥形瓶,冲洗溶液一并倒入容量瓶中,再将二甲苯注入至刻线,摇匀后静置备用。

3.2.2 估计馏分样品中萘的含量,如在线性范围内,可直接进样;如超过线性范围,则将样品用二甲苯稀释至浓度在所测的线性范围内,并记录稀释倍数C。

3.2.3 在同一色谱操作条件下,用1μL注射器注入0.5μL萘标样,平行两针;再注入样品0.5μL,平行两针。两针的最大误差以萘峰高计,不得超过4mm。

注:样品的稀释倍数与进样量,必须控制在线性范围之内。

3.2.4 在色谱图上分别量出标样及样品的萘峰高。

4 计算

试样的萘含量按式(T 0644-1)计算。

$$P_n = \frac{25 \times m}{100 - m_w} \times \frac{h_n}{h_0} \times C \times 100 \qquad (\text{T 0644-1})$$

式中:P_n——试样中萘含量(%);
　　h_n——两针样品萘峰高的平均值(mm);
　　h_0——两针标样萘峰高的平均值(mm);
　　m——萘标样浓度(g/mL);
　　C——在样品浓度超出线性范围时,样品的稀释倍数,不稀释时$C=1$;
　　m_w——试样中水分含量(g)。

5 报告

同一试样至少平行试验两次,两次平行试验的结果符合重复性试验允许误差要求时,取其平均值作为试验结果。

6 允许误差

重复性试验的允许误差,当萘含量小于3%时为0.3%,当萘含量大于或等于3%时为0.6%。

条文说明

沥青的萘含量试验是测定试样蒸馏馏分中含有萘的数量。由于萘是挥发性物质,沥青中萘含量多时,将会促使沥青老化,影响路面的耐久性。因此,道路用煤沥青标准中,大都列有萘含量的限值。但由于测定方法不同,所截取的馏分也有不同。如美国采取95%的馏出馏分;我国1983年试验规程(沥114—83)参照前苏联的方法采取中油馏分(170~270℃),由15℃结晶测得;我国原冶金工业部行业标准采取中油(170~270℃)及重油(270~300℃)两种馏分,用色谱柱法测定。为此,本方法按照原冶金工业部行业标准所规定的色谱仪法进行了修改。

原冶金工业部行业标准规定,测定萘含量的仪具统一改用色谱仪,使用单位应按此要求添置必要的试验设备。

T 0645—1993 煤沥青萘含量试验(抽滤法)

1 目的与适用范围

本方法适用于采用抽滤法通过中油馏分(170~270℃)测定煤沥青的萘含量。

2 仪具与材料技术要求

2.1 抽滤器:用胶皮管连接过滤烧瓶及抽气管或抽气机组成。

2.2 压榨器。

2.3 布氏漏斗:直径50mm。

2.4 表面皿:直径50mm。

2.5 滤纸:直径50mm。

2.6 烧杯:50mL。

2.7 天平:感量不大于0.01g。

2.8 其他:玻璃棒等。

3 方法与步骤

3.1 准备工作

将烧杯及表面皿洗净、烘干并称质量,准确至0.01g。

3.2 试验步骤

3.2.1 将按本规程 T 0641 煤沥青蒸馏试验方法对蒸馏出来的中油馏分(170~

270℃馏出液)加热,待含有的萘完全熔化后倾入烧杯内。用于蒸馏试验的试样质量为 m。

3.2.2 冷却至15℃,并在此温度下保持30min,然后在铺有滤纸并保持15℃的布氏漏斗上抽滤。

3.2.3 将滤渣铺在滤纸层间,用压榨器压去油分至滤渣变为白色为止。

3.2.4 将滤渣移至已称质量(m_1)的表面皿上,称其合计质量(m_2),准确至1mg。

4 计算

试样的萘含量按式(T 0645-1)计算。

$$P_n = \frac{m_2 - m_1}{m} \times 100 \tag{T 0645-1}$$

式中:P_n——试样中萘含量(%);
　　　m——用于蒸馏试验的试样质量(g);
　　　m_1——表面皿质量(g);
　　　m_2——表面皿与萘的合计质量(g)。

5 报告

同一试样至少平行试验两次,两次平行试验的结果符合重复性试验允许误差要求时,取其平均值作为试验结果。

6 允许误差

重复性试验的允许误差,当萘含量小于3%时为0.3%,当萘含量大于或等于3%时为0.6%。

条文说明

煤沥青的萘含量是试样馏分中萘的含量,以质量百分率表示。考虑到用色谱柱法测定煤沥青的萘含量比较复杂,有的单位不一定有此仪器,为此仍保留1983年试验规程用抽滤法测定萘含量的试验方法。

T 0646—1993 煤沥青甲苯不溶物含量试验

1 目的与适用范围

本方法适用于测定道路煤沥青材料的甲苯不溶物含量。

2 仪具与材料技术要求

2.1 脂肪抽提器:250mL。

2.2 称量瓶:直径35mm,高70mm。

2.3 烘箱:装有温度控制器。

2.4 分析天平:感量不大于0.1mg。

2.5 甲苯:化学纯。

2.6 标准筛:方孔筛,0.3mm、0.6mm、1.18mm。

2.7 定量滤纸(ϕ150mm、ϕ140mm)或滤纸筒成品。

2.8 细砂:0.3~1.18mm。

2.9 其他:砂浴、干燥器、细集料(砂)、铁支架等。

3 方法与步骤

3.1 准备工作

3.1.1 将细砂浸水,漂走浮灰,晾干过筛,取粒径0.3~1.18mm部分,在甲苯中浸泡24h以上;然后将砂取出晾干,再置烘箱(105℃±5℃)中烘干后备用。

3.1.2 将ϕ150mm(外层)及ϕ140mm(内层)两层滤纸,折叠成直径约25mm的滤纸筒,筒的一端再折成封闭;然后在甲苯中浸泡24h后,再取出晾干并置烘箱(105℃±5℃)中烘干后置干燥器中备用。当采用滤纸筒时,可直接浸泡、晾干及烘干后置干燥器内备用。

3.1.3 将煤沥青试样加热,温度不超过软化点以上50℃。

3.1.4 将称量瓶洗净,在烘箱(105℃±5℃)中烘干。

3.2 试验步骤

3.2.1 在滤纸筒中称取约10g砂粒(0.3~1.18mm),置于称量瓶中,放入烘箱

（105℃±5℃）中烘至恒重（m_1）。

3.2.2 在已称质量的滤纸筒及砂中称取已加热的煤沥青试样（m）1g，准确至0.1mg；然后用玻璃棒将沥青试样与砂搅拌均匀。

3.2.3 将脂肪抽提器的烧瓶注入120mL甲苯，安装抽提筒后，将盛有沥青砂的滤纸筒放入抽提筒中；然后用甲苯30mL，分次冲洗玻璃棒，冲洗溶剂接入滤纸筒中。滤纸中的溶剂不得高于虹吸管上口，以免使溶液虹吸下去。

3.2.4 在抽提筒上装妥冷凝管，将脂肪抽提器用铁支架上铁夹固定在铁支架上，稳定放置于砂浴上。接通冷却水，加热回流速度控制在1min左右流满一次，至回流液接近无色透明，抽提筒内的滤纸上无明显黄色为止。

3.2.5 停止加热，稍冷却后取出滤纸筒，置于原称量瓶中。待滤纸筒中的大部分甲苯挥发后，再置烘箱（105℃±5℃）中，烘干至恒重，取出置干燥器中，冷却至室温后称其质量（m_2），准确至0.1mg。

4 计算

煤沥青试样中甲苯不溶物含量按式（T 0646-1）计算。

$$P_U = \frac{m_2 - m_1}{m} \times 100 \qquad (T\ 0646\text{-}1)$$

式中：P_U——试样甲苯不溶物含量（%）；
  m——试样质量（g）；
  m_1——滤纸筒、砂及称量瓶合计质量（g）；
  m_2——甲苯不溶物、滤纸筒、砂及称量瓶合计质量（g）。

5 报告

同一试样至少平行试验两次，当两次结果差值不超过1.0%时，取平均值作为试验结果。

6 允许误差

重复性试验的允许误差为1.0%。

条文说明

煤沥青的甲苯不溶物含量，是试样在规定的甲苯溶剂中不溶物（游离碳）的含量，以质量百分率表示。在1983年试验规程中，将石油沥青的溶解度及煤沥青的游离碳含量合并成一个试验法（沥106—

83)。因石油部门及冶金部分别提出了两个国家标准,采用的溶剂及试验方法不同,所以本试验规程也将两个试验方法分别纳入本规程,参照国标《煤沥青甲苯不溶物测定方法(抽提法)》(GB 2292)制定,对试验步骤作了适当修改,且定名为甲苯不溶物含量试验。

T 0651—1993 乳化沥青蒸发残留物含量试验

1 目的与适用范围

本方法适用于测定各类乳化沥青中加热脱水后残留沥青的含量。

2 仪具与材料技术要求

2.1 试样容器:容量 1 500mL、高约 60mm、壁厚 0.5~1mm 的金属盘,也可用小铝锅或瓷蒸发皿代替。

2.2 天平:感量不大于 1g。

2.3 烘箱:装有温度控制器。

2.4 电炉或燃气炉:有石棉垫。

2.5 玻璃棒。

2.6 其他:温度计、溶剂、洗液等。

3 方法与步骤

3.1 将试样容器、玻璃棒等洗净、烘干并称其合计质量(m_1)。

3.2 在试样容器内称取搅拌均匀的乳化沥青试样 300g ± 1g,称取容器、玻璃棒及乳液的合计质量(m_2),准确至 1g。

3.3 将盛有试样的容器连同玻璃棒一起置于电炉或燃气炉(放有石棉垫)上缓缓加热,边加热边搅拌,其加热温度不应致乳液溢溅,直至确认试样中的水分已完全蒸发(通常需 20~30min),然后在 163℃ ± 3.0℃ 温度下加热 1min。

3.4 取下试样容器冷却至室温,称取容器、玻璃棒及沥青一起的合计质量(m_3),准确至 1g。

4 计算

乳化沥青的蒸发残留物含量按式(T 0651-1)计算,以整数表示。

$$P_b = \frac{m_3 - m_1}{m_2 - m_1} \times 100 \quad (\text{T 0651-1})$$

式中：P_b——乳化沥青的蒸发残留物含量(%)；

m_1——试样容器、玻璃棒合计质量(g)；

m_2——试样容器、玻璃棒及乳液的合计质量(g)；

m_3——试样容器、玻璃棒及残留物合计质量(g)。

5 报告

同一试样至少平行试验两次,两次试验结果的差值不大于0.4%时,取其平均值作为试验结果。

6 允许误差

重复性试验的允许误差为0.4%,再现性试验的允许误差为0.8%。

条文说明

1983年试验规程编制时,国内对阳离子乳化沥青的研究已取得了重大进展,但对乳液的技术要求及试验方法尚未定型。因此当时只纳入了阴离子乳化沥青的试验项目(1983年规程附录三)。经过多年来的研究和推广应用,阳离子乳化沥青已相当普及,它尤其显示出在多雨潮湿地区及集料是潮湿状态时施工的优越性。为此,本试验规程全面增补了有关的试验方法,包括乳化沥青的蒸发残留物试验(T 0651)、筛上剩余量试验(T 0652)、微粒离子电荷试验(T 0653)、与矿料的黏附性试验(T 0654)、储存稳定性试验(T 0655)、低温储存稳定性试验(T 0656)、与水泥的拌和试验(T 0657)、破乳速度试验(T 0658)、与矿料拌和试验(T 0659)等。这些试验方法都是根据乳化沥青课题研究的成果,参照国外的标准试验方法,主要是美国 ASTM D 244 标准及日本乳化沥青协会、日本道路协会的试验方法,在1983年试验规程阴离子乳化沥青试验方法的基础上修订编写的。

本试验方法是在1983年试验规程中阴离子乳化沥青的沥青含量试验方法基础上修订的。

1983年试验规程中残留物含量系指乳液的沥青含量,根据 ASTM D 244、DIN 52048 及日本道路协会铺装试验法便览3-6-9的方法,残留物包括了沥青及灰分(乳化剂、稳定剂及沥青的杂质)含量,但灰分含量很少。1994年试验法参照这些规定修改,仅计算残留物含量,不再进一步分沥青含量及灰分含量。

试验主要仪具是试样蒸发用容器,1983年试验规程中规定为直径为180mm的圆瓷皿,ASTM 中规定为硬玻璃或铝制的1 000mL容器,日本规定为1 500mL的金属容器。根据国内实际情况,本方法提出也可采用小铝锅或瓷蒸发皿代替。

对所采用的乳液试样,试验规程中均无滤筛过滤的步骤,ASTM 规定用 0.3mm 筛过滤,日本规定要用850μm筛过滤。由于此项试验是测定乳液中蒸发残留物含量,应包括灰分和杂质在内,与沥青微粒子直径大小无关,因此本试验法不采用试样过滤的程序。

乳液试样的取样质量,1983年规程为60g,而ASTM为50g±0.1g,日本规范为300g±1g。由于取样少时,代表性差,本试验法根据日本规定,取样的质量为300g±1g。

试样蒸发时的加热温度,ASTM规定须保持163℃±2.8℃ 2h,日本规定用电炉或燃气炉加热蒸发20~30min确认无水分(未规定加热温度)后再加热到160℃ 1min,1983年试验规程中只规定水分完全蒸发为止。本规程根据我国实际操作情况,提出在确认无水后再在163℃±3℃温度下加热1min。

T 0652—1993 乳化沥青筛上剩余量试验

1 目的与适用范围

本方法适用于测定各类乳化沥青的筛上剩余物含量,评定沥青乳液的质量。非经注明,筛孔尺寸为1.18mm。

2 仪具与材料技术要求

2.1 滤筛:筛孔为1.18mm。

2.2 金属盘:尺寸不小于100mm。

2.3 天平:感量不大于0.1g。

2.4 烧杯:750mL和2 000mL各1个。

2.5 油酸钠溶液:含量2%。

2.6 蒸馏水。

2.7 烘箱:装有温度控制器。

2.8 其他:玻璃棒、溶剂、干燥器等。

3 方法与步骤

3.1 准备工作

将滤筛、金属盘、烧杯等用溶剂擦洗干净,再用水和蒸馏水洗涤后用烘箱(105℃±5℃)烘干,称取滤筛及金属盘质量(m_1),准确至0.1g。

3.2 试验步骤

3.2.1 在一烧杯中称取充分搅拌均匀的乳化沥青试样500g±5g(m),准确至0.1g。

3.2.2 将筛(框)网用油酸钠溶液(阴离子乳液)或蒸馏水(阳离子乳液)润湿。

3.2.3 将滤筛支在烧杯上,再将烧杯中的乳液试样边搅拌边徐徐注入筛内过滤。在过滤畅通情况下,筛上乳液试样仅可保留一薄层;如发现筛孔有堵塞或过滤不畅,可用手轻轻拍打筛框。

注:过滤通常在室温条件下进行,如乳液稠度大,过滤困难时可将试样在水槽上加热至50℃左右后过滤。

3.2.4 试样全部过滤后,移开盛有乳液的烧杯。

3.2.5 用蒸馏水多次清洗烧杯,并将洗液过筛,再用蒸馏水冲洗滤筛,直至过滤的水完全清洁为止。

3.2.6 将滤筛置于已称质量的金属盘中,并置于烘箱(105g±5℃)中烘干2~4h。

3.2.7 取出滤筛,连同金属盘一起置于干燥器中冷却至室温(一般为30min以上)后称其质量(m_2),准确至0.1g。

4 计算

乳化沥青试样过筛后筛上剩余物含量按式(T 0652-1)计算,准确至1位小数。

$$P_r = \frac{m_2 - m_1}{m} \times 100 \quad (\text{T 0652-1})$$

式中:P_r——筛上剩余物含量(%);
　　m——乳化沥青试样质量(g);
　　m_1——滤筛及金属盘质量(g);
　　m_2——滤筛、金属盘与筛上剩余物合计质量(g)。

5 报告

同一试样至少平行试验两次,两次试验结果的差值不大于0.03%时,取其平均值作为试验结果。

6 允许误差

重复性试验的允许误差为0.03%,再现性试验的允许误差为0.08%。

条文说明

本方法是在1983年试验规程筛上剩余量试验的基础上,参照ASTM D 244及德国、日本的试验方法编写的,ASTM D 244 称为"筛析试验"(Sieve test),日本道路协会铺装试验法便览 3-6-2 称为筛上残留分试验,与本试验方法"筛上剩余量试验"含义相同。

筛上剩余量试验关键是滤筛的筛孔尺寸,在 1983 年试验规程中按照 DIN 规定孔径为 0.6mm,ASTM 中规定为 20 号筛(孔径为 0.85mm),日本道路协会试验法便览中对乳液的过滤要求,一般均用 850μm 筛,但筛上残留物试验则用 1.18mm。这实际上反映对乳液质量的要求是不同的,孔径小,筛上剩余量必定高。我国近年来一直采用 1.2mm 筛,并已提出了乳化沥青的质量技术要求,因此,本试验法的规定为 1.18mm(实际上与原筛孔 1.2mm 相同)。

试样的质量,1983 年试验规程中为 100g,ASTM 中规定为 10g,日本规定为 500g±5g。试样数量多,过滤时间长;试样数量少,试验的准确性受影响。根据近年来国内试验情况,本试验法规定为 500g±5g。

筛网预先润湿,采用 ASTM 的规定用蒸馏水(阳离子乳液)或油酸钠溶液(2%,阴离子乳液)。按照 ASTM 规定,乳液的 25℃赛波特黏度小于或等于 100s 时,筛滤试验在室温下进行;大于 100s 时,将试样加热至 50℃后进行试验。日本则无此项规定,均在室温下进行。我国进行赛波特试验尚不普及,因此本试验法规定试验通常在室温下进行;但补充过滤困难时,可将试样在水槽上加热至 50℃左右后过滤。

允许误差按照 ASTM D 244 规定。

T 0653—1993 乳化沥青微粒离子电荷试验

1 目的与适用范围

本方法适用于测定各类乳化沥青微粒离子的电荷性质,即阳、阴离子的类型。

2 仪具与材料技术要求

2.1 烧杯:200mL 或 300mL。

2.2 电极板:2 块,铜制,每块极板长 100mm,宽 10mm,厚 1mm。

2.3 直流电源:6V。

2.4 秒表。

2.5 滤筛:筛孔为 1.18mm。

2.6 其他:汽油、洗液等。

3 方法与步骤

3.1 准备工作

3.1.1 将乳化沥青试样用孔径 1.18mm 滤筛过滤,并盛于一容器中。

3.1.2 将电极板洗净、干燥,并将两块电极板平行固定于一个框架上,其间距约30mm;然后将框架置于容积为200mL或300mL的洁净烧杯内,插入乳化沥青中约30mm。装置如图T 0653-1所示。

3.2 试验步骤

3.2.1 将过滤的乳液试样注入盛有电极板的烧杯内,其液面的高度至少使电极板顶端浸没约3cm。

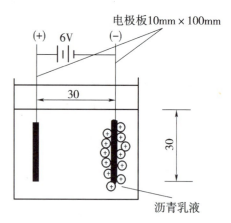

图T 0653-1 电极板装置(尺寸单位:mm)

3.2.2 将两块电极板的引线分别接于6V直流电源的正负极上,接通电源开关并按动秒表。

3.2.3 接通电流3min后,关闭开关;然后将固定有电极板的框架由烧杯内取出。

3.2.4 仔细观察电极板,如负极板上吸附有大量沥青微粒,说明沥青微粒带正电荷,则该乳液为阳离子型;反之,阳极板上吸附有大量沥青微粒,说明沥青微粒带负电荷,则该乳液为阴离子型。

条文说明

乳化沥青的微粒离子电荷是指乳液中分散的微粒所带电荷性质,以确定乳液的类型,带正电荷(+)的为阳离子乳化沥青,带负电荷(-)的为阴离子乳化沥青。本试验法是参照我国研究成果及ASTM D 244方法所编写的。

直流电源,ASTM中规定使用直流12V电源,但有8mA电流表、变压器、分压器及电阻等,可控制最大电流为8mA;而我国通常参照日本原来的方法,采用直流6V电源,方法简单易行。故本试验法采用6V直流电源。电极板,ASTM为25.4mm×101.6mm不锈钢板,插入乳化沥青中25.4mm;日本改用粘贴铜或白金电极的玻璃板(只需1块);我国用两块分开的铜板,尺寸和间距与ASTM规定略有不同,但并无本质区别。

试验步骤系近年来我国实际采用的方法,与日本原来的方法相同。日本道路协会铺装试验法便览3-6-8有了修改,将乳液用水稀释100倍后进行试验,并用显微镜(500倍)观察离子运动情况。本方法从实用起见,仍采用原法,乳液不稀释,直接试验,并取出用肉眼观察,实际结果是相同的。

T 0654—2011 乳化沥青与粗集料的黏附性试验

1 目的与适用范围

本方法适用于检验各类乳化沥青与粗集料表面的黏附性,以评定粗集料的抗水剥离能力。

2 仪具与材料技术要求

2.1 标准筛:方孔筛,31.5mm、19.0mm、13.2mm。

2.2 滤筛:筛孔为1.18mm、0.6mm。

2.3 烧杯:400mL、1 000mL。

2.4 烘箱:具有温度自动控制调节器、鼓风装置,控温范围105℃±5℃。

2.5 秒表。

2.6 天平:感量不大于0.1g。

2.7 水:蒸馏水或纯净水。

2.8 工程实际使用的碎石。

2.9 其他:细线或细金属丝、铁支架、电炉、玻璃棒等。

3 阳离子乳化沥青与粗集料的黏附性试验方法

3.1 准备工作

3.1.1 将道路工程用集料过筛,取19.0~31.5mm的颗粒洗净,然后置105℃±5℃的烘箱中烘干3h。

3.1.2 从烘箱中取出5颗集料冷却至室温逐个用细线或金属丝系好,悬挂于支架上。

3.2 试验步骤

3.2.1 取两个烧杯,分别盛入800mL蒸馏水(或纯净水)及经1.18mm滤筛过滤的300mL乳液试样。

3.2.2 对于阳离子乳化沥青,先将集料颗粒放进盛水烧杯中浸水1min后,随后立即放入乳化沥青中浸泡1min,然后将集料颗粒悬挂在室温中放置24h。

3.2.3 将集料颗粒逐个用线提起,浸入盛有煮沸水的大烧杯中央,调整加热炉,使烧杯中的水保持微沸状态。

3.2.4 浸煮3min后,将集料从水中取出,观察粗集料颗粒上沥青膜的裹覆面积。

4 阴离子乳化沥青与粗集料的黏附性试验方法

4.1 准备工作

4.1.1 取试样约300mL置入烧杯中。

4.1.2 将道路工程用碎石过筛,取13.2~19.0mm的颗粒洗净,然后置105℃±5℃的烘箱中烘干3h。

4.1.3 取出集料约50g在室温以间距30mm以上排列冷却至室温,约1h。

4.2 试验步骤

4.2.1 将冷却的集料颗粒排列在0.6mm滤筛上。

4.2.2 将滤筛连同集料一起浸入乳液的烧杯中1min,然后取出架在支架上,在室温下放置24h。

4.2.3 将滤网连同附有沥青薄膜的集料一起浸入另一个盛有1 000mL洁净水并已加热至40℃±1℃保温的烧杯中浸5min,仔细观察集料颗粒表面沥青膜的裹覆面积,作出综合评定。

5 非离子乳化沥青与粗集料的黏附性试验方法

非离子乳化沥青与粗集料的黏附性试验与阴离子乳化沥青的相同。

6 报告

6.1 同一试样至少平行试验两次,根据多数颗粒的裹覆情况作出评定。

6.2 试验结果:试验报告以碎石裹覆面积大于2/3或不足2/3的形式报告。

条文说明

我国1993年试验规程中阳离子乳化沥青与集料黏附性的试验方法是:将用线或金属丝系好的集

料颗粒放进盛水烧杯中浸水1min后;取出再置试样中浸泡1min;然后,取出集料颗粒在室温下悬挂20min;将晾后的集料颗粒浸入已盛水1 000mL的烧杯中,用手提尾线使集料上下移动水洗乳液薄膜,移动速度为30次/min,上下移动距离为50mm左右;上下移动3min后,用纸片粘出浮在水面上的沥青膜,然后将集料颗粒提出水面,观察在集料颗粒表面裹覆沥青膜的面积。当裹覆面积不小于粗集料总表面积的2/3时,认为黏附性合格。

原试验方法中对于试验时的温度和湿度没有明确规定。在试验研究时发现,对于阳离子乳化沥青,在集料浸水、浸乳液并晾置20min后,有时试样下部的乳化沥青仍未破乳,呈液态,不管其黏附性能如何,在浸水时试样下部的乳化沥青膜都会剥落;并且,室温不同时乳化沥青的破乳程度也不相同,室温越低,破乳程度越小,试验结果得出的裹覆面积越小;此外,粗集料下部的形状也对试验结果有影响。总之,原试验方法已不能合理地评价乳化沥青与集料的黏附性能。

考虑到乳化沥青最终要经受和沥青相同的自然因素作用,同时,沥青与粗集料黏附性的试验方法——水煮法已是比较成熟的方法,因此,本次修订中结合乳化沥青与粗集料黏附的特点,采用水煮法试验来检验乳化沥青与粗集料的黏附性。

阴离子乳化沥青、非离子乳化沥青与集料的黏附性试验方法没有修订。

T 0655—1993 乳化沥青储存稳定性试验

1 目的与适用范围

本方法适用于测定各类乳化沥青的储存稳定性。非经注明,乳液的储存温度为乳液制造时的室温,储存时间为5d,根据需要也可为1d。

2 仪具与材料技术要求

2.1 沥青乳液稳定性试验管:玻璃制,形状和尺寸如图T 0655-1所示,带有上下两个支管口,开口部配有橡胶塞或软木塞。

2.2 试样容器:小铝锅或磁蒸发皿,300mL以上。

2.3 电炉或电热板。

2.4 天平:感量不大于0.1g。

2.5 滤筛:筛孔为1.18mm。

2.6 其他:温度计、气温计、玻璃棒、溶剂、洗液等。

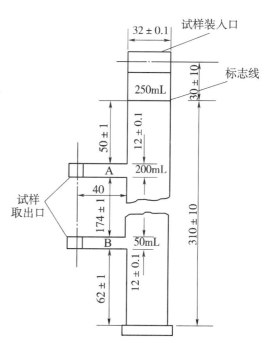

图T 0655-1 稳定性试验管(尺寸单位:mm)

3 方法与步骤

3.1 准备工作

3.1.1 将稳定性试验管分别用溶剂(可用汽油)、洗液和洁净水洗净并置温度 105℃±5℃的烘箱中烘干,冷却后用塞子塞好上下支管出口。

3.1.2 将均匀的乳化沥青试样约 300mL 通过 1.18mm 滤筛过滤至试样容器内。

3.2 试验步骤

3.2.1 将过滤后的乳液试样用玻璃棒搅匀,缓缓注入稳定性试验管内,使液面达到管壁上的 250mL 标线处。注入时应注意支管上不得附有气泡。然后,用塞子塞好管口。

3.2.2 将盛样封闭好的稳定性试验管置于试管架上,在室温下静置 5 昼夜。静置过程中,经常观察乳液有否分层、沉淀或变色等情况,做好记录并记录 5d 内的室温变化情况(最高及最低温度)。当生产的乳液计划在 5d 内即用完时,储存稳定性试验的试样也可静置 1 昼夜(24h)。

3.2.3 静置后,轻轻拔出上支管口的塞子,从上支管口流出试样约 50g 接入一个已称质量的蒸发残留物试验容器中;再拔开下支管口的塞子,将下支管以上的试样全部放出,流入另一容器;然后充分摇匀下支管以下的试样,倾斜稳定性管,将管内的剩余试样从下支管口流出试样约 50g,接入第三个已称质量的蒸发残留物试验容器内。

3.2.4 分别称取上下的两部分试样质量,准确至 0.2g,然后按本规程 T 0651"乳化沥青蒸发残留物含量试验"方法测定蒸发残留物含量 P_A 及 P_B。

4 计算

乳化沥青的储存稳定性按式(T 0655-1)式计算,取其绝对值。

$$S_s = | P_A - P_B | \quad (T\ 0655\text{-}1)$$

式中:S_s——试样的储存稳定性(%);
P_A——储存后上支管部分试样蒸发残留物含量(%);
P_B——储存后下支管部分试样蒸发残留物含量(%)。

5 报告

5.1 同一试样至少平行试验两次,两次测定的差值符合重复性试验允许误差要求时,取平均值作为试验结果,以整数表示。

5.2 试验报告应注明乳液储存的温度变化范围与储存时间。

6 允许误差

重复性试验的允许误差为 0.5%，再现性试验的允许误差为 0.6%。

条文说明

乳化沥青的储存稳定性是在规定的容器和条件下，储存规定的时间后，竖直方向上试样浓度的变化程度，以上、下两部分乳液蒸发残留物质量百分率的差值表示，以判断乳液储存后的稳定性能。因此，储存时间及储存温度是主要因素，但试验方法国外并不相同。我国1983年试验规程中，按照DIN规定，在室温下储存7d或8周；而ASTM D 244规定在室温下存储5d，日本道路协会铺装试验法便览3-6-10规定在20℃的室温下储存5d。本试验法根据我国实际情况，规定储存温度以乳液制造时的室温为标准，由于我国地域和四季温差相差较大，故不对室温的温度作出规定。储存时间则采用5d。并参照ASTM D 244，乳化沥青标准规定需要时也可用1d。

储存乳液的容器，ASTM规定用两个500mL带塞的玻璃量筒。我国1983年试验规程采用DIN规定的高200mm、直径为30mm带塞的玻璃试管。近年来，阳离子乳化沥青试验采用的日本带上下开口及支管的特制玻璃管使用方便，且在国内已普遍使用，为此本试验法照此修订。

试样在ASTM中未规定过筛程序，但1983年试验规程及日本的方法均规定试样须过滤。我国原规定用0.6mm筛，日本规定用850μm筛，但我国标准无850μm筛孔，故对筛网的孔径采用1.18mm，与其余的试验一致。

取样数量，ASTM中规定两个500mL，DIN规定为150g，本方法根据日本的方法和试验要求规定为250mL。

我国1983年试验规程及日本的方法均没有允许误差要求，本试验法的允许误差按照ASTM中规定的要求确定。

T 0656—1993 乳化沥青低温储存稳定性试验

1 目的与适用范围

本方法适用于测定各类乳化沥青在低温储存过程中的稳定性。

2 仪具与材料技术要求

2.1 锥形瓶：250mL。

2.2 冰箱：-5℃±0.5℃。

2.3 恒温水槽：25℃±0.5℃。

2.4 天平:感量不大于0.1g。

2.5 滤筛:筛孔为1.18mm。

2.6 烘箱:装有温度自动控制调节器。

2.7 其他:温度计、棉纱、软木塞或橡胶塞、溶剂、洗液、蒸馏水等。

3 方法与步骤

3.1 准备工作

3.1.1 将锥形瓶洗净,并置温度105℃±5℃的烘箱中烘干,冷却后称其质量,准确至0.1g。

3.1.2 将乳化沥青通过1.18mm筛。

3.1.3 将冰箱温度调节至-5℃±0.5℃,将恒温水槽水温调节至25℃±0.5℃,并保持恒温。

3.2 试验步骤

3.2.1 在锥形瓶中,称取已过筛的试样100g,并盖好软木塞密闭。

3.2.2 将盛有试样的锥形瓶置于-5℃±0.5℃的冰箱中存放30min。冷却后立即取出置于水温为25℃±0.5℃的恒温水槽中,保持10min。并照此步骤重复一次。

3.2.3 取出盛样锥形瓶作适当搅拌,观察乳液试样状态与原试样有无变化,并按本规程 T 0652 做筛上剩余量试验,检查有无粗颗粒剩余物。

4 报告

试验应报告有无粗颗粒或结块情况。

条文说明

乳化沥青低温储存稳定性试验是试样在遭受冰冻后,测定其状态发生的变化,可以反映试样在低温储存时的稳定性。我国1983年试验规程中并无此方法。国外对乳液的冰冻温度及冻融循环次数的规定不同,如ASTM规定为-17.8℃,日本采用-5℃。近年来,我国阳离子乳化沥青研究采用日本的方法,冻融温度为-5℃。这种冻融温度较符合沥青乳液在初冬时期施工的实际情况。ASTM 中规定的冻融温度为-17.8℃,室温中融化,3 次循环。由于冻融温度过低,乳液中必须掺有特殊的防冻剂,我国实际上不可能在这样的低温下使用乳化沥青。本方法规定冻融温度为-5℃,时间为 30min,融化温度 25℃,冻融要求两次循环。

T 0657—2011 乳化沥青与水泥拌和试验

1 目的与适用范围

本方法适用于非离子慢裂乳化沥青与水泥材料的拌和试验,以评定水泥及乳化沥青综合稳定材料的施工性能。

2 仪具与材料技术要求

2.1 标准筛:方孔筛,0.15mm。

2.2 滤筛:筛孔为 1.18mm。

2.3 拌和容器:金属或搪瓷盘,容量约 500mL。

2.4 搅拌棒:直径约 10mm,具有圆头的金属棒。

2.5 量筒:100mL。

2.6 天平:感量不大于 0.1g。

2.7 烘箱:装有温度自动控制调节器,并有鼓风装置,控温范围 105℃±5℃。

2.8 水:蒸馏水或纯净水。

2.9 水泥:工程实际采用的水泥,通常为普通硅酸盐水泥。

2.10 其他:秒表、烧杯、溶剂、镊子、棉纱等。

3 方法与步骤

3.1 准备工作

3.1.1 将烧杯、拌和器及 1.18mm 滤筛用溶剂及蒸馏水(或纯净水)擦洗清洁,烘干后分别称其质量,准确至0.1g。

3.1.2 将普通硅酸盐水泥过0.15mm筛备用。

3.1.3 乳化沥青试样的沥青含量按照本规程 T 0651 蒸发残留物含量试验方法测定。

3.2 试验步骤

3.2.1 将试验环境温度,及试验用水泥、乳化沥青、水以及器皿的温度调整到 25℃±2℃。

3.2.2 称取已过筛的普通硅酸盐水泥50g±0.5g置于拌和容器中。

3.2.3 称取50g±0.1g试样(如果残留物含量>50%,则需要将乳化沥青稀释到50%)倾入拌和容器内的水泥中,立即用搅拌棒作圆周运动搅拌2min,其速度为120r/min。

3.2.4 搅拌后立即加入150mL蒸馏水(或纯净水),再以60r/min的速度搅拌3min。

3.2.5 搅拌完毕后,立即将拌和容器中的水泥乳化沥青混合料通过已称质量的1.18mm滤筛,同时用蒸馏水(或纯净水)反复洗净拌和容器内部及搅拌棒上黏附的混合物,一并过筛。

3.2.6 从筛上约15cm高度处用蒸馏水(或纯净水)冲洗筛上残留物,直至无乳化沥青颜色为止。

3.2.7 将滤筛放在已称质量的金属盘中,置烘箱(105℃±5℃)中烘干2h。

3.2.8 将滤筛、金属盘取出在室温条件下冷却,再称取质量,准确至0.1g。

4 计算

水泥拌和试验筛上残留物含量按式(T 0657-1)计算。

$$P_r = \frac{m - m_1 - m_2}{m_3 + m_4} \times 100$$

式中:P_r——水泥拌和试验筛上残留物的含量(%);
m——滤筛、金属盘及筛上残留物合计质量(g);

m_1——滤筛质量(g);
m_2——金属盘质量(g);
m_3——水泥用量(g);
m_4——50g 乳化沥青试样中的沥青蒸发残留物(g)。

5 报告

每一试样至少平行试验两次,两次试验结果的差值不大于 0.2% 时,取其平均值作为试验结果。

6 允许误差

重复性试验的允许误差为 0.2%,再现性试验的允许误差为 0.4%。

条文说明

我国 1993 年试验规程中没有规定试验用乳化沥青的残留物含量。试验表明,如果乳化沥青的残留物含量不统一的话,那么得出的水泥拌和试验的结果也会不一样,甚至会大不相同,所以将水泥拌和试验所用乳化沥青的残留物含量统一为 50%。

本次修订将适用范围修订为适用于非离子慢裂乳化沥青,去掉了适用于鉴别乳液是否属慢裂乳化沥青。在试验步骤中增加了将环境温度,及试验用水泥、乳化沥青、水、器皿的温度调整到 25℃±2℃ 的要求。

另外,环境温度也是影响拌和的重要方面。美国 ASTM 要求的温度是 25℃。我国的试验方法中也需要对试验温度做出相应的规定,即选定 25℃±2℃。

我国《公路沥青路面施工技术规范》(JTG F40—2004)中仅对"与水泥稳定集料同时使用"的非离子乳化沥青提出了技术要求;同时,注意到日本的 JIS 除了对非离子乳化沥青要求了水泥拌和试验外,其他的乳化沥青都没有要求水泥拌和的指标。因此将本方法也进行了限定,即适用于非离子慢裂乳化沥青与水泥材料的拌和试验。如果在工程实践中存在其他类型的乳化沥青与水泥稳定集料同时使用的情况,可参照本方法进行有关试验。

T 0658—1993 乳化沥青破乳速度试验

1 目的与适用范围

本方法适用于各种类型的乳化沥青的拌和稳定度试验,以鉴别乳液属于快裂(RS)、中裂(MS)或慢裂(SS)的型号。

2 仪具与材料技术要求

2.1 拌和锅:容量约 1 000mL。

2.2 金属勺。

2.3 天平:感量不大于0.1g。

2.4 标准筛:方孔筛,4.75mm、2.36mm、0.6mm、0.3mm、0.075mm。

2.5 道路工程用粒径小于4.75mm的石屑。

2.6 蒸馏水。

2.7 其他:烧杯、量筒、秒表等。

3 方法与步骤

3.1 准备工作

3.1.1 将工程实际使用的集料(石屑)过筛分级,并按表T 0658-1的比例称料混合成两种标准级配矿料各200g。

表 T 0658-1 拌和试验用矿料颗粒组成比例(%)

矿料规格(mm)	A 组	B 组
<0.075	3	10
0.3~0.075		30
0.6~0.3	5	30
2.36~0.6	7	30
4.75~2.36	85	—
合计	100	100

3.1.2 将拌和锅洗净、干燥。

3.2 试验步骤

3.2.1 将A组矿料200g在拌和锅中拌和均匀。当为阳离子乳化沥青时,先注入5mL蒸馏水拌匀,再注入乳液20g;当为阴离子乳化沥青时,直接注入乳液20g。用金属匙以60r/min的速度拌和30s,观察矿料与乳液拌和后的均匀情况。

3.2.2 将拌和锅中的B组矿料200g拌和均匀后注入30mL蒸馏水,拌匀后,注入50g乳液试样,再继续用金属匙以60r/min的速度拌和1min,观察拌和后混合料的均匀情况。

3.2.3 根据两组矿料与乳液试样拌和均匀情况按表 T 0658-2 确定试样的破乳速度。

表 T 0658-2 乳化沥青的破乳速度分级

A组矿料拌和结果	B组矿料拌和结果	破乳速度	代号
混合料呈松散状态,一部分矿料颗粒未裹覆沥青,沥青分布不够均匀,有些凝聚成固块	乳液中的沥青拌和后立即凝聚成团块,不能拌和	快裂	RS
混合料混合均匀	混合料呈松散状态,沥青分布不均,并可见凝聚的团块	中裂	MS
	混合料呈糊状,沥青乳液分布均匀	慢裂	SS

4 报告

试验结果报告拌和情况及破乳速度分级、代号。

条文说明

乳化沥青的破乳速度试验是乳液试样与规定级配的矿料拌和后,从矿料表面被乳液薄膜裹覆的均匀情况判断乳液的拌和效果,以鉴别乳液属于快裂、中裂或慢裂类型的一种重要试验,以前也称为拌和稳定度试验。在ASTM及日本等标准中,由于乳液专业化生产,乳液属何种类型在购货时已清楚,故对乳化沥青不进行此项试验。但在我国,大部分施工单位自己生产乳化沥青,鉴别乳液至为重要。1983年试验规程参照DIN方法,列有此试验方法,近年来阳离子乳化沥青一直沿用此法。为此,结合我国实际情况仍保留此法。

拌和用的矿料,1983年试验规程按照DIN规定,集料为玄武岩,但由于乳液的破乳情况根据实际使用的矿料不同而略有不同,故本方法修改为工程实际用的集料品种。

集料级配,按照DIN规定,标准筛(方孔筛)筛孔为5mm、2mm、0.6mm、0.2mm及0.074mm,按我国标准筛规定,统一修改为4.75mm、2.36mm、0.6mm、0.3mm、0.075mm。

试验步骤与1983年试验规程基本相同,但对阳离子乳化沥青根据实际情况,修改为加水5mL拌和后再加注入乳液20g的拌和方法,并规定了拌和速度,以便统一。根据拌和结果,判断乳液类型和标准仍按1983年试验规程的方法进行。

T 0659—1993 乳化沥青与矿料的拌和试验

1 目的与适用范围

本试验适用于规定级配的矿料与乳液在25℃±5℃条件下拌和,检验乳液与矿料拌和时的状态和均匀性。

2 仪具与材料技术要求

2.1 拌和锅:容量约1 000mL,金属制,球形底有手柄。

2.2 金属匙:长约250mm。

2.3 烘箱。

2.4 天平:感量不大于0.1g。

2.5 标准筛:方孔筛,4.75mm、2.36mm、0.6mm、0.15mm、0.075mm。

2.6 矿料:石屑(2.36~4.75mm)、粗砂(0.6~2.36mm)、细砂(0.15~0.6mm)及石灰石矿粉(<0.075mm)。

3 方法与步骤

3.1 乳化沥青矿料混合料拌和试验

3.1.1 准备工作

1)将石屑(4.75~2.36mm)和粗砂(0.6~2.36mm)洗净、烘干,并在室温下摊开冷却1h。

2)将拌和锅及金属匙洗净、烘干并称其质量。

3.1.2 试验步骤

1)在已称质量的拌和锅(盘)中称取石屑335g±1g、粗砂130g±1g,再加水10g±0.5g用金属匙拌和均匀。

2)立即称取已搅匀后的沥青乳液35g±0.1g加入拌和锅中,并用金属匙以60r/min的速度连续拌和2min。

3)在拌和过程中及拌和终了后,仔细观察集料裹覆乳液是否均匀及是否有沥青结块或粗团粒的情况。

3.2 乳化沥青混凝土混合料拌和试验

3.2.1 准备工作

1)将石屑(4.75~2.36mm)和细砂(0.15~0.6mm)洗净、烘干并在室温下摊开冷却1h。

2)将拌和锅及金属匙洗净、烘干并称其质量。

3.2.2 试验步骤

1）在已称质量的拌和锅中称取石屑 250g±1g、细砂 180g±1g、石灰石矿粉 15g±0.5g，再加水 20g±0.5g，并拌和均匀。

2）立即称取已搅匀后的沥青乳液 55g±0.1g 加入拌和锅中，并用金属匙以 60r/min 的速度连续拌和 2min。

3）在拌和过程中及拌和终了后，仔细观察集料裹覆乳液是否均匀及是否有沥青结块或粗团粒的情况。

4 报告

矿料裹覆乳液是否均匀以及是否有沥青结块或粗团粒等情况。

条文说明

乳化沥青的拌和试验是试样与规定级配的混合料在室温条件下拌和后，以矿料裹覆乳液均匀状态来判断乳液类型的一种方法。此项试验实际上也是检验沥青乳液的拌和稳定性试验及判断乳液类型的方法，但各国所用矿料级配有所不同。日本道路协会铺装试验法便览列有两个方法，6.5 为与粗粒式混合料拌和试验，6.6 为与密级配沥青混合料的拌和试验。我国阳离子乳化沥青研究和推广过程中即采用了此两种方法。本方法将其分别列为两种情况，前者适用于沥青碎石，后者适用于沥青混凝土混合料。

沥青碎石混合料由石屑及粗砂配合而成，沥青混凝土混合料由石屑、细砂、石灰石矿粉配合而成，其配合比均按照日本试验法规定采用。

具体试验步骤及拌和后的评定办法均与日本的方法相同，只需观察有无粗团粒、结块等情况即可。

T 0660—2000 沥青与集料的低温黏结性试验

1 目的与适用范围

本方法适用于评定沥青或改性沥青与集料的低温黏结性能，以规定条件下试验板受冲击后碎石被振落的百分率表示。非经注明，试验温度为 -18℃。

2 仪具与材料技术要求

2.1 钢板：1 块，200mm×200mm，厚 2mm，四周边缘有高 8mm、宽 5mm 的密封边框。

2.2 钢球：1 个，质量 500g±1g。

2.3 铁架：1 个，在距钢板顶面 500mm 高度处有一小平台，高度可调节。

2.4 冰箱。

2.5 水泥混凝土垫块:2块,垫块长度不小于200mm。

3 方法与步骤

3.1 准备工作

3.1.1 按图T 0660-1将铁架支好,在支架的小平台下方放2块水泥混凝土垫块,将钢板两边的边框反扣于垫块边,调整铁架平台高度至铁板平面的距离为500mm。钢板的位置应使自小平台上落下钢球时恰好跌落在钢板的正中央。此位置调整好后不得移动。

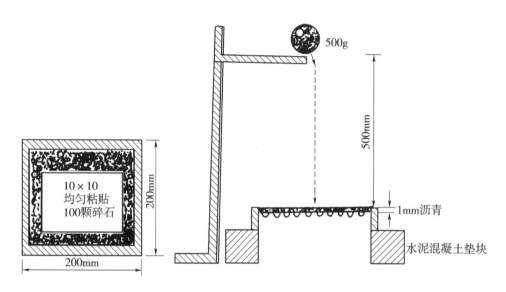

图T 0660-1 沥青与集料低温黏结力的板冲击试验

3.1.2 将碎石用4.75mm、9.5mm标准筛过筛,从粒径4.75~9.5mm的碎石中取出接近立方体形状规则的碎石100颗,用洁净水洗净,置温度为105℃±5℃的烘箱中烘干,然后放在干燥器中备用。

3.1.3 将200mm×200mm的钢板置温度为105℃±5℃的烘箱中预热备用。

3.1.4 按本规程T 0602沥青试样准备方法加热沥青;然后取出钢板,放在平台上,立即向钢板中浇灌沥青40g,使沥青厚度为1mm。此时应注意钢板不得倾斜,以防沥青流向一边。保持钢板不动置室温中冷却,均匀地放上10排,每排10颗,共100颗准备好的碎石,碎石与碎石之间的间距应大体均匀,距离边缘不应少于10mm。

3.1.5 将钢板连同摆好的碎石一起,放入60℃烘箱中加热5h,使碎石与沥青有良好的黏结,再放入-18℃的冰箱中冷却12h以上。如没有专用的冰箱,可用家用冰箱的冷冻室替代。

3.2 试验步骤

从冰箱中取出钢板,按图 T 0660-1 放在水泥混凝土垫块的位置上,将钢板粘有沥青碎石的一面朝下,未粘试样的面朝上;将钢球置于平台边缘,用手指轻轻一碰,使钢球从边缘自由落下,恰好跌落在钢板反面的中心,观察钢板受钢球冲击振动后碎石被振落的情况。

4 计算

计算被振落的石子数量占总石子数量的百分率。

5 报告

同一试验平行试验两次,取平均值为试验结果。

条文说明

本方法参照埃索石油公司研究所试验方法编写。由于一般的低温性能试验的温度大都在0℃左右,没有本方法这么低,因此此方法特别有助于评价改性沥青与集料在低温条件下的黏附性,通常用于对不同改性剂品种、剂量作比较和选择合理剂量。

T 0661—2011 聚合物改性沥青离析试验

1 目的与适用范围

本方法适用于测定聚合物改性沥青的离析性,以评价改性剂与基质沥青的相容性。

2 仪具与材料技术要求

2.1 沥青软化点仪,同 T 0606。

2.2 试验用标准筛,0.3mm。

2.3 盛样管:铝管,直径约25mm,长约140mm,一端开口。

2.4 烘箱:能保温163℃±5℃或135℃±5℃。

2.5 冰箱。

2.6 支架:能支撑盛样管,竖立放入烘箱及冰箱中,也可用烧杯代替。

2.7 剪刀。

2.8 容器:标准的沥青针入度金属试样杯(高48mm,直径70mm)。

2.9 其他:小夹子、样品盒、小烧杯、小刮刀、小锤、甘油滑石粉隔离液等。

3 试验步骤

3.1 对SBS、SBR类聚合物改性沥青,按如下试验步骤进行:

    3.1.1 准备好盛样管,将盛样管装在支架上。

    3.1.2 将改性沥青用0.3mm筛过筛,然后加热至能充分浇灌,稍加搅拌并徐徐注入竖立的盛样管中,数量约为50g。

    3.1.3 将铝管开口的一端捏成一薄片,并折叠两次以上;然后用小夹子夹紧,密闭;将盛样管连同架子(或烧杯)一起放入163℃±5℃的烘箱中,在不受任何扰动的情况下静放48h±1h。

    3.1.4 加热结束后,将盛样管连支架一起从烘箱中轻轻取出,放入冰箱的冷柜中,保持盛样管在竖立状态,不少于4h,使改性沥青试样凝为固体。待沥青全部固化后将盛样管从冰箱中取出。

    3.1.5 待试样温度稍有回升发软,用剪刀将盛样管剪成相等的3截,取顶部和底部的各1/3试样分别放入样品盒或小烧杯中,再放入163℃±5℃的烘箱中融化,取出已剪断的铝管。

    3.1.6 稍加搅拌,分别灌入软化点试模中。

    3.1.7 对顶部和底部的沥青试样按本规程T 0606同时进行软化点试验,计算其差值。

    3.1.8 应进行两次平行试验,取平均值。

3.2 对PE、EVA类聚合物改性沥青,按如下试验步骤进行:

    3.2.1 将聚合物拌入沥青中成为混合物,在高温状态下充分浇灌入沥青针入度试样杯中,至杯内标线处(距杯口6.35mm),将杯放入135℃的烘箱中,持续24h±1h,不扰动表面,小心地从烘箱中取出样杯,仔细观察试样,经观察以后,用一小刮刀徐徐地探测试样,查看表面层稠度,检查底部及四周的沉淀物。这些检查和试验都应在沥青试样自烘箱中取出后 5min 之内进行。

3.2.2 视沥青聚合物体系的相容性和离析程度,按表 T 0661-1 记录。

如果表中记述项不适合特殊的试样,应正确地记录所发生的现象,并保留试样。

表 T 0661-1　热塑性树脂改性沥青的离析情况

记　　述	报　　告
均匀的,无结皮和沉淀	均匀
在杯边缘有轻微的聚合物结皮	边缘轻微结皮
在整个表面有薄的聚合物结皮	薄的全面结皮
在整个表面有厚的聚合物结皮(大于0.8mm)	厚的全面结皮
无表面结皮但容器底部有薄的沉淀	薄的底部沉淀
无表面结皮但容器底部有厚的沉淀(大于6mm)	厚的底部沉淀

条文说明

聚合物改性沥青在停止搅拌、冷却过程中可能从沥青中离析。本方法参照美国 ASTM 标准将两类聚合物改性沥青的离析试验合并为一个试验方法。在美国 ASTM 中,分别对 SBS、SB 类聚合物改性沥青(Ⅰ型及Ⅳ型,ASTM D 5976、D 5892)和 EVA 类聚合物改性沥青(Ⅲ型,ASTM D 5841)规定了不同的离析试验方法。对 SBS 类改性沥青,本方法完全按照 ASTM 标准方法编写。我国《公路沥青路面施工技术规范》(JTG F40—2004)已经对各类改性沥青的离析性能提出了技术要求。

本次修订对试验所用的盛样管去掉了玻璃试管,因为在 2000 年修订时铝管很少,考虑采用玻璃试管过渡。由于玻璃试管在试验中需要涂滑石粉,还要水洗以及要砸破管子等,试验结果容易有误差,因此本次统一采用铝管。

T 0662—2000　沥青弹性恢复试验

1　目的与适用范围

本试验适用于评价热塑性橡胶类聚合物改性沥青的弹性恢复性能,即测定用延度试验仪拉长一定长度后的可恢复变形的百分率。非经注明,试验温度为 25℃,拉伸速率为 5cm/min±0.25cm/min。

2　仪具与材料技术要求

2.1　试模:采用延度试验所用试模,但中间部分换为直线侧模,如图 T 0662-1 所示。制作的试件截面积为 1cm²。

2.2 水槽:能保持规定的试验温度,变化不超过0.1℃。水槽的容积不小于10L,高度应满足试件浸没深度不小于10cm,离水槽底部不少于5cm的要求。

2.3 延度试验机:同本规程 T 0605。

2.4 温度计:符合延度试验的要求。

图 T 0662-1　弹性恢复试验用直线延度试模
$A = 36.5\text{mm} \pm 0.1\text{mm}$; $B = 30\text{mm} \pm 0.1\text{mm}$; $C = 17\text{mm} \pm 0.1\text{mm}$; $D = 10\text{mm} \pm 0.1\text{mm}$

2.5 剪刀。

3　试验步骤

3.1 按本规程 T 0605 沥青延度试验方法浇灌改性沥青试样、制模,最后将试样在25℃水槽中保温1.5h。

3.2 将试样安装在滑板上,按延度试验方法以规定的5cm/min的速率拉伸试样达10cm±0.25cm时停止拉伸。

3.3 拉伸一停止就立即用剪刀在中间将沥青试样剪断,保持试样在水中1h,并保持水温不变。注意在停止拉伸后至剪断试样之间不得有时间间歇,以免使拉伸应力松弛。

3.4 取下两个半截的回缩的沥青试样轻轻捋直,但不得施加拉力,移动滑板使改性沥青试样的尖端刚好接触,测量试件的残留长度 X。

4　计算

按式(T 0662-1)计算弹性恢复率。

$$D = \frac{10 - X}{10} \times 100 \qquad (\text{T 0662-1})$$

式中: D——试样的弹性恢复率(%);
　　　X——试样的残留长度(cm)。

条文说明

本方法按照美国 ASTM D 6084—97、D 5892—96 及 D 5876—96 关于 SBS、SB 类聚合物改性沥青(Ⅰ型及Ⅳ型)的弹性恢复试验方法编写,用直线延度试件拉伸10cm后停止,立即剪断,保持1h测量恢复率。而 AASHTO T 301—95 是采用普通八字形延度试模,拉伸20cm后停止,5min后剪断,保持1h测量恢复率。在德国和法国等是拉伸20cm后停止,10s时剪断,30min后测定恢复率。由于沥青材料的黏弹性及应力松弛性能,立即剪断与过 5s、过 5min 剪断,恢复程度肯定是不一样的。考虑 ASTM 方法是在 AASHTO T 301 之后才制订的,本规程统一采用 ASTM 方法进行。

T 0663—2000 沥青抗剥落剂性能评价试验

1 目的与适用范围

本方法适用于评价沥青在掺加抗剥落剂后与集料的黏附性及沥青混合料的水稳定性。

2 仪具与材料技术要求

与本规程 T 0616、T 0709、T 0729 相同。

3 试验步骤

3.1 按本规程 T 0602 的方法对沥青试样加热、过滤,加入要求比例的抗剥落剂,采用手工或搅拌器搅拌,使抗剥落剂均匀分散在沥青试样中。

3.2 在评价沥青抗剥落剂性能时,必须按下列步骤进行试验检验:

3.2.1 按本规程 T 0609 或 T 0610 沥青薄膜加热试验的方法对掺加抗剥落剂的沥青结合料进行加热老化,总质量不少于 300g。

3.2.2 对经加热老化的沥青结合料,按本规程 T 0616 的方法采用水浸法或水煮法检验沥青与粗集料的黏附性。试验应采用工程上实际使用的集料,当无工程针对性时,应选用有代表性的酸性集料(如花岗岩、砂岩、石英岩等)。

3.2.3 按本规程 T 0734 规定的加速老化试验方法对使用了抗剥落剂的热拌沥青混合料进行短期老化及长期老化处理。

3.2.4 按本规程 T 0709、T 0729 的方法分别对掺加了抗剥落剂并经老化处理的沥青混合料进行浸水马歇尔试验、冻融劈裂试验,评价沥青混合料的水稳定性。

3.2.5 必要时可采用未经薄膜加热试验的沥青结合料试验与粗集料的黏附性,或采用未经老化处理的沥青混合料进行水稳定性试验,进行比较,以评价抗剥落剂的耐热性能及长期使用效果。

3.3 在沥青路面工程中使用的抗剥落剂必须符合现行规范规定的沥青结合料与集料

的黏附性等级,符合沥青混合料水稳性要求,并具有长期抗剥离效果。

条文说明

本方法是为了鉴别某些不符合要求的抗剥落剂而制定的。美国的水煮法试验是利用经过加热拌和的沥青混合料进行的,此时沥青相当于经过了一次薄膜加热试验。而我国一般只将抗剥落剂掺入沥青中便进行黏附性试验,不能正确反映抗剥落剂在实际使用过程中的情况。

随着高速公路的建设,沥青路面对集料的要求越来越高。在通常情况下,石灰岩等碱性集料与沥青的黏附性好,但耐磨性较差。而花岗岩、砂岩、石英岩等酸性岩石,坚硬、耐磨性强,能充分发挥集料之间的嵌挤作用,唯有它与沥青的黏附性差,容易在水分的作用下造成沥青膜的剥落,导致沥青路面的掉粒、松散、坑槽等水损害破坏。

为了能使用这些酸性集料,通常采用掺加一部分消石灰、水泥代替矿粉或掺加抗剥落剂的措施,因此五花八门的抗剥落剂应运而生。而现在市场上的抗剥落剂绝大部分是从高级脂肪酸衍生出来的长链的胺类化合物,有些根本就是粗胺,有些加了一些溶剂,这可以从抗剥落剂刺鼻的胺味鉴别出来。胺类表面活性剂与乳化剂的功用一样,一端是亲水性的氨基,与酸性集料有很强的亲和力;另一端是融化在沥青中的亲油性的烷基,从而起到抗剥离效果。所以选择优质的抗剥落剂对沥青路面工程建设是很重要的。

这里应该注意的是,此类抗剥落剂中有许多产品的受热稳定性较差。据日本的一个试验,某种掺加胺类抗剥落剂的沥青与集料的黏附性,用水煮法试验的结果,刚掺加后2h试验的剥落率仅为2%,高温储存24h后试验的剥落率达20%,储存48h后试验的剥落率达30%,储存72h后试验的剥落率达34%。这说明如果沥青混合料在储存仓中储存较长时间的话,抗剥离效果将大为减弱。有一批掺加5%的几种抗剥落剂的花岗岩沥青混合料,经过180℃、48h的热处理和未经热处理的两组试件,进行浸水马歇尔试验(60℃,4d),残留稳定度见表T 0663-1。

表T 0663-1 残留稳定度

抗剥落剂	未经受热处理的			经过受热处理的		
	马歇尔稳定度(kN)	浸水马歇尔稳定度(kN)	残留稳定度(%)	马歇尔稳定度(kN)	浸水马歇尔稳定度(kN)	残留稳定度(%)
未掺	14.8	2.0	13.5	16.9	5.8	34.3
A	16.5	15.2	92.1	13.8	9.95	55.9
B	16.7	13.2	79.0	13.3	13.8	78.0
C	15.0	13.9	92.7	16.8	12.7	75.6
D	18.2	12.3	63.6	18.0	13.9	73.2

在表T 0663-1中,不掺抗剥落剂的沥青在薄膜加热试验后与集料的黏附性将有所提高,而抗剥落剂A、C实际上是经不起受热考验的,抗剥落剂B、D则对受热与否差别不大,属于不同的类型。

我们曾经对多种掺加抗剥落剂的沥青直接进行与花岗岩的黏附性试验,以及先经过薄膜加热试验的受热处理,然后再进行与花岗岩的黏附性试验,结果发现未经过薄膜加热试验的可以将黏附性等级从不掺抗剥落剂的原样沥青的1级提高到4级,而先进行薄膜加热试验处理的,只能提高到3级,达不到高速公路的使用要求。

众所周知，沥青的薄膜加热试验受热过程相当于沥青混合料的拌和过程的老化，由此说明，对掺加抗剥落剂的沥青立即进行水煮法黏附性试验将有可能使某些不耐热的质量不好的抗剥落剂蒙混过关，因此必须对掺加抗剥落剂的沥青先进行薄膜加热试验，然后再进行黏附性试验。

实际上，有一些单位在检验抗剥落剂性能时，已经采用了一些检测长期性能的措施，如将沥青掺加抗剥落剂之后，先放在烘箱中烘相当长的时间，或者将沥青混合料试件放进烘箱中烘一定时间等等。不过由于我国没有统一的试验方法，具体操作上全凭试验单位自己的经验和看法，确定了各种各样的试验步骤。在这种情况下，统一我国的试验方法势在必行。

T 0664—2000 改性沥青用合成橡胶乳液试验

1 目的与适用范围

本方法适用于对道路沥青改性用的合成橡胶乳液进行质量检验。

2 仪具与材料技术要求

2.1 烘箱：50～200℃，恒温控制准确度为±1℃。

2.2 分析天平：感量不大于0.1mg。

2.3 玻璃皿：平底，有盖，直径约60mm，高约15mm。也可采用铝合金皿。

2.4 酸度计：pH值最小分度0.02，附有玻璃电极和甘汞电极。当被测试样pH大于10时，应采用锂玻璃电极。

2.5 硼砂：0.01mol/L溶液，将3.814g硼砂（$Na_2B_4O_7 \cdot 10H_2O$）溶于水，在容量瓶中稀释至1 000mL。

溶液应保存于耐化学腐蚀的玻璃瓶或聚乙烯瓶中，瓶塞上应装有吸收二氧化碳的钠石灰。此溶液有效使用期为1个月，在23℃时，pH值为9.20。

2.6 邻苯二甲酸氢钾：0.05mol/L溶液，将0.210g邻苯二甲酸氢钾溶于水，在容量瓶中稀释至1 000mL。

溶液应保存于耐化学腐蚀的玻璃或聚乙烯瓶中，此溶液有效使用期为1个月。在23℃时，pH值为4.00。

2.7 L型黏度计：适用黏度范围0～2Pa·s。

2.8 黏度计转子：如图T 0664-1所示。其尺寸见表T 0664-1。

表 T 0664-1 转子尺寸(mm)

转子型号	A ±1.3	B ±0.03	C ±0.03	D ±0.06	E ±1.3	F ±0.15
L_1	115.1	3.18	18.84	65.10	—	81.0
L_2	115.1	3.18	18.72	6.86	25.40	50.0
L_3	115.1	3.18	18.70	1.65	25.40	50.0

2.9 玻璃烧杯:内径不小于85mm,容量不小于600mL。

2.10 水槽:控制温度25℃±2℃。

2.11 蒸馏水:不含二氧化碳。

2.12 其他:脱脂棉、干燥器、滤网等。

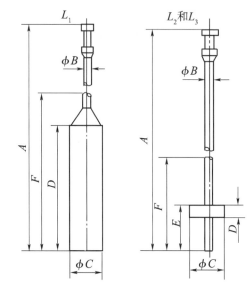

图 T 0664-1 转子图

3 方法与步骤

3.1 准备工作

3.1.1 桶装胶乳样品取样

若乳胶桶已用一带螺纹的盖旋紧,桶内空间大于2%,则可将桶放倒,来回轻轻地滚动不少于10min;然后把桶翻过来倒立15min,再重复滚动不少于15min。

若桶内空间小于2%,应将桶内胶乳转移到一更大的容器中,用带孔的不锈钢圆板提子上下搅动约10min,充分混匀。若桶是开盖式的,将盖打开,用带孔的不锈钢圆板提子上下搅拌约10min,充分混匀。

胶乳混匀后应立即取样。将内径为10~15mm两端开口的清洁而干燥的玻璃管慢慢地插入容器底部;然后将玻璃管上端压住密封,取出玻璃管,将管内胶乳移至一清洁而干燥的样品瓶内。重复此操作直到取得所要求的量。

3.1.2 储罐或槽车装胶乳样品取样

取等体积3个样品,先在上半部中间取,再在中部取,最后在下半部的中间取;然后将3个样品放到一个清洁而干燥的样品瓶中,混匀后密封保存。

如怀疑发生分层现象,从距离顶部表面75mm和距离储槽底部75mm两处分别取样。如顶部和底部样品的总固物含量相差在1%以上,则应将储槽或槽车内胶乳充分混合,直到所取得的样品总固物含量相差小于1%;然后按上述规定取样。

3.1.3 胶乳样品制备

若胶乳中可见到凝块、结皮或外来物,或者胶乳的凝固物含量超过0.05%(质量),则除测定凝固物含量外,测定各项目之前应仔细搅拌,并应用网径为0.18mm的尼龙或不锈钢网过滤。此情况应在试验报告中记录。

3.2 试验步骤

3.2.1 合成胶乳总固物含量测定方法

1)加胶乳于洗净、烘干、恒重的玻璃皿中,称取2.0g±0.5g(m_0),准确至1mg。平缓地转动皿,使胶乳覆盖全部皿底。如有必要,可沿皿壁加入1mL蒸馏水,缓缓转动皿使混合均匀。

2)移去皿盖,将皿水平地放置在已调至105℃±2℃的烘箱内干燥(约2.5h),以试样失去乳白色而又不变黄为准,取出试样置于干燥器内冷却至室温,加盖称量。再将皿放入烘箱中15min,取出后冷却、称量。反复此步骤直至相邻两次称量之差小于1mg,记录胶乳总固物质量(m_1)。

3.2.2 合成胶乳pH值测定法

1)酸度计的校正方法

(1)接通电源,按仪器使用说明书进行预热。

(2)依次用水和硼砂溶液洗涤电极,将电极浸泡在硼砂溶液中,酸度计和被测溶液保持在23℃±1℃条件下,将仪器调整至读数为9.20,再用另外一份硼砂溶液测定,连续测定pH值读数差值应小于0.05。

(3)依次用水和邻苯二甲酸氢钾溶液洗涤电极。将电极浸泡在邻苯二甲酸氢钾溶液中,酸度计和被测溶液保持在23℃±1℃条件下,如果测得邻苯二甲酸氢钾溶液的pH值在3.95~4.05之间,则认为仪器符合要求。由于个别电极的灵敏度不同,而不能按上述方法校正酸度计,可用与被测胶乳的pH值相近的已知pH值的单一溶液校正。

2)测定合成胶乳pH值

(1)用水洗涤电极并用柔软的吸水纸吸干,将电极泡在胶乳中,酸度计和胶乳均保持在23℃±1℃条件下,测定胶乳的pH值。每个试样要测定3次,其测定差值应不大于0.1。

(2)若进行一系列测定,则每工作30min,应用硼砂溶液校正一次酸度计,根据逐次校核结果的变化确定是否需要更频繁地进行校正。

(3)玻璃电极用完后,应立即用水冲洗玻璃电极上的胶乳;然后用脱脂棉蘸水小心清洗玻璃电极待用。如暂时不用,可将玻璃电极浸在水中,甘汞电极浸泡在饱和氯化钾溶液中保存。

3.2.3 合成胶乳黏度测定法

1)首先测定胶乳中的总固物含量,如有必要,可加入蒸馏水将胶乳稀释到实际应用所需的总固物含量。稀释时,应将水缓慢地加入胶乳中,搅拌混合物5min,注意避免空气混入。如果胶乳中夹带有空气,且其黏度小于0.2Pa·s,允许将胶乳在常温下放置24h以脱除空气。如果胶乳内夹带空气但不含有其他挥发性组成物,且黏度大于0.2Pa·s者,允许将胶乳在真空下脱气至无气泡为止。试样应用孔径0.5mm的不锈钢网仔细过滤。

2)将胶乳注入烧杯,放在25℃±2℃的恒温水中,慢慢搅拌胶乳,直至温度达到浴温。为了避免带入空气,先将转子与防护器小心地倾斜着插入胶乳中,再将转子牢固地装于电动机轴上,并装好防护器。调整胶乳表面达到转子轴上凹槽的中间刻线处。转子应处于烧杯中间并与液面相垂直。

3)选择黏度计的转速为60r/min±0.2r/min。开动黏度计的电动机,经过20~30s,依照仪器操作说明方法,取平衡读数。应使用能测出黏度的最小型号的转子。读数应在3~98范围内。

合成胶乳是非牛顿液体,其表观黏度随剪变率和测试时间的变化而变化,故应在固定转子、转速和时间的条件下测定。

4 计算

4.1 合成胶乳的总固物含量按式(T 0664-1)计算。

$$P = \frac{m_1}{m_0} \times 100 \quad \text{(T 0664-1)}$$

式中:P——合成胶乳中的总固物含量(%);
m_0——胶乳试样总质量(g);
m_1——烘干后的总固物质量(g)。

4.2 合成胶乳的表观黏度按式(T 0664-2)计算。

$$\eta_r = k \times \theta \quad \text{(T 0664-2)}$$

式中:η_r——胶乳在测定温度条件下的表观黏度(mPa·s);
θ——黏度计平衡时的读数;
k——仪器的计算因子,由厂家按型号提供。

5 报告

5.1 报告包括胶乳类型,胶乳的总固物含量、pH值、黏度。

5.2 报告应说明试验所使用的仪器类型、黏度计转子型号、测定方法和标准依据,以及测定过程中的任何异常现象。

6 允许误差

6.1 合成胶乳中的总固物含量平行测定的两个结果的相对误差不得大于0.5%。

6.2 合成胶乳的 pH 值平行测定的两个结果之差不得大于 0.1。

6.3 合成胶乳的表观黏度平行测定的两个结果之差不得大于 1%。

条文说明

合成橡胶乳液是常用的道路沥青改性材料,它可以制作改性沥青,还可以制作改性乳化沥青。胶乳改性沥青的方法可以是直接喷入拌和缸与热拌沥青混合料拌和,也可以与热沥青用预混法制作改性沥青使用。

用胶乳制作改性乳化沥青的方法有两种:一种是将胶乳与乳化沥青直接混合制作改性乳化沥青;另一种是将胶乳与水、稳定剂、乳化剂等与热沥青一起进入乳化机、胶体磨等制成改性乳化沥青。

我国对合成胶乳已制定了一些国家标准,这些标准由原化学工业部提出。由于这些标准并非专门针对改性沥青的,使用时要注意鉴别是否有不合适之处。

本试验方法参照相关的合成胶乳国家标准规定编写,这些标准是:

《合成胶乳取样法》(GB 2953—82):适用于合成胶乳的取样,未必适用于配合胶乳、硫化胶乳及水分散橡胶。此标准是以国际标准 ISO 123—1974(E)为主要依据,结合国内实际情况做了适当修改而制定的。1983 年标准概要说明胶乳放置后可能出现膏化。如已发生分层现象,为了得到一个具有代表性的均一样品,胶乳应充分搅拌均匀。所需的操作步骤随所装胶乳的容器种类而定。如果样品从几个桶中取出,例如从 10% 的桶内取出胶乳样品,或从储罐、槽车中取出,须从不同深度抽取。应将这些样品收集在一起混匀,装入瓶中,将瓶口封好保存。

同时应注意不要将样品瓶装满,以允许热膨胀。样品瓶不能使用与合成胶乳中存在的残余单体起化学反应的聚乙烯或其他材料制作的瓶。

应避免胶乳样品从一个容器转移到另一个容器中。当处理和测定试样时,应注意不产生泡沫或引入空气,因为胶乳暴露于空气中,或胶乳上有泡沫都会很快导致结皮。

《合成胶乳总固物含量测定法》(GB 2958—82):适用于合成胶乳中总固物含量的测定。此标准是以国际标准 ISO 124—1974(E)为主要依据,经验证试验,做了适当修改而制定的。

《合成胶乳 pH 值测定法》(GB 2954—82):适用于合成胶乳 pH 值测定。此标准是以国际标准 ISO 976—1977(E)为主要依据,经验证试验,做了适当修改而制定的。

合成胶乳 pH 值是以氢离子浓度的负对数形式表示液体的氢离子浓度。其测定原理如下:

水溶液酸碱度的测量,一般用玻璃电极作为测量电极,甘汞电极作为参考电极,当氢离子(或氢氧离子)浓度发生变化时,玻璃电极和甘汞电极之间的电动势也随着引起变化,并符合如下公式:

$$E = E_0 - 2.302\,6 \times \frac{RT}{F} \times \mathrm{pH} \tag{T 0664-3}$$

式中:R——气体常数,$8.314[\mathrm{J/(K \cdot mol)}]$;

T——绝对温度($273 + T\mathrm{℃}$);

F——法拉第常数,$96\,495\mathrm{C/mol}$;

E_0——零电位;

pH——表示被测电溶液 pH 值和内溶液 pH 值的差值($\mathrm{pH}_{外} - \mathrm{pH}_{内}$);

E——电极电位。

《合成胶乳粘度测定法》(GB 2956—82):适用于合成胶乳的黏度测定。此标准是以国际标准 ISO 1652—1974(E)为主要依据,经验证试验,做了适当修改而制定的。

合成胶乳的黏度是液体内部摩擦阻碍其相对流动的一种特性,其测定原理是:

用旋转黏度计测定黏度,即测量浸入胶乳中规定深度的特定转子在低切变恒速下旋转所产生的力矩。

本试验方法按照以上国家标准的规定编写,并按公路部门的习惯适当作了修改。

T 0665—2011 乳化沥青与水混合稳定性试验

1 目的与适用范围

本方法适用于中裂和慢裂乳化沥青,不适用于快裂的乳化沥青。

2 仪具与材料技术要求

2.1 滤筛:筛孔为 1.18mm。

2.2 量筒:200mL,最小分度 1mL。

2.3 烧杯:400mL。

2.4 秒表。

2.5 天平:感量不大于 0.1g。

2.6 水:蒸馏水或纯净水。

2.7 其他:玻璃棒等。

3 方法与步骤

3.1 准备工作

3.1.1 将烧杯、玻璃棒及 1.18mm 滤筛用溶剂及蒸馏水(或纯净水)擦洗清洁,烘干后备用。

3.1.2 将乳化沥青过 1.18mm 滤筛备用。

3.2 试验步骤

3.2.1 取一个400mL的玻璃烧杯倒入50mL乳液,然后边不断搅拌边逐渐加入150mL蒸馏水(或纯净水)。

3.2.2 在25℃±2℃条件下,让混合物静放2h,然后观测是否有明显的沥青聚结。

3.2.3 无明显聚结时,记录为"通过";否则,记录为"不通过"。

4 报告

每一试样至少平行试验两次,以是否"通过"来评价。

条文说明

对于有些乳化沥青,尤其是喷洒类乳化沥青,为了保证顺利、均匀地洒布,需要在施工前对较高残留物含量的乳化沥青用水进行稀释。这时,如果不事先予以检验就有可能在用水稀释时导致乳化沥青破乳。为了保证施工质量,有必要对乳化沥青的水稀释稳定性进行评定。本试验方法参照 ASTM D 244—00编制。

4 沥青混合料试验

T 0701—2011 沥青混合料取样法

1 目的与适用范围

本方法适用于在拌和厂及道路施工现场采集热拌沥青混合料或常温沥青混合料试样,供施工过程中的质量检验或在试验室测定沥青混合料的各项物理力学性质。所取的试样应有充分的代表性。

2 仪具与材料技术要求

2.1 铁锹。

2.2 手铲。

2.3 搪瓷盘或金属盛样容器、塑料编织袋。

2.4 温度计:分度值1℃。宜采用有金属插杆的插入式数显温度计,金属插杆的长度不小于150mm。量程0～300℃。

2.5 其他:标签、溶剂(煤油)、棉纱等。

3 取样方法

3.1 取样数量

取样数量应符合下列要求:

3.1.1 试样数量由试验目的决定,宜不少于试验用量的2倍。一般情况下可按表T 0701-1取样。

平行试验应加倍取样。在现场取样直接装入试模成型时,也可等量取样。

3.1.2 取样材料用于仲裁试验时,取样数量除应满足本取样方法规定外,还应多取一份备用样,保留到仲裁结束。

表 T 0701-1　常用沥青混合料试验项目的样品数量

试验项目	目的	最少试样量(kg)	取样量(kg)
马歇尔试验、抽提筛分	施工质量检验	12	20
车辙试验	高温稳定性检验	40	60
浸水马歇尔试验	水稳定性检验	12	20
冻融劈裂试验	水稳定性检验	12	20
弯曲试验	低温性能检验	15	25

3.2　取样方法

3.2.1　沥青混合料应随机取样，并具有充分的代表性。用以检查拌和质量（如油石比、矿料级配）时，应从拌和机一次放料的下方或提升斗中取样，不得多次取样混合后使用。用以评定混合料质量时，必须分几次取样，拌和均匀后作为代表性试样。

3.2.2　热拌沥青混合料在不同地方取样的要求如下：

1）在沥青混合料拌和厂取样。

在拌和厂取样时，宜用专用的容器（一次可装 5～8kg）装在拌和机卸料斗下方（图 T 0701-1），每放一次料取一次样，顺次装入试样容器中，每次倒在清扫干净的平板上，连续几次取样，混合均匀，按四分法取样至足够数量。

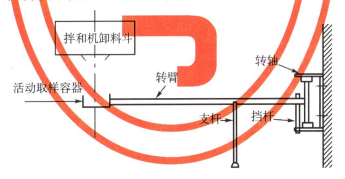

图 T 0701-1　装在拌和机上的沥青混合料取样装置

2）在沥青混合料运料车上取样。

在运料汽车上取沥青混合料样品时，宜在汽车装料一半后，分别用铁锹从不同方向的 3 个不同高度处取样；然后混在一起用手铲适当拌和均匀，取出规定数量。在施工现场的运料车上取样时，应在卸料一半后从不同方向取样，样品宜从 3 辆不同的车上取样混合使用。

注意：在运料车上取样时不得仅从满载的运料车车顶上取样，且不允许只在一辆车上取样。

3）在道路施工现场取样。

在施工现场取样时，应在摊铺后未碾压前，摊铺宽度两侧的 1/2～1/3 位置处取样，用铁锹取该摊铺层的料。每摊铺一车料取一次样,连续3车取样后,混合均匀按四分法取样至足够数量。

3.2.3 热拌沥青混合料每次取样时,都必须用温度计测量温度,准确至1℃。

3.2.4 乳化沥青常温混合料试样的取样方法与热拌沥青混合料相同,但宜在乳化沥青破乳水分蒸发后装袋,对袋装常温沥青混合料亦可直接从储存的混合料中随机取样。取样袋数不少于3袋,使用时将3袋混合料倒出作适当拌和,按四分法取出规定数量试样。

3.2.5 液体沥青常温沥青混合料的取样方法同上。当用汽油稀释时,必须在溶剂挥发后方可封袋保存;当用煤油或柴油稀释时,可在取样后即装袋保存,保存时应特别注意防火安全。

3.2.6 从碾压成型的路面上取样时,应随机选取3个以上不同地点,钻孔、切割或刨取该层混合料。需重新制作试件时,应加热拌匀按四分法取样至足够数量。

3.3 试样的保存与处理

3.3.1 热拌热铺的沥青混合料试样需送至中心试验室或质量检测机构作质量评定时(如车辙试验),由于二次加热会影响试验结果,必须在取样后趁高温立即装入保温桶内,送到试验室后立即成型试件,试件成型温度不得低于规定要求。

3.3.2 热混合料需要存放时,可在温度下降至60℃后装入塑料编织袋内,扎紧袋口,并宜低温保存,应防止潮湿、淋雨等,且时间不宜太长。

3.3.3 在进行沥青混合料质量检验或进行物理力学性质试验时,当采集的试样温度下降或结成硬块不符合温度要求时,宜用微波炉或烘箱加热至符合压实的温度,通常加热时间不宜超过4h,且只容许加热一次,不得重复加热。不得用电炉或燃气炉明火局部加热。

4 样品的标记

4.1 取样后当场试验时,可将必要的项目一并记录在试验记录报告上。此时,试验报告必须包括取样时间、地点、混合料温度、取样数量、取样人等栏目。

4.2 取样后转送试验室试验或存放后用于其他项目试验时,应附有样品标签。标签应记载下列内容:

4.2.1 工程名称、拌和厂名称。

4.2.2 沥青混合料种类及摊铺层次、沥青品种、标号、矿料种类、取样时混合料温度及取样位置或用以摊铺的路段桩号等。

4.2.3 试样数量及试样单位。

4.2.4 取样人、取样日期。

4.2.5 取样目的或用途。

条文说明

沥青混合料的取样与试验结果有很重要的关系。随着公路建设的发展,质量管理和检查的要求越来越高,此方法是为满足生产上的迫切需要,参照 ASTM D 979、AASHTO T 168、BS 598 及日本道路协会铺装试验法便览混合料的取样法,根据我国生产实际情况制定的。

关于混合料取样的地点,ASTM 规定有从拌和厂、运料卡车、传送带上、路面松铺料及压实路面中取样。日本仅规定在拌和厂及运料卡车上取样。英国 BS598 Part 100—1987 规定在拌和机卸料口下方挂一个 8kg 样品容器取样。根据我国实际情况,本方法规定了在拌和厂、运料车及施工现场取样。

本次修订对温度计要求宜采用有金属插杆的插入式数显温度计。对取样试样的数量取消了原来按细粒式、粗粒式、特粗粒式等分类的取样方法,要求应该根据取样目的和试验的需要确定取样数量。本试验方法中的取样数量仅作为参考,实际上这个数量的试样供试验往往是不够的。对沥青混合料取样后应该立即使用,工地试验室取样进行马歇尔试验质量检验应该立即击实成型。制件过程中余下的试样应放在烘箱中保温,防止温度下降影响击实效果。

T 0702—2011 沥青混合料试件制作方法(击实法)

1 目的与适用范围

1.1 本方法适用于采用标准击实法或大型击实法制作沥青混合料试件,以供试验室进行沥青混合料物理力学性质试验使用。

1.2 标准击实法适用于标准马歇尔试验、间接抗拉试验(劈裂法)等所使用的 $\phi 101.6\text{mm} \times 63.5\text{mm}$ 圆柱体试件的成型。大型击实法适用于大型马歇尔试验和 $\phi 152.4\text{mm} \times 95.3\text{mm}$ 大型圆柱体试件的成型。

1.3 沥青混合料试件制作时的条件及试件数量应符合下列规定:

1.3.1 当集料公称最大粒径小于或等于 26.5mm 时,采用标准击实法。一组试件的数量不少于 4 个。

1.3.2 当集料公称最大粒径大于 26.5mm 时,宜采用大型击实法。一组试件数量不少于 6 个。

2 仪具与材料技术要求

2.1 自动击实仪:击实仪应具有自动记数、控制仪表、按钮设置、复位及暂停等功能。按其用途分为以下两种:

2.1.1 标准击实仪:由击实锤、$\phi 98.5mm \pm 0.5mm$ 平圆形压实头及带手柄的导向棒组成。用机械将压实锤提升,至 $457.2mm \pm 1.5mm$ 高度沿导向棒自由落下连续击实,标准击实锤质量 $4\ 536g \pm 9g$。

2.1.2 大型击实仪:由击实锤、$\phi 149.4 \pm 0.1mm$ 平圆形压实头及带手柄的导向棒组成。用机械将压实锤提升,至 $457.2mm \pm 2.5mm$ 高度沿导向棒自由落下击实,大型击实锤质量 $10\ 210g \pm 10g$。

2.2 试验室用沥青混合料拌和机:能保证拌和温度并充分拌和均匀,可控制拌和时间,容量不小于 10L,如图 T 0702-1 所示。搅拌叶自转速度 70 ~ 80r/min,公转速度 40 ~ 50r/min。

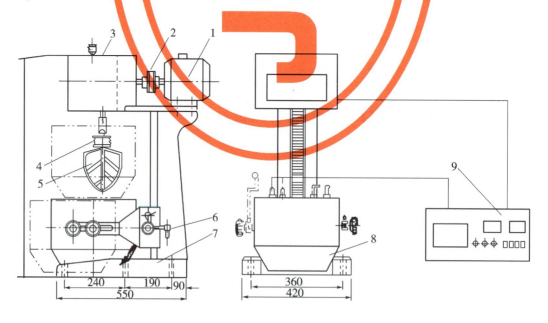

图 T 0702-1 试验室用沥青混合料拌和机

1-电机;2-联轴器;3-变速箱;4-弹簧;5-拌和叶片;6-升降手柄;7-底座;8-加热拌和锅;9-温度时间控制仪

2.3 试模:由高碳钢或工具钢制成,几何尺寸如下:

2.3.1 标准击实仪试模的内径为 101.6mm ± 0.2mm,圆柱形金属筒高 87mm,底座直径约 120.6mm,套筒内径 104.8mm、高 70mm。

2.3.2 大型击实仪的试模与套筒尺寸如图 T 0702-2 所示。套筒外径 165.1mm,内径 155.6mm ± 0.3mm,总高 83mm。试模内径 152.4mm ± 0.2mm,总高 115mm;底座板厚 12.7mm,直径 172mm。

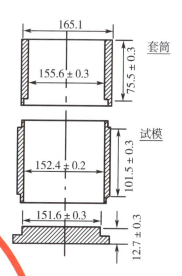

图 T 0702-2 大型圆柱体试件的试模与套筒(尺寸单位:mm)

2.4 脱模器:电动或手动,应能无破损地推出圆柱体试件,备有标准试件及大型试件尺寸的推出环。

2.5 烘箱:大、中型各 1 台,应有温度调节器。

2.6 天平或电子秤:用于称量沥青的,感量不大于 0.1g;用于称量矿料的,感量不大于 0.5g。

2.7 布洛克菲尔德黏度计。

2.8 插刀或大螺丝刀。

2.9 温度计:分度值 1℃。宜采用有金属插杆的插入式数显温度计,金属插杆的长度不小于 150mm。量程 0~300℃。

2.10 其他:电炉或煤气炉、沥青熔化锅、拌和铲、标准筛、滤纸(或普通纸)、胶布、卡尺、秒表、粉笔、棉纱等。

3 准备工作

3.1 确定制作沥青混合料试件的拌和温度与压实温度。

3.1.1 按本规程测定沥青的黏度,绘制黏温曲线。按表 T 0702-1 的要求确定适宜于沥青混合料拌和及压实的等黏温度。

3.1.2 当缺乏沥青黏度测定条件时,试件的拌和与压实温度可按表 T 0702-2 选用,并根据沥青品种和标号作适当调整。针入度小、稠度大的沥青取高限;针入度大、稠度小的沥青取低限;一般取中值。

3.1.3 对改性沥青,应根据实践经验、改性剂的品种和用量,适当提高混合料的拌和和压实温度;对大部分聚合物改性沥青,通常在普通沥青的基础上提高 10~20℃;掺加纤维时,尚需再提高 10℃左右。

表 T 0702-1 沥青混合料拌和及压实的沥青等黏温度

沥青结合料种类	黏度与测定方法	适宜于拌和的沥青结合料黏度	适宜于压实的沥青结合料黏度
石油沥青	表观黏度,T 0625	0.17Pa·s ± 0.02Pa·s	0.28Pa·s ± 0.03Pa·s

注:液体沥青混合料的压实成型温度按石油沥青要求执行。

表 T 0702-2 沥青混合料拌和及压实温度参考表

沥青结合料种类	拌和温度(℃)	压实温度(℃)
石油沥青	140~160	120~150
改性沥青	160~175	140~170

3.1.4 常温沥青混合料的拌和及压实在常温下进行。

3.2 沥青混合料试件的制作条件

3.2.1 在拌和厂或施工现场采取沥青混合料制作试样时,按本规程 T 0701 的方法取样,将试样置于烘箱中加热或保温,在混合料中插入温度计测量温度,待混合料温度符合要求后成型。需要拌和时可倒入已加热的室内沥青混合料拌和机中适当拌和,时间不超过 1min。不得在电炉或明火上加热炒拌。

3.2.2 在试验室人工配制沥青混合料时,试件的制作按下列步骤进行:
1) 将各种规格的矿料置 105℃ ±5℃ 的烘箱中烘干至恒重(一般不少于 4~6h)。
2) 将烘干分级的粗、细集料,按每个试件设计级配要求称其质量,在一金属盘中混合均匀,矿粉单独放入小盆里;然后置烘箱中加热至沥青拌和温度以上约 15℃(采用石油沥青时通常为 163℃;采用改性沥青时通常需 180℃)备用。一般按一组试件(每组 4~6个)备料,但进行配合比设计时宜对每个试件分别备料。常温沥青混合料的矿料不应加热。
3) 将按本规程 T 0601 采取的沥青试样,用烘箱加热至规定的沥青混合料拌和温度,但不得超过 175℃。当不得已采用燃气炉或电炉直接加热进行脱水时,必须使用石棉垫隔开。

4 拌制沥青混合料

4.1 黏稠石油沥青混合料:

4.1.1 用蘸有少许黄油的棉纱擦净试模、套筒及击实座等,置100℃左右烘箱中加热1h备用。常温沥青混合料用试模不加热。

4.1.2 将沥青混合料拌和机提前预热至拌和温度10℃左右。

4.1.3 将加热的粗细集料置于拌和机中,用小铲子适当混合;然后加入需要数量的沥青(如沥青已称量在一专用容器内时,可在倒掉沥青后用一部分热矿粉将粘在容器壁上的沥青擦拭掉并一起倒入拌和锅中),开动拌和机一边搅拌一边使拌和叶片插入混合料中拌和1~1.5min;暂停拌和,加入加热的矿粉,继续拌和至均匀为止,并使沥青混合料保持在要求的拌和温度范围内。标准的总拌和时间为3min。

4.2 液体石油沥青混合料:将每组(或每个)试件的矿料置已加热至55~100℃的沥青混合料拌和机中,注入要求数量的液体沥青,并将混合料边加热边拌和,使液体沥青中的溶剂挥发至50%以下。拌和时间应事先试拌决定。

4.3 乳化沥青混合料:将每个试件的粗细集料,置于沥青混合料拌和机(不加热,也可用人工炒拌)中;注入计算的用水量(阴离子乳化沥青不加水)后,拌和均匀并使矿料表面完全湿润;再注入设计的沥青乳液用量,在1min内使混合料拌匀;然后加入矿粉后迅速拌和,使混合料拌成褐色为止。

5 成型方法

5.1 击实法的成型步骤如下:

5.1.1 将拌好的沥青混合料,用小铲适当拌和均匀,称取一个试件所需的用量(标准马歇尔试件约1 200g,大型马歇尔试件约4 050g)。当已知沥青混合料的密度时,可根据试件的标准尺寸计算并乘以1.03得到要求的混合料数量。当一次拌和几个试件时,宜将其倒入经预热的金属盘中,用小铲适当拌和均匀分成几份,分别取用。在试件制作过程中,为防止混合料温度下降,应连盘放在烘箱中保温。

5.1.2 从烘箱中取出预热的试模及套筒,用蘸有少许黄油的棉纱擦拭套筒、底座及击实锤底面。将试模装在底座上,放一张圆形的吸油性小的纸,用小铲将混合料铲入试模中,用插刀或大螺丝刀沿周边插捣15次,中间捣10次。插捣后将沥青混合料表面整平。对大型击实法的试件,混合料分两次加入,每次插捣次数同上。

5.1.3 插入温度计至混合料中心附近,检查混合料温度。

5.1.4 待混合料温度符合要求的压实温度后,将试模连同底座一起放在击实台上固定。在装好的混合料上面垫一张吸油性小的圆纸,再将装有击实锤及导向棒的压实头放入试模中。开启电机,使击实锤从 457mm 的高度自由落下到击实规定的次数(75 次或 50 次)。对大型试件,击实次数为 75 次(相应于标准击实的 50 次)或 112 次(相应于标准击实 75 次)。

5.1.5 试件击实一面后,取下套筒,将试模翻面,装上套筒;然后以同样的方法和次数击实另一面。

乳化沥青混合料试件在两面击实后,将一组试件在室温下横向放置 24h;另一组试件置温度为 105℃ ±5℃ 的烘箱中养生 24h。将养生试件取出后再立即两面锤击各 25 次。

5.1.6 试件击实结束后,立即用镊子取掉上下面的纸,用卡尺量取试件离试模上口的高度并由此计算试件高度。高度不符合要求时,试件应作废,并按式(T 0702-1)调整试件的混合料质量,以保证高度符合 63.5mm ±1.3mm(标准试件)或 95.3mm ±2.5mm(大型试件)的要求。

$$调整后混合料质量 = \frac{要求试件高度 \times 原用混合料质量}{所得试件的高度} \quad (T\ 0702\text{-}1)$$

5.2 卸去套筒和底座,将装有试件的试模横向放置冷却至室温后(不少于 12h),置脱模机上脱出试件。用于本规程 T 0709 现场马歇尔指标检验的试件,在施工质量检验过程中如急需试验,允许采用电风扇吹冷 1h 或浸水冷却 3min 以上的方法脱模;但浸水脱模法不能用于测量密度、空隙率等各项物理指标。

5.3 将试件仔细置于干燥洁净的平面上,供试验用。

条文说明

本方法参照 ASTM D 5581—96 进行了修订。原试验规程规定,对超过 26.5mm 的大粒径集料采用等量替代法制作试件,由于把超过 26.5mm 大粒径的料筛去用小一档的料替代,最后得到的指标参数与实际工程是不符的。当集料公称最大粒径大于 26.5mm 时,考虑试件的均匀性,要求宜采用大型击实法。近年来,随着大粒径沥青混合料的应用越来越多,将《大型试模的马歇尔稳定度试验方法》(ASTM D 5581—96)定为标准试验方法很有必要,如日本的方法与 ASTM D 5581 的方法完全相同。由于有了国内外的实践和经验,及时将其定为标准方法是适宜的,有利于我国的研究和工程应用,也有利于与国际上一致。因此,本次修订时取消了替代法。

在试件成型方法中,原规程中有人工击实与击实仪击实两种方法。人工击实法人为误差太大,显然已经落后,根据 ASTM 技术委员会规定,D 1559 已从 1998 年 12 月取消。在 ASTM D 5581 里面就没有人工击实。MS—22 等施工规范中也采用机械击实,日本试验法推荐采用机械击实,其他国家未规定用何种方法,但实际都采用机械击实。本次修订去掉了手工击实的方法,均采用自动击实仪。

关于改性沥青的拌和及压实温度确定,目前国际上还没有统一的方法,都在进行相关研究。根据实践经验,对聚合物改性沥青,按黏温曲线确定的等黏温度往往偏高,所以用此方法确定改性沥青混合料的拌和及压实温度不太合适,但是目前还没有合适的方法。因此,各单位在应用本方法确定改性沥青混合料的拌和与压实温度时,还应该结合工程中的实践经验,确定合理的拌和与压实温度。确定拌和与压实温度时,对黏度的测定方法,ASTM D 4402 及 AASHTO T 316 等现在基本上都统一采用布氏旋转黏度方法测定沥青的黏度。鉴于运动黏度及赛波特黏度确定拌和及压实温度在我国几乎都不用,所以本次修订取消了用这两种方法测定黏度确定沥青混合料的拌和及压实温度的规定。

T 0703—2011 沥青混合料试件制作方法(轮碾法)

1 目的与适用范围

1.1 本方法规定了在试验室用轮碾法制作沥青混合料试件的方法,以供进行沥青混合料物理力学性质试验时使用。

1.2 轮碾法适用于长300mm×宽300mm×厚50~100mm板块状试件的成型,此试件可用切割机切制成棱柱体试件,或在试验室用取芯机钻取试样。成型试件的密度应符合马歇尔标准击实试样密度100%±1%的要求。

1.3 沥青混合料试件制作时的试件厚度可根据集料粒径大小及工程需要进行选择。对于集料公称最大粒径小于或等于19mm的沥青混合料,宜采用长300mm×宽300mm×厚50mm的板块试模成型;对于集料公称最大粒径大于或等于26.5mm的沥青混合料,宜采用长300mm×宽300mm×厚80~100mm的板块试模成型。

2 仪具与材料技术要求

2.1 轮碾成型机:如图T 0703-1所示,具有与钢筒式压路机相似的圆弧形碾压轮,轮宽300mm,压实线荷载为300N/cm,碾压行程等于试件长度,经碾压后的板块状试件可达到马歇尔试验标准击实密度的100%±1%。

2.2 试验室用沥青混合料拌和机:能保证拌和温度并充分拌和均匀,可控制拌和时间,宜采用容量大于30L的大型沥青混合料拌和机,也可采用容量大于10L的小型拌和机。

2.3 试模:由高碳钢或工具钢制成,试模尺寸应保证成型后符合要求试件尺寸的规定。试验室制作车辙试验板块状试件的标准试模如图T 0703-2所示。内部平面尺寸为长300mm×宽300mm×厚50~100mm。

2.4 切割机:试验室用金刚石锯片锯石机(单锯片或双锯片切割机)或现场用路面切割机,有淋水冷却装置,其切割厚度不小于试件厚度。

图 T 0703-1 轮碾成型机

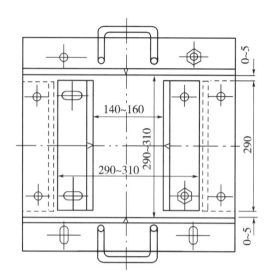

图 T 0703-2 车辙试验试模(尺寸单位:mm)

2.5 钻孔取芯机:用电力或汽油机、柴油机驱动,有淋水冷却装置。金刚石钻头的直径根据试件直径的大小选择(100mm 或 150mm)。钻孔深度不小于试件厚度,钻头转速不小于 1 000r/min。

2.6 烘箱:大、中型各 1 台,装有温度调节器。

2.7 台秤、天平或电子秤:称量5kg 以上的,感量不大于 1g;称量 5kg 以下的,用于称量矿料的感量不大于 0.5g,用于称量沥青的感量不大于 0.1g。

2.8 沥青黏度测定设备:布洛克菲尔德黏度计、真空减压毛细管。

2.9 小型击实锤:钢制端部断面 80mm×80mm,厚 10mm,带手柄,总质量 0.5kg 左右。

2.10 温度计:分度值 1℃。宜采用有金属插杆的插入式数显温度计,金属插杆的长度不小于 150mm。量程 0～300℃。

2.11 其他:电炉或煤气炉、沥青熔化锅、拌和铲、标准筛、滤纸、胶布、卡尺、秒表、粉笔、垫木、棉纱等。

3 准备工作

3.1 按本规程 T 0702 的方法决定制作沥青混合料试件的拌和与压实温度。常温沥青混合料的拌和及压实在常温下进行。

3.2 按本规程 T 0701 在拌和厂或施工现场采取代表性的沥青混合料,如混合料温度符合要求,可直接用于成型。在试验室人工配制沥青混合料时,按本规程 T 0702 的方法准备矿料及沥青。常温沥青混合料的矿料不加热。

3.3 将金属试模及小型击实锤等置 100℃ 左右烘箱中加热 1h 备用。常温沥青混合料用试模不加热。

3.4 按本规程 T 0702 的方法拌制沥青混合料。当采用大容量沥青混合料拌和机时,宜一次拌和;当采用小型混合料拌和机时,可分两次拌和。混合料质量及各种材料数量由试件的体积按马歇尔标准密度乘以 1.03 的系数求得。常温沥青混合料的矿料不加热。

4 轮碾成型方法

4.1 在试验室用轮碾成型机制备试件

试件尺寸可为长 300mm × 宽 300mm × 厚 50～100mm。试件的厚度可根据集料粒径大小选择,同时根据需要厚度也可以采用其他尺寸,但混合料一层碾压的厚度不得超过 100mm。

4.1.1 将预热的试模从烘箱中取出,装上试模框架;在试模中铺一张裁好的普通纸(可用报纸),使底面及侧面均被纸隔离;将拌和好的全部沥青混合料(注意不得散失,分两次拌和的应倒在一起),用小铲稍加拌和后均匀地沿试模由边至中按顺序转圈装入试模,中部要略高于四周。

4.1.2 取下试模框架,用预热的小型击实锤由边至中转圈夯实一遍,整平成凸圆弧形。

4.1.3 插入温度计,待混合料达到本规程 T 0702 规定的压实温度(为使冷却均匀,试模底下可用垫木支起)时,在表面铺一张裁好尺寸的普通纸。

4.1.4 成型前将碾压轮预热至 100℃ 左右;然后,将盛有沥青混合料的试模置于轮碾机的平台上,轻轻放下碾压轮,调整总荷载为 9kN(线荷载 300N/cm)。

4.1.5 启动轮碾机,先在一个方向碾压 2 个往返(4 次);卸荷;再抬起碾压轮,将试件调转方向;再加相同荷载碾压至马歇尔标准密实度 100% ±1% 为止。试件正式压实前,应经试压,测定密度后,确定试件的碾压次数。对普通沥青混合料,一般 12 个往返(24 次)左右可达要求(试件厚为 50mm)。

4.1.6 压实成型后,揭去表面的纸,用粉笔在试件表面标明碾压方向。

4.1.7 盛有压实试件的试模,置室温下冷却,至少 12h 后方可脱模。

4.2 在工地制备试件

4.2.1 按本规程 T 0701 采取代表性的沥青混合料样品,数量需多于 3 个试件的需要量。

4.2.2 按试验室方法称取一个试样混合料数量装入符合要求尺寸的试模中,用小锤均匀击实。试模应不妨碍碾压成型。

4.2.3 碾压成型:在工地上,可用小型振动压路机或其他适宜的压路机碾压,在规定的压实温度下,每一遍碾压 3~4s,约 25 次往返,使沥青混合料压实密度达到马歇尔标准密度 100%±1%。

4.2.4 如将工地取样的沥青混合料送往试验室成型时,混合料必须放在保温桶内,不使其温度下降,且在抵达试验室后立即成型;如温度低于要求,可适当加热至压实温度后,用轮碾成型机成型。如属于完全冷却后经二次加热重塑成型的试件,必须在试验报告上注明。

5 用切割机切制棱柱体试件

试验室用切割机切制棱柱体试件的步骤如下:

5.1 按试验要求的试件尺寸,在轮碾成型的板块状试件表面规划切割试件的数目,但边缘 20mm 部分不得使用。

5.2 切割顺序如图 T 0703-3 所示。首先在与轮碾法成型垂直的方向,沿 A—A 切割第 1 刀作为基准面,再在垂直的 B—B 方向切割第 2 刀,精确量取试件长度后切割 C—C,使 A—A 及 C—C 切下的部分大致相等。使用金刚石锯片切割时,一定要开放冷却水。

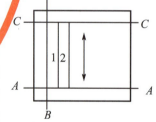

图 T 0703-3 切割棱柱体试件的顺序

5.3 仔细量取试件切割位置,按图顺碾压方向(B—B 方向)切割试件,使试件宽度符合要求。锯下的试件应按顺序放在平玻璃板上排列整齐,然后再切割试件的底面及表面。将切割好的试件立即编号,供弯曲试验用的试件应用胶布贴上标记,保持轮碾机成型时的上下位置,直至弯曲试验时上下方向始终保持不变,试件的尺寸应符合各项试验的规格要求。

5.4 将完全切割好的试件放在玻璃板上,试件之间留有 10mm 以上的间隙,试件下垫一层滤纸,并经常挪动位置,使其完全风干。如急需使用,可用电风扇或冷风机吹干,每隔 1~2h 挪动试件一次,使试件加速风干,风干时间宜不少于 24h。在风干过程中,试件的上下方向及排序不能搞错。

6 用钻芯法钻取圆柱体试件

6.1 在试验室用取芯机从板块状试件钻取圆柱体试件的步骤如下:

6.1.1 将轮碾成型机成型的板块状试件脱模,成型的试件厚度应不小于圆柱体试件的厚度。

6.1.2 在试件上方作出取样位置标记,板块状试件边缘部分的 20mm 内不得使用。根据需要,可选用直径 100mm 或 150mm 的金刚石钻头。

6.1.3 将板块状试件置于钻机平台上固定,钻头对准取样位置;开放冷却水,开动钻机,均匀地钻透试块。为保护钻头,在试块下可垫上木板等。

6.1.4 提起钻机,取出试件。

6.1.5 按 5.4 的方法将试件吹干备用。

6.2 根据需要,可再用切割机切去钻芯试件的一端或两端,达到要求的高度,但必须保证端面与试件轴线垂直且保持上下平行。

条文说明

轮碾成型机在英国、法国、日本、美国、澳大利亚及许多国家广泛使用。碾轮有刚性轮及充气轮胎两种,其型号与压力等并不相同,因此不能互换,进口轮碾成型机的单位应该注意。国内研制轮碾机的单位基本上都是根据从日本引进的样机生产的,碾轮即为实际的刚性碾的一部分。本试验法对其圆弧半经、荷载、行程都作了规定。

轮碾法成型试件方法,基本上是参照日本道路协会铺装试验法便览并根据我国实际情况制定的。我国生产的轮碾成型机一般均可制作长 300mm×宽 300mm×厚 50~100mm 的板块状试件,试件的厚度可根据集料粒径大小选择,同时根据需要厚度也可以采用其他尺寸。考虑到目前我国沥青面层都比较厚,沥青稳定碎石及大粒径沥青碎石也在大面积使用,故本次修订去掉了长 300mm×宽 300mm×厚 40mm 的试件,明确了针对集料公称最大粒径选用成型试模,以更加符合实际情况。

本次修订强调对碾压成型应经试压,测定密度后,确定碾压次数。对普通沥青混合料,厚 50mm 试件可按照规程的要求成型次数进行,但对厚度大于 50mm 的试件碾压成型次数必须通过试验确定。对 S 型嵌挤密实型混合料、SMA 混合料以及改性沥青、高黏度沥青或其他改性材料的混合料,碾压成型次数也必须通过试验确定成型次数。因为对不同的级配,碾压特性是不一样的,因此碾压次数也不一样;

同时对不同的沥青材料、改性剂和不同的掺加剂量,它们的黏度是不一样的,所以成型温度及碾压次数也会不一样。表 T 0703-1 是不同改性剂碾压次数与混合料密度的一个示例情况。由表中数据可见,对改性沥青类的材料,碾压24次钻芯后密度达不到马歇尔标准击实试件密度100%±1%的要求,因此要求碾压次数应通过试碾压测定密度后再确定。

表 T 0703-1　不同改性剂碾压次数沥青混合料密度的情况（g/cm³）

材 料 品 种	马歇尔击实试件密度	钻芯试件密度	成 型 条 件
SBS 改性沥青	2.432	2.395	碾压24次（12个往返） （试模 300mm×300mm×50mm）
抗车辙剂	2.430	2.390	
岩沥青	2.413	2.362	
湖沥青	2.413	2.351	
SBS 改性沥青	2.432	2.428	碾压36次（18个往返） （试模 300mm×300mm×50mm）
抗车辙剂	2.430	2.426	
岩沥青	2.413	2.408	
湖沥青	2.413	2.405	
SBS 改性沥青	2.428	2.422	碾压48次（24个往返） （试模 300mm×300mm×50mm）
抗车辙剂	2.423	2.420	
岩沥青	2.413	2.405	
湖沥青	2.413	2.402	

关于要求成型试件的密度达到马歇尔标准密度的100%,有的意见认为按照实际情况,试件应该在压实度96%的情况下进行碾压(空隙率7.84%),或者采用7%±1%空隙率标准来成型试件,这样比较符合路面通车初期情况。实际上,各国规范规定的车辙成型试件的标准密度差异很大。如美国 AASHTO T 324—04 对于汉堡车辙试验规定空隙率为7%±2%,在 AASHTO TP 63—07 中规定 APA 为7%±0.5%。但值得注意的是,TP 63—07 在其附录中指出:"采用7%±0.5%,并不是因为在这个空隙率条件下车辙试验结果与沥青混合料现场性能具有更好的相关性,而是因为美国很多单位习惯采用这个空隙率成型试件。另外,也有不少单位采用4%±1%(旋转压实试件)或5%±1%(振动成型试件,美国的振动成型达不到4%空隙率)空隙率标准。NCHRP 9-17 研究结果表明,采用空隙率4%±1%较7%±1%空隙率的车辙结果更能够与现场性能相吻合,因此建议也可以按照4%±0.5%(旋转压实试件)或5%±0.5%(振动成型试件)来作为成型试件的标准"。美国各州实际应用也不一样,有的州采用6%±2%,也有采用标准密度100%的。

澳大利亚一般采用轮碾成型试件,空隙率标准为5%±1%,即配合比设计空隙率范围。日本采用标准密度的100%±1%。

欧盟规范 BS EN 12697-22:2003 规定一般采用轮碾成型或者振动成型,对于空隙率标准没有明确规定,实际应用都按照设计目标空隙率范围控制。

在同一个设计体系中只能采用一个标准方法,而且相应的技术标准必须与试验条件相对应。由于我国目前沥青混合料技术标准是采用目标配合比的设计空隙率,即标准马歇尔密度的100%±1%,改变密度标准,将会影响动稳定动技术指标。大量试验结果证明,空隙率对车辙试验结果影响很大,降低密度后,如果仍然在60℃和0.7MPa条件下进行车辙试验,车辙试验时的变形将非常大,动稳定度会很小,因为最佳油石比及矿料级配是在马歇尔标准密度的情况下得到的,所以混合料成型按空隙率 7%±1%标准控制是太不合适的。我国在这方面也做了许多工作,比如对 S 型嵌挤密实型混合料、改性沥青混合料,不增加碾压遍数动稳定动就达不到要求,增加碾压遍数动稳定就能达到要求。所以在确定试验方法时要考虑它的实用性,它是具体为工程服务的,即要合理又要便于操作。

圆柱体试件除用搓揉法、振动成型、静压法制取外,国外也采用从轮碾机成型的板块状试件钻取圆柱体的办法,且使用者越来越多。本试验法对此也作了规定。

T 0704—2011 沥青混合料试件制作方法(静压法)

1 目的与适用范围

1.1 本方法规定了用静压法制作沥青混合料试件的方法,以供在试验室进行沥青混合料物理力学性质试验。

1.2 凡采用静压法制作的试件,有条件时均可用振动压实或搓揉成型设备代替,成型试件以密度达到马歇尔标准击实试件密度的 100%±1% 控制。

1.3 沥青混合料试件制作时的试件尺寸应符合试件直径不小于集料最大粒径的 4 倍,试件厚度不小于集料最大粒径的 1~1.5 倍的规定,其矿料规格及试件数量应符合本规程 T 0702 的规定。

2 仪具与材料技术要求

2.1 压力机或带压力表的千斤顶:不小于 300kN。

2.2 试验室用沥青混合料拌和机:能保证拌和温度并充分拌和均匀,可控制拌和时间,拌和机的容量为 10L(小型)或 30L(大型)。

2.3 电动脱模器:需无破损地推出圆柱体试件,并备有相应尺寸的推出环。

2.4 各种试模:包括压头,每种至少 3 组,由高碳钢或工具钢制成,试模尺寸应保证成型后符合要求试件尺寸的规定。

2.4.1 抗压试验圆柱体试模:采用 ϕ100mm×100mm 的试件尺寸时,试模内径与试件直径相同,试模高 180mm,上下压头直径 100mm,上压头高 50mm,下压头高 90mm。

2.4.2 三轴试验圆柱体试模:采用 ϕ100mm×200mm 的试件尺寸时,内径与试件直径相同,试模高300mm,上下压头直径100mm,上压头高50mm,下压头高90mm。试模也可由一个分成两半的内套和一个圆柱形外套组成。

2.5 烘箱:大、中型各1台,装有温度调节器。

2.6 台秤、天平或电子秤:称量5kg以上的感量不大于1g;称量5kg以下时,用于称量矿料的感量不大于0.5g,用于称量沥青的感量不大于0.1g。

2.7 插刀或大螺丝刀。

2.8 垫块。

2.9 温度计:分度值1℃。宜采用有金属插杆的插入式数显温度计,金属插杆的长度不小于150mm。量程0~300℃。

2.10 其他:电炉或煤气炉、沥青熔化锅、拌和铲、标准筛、胶布、卡尺、秒表、粉笔、棉纱等。

3 准备工作

3.1 按本规程T 0702的方法确定制作沥青混合料试件的拌和与压实温度。常温沥青混合料的拌和及压实在常温下进行。

3.2 按本规程T 0701在拌和厂或施工现场采集沥青混合料试样。如混合料温度符合要求,可直接用于成型。在试验室人工配制沥青混合料时,按本规程T 0702的方法准备矿料及沥青并加热备用。常温沥青混合料的矿料不加热。

3.3 将金属试模及压头等置100℃左右烘箱中加热1h备用。常温沥青混合料用试模不加热。

3.4 按本规程T 0702的方法拌制沥青混合料,数量略多于试件质量需要。插入温度计检测温度。待温度符合成型温度时用于装模。

4 成型方法

4.1 按试件要求尺寸,准确称取混合料数量,应为1个试件的体积与马歇尔标准击实密度的乘积。

4.2 将试模钢筒和承压头从烘箱中取出,立即在钢筒内部和承压头底面涂以很少量的润滑油,并将下承压头置于钢筒中。为使承压头凸出钢筒底口 2～3cm,下承压头应加垫圈或垫块,并在下承压头上放置一张圆形薄纸。

4.3 用小铲将符合成型温度要求的混合料分 2 次(高为 100mm 的试件)或 3 次(高为 200mm 的试件)仔细铲入钢筒中,随之用插刀沿钢筒周边插捣 15 次,中间 10 次;然后,用热铲平整混合料表面。

4.4 插入温度计至混合料中心附近,待混合料温度符合要求的压实温度时,垫上一层薄纸及盖好上承压头(上下承压头伸进试模的高度应大体相同)。

4.5 将装有混合料的试模及垫圈(块)一并置于压力机或千斤顶的平台上,加载至 1MPa(对 ϕ100mm 的试件约为 7.85kN)后撤去下面的垫圈(块),再逐渐均匀加载至要求的试件高度(约 20～30MPa),并保持 3min 后卸荷,记录荷载。

4.6 从试模中取出上、下承压头后,稍事降温,在未完全冷却时趁热置脱模器上推出试件。制成试件的高度与标准高度的误差不得大于 2.0mm,否则应予废弃。注意,脱模温度不能太低,低了不仅脱模困难,还有可能损伤试件。

4.7 将试件竖立在平台上在室温下冷却 24h,测定试件密度、空隙率,不符要求的应予废弃。

条文说明

在我国,静压法成型是广泛应用于基层材料的成型方法。对沥青混合料采用静压法尽管并不科学,但考虑到目前国内不少单位一时达不到具备搓揉或振动成型条件制作抗压的圆柱体及三轴压缩试件,故保留了此方法。

本次修订去掉了采用手动脱模器脱模的方法。制作沥青混合料试件的拌和与压实温度按本规程 T 0702 的方法确定,去掉了用赛波特重油黏度计测黏度确定混合料的拌和与压实温度的方法。

静压法成型具体的方法有两种:一种是控制成型压力;另一种是控制成型高度。这两种方法的实际结果是有差异的。我国 1983 年试验规程规定为加载至 30MPa 稳压 3min 后卸荷,同时又规定高度误差为 ±1(ϕ70mm 试件)～1.5mm(ϕ100mm 试件)。AASHTO T 167 则规定为加压 20.7MPa 稳压 2min 卸荷,这显然是有差别的。本试验法考虑成型应以密实度为要求指标,故规定以高度为主,对压力指出通常为 20～30MPa,以供成型时注意校核有无错误。静压法成型与沥青混合料的温度有很大关系,不同的沥青材料成型温度应该是不一样的,因此本方法规定达到成型温度后装模。

另外,考虑到目前已有许多新的成型方法出现,本方法规定也可用搓揉法及振动成型法代替静压法。搓揉机在美国使用较多,ASTM D 3497、D 4123,AASHTO T 165 等均规定了用搓揉法成型圆柱体试件的方法。

T 0705—2011 压实沥青混合料密度试验(表干法)

1 目的与适用范围

1.1 本方法适用于测定吸水率不大于2%的各种沥青混合料试件,包括密级配沥青混凝土、沥青玛蹄脂碎石混合料(SMA)和沥青稳定碎石等沥青混合料试件的毛体积相对密度和毛体积密度。标准温度为25℃±0.5℃。

1.2 本方法测定的毛体积相对密度和毛体积密度适用于计算沥青混合料试件的空隙率、矿料间隙率等各项体积指标。

2 仪具与材料技术要求

2.1 浸水天平或电子天平:当最大称量在3kg以下时,感量不大于0.1g;最大称量3kg以上时,感量不大于0.5g。应有测量水中重的挂钩。

2.2 网篮。

2.3 溢流水箱:如图 T 0705-1 所示,使用洁净水,有水位溢流装置,保持试件和网篮浸入水中后的水位一定。能调整水温至25℃±0.5℃。

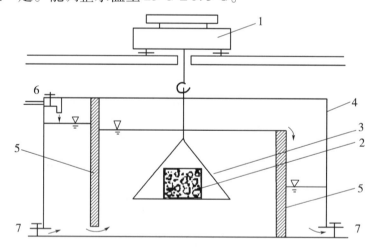

图 T 0705-1 溢流水箱及下挂法水中重称量方法示意图
1-浸水天平或电子天平;2-试件;3-网篮;4-溢流水箱;5-水位搁板;6-注入口;7-放水阀门

2.4 试件悬吊装置:天平下方悬吊网篮及试件的装置,吊线应采用不吸水的细尼龙线绳,并有足够的长度。对轮碾成型机成型的板块状试件可用铁丝悬挂。

2.5 秒表。

2.6 毛巾。

2.7 电风扇或烘箱。

3 方法与步骤

3.1 准备试件。本试验可以采用室内成型的试件,也可以采用工程现场钻芯、切割等方法获得的试件。当采用现场钻芯取样时,应按照 T 0710 的方法进行。试验前试件宜在阴凉处保存(温度不宜高于 35℃),且放置在水平的平面上,注意不要使试件产生变形。

3.2 选择适宜的浸水天平或电子天平,最大称量应满足试件质量的要求。

3.3 除去试件表面的浮粒,称取干燥试件的空中质量(m_a),根据选择的天平的感量读数,准确至 0.1g 或 0.5g。

3.4 将溢流水箱水温保持在 25℃ ±0.5℃。挂上网篮,浸入溢流水箱中,调节水位,将天平调平并复零,把试件置于网篮中(注意不要晃动水)浸水中 3~5min,称取水中质量(m_w)。若天平读数持续变化,不能很快达到稳定,说明试件吸水较严重,不适用于此法测定,应改用本规程 T 0707 的蜡封法测定。

3.5 从水中取出试件,用洁净柔软的拧干湿毛巾轻轻擦去试件的表面水(不得吸走空隙内的水),称取试件的表干质量(m_f)。从试件拿出水面到擦拭结束不宜超过 5s,称量过程中流出的水不得再擦拭。

3.6 对从工程现场钻取的非干燥试件,可先称取水中质量(m_w)和表干质量(m_f),然后用电风扇将试件吹干至恒重(一般不少于 12h,当不需进行其他试验时,也可用 60℃ ±5℃烘箱烘干至恒重),再称取空中质量(m_a)。

4 计算

4.1 按式(T 0705-1)计算试件的吸水率,取 1 位小数。

$$S_a = \frac{m_f - m_a}{m_f - m_w} \times 100 \qquad (\text{T 0705-1})$$

式中:S_a——试件的吸水率(%);
  m_a——干燥试件的空中质量(g);
  m_w——试件的水中质量(g);
  m_f——试件的表干质量(g)。

4.2 按式(T 0705-2)及式(T 0705-3)计算试件的毛体积相对密度和毛体积密度,取 3 位小数。

$$\gamma_f = \frac{m_a}{m_f - m_w} \qquad (T\ 0705\text{-}2)$$

$$\rho_f = \frac{m_a}{m_f - m_w} \times \rho_w \qquad (T\ 0705\text{-}3)$$

式中:γ_f——试件毛体积相对密度,无量纲;
ρ_f——试件毛体积密度(g/cm³);
ρ_w——25℃时水的密度,取 0.997 1g/cm³。

4.3 按式(T 0705-4)计算试件的空隙率,取 1 位小数。

$$VV = \left(1 - \frac{\gamma_f}{\gamma_t}\right) \times 100 \qquad (T\ 0705\text{-}4)$$

式中:VV——试件的空隙率(%);
γ_t——沥青混合料理论最大相对密度,按 4.7 的方法计算或实测得到,无量纲;
γ_f——试件的毛体积相对密度,无量纲,通常采用表干法测定;当试件吸水率 S_a > 2%时,宜采用蜡封法测定;当按规定容许采用水中重法测定时,也可采用表观相对密度代替。

4.4 按式(T 0705-5)计算矿料的合成毛体积相对密度,取 3 位小数。

$$\gamma_{sb} = \frac{100}{\dfrac{P_1}{\gamma_1} + \dfrac{P_2}{\gamma_2} + \cdots + \dfrac{P_n}{\gamma_n}} \qquad (T\ 0705\text{-}5)$$

式中:γ_{sb}——矿料的合成毛体积相对密度,无量纲;
$P_1 \cdot P_2 \cdots P_n$——各种矿料占矿料总质量的百分率(%),其和为 100;
$\gamma_1 \cdot \gamma_2 \cdots \gamma_n$——各种矿料的相对密度,无量纲;采用《公路工程集料试验规程》(JTG E42—2005)的方法进行测定,粗集料按 T 0304 方法测定;机制砂及石屑可按 T 0330 方法测定,也可以用筛出的 2.36~4.75mm 部分按 T 0304 方法测定的毛体积相对密度代替;矿粉(含消石灰、水泥)采用表观相对密度。

4.5 按式(T 0705-6)计算矿料的合成表观相对密度,取 3 位小数。

$$\gamma_{sa} = \frac{100}{\dfrac{P_1}{\gamma'_1} + \dfrac{P_2}{\gamma'_2} + \cdots + \dfrac{P_n}{\gamma'_n}} \qquad (T\ 0705\text{-}6)$$

式中:γ_{sa}——矿料的合成表观相对密度,无量纲;
$\gamma'_1 \cdot \gamma'_2 \cdots \gamma'_n$——各种矿料的表观相对密度,无量纲。

4.6 确定矿料的有效相对密度,取 3 位小数。

4.6.1 对非改性沥青混合料,采用真空法实测理论最大相对密度,取平均值。按式(T 0705-7)计算合成矿料的有效相对密度 γ_{se}。

$$\gamma_{se} = \frac{100 - P_b}{\dfrac{100}{\gamma_t} - \dfrac{P_b}{\gamma_b}} \qquad (\text{T 0705-7})$$

式中:γ_{se}——合成矿料的有效相对密度,无量纲;

P_b——沥青用量,即沥青质量占沥青混合料总质量的百分比(%);

γ_t——实测的沥青混合料理论最大相对密度,无量纲;

γ_b——25℃时沥青的相对密度,无量纲。

4.6.2 对改性沥青及 SMA 等难以分散的混合料,有效相对密度宜直接由矿料的合成毛体积相对密度与合成表观相对密度按式(T 0705-8)计算确定,其中沥青吸收系数 C 值根据材料的吸水率由式(T 0705-9)求得,合成矿料的吸水率按式(T 0705-10)计算。

$$\gamma_{se} = C \times \gamma_{sa} + (1 - C) \times \gamma_{sb} \qquad (\text{T 0705-8})$$

$$C = 0.033 w_x^2 - 0.293\,6 w_x + 0.933\,9 \qquad (\text{T 0705-9})$$

$$w_x = \left(\frac{1}{\gamma_{sb}} - \frac{1}{\gamma_{sa}}\right) \times 100 \qquad (\text{T 0705-10})$$

式中:C——沥青吸收系数,无量纲;

w_x——合成矿料的吸水率(%)。

4.7 确定沥青混合料的理论最大相对密度,取 3 位小数。

4.7.1 对非改性的普通沥青混合料,采用真空法实测沥青混合料的理论最大相对密度 γ_t。

4.7.2 对改性沥青或 SMA 混合料宜按式(T 0705-11)或式(T 0705-12)计算沥青混合料对应油石比的理论最大相对密度。

$$\gamma_t = \frac{100 + P_a}{\dfrac{100}{\gamma_{se}} + \dfrac{P_a}{\gamma_b}} \qquad (\text{T 0705-11})$$

$$\gamma_t = \frac{100 + P_a + P_x}{\dfrac{100}{\gamma_{se}} + \dfrac{P_a}{\gamma_b} + \dfrac{P_x}{\gamma_x}} \qquad (\text{T 0705-12})$$

式中:γ_t——计算沥青混合料对应油石比的理论最大相对密度,无量纲;

P_a——油石比,即沥青质量占矿料总质量的百分比(%);

$$P_a = [P_b/(100 - P_b)] \times 100$$

P_x——纤维用量,即纤维质量占矿料总质量的百分比(%);
γ_x——25℃时纤维的相对密度,由厂方提供或实测得到,无量纲;
γ_{se}——合成矿料的有效相对密度,无量纲;
γ_b——25℃时沥青的相对密度,无量纲。

4.7.3 对旧路面钻取芯样的试件缺乏材料密度、配合比及油石比的沥青混合料,可以采用真空法实测沥青混合料的理论最大相对密度γ_t。

4.8 按式(T 0705-13)~式(T 0705-15)计算试件的空隙率、矿料间隙率VMA和有效沥青的饱和度VFA,取1位小数。

$$VV = \left(1 - \frac{\gamma_f}{\gamma_t}\right) \times 100 \quad (\text{T 0705-13})$$

$$VMA = \left(1 - \frac{\gamma_f}{\gamma_{sb}} \times \frac{P_s}{100}\right) \times 100 \quad (\text{T 0705-14})$$

$$VFA = \frac{VMA - VV}{VMA} \times 100 \quad (\text{T 0705-15})$$

式中:VV——沥青混合料试件的空隙率(%);
  VMA——沥青混合料试件的矿料间隙率(%);
  VFA——沥青混合料试件的有效沥青饱和度(%);
  P_s——各种矿料占沥青混合料总质量的百分率之和(%);
$$P_s = 100 - P_b$$
  γ_{sb}——矿料的合成毛体积相对密度,无量纲。

4.9 按式(T 0705-16)~式(T 0705-18)计算沥青结合料被矿料吸收的比例及有效沥青含量、有效沥青体积百分率,取1位小数。

$$P_{ba} = \frac{\gamma_{se} - \gamma_{sb}}{\gamma_{se} \times \gamma_{sb}} \times \gamma_b \times 100 \quad (\text{T 0705-16})$$

$$P_{be} = P_b - \frac{P_{ba}}{100} \times P_s \quad (\text{T 0705-17})$$

$$V_{be} = \frac{\gamma_f \times P_{be}}{\gamma_b} \quad (\text{T 0705-18})$$

式中:P_{ba}——沥青混合料中被矿料吸收的沥青质量占矿料总质量的百分率(%);
  P_{be}——沥青混合料中的有效沥青含量(%);
  V_{be}——沥青混合料试件的有效沥青体积百分率(%)。

4.10 按式(T 0705-19)计算沥青混合料的粉胶比,取1位小数。

$$FB = \frac{P_{0.075}}{P_{be}} \qquad (T\ 0705\text{-}19)$$

式中：FB——粉胶比，沥青混合料的矿料中 0.075mm 通过率与有效沥青含量的比值，无量纲；

$P_{0.075}$——矿料级配中 0.075mm 的通过百分率（水洗法）（%）。

4.11 按式（T 0705-20）计算集料的比表面积，按式（T 0705-21）计算沥青混合料沥青膜有效厚度。各种集料粒径的表面积系数按表 T 0705-1 取用。

$$SA = \sum (P_i \times FA_i) \qquad (T\ 0705\text{-}20)$$

$$DA = \frac{P_{be}}{\rho_b \times P_s \times SA} \times 1\,000 \qquad (T\ 0705\text{-}21)$$

式中：SA——集料的比表面积（m^2/kg）；

P_i——集料各粒径的质量通过百分率（%）；

FA_i——各筛孔对应集料的表面积系数（m^2/kg），按表 T 0705-1 确定；

DA——沥青膜有效厚度（μm）；

ρ_b——沥青 25℃时的密度（g/cm^3）。

表 T 0705-1 集料的表面积系数及比表面积计算示例

筛孔尺寸（mm）	19	16	13.2	9.5	4.75	2.36	1.18	0.6	0.3	0.15	0.075
表面积系数 FA_i（m^2/kg）	0.004 1	—	—	—	0.004 1	0.008 2	0.016 4	0.028 7	0.061 4	0.122 9	0.327 7
集料各粒径的质量通过百分率 P_i（%）	100	92	85	76	60	42	32	23	16	12	6
集料的比表面积 $FA_i \times P_i$（m^2/kg）	0.41	—	—	—	0.25	0.34	0.52	0.66	0.98	1.47	1.97
集料比表面积总和 SA（m^2/kg）	SA = 0.41 + 0.25 + 0.34 + 0.52 + 0.66 + 0.98 + 1.47 + 1.97 = 6.60											

注：矿料级配中大于 4.75mm 集料的表面积系数 FA 均取 0.004 1。计算集料比表面积时，大于 4.75mm 集料的比表面积只计算一次，即只计算最大粒径对应部分。如表 T 0705-1，该例的 SA = 6.60m^2/kg，若沥青混合料的有效沥青含量为 4.65%，沥青混合料的沥青用量为 4.8%，沥青的密度 1.03g/cm^3，P_s = 95.2，则沥青膜厚度 DA = 4.65/(95.2 × 1.03 × 6.60) × 1 000 = 7.19μm。

4.12 粗集料骨架间隙率可按式（T 0705-22）计算，取 1 位小数。

$$VCA_{mix} = 100 - \frac{\gamma_f}{\gamma_{ca}} \times P_{ca} \qquad (T\ 0705\text{-}22)$$

式中：VCA_{mix}——粗集料骨架间隙率（%）；

P_{ca}——矿料中所有粗集料质量占沥青混合料总质量的百分率（%），按式

(T 0705-23)计算得到;

$$P_{ca} = P_s \times PA_{4.75}/100 \qquad (T\ 0705\text{-}23)$$

$PA_{4.75}$——矿料级配中 4.75mm 筛余量,即 100 减去 4.75mm 通过率;

注:$PA_{4.75}$对于一般沥青混合料为矿料级配中 4.75mm 筛余量,对于公称最大粒径不大于 9.5mm 的 SMA 混合料为 2.36mm 筛余量,对特大粒径根据需要可以选择其他筛孔。

γ_{ca}——矿料中所有粗集料的合成毛体积相对密度,按式(T 0705-24)计算,无量纲;

$$\gamma_{ca} = \frac{P_{1c} + P_{2c} + \cdots + P_{nc}}{\dfrac{P_{1c}}{\gamma_{1c}} + \dfrac{P_{2c}}{\gamma_{2c}} + \cdots + \dfrac{P_{nc}}{\gamma_{nc}}} \qquad (T\ 0705\text{-}24)$$

$P_{1c} \cdots P_{nc}$——矿料中各种粗集料占矿料总质量的百分比(%);
$\gamma_{1c} \cdots \gamma_{nc}$——矿料中各种粗集料的毛体积相对密度。

5 报告

应在试验报告中注明沥青混合料的类型及测定密度采用的方法。

6 允许误差

试件毛体积密度试验重复性的允许误差为 $0.020\mathrm{g/cm^3}$。试件毛体积相对密度试验重复性的允许误差为 0.020。

条文说明

表干法测定压实沥青混合料试件毛体积相对密度的方法,本次修订参考 ASTM 2726—08、AASHTO T 166—07 及美国 NCAT 研究的成果编写。在适用范围里面去掉了原来的 I 或 II 型沥青混凝土,统称密级配沥青混凝土;对试验所用的试件增加了现场取芯样试件,提出了试件的保存条件。用于工程现场钻取芯样的方法,应该按照 T 0710 的步骤进行,如果钻取的芯样黏附有黏层油、透层油和松散颗粒,必须清理干净。当现场芯样与多层沥青混合料联结时,一般要采用切割方法进行分离,并注意观察切割后的试件不能包含相邻层的混合料。

试件密度或相对密度的测定方法在实际使用中是一个非常重要而又困难的问题。本规程关于压实沥青混合料试件的密度试验方法有 4 个:表干法(T 0705)、水中重法(T 0706)、蜡封法(T 0707)、体积法(T 0708),最早是在参照国外的标准如 ASTM D 1188(蜡封法)、D 2726(表干法)、D 3203(体积法)、AASHTO T 166(表干法)、T 275(蜡封法)和日本道路协会铺装试验法便览 3-7-7(水中重法、表干法、蜡封法)5-3-6(体积法)以及我国长期以来的工程实践的基础上编写的。不同的方法适用于不同的情况,使用时应根据实际情况按相关规范的规定选择。

密度是在一定条件下测量的单位体积的质量,单位为 t/m^3 或 g/cm^3,通常以 ρ 表示。相对密度是所测定的各种密度与同温度下水的密度的比值,以 γ 表示,无量纲。

对沥青这样的匀质材料,材料内部没有孔隙,测定的密度只有一种。但对沥青混合料这样的复合材料,由于材料状态及测定条件的不同,计算用的体积所考虑的集料内部的孔隙及集料与集料之间的间隙(空隙)情况不同,计算的密度也就不同。图 T 0705-2 表示了几种材料的典型组成情况。各种不

同密度的基本意义如下:

(1)真实密度:规定条件下,材料单位真实体积(不包括任何孔隙和空隙)的质量,也叫真密度。

(2)毛体积密度:规定条件下,材料单位毛体积(包括材料实体、开口及闭口孔隙)的质量。当质量以干燥质量(烘干或空气干燥)为准时,称绝干毛体积密度,简称毛体积密度;当质量以表干质量(饱和面干,包括开口孔隙中的水)为准时,称表干毛体积密度,也叫表干密度。

(3)表观密度:规定条件下,材料单位表观体积(包括材料实体、闭口孔隙,但不包括开口孔隙)的质量,也叫视密度。

沥青混合料的组成如图 T 0705-2d)所示,它包括6部分:

①各种矿料的矿质集料(按磨成粉的无孔隙状态考虑);

②沥青(都充填在集料之间的间隙中,只裹覆在矿料表面,假定不被集料吸收);

③集料自身的闭孔隙;

④集料本身的开孔隙(在混合料中基本上已经被沥青封闭成闭孔隙);

⑤被沥青裹覆的矿料与矿料之间的空隙(包括开口的与闭口的);

⑥试件表面由于与试模接触得不到正常击实而产生的表面凹陷。

图 T 0705-2 几种材料的典型组成情况

沥青混合料试件的空中质量相当于所有矿料的烘干质量(集料是加热后拌和的),加上沥青质量,这个数是一定的。之所以有各种不同的密度,实际上是所测定的体积的含义不同而已。沥青混合料体积各部分空隙或孔隙的比例将因矿料级配、沥青用量、压实程度而不同。

本规程规定的沥青混合料密度的四种测定方法中,最基本的方法是表干法测定的毛体积密度(T 0705)。所谓毛体积是指试件饱和面干状态下表面轮廓水膜所包裹的全部体积,试件内与外界连通的所有开孔隙均已被水充满,试件的体积包括矿质实体和沥青体积,集料内部的闭孔隙和集料之间已被沥青封闭的闭孔隙、与外连通的开孔隙都计入了体积,但是试件轮廓以外的试件表面的凹陷是不包括在毛体积中的。毛体积相对密度 γ_f 的基本计算公式是式(T 0705-2)。由式(T 0705-2)可见,用表干法测定时,关键是在用拧干的湿毛巾擦试件表面时要制造一种真正的饱和面干状态,表面既不能有多余的水膜,又不能把吸入孔隙中的水分擦走,得到真正的毛体积。

但是当沥青混合料的空隙很大,即开口孔隙较多时,沥青混合料的饱和面干状态便很难形成。当试件从水中取出时,开口孔隙中的水即会跟着流出,用毛巾擦的时候,也会将开口孔隙中的水吸出。为了解决这个问题,于是又提出了蜡封法。

蜡封法(T 0707)是用蜡把开口孔隙封闭起来成为假想的饱和面干状态。所以它与表干法是一个意思,都是以包括开口孔隙及闭口孔隙在内的毛体积作为计算密度的体积用的。不过,蜡封法也是不容易测准确的,它的关键在于蜡封时既要把孔隙封住,又不能让蜡吸入孔隙中。在试验规程中规定试件在蜡封前要放在冰箱中冷却,蜡熔化后的温度要低(熔点以上4℃),使试件一浸入蜡中马上凝固成一层蜡皮。蜡封法的缺点是表面的蜡影响马歇尔试验,要把蜡刮掉。为了好刮,只能先涂一层滑石粉,由此使得试验复杂化。

另一种情况为试件表面基本上没有连通外部的开孔隙,当试件浸水时几乎不吸水,试件的饱和面干质量与空中质量非常接近,即吸水率小于0.5%的密实沥青混合料试件,可采用水中重法测定。

体积法是空隙率特别大,不能用以上方法测定时的特殊情况。

将试验规程中的四种测试方法列于表T 0705-2,以资比较。不过,对混合料的试件很难判断有无开口孔隙和孔隙的大小及水会不会流出或吸入。所以《公路沥青路面施工技术规范》(JTG F40—2004)对不同的混合料类型明确规定了采用不同的方法。各单位应严格按照相关规范采用规定的方法进行试验,这样得到的试验结果才有意义。

表 T 0705-2 试验规程中的四种测试方法的简单比较

方法	计算用试件质量	计算用的试件体积
水中重法	试件的空中质量	混合料体积+试件内部的闭口孔隙(开口孔隙几乎可忽略)
表干法	试件的空中质量	混合料体积+试件内部的闭口孔隙+连通表面的开口孔隙
蜡封法	试件的空中质量	混合料体积+试件内部的闭口孔隙+连通表面的开口孔隙
体积法	试件的空中质量	混合料体积+试件内部的闭口孔隙+连通表面的开口孔隙+表面凹陷

我国目前对试验方法适用性的规定基本上与国外试验方法是一致的。如关于表干法的适用条件,ASTM D 2726—08及AASHTO T 166—07规定适用于吸水率小于2%的情况(在ASTM及AASHTO中没有水中重法,均为表干法),AASHTO T 166规定吸水率大于2%采用蜡封法,而ASTM方法规定吸水率大于2%采用D 1188封口膜密封法或D 6752自动真空封样法(即CoreLok法,主要应用于开级配沥青混合料,如OGFC等)。再如日本道路协会铺装试验法便览规定,对表面致密不吸水的试件可用水中重法,表面平整但吸水的用表干法,表面粗糙、有较多间隙或开级配用蜡封法。

应该注意的是,沥青混合料的吸水率与集料的吸水率的概念及计算方法是不同的。沥青混合料试件的吸水率为达到饱和面干状态时所吸收水的体积与试件毛体积之比(体积比),而集料的吸水率是吸收水质量与集料烘干质量之比(质量比)。ASTM D 2726规定试件在25℃±1℃水中浸泡3~5min,称水中重,当试件温度与水温度相差超过2℃时,试件在水中浸湿时间应增加至10~15min。AASHTO T 166则要求将试件冷却到25℃±5℃,然后称取干燥试件质量,在25℃±1℃水中浸泡3~5min,称水中重。实际上美国很多州都采用AASHTO方法。而日本规定浸水的时间为1min。同时早期版本的ASTM和AASHTO允许在非标准温度下测定试件密度然后进行温度修正,而ASTM D 2726—08和AASHTO T 166—07中取消了温度修正,要求严格按照标准温度进行。我国原试验规程中只规定采用室温条件,在使用中发现实际温度差异较大,有些地方试验室温度能够达到35℃以上,而寒冷地区甚至低于5℃,而且我国一些工程所在地在施工过程中温度变化也较大,会导致较大试验误差,因此宜对毛体积相对密度的测定温度进行更严格的规定。参考真空法测定理论最大相对密度试验方法,本试验方法规定试验时水温控制在25℃±0.5℃;同时计算试件毛体积密度所用水的密度也采用25℃时的密度。

关于允许误差,AASHTO规定试件毛体积密度试验重复性允许误差为0.020g/cm³,试件毛体积相对密度试验重复性允许误差为0.020,美国各州基本采用AASHTO方法。ASTM早期版本规定重复性允许误差为0.035g/cm³,再现性允许误差为0.076g/cm³。而ASTM D 2726—08规定,重复性允许误差对于公称粒径12.5mm为0.023g/cm³,对于公称粒径19mm为0.037g/cm³;再现性允许误差为0.042g/cm³。本试验法参考AASHTO T 166—07进行了规定。

对于沥青混合料试件体积指标,包括密度、空隙率、VMA、VFA的计算方法一直存在一些争议。应该说,世界各国对这些体积指标的测定和计算方法都不尽相同,但是在同一个国家和同一个规范体系,则只能有一个统一的方法。因此,本方法这次统一了计算沥青混合料空隙率、VMA、VFA等各项体积指标的测定方法和计算方法。在沥青混合料体积指标的计算方面,引进了美国等不少国家历来考虑集料吸收部分沥青这个重要的概念,增加了有效沥青用量、粉胶比、有效沥青体积百分率和沥青膜厚度等参数计算方法。

沥青混合料的空隙率是最重要的体积指标。空隙率是由沥青混合料试件的毛体积相对密度和理论最大相对密度计算得到的,统一计算方法就必须统一试件毛体积相对密度和理论最大相对密度的测定方法。

关于理论最大相对密度的问题,试验规程规定了真空法、溶剂法,也有计算法,不同的方法有不小的差别。经过大量的对比试验,在2004年施工技术规范修订中经反复征求各方面的意见,认为溶剂法计算体积时把集料内部开口体积都扣除,使得测定的理论最大相对密度偏大,测定的空隙率过大,不符合实际情况。一致同意采用真空法实测沥青混合料的理论最大相对密度作为我国的标准方法。但是,对于改性沥青混合料或SMA混合料的理论最大相对密度采用真空法实测时,由于改性沥青黏度大,不仅人工分散很难达到小于6mm以下的要求,而且在小于6mm以下的团粒中仍然包含有不少气泡,它在相同的真空及振动情况下不能使团粒继续分散,封闭在集料团粒中的空气不能跑出,理论最大相对密度将变小,且平行误差超过要求,对改性沥青的SMA混合料有纤维时分散更困难。因此对改性沥青混合料和SMA混合料,认为采用真空实测法不理想,只能用计算法求取混合料的最大理论密度。对于改性沥青和SMA混合料的理论最大相对密度,我国参考美国Superpave采用计算有效相对密度的方法,即采用式(T 0705-8)计算确定。Superpave规定根据各种集料不同的吸水率选用不同的系数C值,一般情况可取$C=0.8$,对集料吸水率较大时,可取$C=0.5 \sim 0.8$。

同时,原试验规程中计算VMA时,先按公式计算沥青的体积百分率VA,且以VMA=VA+VV,进而计算沥青饱和度。本次修订考虑了沥青被集料吸收,因此引用了有效相对密度、有效沥青用量、有效沥青膜厚度、有效沥青体积率等概念,由总的沥青用量计算的VA实际上已经没有意义。图T 0705-3和图T 0705-4为考虑沥青被集料吸收后沥青混合料各个组成的示意图。根据矿料间隙率概念,VMA是压实沥青混合料试件中,除了矿料体积及被矿料吸收了的沥青体积以外的部分体积占试件体积的百分数,即等于空气空隙体积及未被集料吸收的沥青体积之和。根据图T 0705-4,$V_{ma} = (V_v + V_b - V_{ba})/V_{mb} \times 100$,即VMA=VV+$V_{be}$,VMA应该是空隙率与有效沥青体积率之和。由此VMA进一步计算的VFA为有效沥青饱和度。

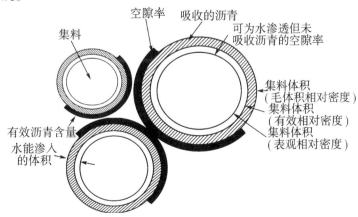

图T 0705-3 压实沥青混合料中各个成分的组成、有效沥青含量及不同方法计算矿料间隙率的影响

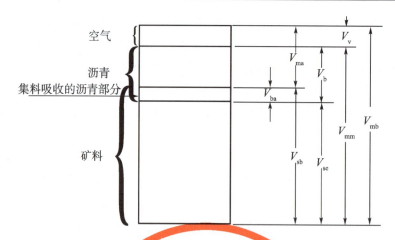

图 T 0705-4 压实沥青混合料试件的体积组成比例

V_{ma}-矿料间隙；V_{mb}-压实混合料的毛体积；V_{mm}-压实混合料的无空隙体积；V_v-空隙；V_b-沥青体积；V_{ba}-被集料吸收的沥青体积；V_{sb}-矿料体积（按毛体积相对密度计算）；V_{se}-矿料体积（按有效相对密度计算）

本方法修订后,我国在沥青混合料体积指标的计算上与美国现行方法基本上一致。新修订的一些参数的计算方法较原方法差异较大,但是基本概念是一致的。

T 0706—2011 压实沥青混合料密度试验（水中重法）

1 目的与适用范围

1.1 水中重法适用于测定吸水率小于0.5%的密实沥青混合料试件的表观相对密度或表观密度。标准温度为25℃±0.5℃。

1.2 当试件很密实,几乎不存在与外界连通的开口孔隙时,可采用本方法测定的表观相对密度代替按 T 0705 表干法测定的毛体积相对密度,并据此计算沥青混合料试件的空隙率、矿料间隙率等各项体积指标。

2 仪具与材料技术要求

2.1 浸水天平或电子天平：当最大称量在3kg以下时,感量不大于0.1g；最大称量3kg以上时,感量不大于0.5g。应有测量水中重的挂钩。

2.2 网篮。

2.3 溢流水箱：使用洁净水,有水位溢流装置,保持试件和网篮浸入水中后的水位一定。调整水温并保持在25℃±0.5℃内。

2.4 试件悬吊装置：天平下方悬吊网篮及试件的装置,吊线应采用不吸水的细尼龙线绳,并有足够的长度。对轮碾成型机成型的板块状试件可用铁丝悬挂。

2.5 秒表。

2.6 电风扇或烘箱。

3 方法与步骤

3.1 选择适宜的浸水天平或电子天平，最大称量应满足试件质量的要求。

3.2 除去试件表面的浮粒，称取干燥试件的空中质量（m_a），根据选择的天平的感量读数，准确至0.1g或0.5g。

3.3 挂上网篮，浸入溢流水箱的水中，调节水位，将天平调平并复零，把试件置于网篮中（注意不要使水晃动），待天平稳定后立即读数，称取水中质量（m_w）。若天平读数持续变化，不能在数秒钟内达到稳定，则说明试件有吸水情况，不适用于此法测定，应改用本规程T 0705或T 0707的方法测定。

3.4 对从施工现场钻取的非干燥试件，可先称取水中质量（m_w），然后用电风扇将试件吹干至恒重（一般不少于12h，当不需进行其他试验时，也可用60℃±5℃烘箱烘干至恒重），再称取空中质量（m_a）。

4 计算

4.1 按式（T 0706-1）及式（T 0706-2）计算用水中重法测定的沥青混合料试件的表观相对密度及表观密度，取3位小数。

$$\gamma_a = \frac{m_a}{m_a - m_w} \qquad (T\ 0706\text{-}1)$$

$$\rho_a = \frac{m_a}{m_a - m_w} \times \rho_w \qquad (T\ 0706\text{-}2)$$

式中：γ_a——在25℃温度条件下试件的表观相对密度，无量纲；

ρ_a——在25℃温度条件下试件的表观密度（g/cm^3）；

m_a——干燥试件的空中质量（g）；

m_w——试件的水中质量（g）；

ρ_w——在25℃温度条件下水的密度，取0.997 1 g/cm^3。

4.2 当试件的吸水率小于0.5%时，以表观相对密度代替毛体积相对密度，按本规程T 0705的方法计算试件的理论最大相对密度及空隙率、沥青的体积百分率、矿料间隙率、粗集料骨架间隙率、沥青饱和度等各项体积指标。

5 报告

应在试验报告中注明沥青混合料的类型及测定密度的方法。

条文说明

本次修订规定该方法适用于吸水率小于0.5%的特别致密的沥青混合料。在施工质量检验时,允许采用水中重法测定的表观相对密度作为标准密度,钻孔试件也采用相同方法测定密度。但配合比设计时不得采用此方法。本次统一了试验温度,规定在水温25℃±0.5℃下测定试件的表观相对密度或表观密度。

在测定沥青混合料密度的方法中,水中重法较为简单,但在美国的试验方法中,没有水中重法,只有表干法与蜡封法。水中重法测定的是表观密度,与表干法、蜡封法、体积法测定的毛体积密度在意义上是不同的。但是当试件非常致密,几乎不吸水时,试件的表干质量与空中质量差别极小。例如马歇尔试件的表干质量与空中质量可能相差仅1g,仅占试件质量的0.1%,采用水中重法测定的表观密度与表干法测定的毛体积密度相差不超过$0.01g/cm^3$,计算的空隙率相差约0.2%,基本上在试验误差范围内。为此,在这种情况下,用水中重法测定的表观密度代替表干法测定的毛体积密度是可以的。

T 0707—2011 压实沥青混合料密度试验(蜡封法)

1 目的与适用范围

1.1 本方法适用于测定吸水率大于2%的沥青混凝土或沥青碎石混合料试件的毛体积相对密度或毛体积密度。标准温度为25℃±0.5℃。

1.2 本方法测定的毛体积相对密度适用于计算沥青混合料试件的空隙率、矿料间隙率等各项体积指标。

2 仪具与材料技术要求

2.1 浸水天平或电子天平:当最大称量在3kg以下时,感量不大于0.1g;最大称量3kg以上时,感量不大于0.5g。应有测量水中重的挂钩。

2.2 网篮。

2.3 水箱:使用洁净水,有水位溢流装置,保持试件和网篮浸入水中后的水位一定。

2.4 试件悬吊装置:天平下方悬吊网篮及试件的装置,吊线应采用不吸水的细尼龙线绳,并有足够的长度。对轮碾成型机成型的板块状试件可用铁丝悬挂。

2.5 石蜡:熔点已知。

2.6 冰箱:可保持温度为4~5℃。

2.7 铅或铁块等重物。

2.8 滑石粉。

2.9 秒表。

2.10 电风扇。

2.11 其他:电炉或燃气炉。

3 方法与步骤

3.1 选择适宜的浸水天平或电子天平,最大称量应满足试件质量的要求。

3.2 称取干燥试件的空中质量(m_a),根据选择的天平感量读数,准确至0.1g或0.5g。当为钻芯法取得的非干燥试件时,应用电风扇吹干12h以上至恒重作为空中质量,但不得用烘干法。

3.3 将试件置于冰箱中,在4~5℃条件下冷却不少于30min。

3.4 将石蜡熔化至其熔点以上5.5℃±0.5℃。

3.5 从冰箱中取出试件立即浸入石蜡液中,至全部表面被石蜡封住后迅速取出试件,在常温下放置30min,称取蜡封试件的空中质量(m_p)。

3.6 挂上网篮、浸入水箱中,调节水位,将天平调平或复零。调整水温并保持在25℃±0.5℃内。将蜡封试件放入网篮浸水约1min,读取水中质量(m_c)。

3.7 如果试件在测定密度后还需要做其他试验时,为便于除去石蜡,可事先在干燥试件表面涂一薄层滑石粉,称取涂滑石粉后的试件质量(m_s),然后再蜡封测定。

3.8 用蜡封法测定时,石蜡对水的相对密度按下列步骤实测确定:

3.8.1 取一块铅或铁块之类的重物,称取空中质量(m_g);

3.8.2 测定重物在水温25℃±0.5℃的水中质量(m'_g);

3.8.3 待重物干燥后,按上述试件蜡封的步骤将重物蜡封后测定其空中质量(m_d)

及水温在25℃±0.5℃时的水中质量(m'_d);

3.8.4 按式(T 0707-1)计算石蜡对水的相对密度。

$$\gamma_p = \frac{m_d - m_g}{(m_d - m_g) - (m'_d - m'_g)} \tag{T 0707-1}$$

式中：γ_p——在25℃温度条件下石蜡对水的相对密度,无量纲;
　　　m_g——重物的空中质量(g);
　　　m'_g——重物的水中质量(g);
　　　m_d——蜡封后重物的空中质量(g);
　　　m'_d——蜡封后重物的水中质量(g)。

4 计算

4.1 计算试件的毛体积相对密度,取3位小数。

4.1.1 蜡封法测定的试件毛体积相对密度按式(T 0707-2)计算。

$$\gamma_f = \frac{m_a}{(m_p - m_c) - (m_p - m_a)/\gamma_p} \tag{T 0707-2}$$

式中：γ_f——由蜡封法测定的试件毛体积相对密度,无量纲;
　　　m_a——试件的空中质量(g);
　　　m_p——蜡封试件的空中质量(g);
　　　m_c——蜡封试件的水中质量(g)。

4.1.2 涂滑石粉后用蜡封法测定的试件毛体积相对密度按式(T 0707-3)计算。

$$\gamma_f = \frac{m_a}{(m_p - m_c) - [(m_p - m_s)/\gamma_p + (m_s - m_a)/\gamma_s]} \tag{T 0707-3}$$

式中：m_s——试件涂滑石粉后的空中质量(g);
　　　γ_s——滑石粉对水的相对密度,无量纲。

4.1.3 试件的毛体积密度按式(T 0707-4)计算。

$$\rho_f = \gamma_f \times \rho_w \tag{T 0707-4}$$

式中：ρ_f——蜡封法测定的试件毛体积密度(g/cm³);
　　　ρ_w——在25℃温度条件下水的密度,取0.997 1g/cm³。

4.2 按本规程T 0705的方法计算试件的理论最大相对密度及空隙率、沥青的体积百分率、矿料间隙率、粗集料骨架间隙率、沥青饱和度等各项体积指标。

5 报告

应在试验报告中注明沥青混合料的类型及采用的测定密度的方法。

条文说明

原试验方法是参照 ASTM D 1188—89、AASHTO T 275 编写的,本次修订主要统一了试验温度,规定在25℃±0.5℃水温下测定试件的毛体积相对密度或毛体积密度。

蜡封法仅适用于吸水率大于2%的混合料。这是由于该方法受人为影响因素太多,导致数据不准确。如 ASTM 和 AASHTO 都提出对吸水率大于2%的试件才能使用蜡封法,小于2%应该采用表干法,而且在蜡封法试验法中规定,进行蜡封之前首先进行表干法测定试件吸水率,如果吸水率小于2%,则无须进行蜡封。所以,在工程上,应该严格按照规范的规定选择适用的方法测定。

同时值得注意的是,ASTM D 1188—94 方法已经明显不同于旧版的 ASTM D 1188—89 和 AASHTO T 275 的蜡封法,ASTM D 1188—94 中虽然名称为蜡封法(paraffin-coated),但是实际操作方法是采用封口膜法,在 2007 年版的 ASTM D 1188—07 中已经将名称改为封口膜密封法(coated)。我国许多文献都认为 ASTM D 1188—07 版方法较 AASHTO T 275 的方法更好,它能够避免蜡的吸入,得到的数据更加准确,美国很多州已采用 ASTM D 1188—07 代替了 AASHTO T 275。

需要指出的是,根据美国沥青混合料和沥青胶结料专家研究组ETG 2008 年的研究报告,准备取消 AASHTO T 275 蜡封法,而采用真空密封法(CoreLok)。

为了让广大工程技术人员了解新试验方法的发展,更好地掌握蜡封法的使用,现将 ASTM D 1188—07 封口膜密封法及 ASTM D 7370 真空密封法(CoreLok)简单介绍给大家,希望在试验过程中积累数据,供下次修订该方法时参考。

封口膜密封法(coated)

1 目的与适用范围

与 T 0707 一样。

2 仪具试验仪器技术要求

2.1 浸水天平或电子天平:当最大称量在3kg以下时,感量不大于0.1g;最大称量3kg以上时,感量不大于0.5g。应有测量水中重的挂钩。

2.2 网篮。

2.3 水箱:使用洁净水,有水位溢流装置,保持试件和网篮浸入水中后的水位一定。

2.4 试件悬吊装置:天平下方悬吊网篮及试件的装置,吊线应采用不吸水的细尼龙线绳,并有足够的长度。

2.5 封口膜:可以根据试件大小选用合适的封口膜,宜采用弹性好的封口膜。

2.6 聚亚氨酯泡沫垫:两个聚亚氨酯泡沫垫,用作操作平台。一个泡沫垫尺寸为500mm×500mm,厚度约12mm;另一个为圆形泡沫垫,尺寸与试件直径接近,对于标准马歇尔试件直径约100mm。

2.7 铝块:用于标定封口膜的相对密度,圆柱体铝块直径约100mm,高度约60mm,表面光滑。

2.8 其他:秒表、电风扇、电炉或燃气炉等。

3 方法与步骤

3.1 选择适宜的浸水天平或电子天平,最大称量应满足试件质量的要求。

3.2 称取干燥试件的空中质量(m_a),根据选择的天平感量读数,准确至0.1g或0.5g。当为钻芯法取得的非干燥试件时,应用电风扇吹干12h以上至恒重作为空中质量,但不得用烘干法。

3.3 从一卷封口膜上裁剪出两个100mm×100mm和一个100mm×200mm大小的封口膜。

先取一个100mm×100mm封口膜,将其背面的遮蔽纸剥去,然后抓住封口膜两端进行适当拉伸,再对封口膜的另外两端也进行适当拉伸(约拉伸至150mm×150mm)。注意不要使薄膜产生孔洞。将拉伸的封口膜包裹住试件一端,沿试件端部边缘压封口膜,将试件翻过来放置在大泡沫垫上;将另一个100mm×100mm封口膜按同样的方法包裹住试件另一端,然后将另一个小泡沫垫放在试件的顶部,用与试件端部尺寸接近的物件(或者采用另一块试件)按在顶部的泡沫垫上,并慢慢向下压泡沫垫以消除封口膜与试件之间的气泡。之后用刀片将试件上离端口约15~17mm以外的封口膜切掉。在这过程中注意不要弄破封口膜。

采用同样的方法,将100mm×200mm封口膜背面的遮蔽纸剥去,然后抓住封口膜最窄的两端适当沿长度方向进行拉伸使之达到约400mm,再将封口膜放在试件上(宽度方向与试件高度方向平行),并转动试件,在转动试件同时要适当用力使封口膜得到拉伸能更好与试件接触;将封口膜两端多余的部分与试件端部的封口膜紧密重叠。这样3个封口膜就完全将试件包裹住,并适当压封口膜四周,使之更紧密包裹试件。

3.4 称取封口膜密封试件的质量(m_d)。

3.5 挂上网篮、浸入溢流水箱中,调节水位,将天平调平或复零。调整水温控制在25℃±0.5℃内。将密封试件放入网篮浸水约1min,读取水中质量(m_c)。

3.6 如果试件在测定密度后还需要做其他试验时,将封口膜去掉即可。

3.7 用封口膜密封法测定试件毛体积相对密度时,封口膜对水的相对密度按下列步骤实测确定:

3.7.1 称取铝块空中质量(m_g)。

3.7.2 测定铝块在水温25℃±0.5℃的水中质量(m'_g)。

3.7.3 待铝块干燥后,按上述方法采用封口膜将铝块密封后测定其空中质量(m_d)及水温在25℃±0.5℃时的水中质量(m'_d)。

3.7.4 按式(T 0707-5)计算封口膜对水的相对密度。

$$\gamma_p = \frac{m_d - m_g}{(m_d - m_g) - (m'_d - m'_g)} \qquad (T\ 0707\text{-}5)$$

式中:γ_p——在25℃温度条件下封口膜对水的相对密度,无量纲;

m_g——铝块空中质量(g);

m'_g——铝块水中质量(g);

m_d——封口膜密封后铝块的空中质量(g);

m'_d——封口膜密封后铝块的水中质量(g)。

4 计算

4.1 封口膜密封法测定的试件毛体积相对密度按式(T 0707-6)计算。

$$\gamma_f = \frac{m_a}{(m_p - m_c) - (m_p - m_a)/\gamma_p} \qquad (T\ 0707\text{-}6)$$

式中:γ_f——由封口膜密封法测定的试件的毛体积相对密度,无量纲;

m_a——试件的空中质量(g);

m_p——封口膜密封试件的空中质量(g);

m_c——封口膜密封试件的水中质量(g)。

4.2 试件的毛体积密度按式(T 0707-7)计算。

$$\rho_\mathrm{f} = \gamma_\mathrm{f} \times \rho_\mathrm{w} \qquad (\text{T 0707-7})$$

式中:ρ_f——封口膜密封法测定的试件毛体积密度(g/cm³);

ρ_w——在25℃温度条件下水的密度,取 0.997 1g/cm³。

4.3 按本规程 T 0705 的方法计算试件的理论最大相对密度及空隙率、沥青的体积百分率、矿料间隙率、粗集料骨架间隙率、沥青饱和度等各项体积指标。

真空密封法(CoreLok)

1 目的与适用范围

1.1 本方法适用于测定吸水率大于2%的沥青混凝土或沥青碎石混合料试件的毛体积相对密度或毛体积密度。标准温度为25℃±0.5℃。

1.2 本方法测定的毛体积相对密度适用于计算沥青混合料试件的空隙率、矿料间隙率等各项体积指标。

1.3 本方法可作为 AASHTO T 275 蜡封法的替代试验方法。

2 仪具与材料技术要求

2.1 真空密度测试仪。

2.2 真空泵:932W(1.25HP)旋转真空泵;真空度:101.4kPa(29.95 inHg)。

2.3 真空室尺寸:425mm×184mm×497mm。

2.4 密封条:406mm自动的双金属线密封条。

2.5 聚合物密封袋:不透水及密封性能良好、柔软抗穿透,可分别用于10.16cm(4in)、15.24cm(6in)等不同试样密封。试验时根据试件大小选用合适的密封袋。

2.6 浸水天平或电子天平:当最大称量在3kg以下时,感量不大于0.1g;最大称量3kg以上时,感量不大于0.5g。应有测量水中重的挂钩。

2.7 网篮。

2.8 试件悬吊装置:天平下方悬吊网篮及试件的装置,吊线应采用不吸水的细尼龙线绳,并有足够的长度。

2.9 水箱:使用洁净水,有水位溢流装置,保持试件和网篮浸入水中后的水位一定。

2.10 温度计:分度值0.1℃。

2.11 其他:剪刀、秒表、电风扇、电炉或燃气炉等。

图 T 0707-1 为 CoreLok 真空密封装置和密封试件照片。

3 方法与步骤

3.1 选择适宜的浸水天平或电子天平,最大称量应满足试件质量的要求。

3.2 称取干燥试件的初始质量记作A,根据选择的天平感量读数,准确至0.1g或0.5g;当为钻芯法取得的非干燥试件时,应用电风扇吹干12h以上至恒重作为空中质量。

3.3 密封试样,根据试件尺寸大小选择合适的密封袋,按照说明书设置密封条加热温度。

3.4 打开一个新密封袋,将试件放入密封袋袋内。此时注意将试件光滑的一面置于底部,密封袋密封处距试件保留25mm的距离。

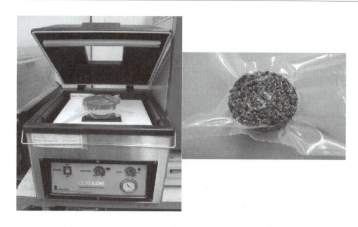

图 T 0707-1 CoreLok 真空密封装置和密封试件

3.5 关闭真空室,真空泵的指示灯变红,并且真空室外部的真空表开始转动,数字式仪表读数显示真空状态。这一过程中密封袋通常会膨胀。

3.6 一旦密封后,减压阀打开,环绕在密封袋试件周围的空气将会逸出到真空室中。

3.7 将密封盖打开,从真空室内小心将密封的试件取出,轻拉密封袋的任何部位,检查是否有松弛区域,如果有松弛表明试件密封不严,此时需要按照 3.2 的步骤重新开始密封试件。

3.8 称取密封试件质量:将试件从真空室内取出后,置于天平上快速称重并记录其质量为 B。

3.9 密封试件的水中质量:将密封试件放于 25℃±1℃ 的水中称质量,须注意将试件及袋子全部浸入水中,注意密封袋不要接触水箱边,测得水中质量,记为 C。

3.10 检查:从水箱中取出密封试件,小心将试件从密封袋中取出,将附着密封袋上的水分轻轻拍掉,使密封袋成半干状态,称取密封袋质量记为 D,同时称取试件的空中质量记作 E,并与初始质量相对比。如果质量损失小于 0.08%,或者增加小于 0.04%,即可通过检查,质量损失或增加可能是由于袋子泄露的原因;如果检查不通过,须将密封袋拿走,并且按 3.2 的步骤重新开始试验。

4 计算

4.1 按式(T 0707-8)计算试件毛体积相对密度。

$$\gamma_f = \frac{A}{(B-C) - \left(\dfrac{B-E}{F}\right)} \quad (\text{T 0707-8})$$

式中:γ_f——试件毛体积相对密度,无量纲;
　　　A——干燥试件的质量(g);
　　　B——密封试件的质量(g);
　　　C——密封试件的水中质量(g);
　　　E——密封袋取走后,试件的空中质量(g);
　　　F——密封袋相对密度,根据厂家提供的公式计算。

4.2 按式(T 0707-9)计算试件的毛体积密度。

$$\rho_f = \gamma_f \times \rho_w \quad (\text{T 0707-9})$$

式中:ρ_f——真空密封法测定的试件毛体积密度(g/cm³);
　　　ρ_w——在 25℃ 温度条件下水的密度,取 0.997 1g/cm³。

4.3 按本规程 T 0705 的方法计算试件的理论最大相对密度及空隙率、沥青的体积百分率、矿料间隙率、粗集料骨架间隙率、沥青饱和度等各项体积指标。

T 0708—2011　压实沥青混合料密度试验(体积法)

1　目的与适用范围

1.1　本方法采用体积法测定沥青混合料的毛体积相对密度或毛体积密度。

1.2　本方法仅适用于不能用表干法、蜡封法测定的空隙率较大的沥青碎石混合料及大空隙透水性开级配沥青混合料(OGFC)等。

1.3　本方法测定的毛体积相对密度适用于计算沥青混合料试件的空隙率、矿料间隙率等各项体积指标。

2　仪具与材料技术要求

2.1　电子天平：当最大称量在3kg以下时，感量不大于0.1g；最大称量在3kg以上时，感量不大于0.5g。

2.2　卡尺。

3　方法与步骤

3.1　选择适宜的电子天平，最大称量应满足试件质量的要求。

3.2　清理试件表面，刮去突出试件表面的残留混合料，称取干燥试件的空中质量(m_a)，根据选择的天平感量读取，准确至0.1g或0.5g。当为钻芯法取得的非干燥试件时，应用电风扇吹干12h以上至恒重作为空中质量，但不得用烘干法。

3.3　用卡尺测定试件的各种尺寸，准确至0.01cm。圆柱体试件的直径取上下2个断面测定结果的平均值，高度取十字对称4次测定的平均值；棱柱体试件的长度取上下2个位置的平均值，高度或宽度取两端及中间3个断面测定的平均值。

4　计算方法

4.1　圆柱体试件毛体积按式(T 0708-1)计算。

$$V = \frac{\pi \times d^2}{4} \times h \qquad (\text{T 0708-1})$$

式中：V——试件的毛体积(cm^3)；

$\quad\quad d$——圆柱体试件的直径(cm)；

$\quad\quad h$——试件的高度(cm)。

4.2 棱柱体试件的毛体积按式(T 0708-2)计算。

$$V = l \times b \times h \tag{T 0708-2}$$

式中：l——试件的长度(cm)；
　　　b——试件的宽度(cm)；
　　　h——试件的高度(cm)。

4.3 试件的毛体积密度按式(T 0708-3)计算，取3位小数。

$$\rho_s = \frac{m_a}{V} \tag{T 0708-3}$$

式中：ρ_s——用体积法测定的试件的毛体积密度(g/cm³)；
　　　m_a——干燥试件的空中质量(g)。

4.4 试件的毛体积相对密度按式(T 0708-4)计算，取3位小数。

$$\gamma_s = \frac{\rho_s}{0.997\ 1} \tag{T 0708-4}$$

式中：γ_s——用体积法测定的试件的25℃条件的毛体积相对密度，无量纲。

4.5 按本规程 T 0705 的方法计算试件的理论密度、空隙率、沥青的体积百分率、矿料间隙率、粗集料骨架间隙率、沥青饱和度等各项体积指标。

条文说明

用体积法测定毛体积密度参照 ASTM D 3203 及日本道路协会铺装试验法便览 5-3-6 "透水性沥青混合料的密度试验方法"，对开级配试件，均规定用体积法测定，直径及高度均测量4点，取平均值。

本次修订参考 ASTM D 3203—94，将毛体积密度除以25℃时水的密度，得到体积法测定的25℃条件下试件毛体积相对密度。

T 0709—2011 沥青混合料马歇尔稳定度试验

1 目的与适用范围

1.1 本方法适用于马歇尔稳定度试验和浸水马歇尔稳定度试验，以进行沥青混合料的配合比设计或沥青路面施工质量检验。浸水马歇尔稳定度试验（根据需要，也可进行真空饱水马歇尔试验）供检验沥青混合料受水损害时抵抗剥落的能力时使用，通过测试其水稳定性检验配合比设计的可行性。

1.2 本方法适用于按本规程 T 0702 成型的标准马歇尔试件圆柱体和大型马歇尔试件

圆柱体。

2 仪具与材料技术要求

2.1 沥青混合料马歇尔试验仪:分为自动式和手动式。自动马歇尔试验仪应具备控制装置、记录荷载—位移曲线、自动测定荷载与试件的垂直变形,能自动显示和存储或打印试验结果等功能。手动式由人工操作,试验数据通过操作者目测后读取数据。

对用于高速公路和一级公路的沥青混合料宜采用自动马歇尔试验仪。

2.1.1 当集料公称最大粒径小于或等于26.5mm时,宜采用 ϕ101.6mm×63.5mm 的标准马歇尔试件,试验仪最大荷载不得小于25kN,读数准确至0.1kN,加载速率应能保持50mm/min±5mm/min。钢球直径16mm±0.05mm,上下压头曲率半径为50.8mm±0.08mm。

2.1.2 当集料公称最大粒径大于26.5mm时,宜采用 ϕ152.4mm×95.3mm 大型马歇尔试件,试验仪最大荷载不得小于50kN,读数准确至0.1kN。上下压头的曲率内径为 ϕ152.4mm±0.2mm,上下压头间距19.05mm±0.1mm。大型马歇尔试件的压头尺寸如图T 0709-1所示。

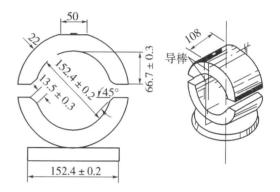

图 T 0709-1 大型马歇尔试验的压头(尺寸单位:mm)

2.2 恒温水槽:控温准确至1℃,深度不小于150mm。

2.3 真空饱水容器:包括真空泵及真空干燥器。

2.4 烘箱。

2.5 天平:感量不大于0.1g。

2.6 温度计:分度值1℃。

2.7 卡尺。

2.8 其他:棉纱、黄油。

3 标准马歇尔试验方法

3.1 准备工作

3.1.1 按 T 0702 标准击实法成型马歇尔试件,标准马歇尔试件尺寸应符合直径 101.6mm ± 0.2mm、高 63.5mm ± 1.3mm 的要求。对大型马歇尔试件,尺寸应符合直径 152.4mm ± 0.2mm、高 95.3mm ± 2.5mm 的要求。一组试件的数量不得少于 4 个,并符合 T 0702 的规定。

3.1.2 量测试件的直径及高度:用卡尺测量试件中部的直径,用马歇尔试件高度测定器或用卡尺在十字对称的 4 个方向量测离试件边缘 10mm 处的高度,准确至 0.1mm,并以其平均值作为试件的高度。如试件高度不符合 63.5mm ± 1.3mm 或 95.3mm ± 2.5mm 要求或两侧高度差大于 2mm,此试件应作废。

3.1.3 按本规程规定的方法测定试件的密度,并计算空隙率、沥青体积百分率、沥青饱和度、矿料间隙率等体积指标。

3.1.4 将恒温水槽调节至要求的试验温度,对黏稠石油沥青或烘箱养生过的乳化沥青混合料为 60℃ ± 1℃,对煤沥青混合料为 33.8℃ ± 1℃,对空气养生的乳化沥青或液体沥青混合料为 25℃ ± 1℃。

3.2 试验步骤

3.2.1 将试件置于已达规定温度的恒温水槽中保温,保温时间对标准马歇尔试件需 30～40min,对大型马歇尔试件需 45～60min。试件之间应有间隔,底下应垫起,距水槽底部不小于 5cm。

3.2.2 将马歇尔试验仪的上下压头放入水槽或烘箱中达到同样温度。将上下压头从水槽或烘箱中取出擦拭干净内面。为使上下压头滑动自如,可在下压头的导棒上涂少量黄油。再将试件取出置于下压头上,盖上上压头,然后装在加载设备上。

3.2.3 在上压头的球座上放妥钢球,并对准荷载测定装置的压头。

3.2.4 当采用自动马歇尔试验仪时,将自动马歇尔试验仪的压力传感器、位移传感器与计算机或 X-Y 记录仪正确连接,调整好适宜的放大比例,压力和位移传感器调零。

3.2.5 当采用压力环和流值计时,将流值计安装在导棒上,使导向套管轻轻地压住上压头,同时将流值计读数调零。调整压力环中百分表,对零。

3.2.6 启动加载设备,使试件承受荷载,加载速度为 50 mm/min ± 5mm/min。计算机或 X-Y 记录仪自动记录传感器压力和试件变形曲线并将数据自动存入计算机。

3.2.7 当试验荷载达到最大值的瞬间,取下流值计,同时读取压力环中百分表读数及流值计的流值读数。

3.2.8 从恒温水槽中取出试件至测出最大荷载值的时间,不得超过30s。

4 浸水马歇尔试验方法

浸水马歇尔试验方法与标准马歇尔试验方法的不同之处在于,试件在已达规定温度恒温水槽中的保温时间为48h,其余步骤均与标准马歇尔试验方法相同。

5 真空饱水马歇尔试验方法

试件先放入真空干燥器中,关闭进水胶管,开动真空泵,使干燥器的真空度达到97.3kPa(730mmHg)以上,维持15min;然后打开进水胶管,靠负压进入冷水流使试件全部浸入水中,浸水15min后恢复常压,取出试件再放入已达规定温度的恒温水槽中保温48h。其余均与标准马歇尔试验方法相同。

6 计算

6.1 试件的稳定度及流值

6.1.1 当采用自动马歇尔试验仪时,将计算机采集的数据绘制成压力和试件变形曲线,或由 X-Y 记录仪自动记录的荷载—变形曲线,按图 T 0709-2 所示的方法在切线方向延长曲线与横坐标相交于 O_1,将 O_1 作为修正原点,从 O_1 起量取相应于荷载最大值时的变形作为流值(FL),以 mm 计,准确至 0.1mm。最大荷载即为稳定度(MS),以 kN 计,准确至 0.01kN。

6.1.2 采用压力环和流值计测定时,根据压力环标定曲线,将压力环中百分表的读数换算为荷载值,或者由荷载测定装置读取的最大值即为试样的稳定度(MS),以 kN 计,准确至 0.01kN。由流值计及位移传感器测定装置读取的试件垂直变形,即为试件的流值(FL),以 mm 计,准确至 0.1mm。

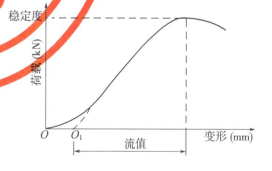

图 T 0709-2 马歇尔试验结果的修正方法

6.2 试件的马歇尔模数按式(T 0709-1)计算。

$$T = \frac{\text{MS}}{\text{FL}} \quad (\text{T 0709-1})$$

式中:T——试件的马歇尔模数(kN/mm);

MS——试件的稳定度(kN);

FL——试件的流值(mm)。

6.3 试件的浸水残留稳定度按式(T 0709-2)计算。

$$MS_0 = \frac{MS_1}{MS} \times 100 \qquad (T\ 0709\text{-}2)$$

式中：MS_0——试件的浸水残留稳定度(%)；

MS_1——试件浸水48h后的稳定度(kN)。

6.4 试件的真空饱水残留稳定度按式(T 0709-3)计算。

$$MS'_0 = \frac{MS_2}{MS} \times 100 \qquad (T\ 0709\text{-}3)$$

式中：MS'_0——试件的真空饱水残留稳定度(%)；

MS_2——试件真空饱水后浸水48h后的稳定度(kN)。

7 报告

7.1 当一组测定值中某个测定值与平均值之差大于标准差的 k 倍时，该测定值应予舍弃，并以其余测定值的平均值作为试验结果。当试件数目 n 为3、4、5、6个时，k 值分别为 1.15、1.46、1.67、1.82。

7.2 报告中需列出马歇尔稳定度、流值、马歇尔模数，以及试件尺寸、密度、空隙率、沥青用量、沥青体积百分率、沥青饱和度、矿料间隙率等各项物理指标。当采用自动马歇尔试验时，试验结果应附上荷载—变形曲线原件或自动打印结果。

条文说明

马歇尔试验是目前沥青混合料中最重要的一个试验方法。为区别试验时浸水条件的不同，将其分别称为标准马歇尔试验、浸水马歇尔试验及真空饱水马歇尔试验。使用大型试件时称为大型马歇尔试验。

马歇尔试验因使用目的不同在某些细节上规定有所不同，T 0709 与 T 0710 的区别在于是在试验室制作试件还是从现场钻取试件。现场钻取试件的高度不可能相同，故规定了可作高度修正。试验室制作试件的高度应该控制好，不符高度者应予废弃。以前室内试验试件也用高度修正系数的做法是不对的。

本次修订对沥青混合料马歇尔试验仪进行了分类，分为自动式和手动式。对标准马歇尔试验的试件尺寸及大马歇尔试件的尺寸按照集料公称最大粒径作了规定。当集料公称最大粒径小于或等于26.5mm时，宜采用φ101.6mm×63.5mm的标准马歇尔试件；当集料公称最大粒径大于26.5mm时，宜采用φ152.4mm×95.3mm大型马歇尔试件。对于室内击实成型试件，原条文说明中对于大于26.5mm混合料，当用于配合比设计等目的需要在试验室制件时，需要采用替代法，把大于26.5mm的集料筛去，用小一档的料替代。这与实际工程中混合料的级配是不一样的。本次根据《公路沥青路面施工技术规范》(JTG F40—2004)的要求对该方法进行了修订，即对于大于26.5mm粒径的沥青混合料，需要采用大马歇尔试模成型试件,取消采用替法代。另外,用于施工质量检验时,必须快速得知结果,或试模数量不足时,T 0702规定允许用电风扇吹冷或冷水浸泡脱模,这种做法对配合比设计是不允许的,应引起注意。

由于马歇尔试验仪已有相关的标准,本方法中删去有关仪器的详细规定。目前国内马歇尔试验仪绝大部分单位采用的是自动马歇尔试验仪,但是也有很少单位或在低等级道路上可能仍然在使用手动马歇尔试验仪,因此本次仍然保留了这部分内容。

马歇尔试验是沥青混合料配合比设计及沥青路面施工质量控制最重要的试验项目,数据的真实性十分重要。本规程规定对用于高速公路和一级公路的沥青混合料,宜采用计算机或X-Y记录仪自动测定的自动马歇尔试验仪进行试验,在出具报告时附上荷载—变形曲线原件或自动打印结果。

在工程上有时出现马歇尔试验的荷载—变形曲线的顶部很平坦的现象,即荷载增加很小,变形却持续不断增大,改性沥青和SMA混合料也经常出现这种情况,致使对应于最大荷载(稳定度)处的变形(流值)很大。在这种情况下,可以以最大荷载的98%对应的变形值作为流值,但应该在试验报告中如实说明。

另外,马歇尔试验仪的加工质量应该引起注意,如有的仪器在试件和压头之间出现透亮的孔隙,即试件与压头不密合的情况较多,从而使得开始试验时荷载尚未增加,流值计已经出现较大的变形,这一部分变形实际上是使试件与压头密合过程中的变形,是不应该计算到流值之中的。因此,需要进行原点修正,采用原点修正后的流值作为试验结果。

对浸水马歇尔试验在原方法中规定将成型好的试件在60℃热水中浸48h后试验,ASTM及日本等大多数国家的标准均是这样规定的。但实践证明,除非是酸性石料,用此法测定的浸水马歇尔试验残留稳定度很少有达不到标准规定的75%要求的情况,甚至有大于100%的情况。为此第17届世界道路会议推荐把试件浸入25℃水中达7d后进行马歇尔试验,测量马歇尔稳定度的降低和体积变化,以此评价水对混合料的影响。壳牌石油公司中央研究所经多年研究修订了浸水马歇尔试验,先经真空饱水后再在60℃浸水48h试验,由于试件中先浸入冷水且浸的水量较多,故浸入热水后膨胀严重,稳定度损失较大,更能反映抗水浸蚀的稳定性。

由于浸水7d的方法过于麻烦,实际上很难做到,而真空饱水后浸水则很方便,故本试验法增加了真空饱水马歇尔试验。

对原方法规定的试件高度修正系数,国外标准如ASTM D 1559或日本等国的试验法中均规定只适用于现场钻取试件的情况,在室内试验制件时是不允许的。故本试验法中将其删去,列入路面芯样马歇尔试验方法(T 0710)中。

马歇尔试验的变异性往往较大,按美国NCAT最近41个单位联合试验测定,同一试验室试验结果的标准差:稳定度为814N,空隙率为0.6%,VMA为0.4%;而不同的试验室之间试验结果的标准差:稳定度为2 553N,空隙率为1.0%。我国试验结果也有类似情况,故几个试件结果的平均值计算方法常有疑问,此问题在国外也无明确的规定。本方法根据实践经验,对此作了统一的规定。应该注意的是,马歇尔试验变异性与试件的成型高度关系很大,尤其是对空隙率的影响可能较大,所以制件时要严格控制试件高度,高度不符合要求者一定要剔除。

T 0710—2011 沥青路面芯样马歇尔试验

1 目的与适用范围

本方法适用于从沥青路面钻取的芯样进行马歇尔试验,供评定沥青路面施工质量是否符合设计要求或进行路况调查。标准芯样钻孔试件的直径为100mm,适用的试件高度为30～80mm;大型钻孔试件的直径为150mm,适用的试件高度为80～100mm。

2 仪具与材料技术要求

本方法所用的仪具与材料与本规程 T 0709 沥青混合料马歇尔试验相同。

3 方法与步骤

3.1 按现行《公路路基路面现场测试规程》(JTG E60)的方法钻取压实沥青混合料路面芯样试件。

3.2 试验前必须将芯样试件黏附的黏层油、透层油和松散颗粒等清理干净。对与多层沥青混合料联结的芯样,宜采用以下方法进行分离:

3.2.1 在芯样上对不同沥青混合料层间画线作标记,然后将芯样在0℃以下冷却20～25min。

3.2.2 取出芯样,用宽5cm以上的凿子对准层间画线标记处,用锤子敲打凿子,在敲打过程中不断旋转试件,直到试件分开。

3.2.3 如果以上方法无法将试件分开,特别是层与层之间的界线难易分清时,宜采用切割方法进行分离。切割时需要连续加冷却水切割,并注意观察切割后的试件不能含有其他层次的混合料。

3.3 试件宜在阴凉处存放(温度不宜高于35℃),且放置在水平的地方,注意不要使试件产生变形等。

3.4 如缺乏沥青用量、矿料配合比及各种材料的密度数据时,应按本规程 T 0711 测定沥青混合料的理论最大相对密度。

3.5 按本规程规定的方法测定试件的密度,并计算空隙率、沥青体积百分率、沥青饱和度、矿料间隙率等体积指标。

3.6 用卡尺测定试件的直径,取两个方向的平均值。

3.7 测定试件的高度,取4个对称位置的平均值,准确至0.1mm。

3.8 按本规程 T 0709 的方法进行马歇尔试验,由试验实测稳定度乘以表 T 0710-1 或表 T 0710-2 的试件高度修正系数 K 得到标准高度试件的稳定度 MS,其余与本规程 T 0709 方法相同。

表 T 0710-1　现场钻取芯样试件高度修正系数（适用于 ϕ100mm 试件）

试件高度(cm)	修正系数 K	试件高度(cm)	修正系数 K
2.47~2.61	5.56	5.16~5.31	1.39
2.62~2.77	5.00	5.32~5.46	1.32
2.78~2.93	4.55	5.47~5.62	1.25
2.94~3.09	4.17	5.63~5.80	1.19
3.10~3.25	3.85	5.81~5.94	1.14
3.26~3.40	3.57	5.95~6.10	1.09
3.41~3.56	3.33	6.11~6.26	1.04
3.57~3.72	3.03	6.27~6.44	1.00
3.73~3.88	2.78	6.45~6.60	0.96
3.89~4.04	2.50	6.61~6.73	0.93
4.05~4.20	2.27	6.74~6.89	0.89
4.21~4.36	2.08	6.90~7.06	0.86
4.37~4.51	1.92	7.07~7.21	0.83
4.52~4.67	1.79	7.22~7.37	0.81
4.68~4.87	1.67	7.38~7.54	0.78
4.88~4.99	1.50	7.55~7.69	0.76
5.00~5.15	1.47		

T 0710-2　现场钻取芯样试件高度修正系数（适用于 ϕ150mm 试件）

试件高度(cm)	试件体积(cm³)	修正系数 K
8.81~8.97	1 608~1 636	1.12
8.98~9.13	1 637~1 665	1.09
9.14~9.29	1 666~1 694	1.06
9.30~9.45	1 695~1 723	1.03
9.46~9.60	1 724~1 752	1.00
9.61~9.76	1 753~1 781	0.97
9.77~9.92	1 782~1 810	0.95
9.93~10.08	1 811~1 839	0.92
10.09~10.24	1 840~1 868	0.90

条文说明

从沥青路面钻取的芯样与室内成型制作的试件不同,高度很可能不符合 63.5mm±1.3mm 或 95.3mm±2.5mm 的要求,故进行马歇尔试验的方法也不同,为此专列一个试验方法。

本方法规定了当钻取芯样试件高度不符合 63.5mm±1.3mm 或 95.3mm±2.5mm 时的稳定度修正系数,此系数采用 ASTM D 1559 附注及 D 5581 的规定。关于试件尺寸允许误差,国外标准未见有规定。由于钻头直径往往是 100mm 及 150mm 的,所以试件直径必然小于 101.6mm 或 152mm 的要求。由于直径偏小,不可能与马歇尔试验仪的压头吻合,这是矛盾的,因此本方法的试验结果并不能作为检验沥青路面是否合格的依据。

其余均与 T 0709 相同。

对现场钻取的多层沥青混合料芯样,采用切割法很难分清不同的混合料结构层状况,因此,本次修订参考 ASTM 和 AASHTO 的方法,先将芯样在 0℃ 以下冷却 20~25min,然后用凿子敲打试件,直到试件分开,如果试件不完整或有破碎情况该试件作废。当以上方法无法将试件分开,特别是层与层之间的界线难易分清时,宜采用切割方法进行分离,并注意切割后的试件不能含有其他层次的混合料。同时规定了试件的存放条件。

T 0711—2011 沥青混合料理论最大相对密度试验(真空法)

1 目的与适用范围

1.1 本方法适用于采用真空法测定沥青混合料理论最大相对密度,供沥青混合料配合比设计、路况调查或路面施工质量管理计算空隙率、压实度等使用。

1.2 本方法不适用于吸水率大于 3% 的多孔性集料的沥青混合料。

2 仪具与材料技术要求

2.1 天平:称量 5kg 以上,感量不大于 0.1g;称量 2kg 以下,感量不大于 0.05g。

2.2 负压容器:根据试样数量选用表 T 0711-1 中的 A、B、C 任何一种类型。负压容器口带橡皮塞,上接橡胶管,管口下方有滤网,防止细料部分吸入胶管。为便于抽真空时观察气泡情况,负压容器至少有一面透明或者采用透明的密封盖。

表 T 0711-1 负压容器类型

类型	容 器	附 属 设 备
A	耐压玻璃、塑料或金属制的罐,容积大于 2 000mL	有密封盖,接真空胶管,分别与真空装置和压力表连接
B	容积大于 2 000mL 的真空容量瓶	带胶皮塞,接真空胶管,分别与真空装置和压力表连接
C	4 000mL 耐压真空器皿或干燥器	带胶皮塞,接真空胶管,分别与真空装置和压力表连接

2.3 真空负压装置:如图 T 0711-1 所示,由真空泵、真空表、调压装置、压力表及干燥或积水装置等组成。

2.3.1 真空泵应使负压容器内产生 3.7kPa ± 0.3kPa(27.5mmHg ± 2.5mmHg)负压;真空表分度值不得大于 2kPa。

2.3.2 调压装置应具备过压调节功能,以保持负压容器的负压稳定在要求范围内,同时还应具有卸除真空压力的功能。

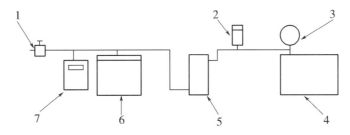

图 T 0711-1 理论最大相对密度仪装置
1-核查接口;2-调压装置;3-真空表;4-真空泵;5-干燥或积水装置;6-负压容器;7-压力表

2.3.3 压力表应经过标定,能够测定 0~4kPa(0~30mmHg)负压。当采用水银压力表时分度值 1mmHg,示值误差为 2mmHg;非水银压力表分度值 0.1kPa,示值误差为 0.2kPa。压力表不得直接与真空装置连接,应单独与负压容器相接。

2.3.4 采用干燥或积水装置主要是为了防止负压容器内的水分进入真空泵内。

2.4 振动装置:试验过程中根据需要可以开启或关闭。

2.5 恒温水槽:水温控制 25℃±0.5℃。

2.6 温度计:分度值 0.5℃。

2.7 其他:玻璃板、平底盘、铲子等。

3 方法与步骤

3.1 准备工作

3.1.1 按以下几种方法获取沥青混合料试样,试样数量宜不少于表 T 0711-2 的规定数量。

表 T 0711-2 沥青混合料试样数量

公称最大粒径(mm)	试样最小质量(g)	公称最大粒径(mm)	试样最小质量(g)
4.75	500	26.5	2 500
9.5	1 000	31.5	3 000
13.2、16	1 500	37.5	3 500
19	2 000		

1）按照 T 0702 的方法拌制沥青混合料，分别拌制两个平行试样，放置于平底盘中。

2）按照 T 0701 沥青混合料取样方法从拌和楼、运料车或者摊铺现场取样，趁热缩分成两个平行试样，分别放置于平底盘中。

3）从沥青路面上钻芯取样或切割的试样，或者其他来源的冷沥青混合料，应置125℃±5℃烘箱中加热至变软、松散后，然后缩分成两个平行试样，分别放置于平底盘中。

3.1.2 将平底盘中的热沥青混合料，在室温中冷却或者用电风扇吹，一边冷却一边将沥青混合料团块仔细分散，粗集料不破碎，细集料团块分散到小于6.4mm。若混合料坚硬时可用烘箱适当加热后再分散，加热温度不超过60℃。分散试样时可用铲子翻动、分散，在温度较低时应用手掰开，不得用锤打碎，防止集料破碎。当试样是从施工现场采取的非干燥混合料时，应用电风扇吹干至恒重后再操作。

3.1.3 负压容器标定方法：

1）采用 A 类容器时，将容器全部浸入25℃±0.5℃的恒温水槽中，负压容器完全浸没、恒温10min±1min 后，称取容器的水中质量 m_1。

2）B、C 类负压容器：

（1）大端口的负压容器，需要有大于负压容器端口的玻璃板。将负压容器和玻璃板放进水槽中，注意轻轻摇动负压容器使容器内气泡排除。恒温10min±1min，取出负压容器和玻璃板，向负压容器内加满25℃±0.5℃水至液面稍微溢出，用玻璃板先盖住容器端口1/3，然后慢慢沿容器端口水平方向移动盖住整个端口，注意查看有没有气泡。擦除负压容器四周的水，称取盛满水的负压容器质量为 m_b。

（2）小口的负压容器，需要采用中间带垂直孔的塞子，其下部为凹槽，以便于空气从孔中排除。将负压容器和塞子放进水槽中，注意轻轻摇动负压容器使容器内气泡排除。恒温10min±1min，在水中将瓶塞塞进瓶口，使多余的水由瓶塞上的孔中挤出。取出负压容器，将负压容器用干净软布将瓶塞顶部擦拭一次，再迅速擦除负压容器外面的水分，最后称其质量 m_b。

3.1.4 将负压容器干燥、编号，称取其干燥质量。

3.2 试验步骤

3.2.1 将沥青混合料试样装入干燥的负压容器中，称容器及沥青混合料总质量，得到试样的净质量 m_a。试样质量应不小于上述规定的最小数量。

3.2.2 在负压容器中注入25℃±0.5℃的水，将混合料全部浸没，并较混合料顶面高出约2cm。

3.2.3 将负压容器放到试验仪上,与真空泵、压力表等连接,开动真空泵,使负压容器内负压在 2min 内达到 3.7kPa ± 0.3kPa(27.5mm ± 2.5mmHg)时,开始计时,同时开动振动装置和抽真空,持续 15min ± 2min。

为使气泡容易除去,试验前可在水中加 0.01% 浓度的表面活性剂(如每 100mL 水中加 0.01g 洗涤灵)。

3.2.4 当抽真空结束后,关闭真空装置和振动装置,打开调压阀慢慢卸压,卸压速度不得大于 8kPa/s(通过真空表读数控制),使负压容器内压力逐渐恢复。

3.2.5 当负压容器采用 A 类容器时,将盛试样的容器浸入保温至 25℃ ± 0.5℃ 的恒温水槽中,恒温 10min ± 1min 后,称取负压容器与沥青混合料的水中质量(m_2)。

3.2.6 当负压容器采用 B、C 类容器时,将装有沥青混合料试样的容器浸入保温至 25℃ ± 0.5℃ 的恒温水槽中,恒温 10min ± 1min 后,注意容器中不得有气泡,擦净容器外的水分,称取容器、水和沥青混合料试样的总质量(m_c)。

4 计算

4.1 采用 A 类容器时,沥青混合料的理论最大相对密度按式(T 0711-1)计算。

$$\gamma_t = \frac{m_a}{m_a - (m_2 - m_1)} \tag{T 0711-1}$$

式中:γ_t——沥青混合料理论最大相对密度;
   m_a——干燥沥青混合料试样的空中质量(g);
   m_1——负压容器在 25℃ 水中的质量(g);
   m_2——负压容器与沥青混合料在 25℃ 水中的质量(g)。

4.2 采用 B、C 类容器作负压容器时,沥青混合料的理论最大相对密度按式(T 0711-2)计算。

$$\gamma_t = \frac{m_a}{m_a + m_b - m_c} \tag{T 0711-2}$$

式中:m_b——装满 25℃ 水的负压容器质量(g);
   m_c——25℃ 时试样、水与负压容器的总质量(g)。

4.3 沥青混合料 25℃ 时的理论最大密度按式(T 0711-3)计算。

$$\rho_t = \gamma_t \times \rho_w \tag{T 0711-3}$$

式中:ρ_t——沥青混合料的理论最大密度(g/cm³);
   ρ_w——25℃ 时水的密度,0.997 1g/cm³。

5 修正试验

5.1 需要进行修正试验的情况

5.1.1 对现场钻取芯样或切割后的试件,粗集料有破碎情况,破碎面没有裹覆沥青。

5.1.2 沥青与集料拌和不均匀,部分集料没有完全裹覆沥青。

5.2 修正试验方法

5.2.1 完成 3.2.5 后,将负压容器静置一段时间使混合料沉淀后,使容器慢慢倾斜,使容器内水通过 0.075mm 筛滤掉。

5.2.2 将残留部分水的沥青混合料细心倒入一个平底盘中,然后用适当水涮容器和 0.075mm 筛网,并将其也倒入平底盘中,重复几次直到无残留混合料。

5.2.3 静置一段时间后,稍微提高平底盘一端,使试样中部分水倒出平底盘,并用吸耳球慢慢吸去水。

5.2.4 将试样在平底盘中尽量摊开,用吹风机或电风扇吹干,并不断翻拌试样。每 15min 称量一次,当两次质量相差小于 0.05% 时,认为达到表干状态,称取质量为表干质量,用表干质量代替 m_a 重新计算。

6 报告

同一试样至少平行试验两次,计算平均值作为试验结果,取 3 位小数。采用修正试验时需要在报告中注明。

7 允许误差

重复性试验的允许误差为 0.011g/cm^3,再现性试验的允许误差为 0.019g/cm^3。

条文说明

采用本方法测定的沥青混合料理论最大相对密度,供沥青混合料配合比设计、路况调查或路面施工质量管理计算空隙率、压实度等使用。在原方法中规定采用真空度控制不是很合理,因为在不同海拔高度,真空度标准是变化的。对于同一设备,其真空泵抽取空气的能力是一定的,在海平面上负压为 4kPa,对应的真空度为 97.3kPa,而在青海、西藏等高海拔地区,由于当地大气压较低,真空装置将负压容器内的负压抽取到 4kPa 应该更容易,但是在这些地方最大理论密度仪真空度仪表盘显示的真空度往往达不到要求，即造成容器内负压达不到4kPa要求，如果试验仪器没有过压调节装置，此时容器内负压往往偏低，低于4kPa。因此，本次修订时主要参考ASTM D 2041—03A、AASHTO T 209—05和日本道路协会铺装试验法便览3-9-5的方法，取消了用真空度控制标准，采用负压容器内的负压控制。主要修改内容有：

①原方法中抽真空时要求真空度达到97.3kPa(730mmHg)或负压4kPa，现采用负压容器内的负压为3.7kPa±0.3kPa(27.5mm±2.5mmHg)。这主要是由于目前国内部分试验仪实测负压低于2kPa，而负压过低容易器产生沥青剥落，实测值偏大。而最新版本的ASTM D 2041—03A和AASHTO T 209—05均规定采用负压(即残余绝对压力)3.7kPa±0.3kPa(27.5mm±2.5mmHg)作为控制标准。因此修订后的方法与ASTM D 2041—03A和AASHTO T 209—05是一致的。

②要求试验仪应具有压力表和调压装置，并要求试验仪的压力表不得与真空装置直接连接。表T 0711-3为不同试验室采用的理论最大密度仪情况。可以看出目前国产仪器的压力表均与真空泵直接相接，分度值一般为2~5kPa，精度太低，无法满足3.7kPa±0.3kPa(27.5mm±2.5mmHg)要求。调压装置主要功能是当真空装置抽真空太高，超过调压阀的阈值时就会打开补偿真空，使得负压容器负压稳定。因此本次修订明确这一要求。

表 T 0711-3 不同理论最大密度仪的情况

仪器序号	国产1	国产2	国产3	国产4	国产5	国产6	进口7	进口8
真空表分度值(kPa)	2.5	2	2.5	5	5	5	2	2
负压值(kPa)	3.3	3.9	3.9	2.1	1.5	1.8	3.7	3.6

③很多文献认为现场钻取芯样或切割的试样可能会产生粗集料破碎，使破碎面没有裹覆沥青；当沥青与集料拌和不均匀时部分集料没有完全裹覆沥青等。这些情况易导致沥青混合料实测的理论最大相对密度偏大，需要进行修正试验。ASTM和AASHTO的方法都采取了修正方法。为此，本次修订明确了需要进行修正试验的要求及方法。

对负压容器的标定，老版本的ASTM要求对不同水温作出负压容器标定曲线，允许在一定温度范围内测定，对于非25℃±1℃温度条件下需要进行沥青体积修正和水温修正，得到标准温度时的理论最大相对密度和理论最大密度，而2003年版的规范只规定在25℃±1℃范围内进行试验，不要求温度修正。日本的试验方法也没有要求作不同水温的标定曲线。美国各州规定则不统一，绝大部分州要求严格按照25℃±1℃(或者25℃±0.5℃)进行试验，有的甚至要求在25℃±0.2℃试验。总而言之，在ASTM或AASHTO的规范里都指出，当每次试验都应进行容器标定，标定时的温度值与试验温度值的差不得大于1℃时，就不需要作温度标定曲线。由于最大理论(相对)密度，在配合比设计、现场质量控制中非常重要，我国地域辽阔，各地室温差异较大，特别是施工现场试验室的温度相差很大，因此本方法规定试验应严格在25℃±0.5℃进行，每次试验都重新进行容器标定，无须对不同温度作出标定曲线。

对聚合物改性沥青，由于沥青结合料黏度较大，即使分散到6mm以下的颗粒，内部仍难免有较多的小气泡，对测定结果有影响，所以欧洲认为对聚合物改性沥青此方法是不合适的。我国的试验结果也证明了这一点，因此对于改性沥青混合料不采用此方法测定理论最大相对密度。

允许误差要求是参考AASHTO T 209—05的规定，并结合我国的实际情况提出的。ASTM D 2041规定重复性试验允许误差为0.023g/cm³，再现性试验允许误差为0.044 g/cm³。从试验情况看，此允许误差要求太宽。在美国，各州允许误差均采用了AASHTO T 209—05的要求。

《公路沥青路面施工技术规范》(JTG F40—2004)实施以来，真空法实测理论最大相对密度已成为标准试验方法，我们在具体实施过程中应该严格按照规程的方法进行试验。

T 0712—2011 沥青混合料理论最大相对密度试验(溶剂法)

1 目的与适用范围

1.1 本方法适用于采用溶剂法测定沥青混合料理论最大相对密度,供沥青混合料配合比设计、路况调查或路面施工质量管理计算空隙率、压实度等使用。

1.2 本方法不适用于集料吸水率大于1.5%的沥青混合料。

2 仪具与材料技术要求

2.1.1 恒温水槽:可使水温控制在25℃±0.5℃。

2.1.2 天平:感量不大于0.1g。

2.1.3 广口容量瓶:1 000mL,有磨口瓶塞。

2.1.4 溶剂:三氯乙烯。

2.1.5 温度计:分度值0.5℃。

3 方法与步骤

3.1 准备工作

3.1.1 按以下几种方法获得沥青混合料试样,试样数量宜不少于表T 0712-1的规定数量。

表 T 0712-1 沥青混合料试样数量

公称最大粒径(mm)	试样最小质量(g)	公称最大粒径(mm)	试样最小质量(g)
4.75	500	26.5	2 500
9.5	1 000	31.5	3 000
13.2、16	1 500	37.5	4 000
19	2 000		

1)按照T 0702的方法拌制沥青混合料,分别拌制两个平行试样,放置于平底盘中。

2)按照T 0701沥青混合料取样方法从拌和楼、运料车或者摊铺现场取样,趁热缩分成两个平行试样,分别放置于平底盘中。

3)从沥青路面上钻芯取样或切割的试样,或者其他来源的冷沥青混合料,应置125℃

±5℃烘箱中加热至变软、松散后,然后缩分成两个平行试样,分别放置于平底盘中。

3.1.2 将平底盘中的热沥青混合料,在室温中冷却或者用电风扇吹,一边冷却一边将沥青混合料团块仔细分散,粗集料不破碎,细集料团块分散到小于6.4mm。若混合料坚硬时可用烘箱适当加热后再分散,加热温度不超过60℃。分散试样时可用铲子翻动、分散,在温度较低时应用手掰开,不得用锤打碎,防止集料破碎。当试样是从施工现场采取的非干燥混合料时,应用电风扇吹干至恒重后再操作。

3.2 试验步骤

3.2.1 称取干燥的广口容量瓶质量(m_c)。

3.2.2 广口容量瓶充满三氯乙烯溶剂,加磨口瓶塞放入25℃±0.5℃恒温水槽中保温15min,取出擦净,称取瓶与溶剂合计质量(m_e)。

3.2.3 将瓶中溶剂倒出,干燥,按照四分法取沥青混合料试样200g左右装入比重瓶,称取瓶与混合料合计质量(m_b)。

3.2.4 向瓶中混合料加入250mL三氯乙烯溶剂,将比重瓶浸入25℃±0.5℃恒温水槽中,并不时摇晃,使沥青溶解,同时赶走气泡,持续1~2h。

3.2.5 待沥青完全溶解且已无气泡冒出时,注入已保温为25℃的溶剂至满,加磨口瓶塞,称取瓶与沥青混合料及溶剂的总质量(m_a)。

4 计算

沥青混合料的理论最大相对密度按式(T 0712-1)计算。

$$\gamma_t = \frac{m_b - m_c}{[(m_e - m_c) - (m_a - m_b)]/\gamma_c} \tag{T 0712-1}$$

式中:γ_t——沥青混合料理论最大相对密度;

m_a——容量瓶充满混合料与溶剂的总质量(g);

m_b——瓶加混合料的合计质量(g);

m_c——容量瓶的质量(g);

m_e——容量瓶充满溶剂的合计质量(g);

γ_c——25℃时三氯乙烯溶剂对水的相对密度,可取1.464 2。

5 报告

同一试样至少平行试验两次,计算平均值作为试验结果,取3位小数。

条文说明

本方法与 T 0711 真空法的目的相同。该方法在欧洲用得较多,但是需要消耗较多的三氯乙烯溶剂,而三氯乙烯对环境和人体都有影响。溶剂法在 ASTM 方法中未正式列入,是 P. J. Serafin 在 ASTM STP 191 中提出的,由于方法简便,使用者也不少,故列入本试验方法。

本次修订主要对沥青混合料试样的取样作了比较详细的规定,包括拌制沥青混合料;从拌和楼、运料车或者摊铺现场取样;从沥青路面上钻芯取样或切割的试样的取样方法。

此外,溶剂法与真空法测定的结果是有差别的。该方法是采用溶剂将沥青全部溶解,沥青将渗入集料孔隙内部,使得测定的理论最大相对密度可能偏大,这对吸水率大的多孔性集料更是如此,而且由于试验时溶剂吸入集料的量与沥青吸入的量不同,所以与实际情况也是有差异的。故本方法规定仅适用于集料吸水率小于 1.5% 的沥青混合料。

本方法按日本松野三朗著《沥青路面试验》一书中所列的方法编写。

T 0713—2000 沥青混合料单轴压缩试验(圆柱体法)

1 目的与适用范围

1.1 本方法适用于测定热拌沥青混合料的抗压回弹模量和抗压强度。按照《公路沥青路面设计规范》(JTG D50—2006)确定沥青混合料结构层的设计参数时应按本方法执行。如无特殊规定,用于计算弯沉的抗压回弹模量的标准试验温度为 20℃,用于验算弯拉应力的抗压回弹模量的标准试验温度为 15℃。加载速率为 2mm/min。

1.2 本方法适用于直径 100mm ± 2.0mm、高 100mm ± 2.0mm 的沥青混合料圆柱体试件。

2 仪具与材料技术要求

2.1 万能材料试验机。其他可施加荷载并测试变形的路面材料试验设备也可使用,但均必须满足下列条件:

2.1.1 最大荷载应满足不超过其量程的 80%,且不小于量程的 20% 的要求,宜采用 100kN,分度值 100N。具有球形支座,压头可以活动与试件紧密接触。

2.1.2 具有环境保温箱,控温准确至 0.5℃。当缺乏环境保温箱时,试验室应设置空调,控温准确至 1.0℃。

2.1.3 能符合加载速率保持 2mm/min 的要求。试验机宜有伺服系统,在加载过程中速度基本不变。

2.2 变形量测装置:抗压试验加载用上下压板,下压板下有带球面的底座。压板直径为120mm,在直径102mm处有一浅的放置试件的圆周刻印。下压板直径线两侧有立柱顶杆,上压板直径线两侧装有千分表架,表架中心与顶杆中心位置一致(图T 0713-1)。当试验机具有自动测定试件垂直变形或自动测记试件的压力与变形曲线功能时,可以直接使用,不必另外配备变形量测装置。

2.3 千分表:1/1 000mm,2只。

图 T 0713-1 变形量测装置
1-试验机台;2-球座;3-试件;4-下压板;5-上压板;6-顶杆;7-千分表或其他变形量测装置

2.4 恒温水槽:用于试件保温,温度能满足试验温度要求,控温准确至±0.5℃。恒温水槽的液体应能不断循环回流,深度应大于试件高度50mm。

2.5 台秤或天平:感量不大于0.5g。

2.6 温度计:分度值0.5℃。

2.7 秒表、卡尺。

3 方法与步骤

3.1 准备工作

3.1.1 按本规程T 0704用静压法成型沥青混合料试件,也可从轮碾机成型的板块试件上用钻芯机钻取试件。试件尺寸应符合直径100mm±2.0mm、高100mm±2.0mm的要求。如有条件,可采用振动压实或搓揉法成型试件(试件尺寸及成型方法应在报告中注明)。试件的密度应符合马歇尔标准击实密度100%±1.0%的要求。

3.1.2 试件成型后不等完全冷却即可脱模,用卡尺量取试件高度,最高部位与最低部位的高度差超过2mm时试件应作废。用于抗压强度试验的试件数不得少于3个,用于抗压回弹模量的一组试件数宜为3~6个。

3.1.3 将试件放置在室温条件下24h,用卡尺在各个试件上下两个断面的垂直方向上正确量取试件直径,取4个数的平均值作为试件的计算直径(d),准确至0.1mm。

3.1.4 用卡尺在各个试件的4个对称位置上正确量取试件高度,取4个数的平均值作为试件的计算高度(h),准确至0.1mm。

3.1.5 按本规程规定的方法测定试件的密度、空隙率等各项物理指标。

3.1.6 将试件置于规定的试验温度(15℃或20℃)的恒温水槽中保温2.5h以上,保温时试件之间的距离应不小于10mm。此时压板、底座也应同时保温。在有空调的试验室内测试时,将室温调至要求的温度,试件放置12h以上。

3.1.7 使试验机环境保温箱或空调试验室达到要求的试验温度。

3.2 抗压强度试验步骤

3.2.1 将下压板、底座置于试验机升降台座上对中,迅速取出试件放在下压板中央刻线位置,加上上压板。

3.2.2 将试件从恒温水槽中取出,立即置于压力机台座上,以2mm/min的加载速率均匀加载直至破坏,读取荷载峰值(P),准确至100N。

3.3 抗压回弹模量试验步骤

3.3.1 确定加载级别:按3.2的方法测试抗压强度平均值P,大体均匀地分成10级荷载,分别取$0.1P$、$0.2P$、$0.3P$……$0.7P$七级(可取成接近的整数)作为试验荷载。

3.3.2 将下压板、底座置于试验机升降台座上对中,迅速取出试件放在下压板中央刻线位置,加上上压板,在两侧千分表架上安置千分表,与下压板相应位置的千分表顶杆接触(图T 0713-1)。如果利用试验机的压力与试件变形自动测试功能时,做好相应的测试准备。

3.3.3 调整试验机台座的高度,使加载顶板与压头中心轻轻接触。

3.3.4 以2mm/min速率加载至$0.2P$进行预压,保持1min,观察两侧千分表增值是否接近,若两个千分表读数反向或增值差异大于3倍,则表明试件是偏心受压,应敲动球座适当调整,至读数大致接近,然后卸载,并重复预压一次。卸载至零后记录两个千分表的原始读数。

3.3.5 以2mm/min速率加载至第1级荷载($0.1P$),立即记取千分表读数及实际荷载数,并以同样的速率卸载回零,开始启动秒表,待试件回弹变形30s后,再次记取千分表读数,加载与卸载两次读数之差即为此级荷载下试件的回弹变形(ΔL_1);然后依次进行第2、3……7级荷载的加载卸载过程,方法与第1级荷载相同,分别加载至$0.2P$、$0.3P$……$0.7P$,卸载,并分别记取千分表读数及实际荷载,得出各级荷载的回弹变形ΔL_i。

4 计算

4.1 沥青混凝土试件的抗压强度按式(T 0713-1)计算。

$$R_c = \frac{4P}{\pi d^2} \quad \text{(T 0713-1)}$$

式中:R_c——试件的抗压强度(MPa);
  P——试件破坏时的最大荷载(N);
  d——试件直径(mm)。

4.2 按式(T 0713-2)计算各级荷载下试件实际承受的压强q_i。在方格纸上绘制各级荷载的压强q_i与回弹变形ΔL_i,将q_i-ΔL_i关系绘成一平顺的连续曲线,使之与坐标轴相交得出修正原点,根据此修正原点坐标轴从第5级荷载($0.5P$)读取压强q_5及相应的ΔL_5。沥青混合料试件的抗压回弹模量按式(T 0713-3)计算。

$$q_i = \frac{4P_i}{\pi d^2} \quad \text{(T 0713-2)}$$

$$E' = \frac{q_5 \times h}{\Delta L_5} \quad \text{(T 0713-3)}$$

式中:q_i——相应于各级试验荷载P_i作用下的压强(MPa);
  P_i——施加于试件的各级荷载值(N);
  E'——抗压回弹模量(MPa);
  q_5——相应于第5级荷载($0.5P$)时的荷载压强(MPa);
  h——试件轴心高度(mm);
  ΔL_5——相应于第5级荷载($0.5P$)时经原点修正后的回弹变形(mm)。

5 报告

5.1 当一组试件的测定值中某个测定值与平均值之差大于标准差的k倍时,该测定值应予舍弃。有效试件数为n时的k值列于表T 0713-1。对其余测定值按式(T 0713-4)的t分布法计算整理,得到供路面设计用的抗压回弹模量值。

$$E = E' - \frac{t}{\sqrt{n}} S \quad \text{(T 0713-4)}$$

式中:E——供路面设计用的抗压回弹模量值(MPa);
  E'——一组试件实测的抗压回弹模量的平均值(MPa);
  S——一组试件样品实测值的标准差(MPa);

n——一组试件的有效试件数；

t——随保证率而变的系数,高速公路及一级公路的保证率为95%,其他等级公路的保证率为90%;$t/\sqrt{n}$值见表 T 0713-1 所列。

表 T 0713-1　有效试件数与 t 值的关系

有效试件数 n	临界值 k	$t/\sqrt{n}$	
		保证率95%	保证率90%
3	1.15	1.686	1.089
4	1.46	1.177	0.819
5	1.67	0.954	0.686
6	1.82	0.823	0.603
7	1.94	0.734	0.544
8	2.03	0.670	0.500
9	2.11	0.620	0.466
10	2.18	0.580	0.437

5.2　试验结果均应注明试件尺寸、成型方法、试验温度、加载速率,以及试验结果的平均值、标准差、变异系数。必要时注明试件的密度、空隙率等。

条文说明

沥青混合料的单轴压缩试验,对沥青混合料试件按规定方法逐级加载卸载,测定试件的抗压回弹模量,以及一次性加载至破坏时的最大应力即抗压强度,均以 MPa 计。1983 年试验规程沥 203—83 关于沥青混合料抗压强度试验,规定的试验条件是参照前苏联的方法及我国的工程实践制定的。多年来,实际进行的并不多,主要是试验目的不明确,试验条件与美国等国家的标准也有较多差别,修订时主要考虑《公路沥青路面设计规范》(JTG D50—2006)对材料设计参数的要求,增补了材料回弹模量的测定方法。

沥青混合料单轴压缩试验所用的试件在国外有不同的规定,ASTM D 1074 及 AASHTO T 167 规定压实后圆柱形试件的直径与高度比为 1:1,并规定试件的高度与直径之差不超过 ±2.5%,直径不小于集料最大粒径的 4 倍,亦不小于 5.08cm(2in),通常采用直径 101.6mm、高度 101.6mm ± 2.5mm 的圆柱体。我国原试验规程沥 203—83 中也规定为 1:1 试件,试件尺寸有 φ50mm × 50mm、φ70mm × 70mm、φ100mm × 100mm 三种,均采用静压法成型。现仅保留 φ100mm × 100mm 圆柱体。故本方法规定圆柱体试件仍用静压法成型,也可用搓揉法或振动成型法制作。

ASTM D 1074 规定高度应变速率控制为 0.05mm/(min·mm),对 φ101.6mm 的试件用 5.08 mm/min 速率加载。AASHTO T 167 规定高度方向应变速率控制为 1.3mm/(min·25mm),即对 φ50mm × 50mm 试件加载速率为 2.5mm/min,对 φ200mm × 200mm 试件为 10mm/min,对 φ100mm × 100mm 试件为 5mm/min(与 ASTM 相同)。

关于加载速率,无特殊规定时,采用 2mm/min,根据需要也可采用其他速率。试验温度按《公路沥青路面设计规范》(JTG D50—2006)的规定采用 20℃ 或 15℃。

沥青混合料是黏弹性材料,不同的温度和加载速率对混合料的变形性能影响很大,因此试验过程中,必须高度重视这一点。如果试验机缺乏环境保护箱,可以考虑在安装有空调的房间内进行,对20℃和15℃试验温度来说,空调保温应该没有太大困难。

关于试验数据的整理方法,目前还有一些不同意见,主要是数据本身一般并不成线性关系,而且,随荷载的加大,变形越来越小,故模量反而越来越大。究竟如何整理为好,今后应继续研究。本规程既然规定了修正原点的方法,就应统一采用此法,否则结果会有较大差异。

原试验规程中规定试件平行试验的允许误差为10%,而ASTM及AASHTO中规定重复性试验两组试件(每组3个)平均值误差不得大于407kPa,试验结果中最大值与最小值之差不得大于841kPa,再现性试验分别为372kPa及1055kPa。本试验方法考虑到在不同温度下的抗压强度相差很大,统一规定此数值不适宜,于是作了新的规定。

T 0714—1993 沥青混合料单轴压缩试验(棱柱体法)

1 目的与适用范围

1.1 本方法适用于测定热拌沥青混合料在规定温度及加载速率时受压缩至破坏过程的力学性质。试验温度和加载速率根据有关规定和需要选用。如无特殊规定,宜采用加载速率50mm/min。

1.2 本方法适用于由轮碾成型后切制的长40mm±1.0mm、宽40mm±1.0mm、高80mm±2.0mm棱柱体试件。若采用其他尺寸,应予注明。

2 仪具与材料技术要求

2.1 万能材料试验机或压力机:荷载用传感器测定,最大荷载应满足不超过其量程的80%且不小于20%的要求,宜采用40kN,分度值0.1kN。具有球形支座,压头可以活动与试件紧密接触;宜具有环境保温箱,控温准确至±0.5℃;加载速率可以选择。试验机宜有伺服系统,在加载过程中速率基本不变。

2.2 试件变形测定装置:可采用LVDT或电测百分表作为位移计。

2.3 数据采集系统或X-Y记录仪:能自动采集传感器及位移计的电测信号,在数据采集系统中储存或在X-Y记录仪上绘制荷载与试件变形曲线。

2.4 聚四氟乙烯薄膜。

2.5 恒温水槽:用于试件保温,温度应满足试验温度要求,控温准确至±0.5℃。当试验温度低于0℃时,恒温水槽可采用1:1的甲醇水或防冻液作冷媒。恒温水槽的液体应能循环回流。

2.6 卡尺。

2.7 天平：感量不大于 0.1g。

2.8 温度计：分度值 0.5℃。

2.9 秒表。

2.10 其他：平板玻璃等。

3 方法与步骤

3.1 准备工作

3.1.1 按本规程 T 0703 从轮碾机成型的板块试件上用切割法制作沥青混合料棱柱体试件，试件尺寸应符合长 40mm±1.0mm、宽 40mm±1.0mm、高 80mm±2.0mm 的要求，试件置平板玻璃上。

3.1.2 用卡尺量取试件 3 个方向的尺寸，长度与宽度取上下两个断面的平均值，高度取对称两个方向的平均值，准确至 1mm。

3.1.3 按本规程的方法测定试件的密度、空隙率等各项物理指标。

3.1.4 将试件置于要求的试验温度的恒温水槽中保温 1h 或恒温空气箱中保温 4h 以上，直至试件内部温度达到要求的试验温度 ±0.5℃ 为止。保温时试件之间的距离应不小于 10mm。

3.1.5 使试验机环境保温箱达到要求的试验温度 ±0.5℃。当加载速率大于或等于 50mm/min 时，也可不用环境保温箱。

3.2 试验步骤

3.2.1 将试件从恒温水槽（或冰箱、烘箱）中取出，立即置于压力机台座上，上下各垫一张聚四氟乙烯薄膜。

3.2.2 安装位移计，支座固定在试验机上。位移计测头支于试件上方压头上或两侧（用两个位移计）。

3.2.3 将荷载传感器、位移计与数据采集系统或 X-Y 记录仪连接,以 X 轴为位移,Y 轴为荷载,选择适宜的量程后调零。压缩变形可以用 LVDT、电测百分表或类似的位移测定仪具测定。当以高精密度电液伺服试验机压头的位移作为压缩变形时,可以由加载速率 X-T 记录仪记录的时间求得变形。为正确记录跨中变形曲线,当采用 50mm/min 速率加载时,X-T 记录仪 X 轴走纸速度(或扫描速度)根据温度高低宜采用 500 ~ 5 000mm/min。

3.2.4 立即以规定的加载速率均匀加载直至破坏,同时开动记录仪记录荷载—变形曲线,如图 T 0714-1 所示。

3.2.5 当压力机无环境保温箱时,自试件从恒温箱中取出至试验结束的时间应不超过 45s。

4 计算

4.1 将图 T 0714-1 中的荷载—变形曲线的直线段按图示方法沿切线方向延长与横坐标相交,以此为圆点,由图中读取曲线峰值处最大荷载 P_c 及相应于最大荷载处的破坏变形 Δl。

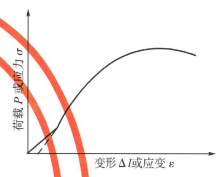

图 T 0714-1 荷载—变形曲线

4.2 试件破坏时抗压强度 R_c、压缩应变 ε_c、压缩劲度模量 S_c 按式(T 0714-1)~ 式(T 0714-3)计算。

$$R_c = \frac{P_c}{b \times h} \quad (T\ 0714\text{-}1)$$

$$\varepsilon_c = \frac{\Delta l}{l} \quad (T\ 0714\text{-}2)$$

$$S_c = \frac{R_c}{\varepsilon_c} \quad (T\ 0714\text{-}3)$$

上述式中:R_c——试件的抗压强度(MPa);

P_c——试件破坏时的最大荷载(N);

b——试件的长度(mm);

h——试件的宽度(mm);

ε_c——试件破坏时的压缩应变;

Δl——试件破坏时的压缩变形(mm);

l——试件的高度(mm);

S_c——试件的压缩破坏劲度模量(MPa)。

4.3 计算加载过程中任一加载时刻的应力、应变、劲度模量的方法同上,只需读取该时刻的荷载及变形代替上式的最大荷载及破坏变形即可。

4.4 当记录的荷载—变形曲线在小变形区有一定的直线段时,可以$(0.1\sim0.4)P_c$范围内的直线段部分的斜率按式(T 0714-4)计算弹性阶段的压缩劲度模量。

$$S'_c = \frac{(P_{c2} - P_{c1}) \times l}{(\Delta l_2 - \Delta l_1) \times b \times h} \quad (\text{T } 0714\text{-}4)$$

式中:S'_c——试件在弹性阶段的压缩劲度模量(MPa);

P_{c2}、P_{c1}——直线段内两个不同的荷载值(N);

Δl_2、Δl_1——相应于P_{c2}、P_{c1}荷载时试件的压缩变形(mm)。

5 报告

5.1 当一组测定值中某个数据与平均值之差大于标准差的k倍时,该测定值应予舍弃,并以其余测定值的平均值作为试验结果。当试验数目n为3、4、5、6时,k值分别为1.15、1.46、1.67、1.82。

5.2 试验结果均应注明试件尺寸、成型方法、试验温度及加载速率。

条文说明

沥青混合料的单轴压缩试验是对沥青混合料试件施加单轴压缩荷载至破坏的试验,破坏时的最大应力为抗压强度(以MPa计),破坏时的垂直变形与试件的高度之比为破坏压缩应变,两者之比值为压缩破坏劲度模量(以MPa计)。本规程T 0713规定了用圆柱体试件进行无侧限抗压强度的试验,基本上是ASTM D 1074的方法。同时规定了供沥青路面设计抗压回弹模量试验方法,但在用于力学计算或科学研究时,对试件尺寸及加载方法有许多不同意见。例如圆柱体$\phi100\text{mm} \times 100\text{mm}$试件对变形的测定有全高度法与中间取一截作标距的办法,其变形则有用贴应变片或装上夹具用百分表电测的方法等。这些方法的实测结果都有差别,很难说清孰是孰非,且都较繁复。试件采用静压成型也不甚合理。因此国内外也采用另一种试件,即切制棱柱体。本方法是利用轮碾法成型的板块状试件切制成$40\text{mm} \times 40\text{mm} \times 80\text{mm}$的棱柱体试件进行压缩试验。由于其端面面积较小,再加上试验时要求加一层聚四氟乙烯薄膜(一种摩擦系数很小的材料)作隔离层,这样使端面的影响大为减少,便可以省却另外再贴应变片或装百分表的步骤。测定试件全高度的变形计算压缩应变,并由此计算压缩劲度模量。

试验条件尽量与弯曲、劈裂抗拉等条件统一,温度、加载速率两个试验条件都明显影响试验结果;如果另有规范规定或研究工作需要,可以采用需要的温度及加载速率。在没有任何规定时,本方法统一为50mm/min加载速率。此速率是沥青及沥青混合料试验中最常用的速率,包括沥青的延度、马歇尔试验等。试验条件简单,可利用的仪器设备多,而且试验时间缩短,可减少环境温度的影响。本方法规定当加载速率大于或等于50mm/min时,可以不用环境保温箱;当采用较慢的速率时,由于试验时间过长,这时应采用环境保温箱。

试验温度可根据需要选用。试验方法与圆柱体法相同,但是数据处理上有些区别。用棱柱体进行压缩试验时,试验机的压力与试件变形由X-Y记录仪记录后,有利于数据的处理。当仅需要破坏时的抗压强度、破坏应变及抗压劲度模量时,可由破坏时的荷载及变形计算。如果需要其他任何时刻如开始时的弹性阶段的模量,也可以由曲线上的数据计算得到。而用圆柱体进行试验时,由于高度与直径之比为1:1,且试件端面影响大,不宜按此法计算应变及模量。

T 0713与T 0714虽同为压缩试验,但试件成型方法、尺寸及加载模式不同,各自适用于不同的目的和要求。为测定设计用的参数时,应使用T 0713的方法;为测定沥青混合料破坏时的性能(如低温抗裂性能)时,应采用T 0714的方法。

T 0715—2011 沥青混合料弯曲试验

1 目的与适用范围

1.1 本方法适用于测定热拌沥青混合料在规定温度和加载速率时弯曲破坏的力学性质。试验温度和加载速率根据有关规定和需要选用,如无特殊规定,采用试验温度为15℃±0.5℃;当用于评价沥青混合料低温拉伸性能时,采用试验温度-10℃±0.5℃,加载速率宜为50mm/min。采用不同的试验温度和加载速率时应予注明。

1.2 本方法适用于由轮碾成型后切制的长250mm±2.0mm、宽30mm±2.0mm、高35mm±2.0mm的棱柱体小梁,其跨径为200mm±0.5mm;当采用其他尺寸时,应予注明。

2 仪具与材料技术要求

2.1 万能材料试验机或压力机:荷载由传感器测定,最大荷载应满足不超过其量程的80%且不小于量程的20%的要求,宜采用1kN或5kN,分辨率0.01kN。具有梁式支座,下支座中心距200mm,上压头位置居中,上压头及支座为半径10mm的圆弧形固定钢棒,上压头可以活动与试件紧密接触。应具有环境保温箱,控温准确至±0.5℃,加载速率可以选择。试验机宜有伺服系统,在加载过程中速率基本不变。

2.2 跨中位移测定装置:LVDT位移传感器。

2.3 数据采集系统或X-Y记录仪:能自动采集传感器及位移计的电测信号,在数据采集系统中储存或在X-Y记录仪上绘制荷载与跨中挠度曲线。

2.4 恒温水槽:用于试件保温,温度范围应满足试验要求,控温准确至±0.5℃。当试验温度低于0℃时,恒温水槽可采用1:1的甲醇水溶液或防冻液作冷媒介质。恒温水槽中的液体应能循环回流。

2.5 卡尺。

2.6 秒表。

2.7 温度计：分度值0.5℃。

2.8 天平感量不大于0.1g。

2.9 其他：平板玻璃等。

3 方法与步骤

3.1 准备工作

3.1.1 采用本规程T 0703沥青混合料轮碾成型的板块状试件，用切割法制作棱柱体试件，试件尺寸应符合长250mm±2.0mm、宽30mm±2.0mm、高35mm±2.0mm的要求。

3.1.2 在跨中及两支点断面用卡尺量取试件的尺寸，当两支点断面的高度（或宽度）之差超过2mm时，试件应作废。跨中断面的宽度为b，高度为h，取相对两侧的平均值，准确至0.1mm。

3.1.3 根据混合料类型按本规程方法测量试件的密度、空隙率等各项物理指标。

3.1.4 将试件置于规定温度的恒温水槽中保温不少于45min，直至试件内部温度达到试验温度±0.5℃为止。保温时试件应放在支起的平板玻璃上，试件之间的距离应不小于10mm。

3.1.5 将试验机环境保温箱达到要求的试验温度±0.5℃。

3.1.6 将试验机梁式试件支座准确安放好，测定支点间距为200mm±0.5mm，使上压头与下压头保持平行，并两侧等距离，然后将其位置固定。

3.2 试验步骤

3.2.1 将试件从恒温水槽中取出，立即对称安放在支座上，试件上下方向应与试件成型时方向一致。

3.2.2 在梁跨下缘正中央安放位移测定装置，支座固定在试验机上。位移计测头支于试件跨中下缘中央或两侧（用两个位移计）。选择适宜的量程，有效量程应大于预计最大挠度的1.2倍。

3.2.3 将荷载传感器、位移计与数据采集系统或 X-Y 记录仪连接,以 X 轴为位移,Y 轴为荷载,选择适宜的量程后调零。跨中挠度可采用 LVDT 位移传感器测定。当以高精密度电液伺服试验机压头的位移作为小梁挠度时,可以由加载速率及 X-T 记录仪记录的时间求得挠度。为正确记录跨中挠度曲线,当采用 50mm/min 速率加载时,X-T 记录仪的 X 轴走纸速度(或扫描速度)根据试验温度确定。

3.2.4 开动压力机以规定的速率在跨径中央施以集中荷载,直至试件破坏。记录仪同时记录荷载—跨中挠度曲线,如图 T 0715-1 所示。

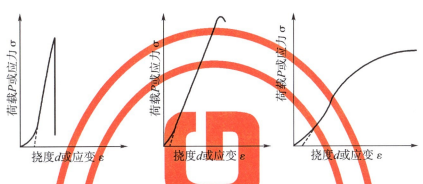

图 T 0715-1 荷载—跨中挠度曲线

4 计算

4.1 将图 T 0715-1 中的荷载—挠度曲线的直线段按图示方法延长与横坐标相交作为曲线的原点,由图中量取峰值时的最大荷载 P_B 及跨中挠度 d。

4.2 按式(T 0715-1)~式(T 0715-3)计算试件破坏时的抗弯拉强度 R_B、破坏时的梁底最大弯拉应变 ε_B 及破坏时的弯曲劲度模量 S_B。

$$R_B = \frac{3 \times L \times P_B}{2 \times b \times h^2} \quad (\text{T 0715-1})$$

$$\varepsilon_B = \frac{6 \times h \times d}{L^2} \quad (\text{T 0715-2})$$

$$S_B = \frac{R_B}{\varepsilon_B} \quad (\text{T 0715-3})$$

上述式中:R_B——试件破坏时的抗弯拉强度(MPa);
ε_B——试件破坏时的最大弯拉应变($\mu\varepsilon$);
S_B——试件破坏时的弯曲劲度模量(MPa);
b——跨中断面试件的宽度(mm);
h——跨中断面试件的高度(mm);
L——试件的跨径(mm);

P_B——试件破坏时的最大荷载(N);

d——试件破坏时的跨中挠度(mm)。

注:计算时小梁的自重影响略去不计,故本方法不适用于试验温度高于30℃的情况。

4.3 计算加载过程中任一加载时刻的应力、应变、劲度模量的方法同上,只需读取该时刻的荷载及变形代替上式的最大荷载及破坏变形即可。

4.4 当记录的荷载—变形曲线在小变形区有一定的直线段时,可以$(0.1 \sim 0.4)P_B$范围内的直线段的斜率计算弹性阶段的劲度模量,或以此范围内各测点的σ、ε数据计算的$S = \sigma/\varepsilon$的平均值作为劲度模量。σ、ε及S的计算方法同式(T 0715-1)~式(T 0715-3)。

5 报告

5.1 当一组测定值中某个数据与平均值之差大于标准差的k倍时,该测定值应予舍弃,并以其余测定值的平均值作为试验结果。当试验数目n为3、4、5、6时,k值分别为1.15、1.46、1.67、1.82。

5.2 试验结果均应注明试件尺寸、成型方法、试验温度及加载速率。

条文说明

沥青混合料的弯曲试验是对规定尺寸的小梁试件,在跨中给试件施加集中荷载至断裂破坏的试验,由破坏时的最大荷载求得试件的抗弯强度(以MPa计),由破坏时的跨中挠度求得沥青混合料的破坏弯拉应变,两者之比值为破坏时的弯曲劲度模量(以MPa计)。本次修订考虑测定数据的准确性,要求跨中位移测定装置采用LVDT位移传感器,取消了电测百分表,并要求低温弯曲试验时设备应具有环境保温箱。对试验过程中X-T记录仪X轴的走纸速度根据试验温度确定。由于《公路改性沥青路面施工技术规范》(JTJ 036—98)已经废止,其主要内容已经合并到《公路沥青路面施工技术规范》(JTG F40—2004)中,因此精简了原条文说明里面关于改性沥青规范的内容。

关于弯曲试验的温度,日本道路协会铺装试验法便览3-7-5规定,用于评价低温拉伸性能时的温度,可采用-10℃;我国《公路沥青路面施工技术规范》(JTG F40—2004)规定,对低温抗裂性能的弯曲试验温度也采用-10℃。加载速率在国外也不统一,本规程旨在测定试件破坏时的各项性质指标,规定通常为50mm/min,以便与马歇尔试验、劈裂试验的速率统一。

本方法采用从轮碾机成型的板块状试件上切制的棱柱体试件,尺寸为长250mm,宽30mm,高35mm,跨径200mm。实践证明,采用这样的试件均匀性好,试验误差小,方便易行。这种试件在欧美、日本也大量采用,但尺寸略有不同。据我国实践,250mm×30mm×35mm的小梁尺寸从300mm×300mm×50mm的板状试件上切割比较适宜。当使用其他尺寸的试件时,应予注明。

当利用记录仪记录荷载—变形曲线时,起点部分进行修正可消除加载开始时压实及支座接触的影响,为此本方法规定跨中挠度由记录曲线上量取。由于有了荷载与跨中挠度曲线,便可以由此求取其他时刻的应力、应变、劲度模量。

T 0716—2011 沥青混合料劈裂试验

1 目的与适用范围

1.1 本方法适用于测定沥青混合料在规定温度和加载速率时劈裂破坏或处于弹性阶段时的力学性质,亦可供沥青路面结构设计选择沥青混合料力学设计参数及评价沥青混合料低温抗裂性能时使用。试验温度与加载速率可由当地气候条件根据试验目的或有关规定选用,但试验温度不得高于30℃。如无特殊规定,宜采用试验温度15℃±0.5℃,加载速率为50mm/min。当用于评价沥青混合料低温抗裂性能时,宜采用试验温度 -10℃±0.5℃及加载速率1mm/min。

1.2 本方法测定时采用的沥青混合料泊松比 μ 值见表 T 0716-1,其他试验温度的 μ 值由内插法确定。本方法也可由试验实测的垂直变形及水平变形计算实际的 μ 值,但计算的 μ 值必须在 0.2~0.5 范围内。

表 T 0716-1 劈裂试验使用的泊松比 μ

试验温度(℃)	≤10	15	20	25	30
泊松比 μ 值	0.25	0.30	0.35	0.40	0.45

1.3 本方法采用的圆柱体试件应符合下列要求:

1.3.1 当集料公称最大粒径小于或等于26.5mm时,用马歇尔标准击实法成型的直径为101.6mm±0.25mm、高为63.5mm±1.3mm的试件。

1.3.2 从轮碾机成型的板块试件或从道路现场钻取直径100mm±2mm或150mm±2.5mm、高为40mm±5mm的圆柱体试件。

2 仪具与材料技术要求

2.1 试验机:能保持规定的加载速率及试验温度的材料试验机,当采用50mm/min的加载速率时,也可采用具有相当传感器的自动马歇尔试验仪代替,但均必须配置有荷载及试件变形的测定记录装置。荷载由传感器测定,应满足最大测定荷载不超过其量程的80%且不小于其量程的20%的要求,宜采用40kN或60kN传感器,分辨率为10N。

2.2 位移传感器:可采用LVDT或电测百分表。水平变形宜用非接触式位移传感器测定,其量程应大于预计最大变形的1.2倍,通常不小于5mm。测定垂直变形精密度不低于0.01mm,测定水平变形的精密度不低于0.005mm。

2.3 数据采集系统或 X-Y 记录仪:能自动采集传感器及位移计的电测信号,在数据采集系统中储存或在 X-Y 记录仪上绘制荷载与跨中挠度曲线。

2.4 恒温水槽:用于试件保温,温度范围能满足试验要求,控温精度 ±0.5℃。当试验温度低于 0℃ 时,恒温水槽可采用 1:1 的甲醇水溶液或防冻液作冷媒介质。恒温水槽中的液体应能循环回流。

2.5 压条:如图 T 0716-1 所示,上下各 1 根。试件直径为 100mm ± 2mm 或 101.6mm ± 0.25mm 时,压条宽度为 12.7mm,内侧曲率半径 50.8mm;试件直径为 150mm ± 2.5mm 时,压条宽度为 19mm,内侧曲率半径 75mm。压条两端均应磨圆。

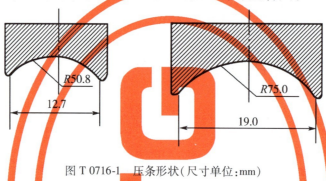

图 T 0716-1 压条形状(尺寸单位:mm)

2.6 劈裂试验夹具:下压条固定在夹具上,上压条可上下自由活动。

2.7 其他:卡尺、天平、记录纸、胶皮手套等。

3 方法与步骤

3.1 准备工作

3.1.1 根据 1.3 的规定,按本规程 T 0702 方法制作圆柱体试件。

3.1.2 按本规程 T 0702 的规定测定试件的直径及高度,准确至 0.1mm。在试件两侧通过圆心画上对称的十字标记。

3.1.3 按本规程 T 0705 方法测定试件的密度、空隙率等各项物理指标。

3.1.4 使恒温水槽达到要求的试验温度 ±0.5℃。将试件浸入恒温水槽保温不少于 1.5h。当为恒温空气箱时保温不少于 6h,直至试件内部温度达到试验温度 ±0.5℃ 为止。保温时试件之间的距离不少于 10mm。

3.1.5 使试验机环境保温箱达到要求的试验温度,当加载速率大于或等于 50mm/min 时,也可不用环境保温箱。

3.2 试验步骤

3.2.1 从恒温水槽中取出试件,迅速置于试验台的夹具中安放稳定,其上下均安放有圆弧形压条,与侧面的十字画线对准,上下压条应居中、平行。

3.2.2 迅速安装试件变形测定装置。水平变形测定装置应对准水平轴线并位于中央位置;垂直变形的支座与下支座固定,上端支于上支座上。

3.2.3 将记录仪与荷载及位移传感器连接,选择好适宜的量程开关及记录速度。当以压力机压头的位移作为垂直变形时,宜采用 50mm/min 速率加载。记录仪走纸速度根据试验温度确定。

3.2.4 开动试验机,使压头与上下压条接触,荷载不超过 30N,迅速调整好数据采集系统或 X-Y 记录仪到零点位置。

3.2.5 开动数据采集系统或记录仪,同时启动试验机,以规定的加载速率向试件加载劈裂至破坏,记录仪记录荷载及水平变形(或垂直位移)。当试验机无环境保温箱时,自恒温水槽中取出试件至试验结束的时间应不超过 45s。记录的荷载—变形曲线如图 T 0716-2 所示。

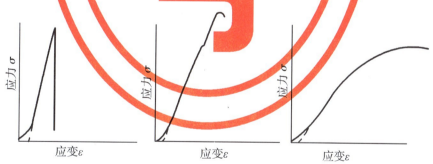

图 T 0716-2 劈裂试验的荷载—变形(水平或垂直变形)曲线

4 计算

4.1 将图 T 0716-2 中的荷载—变形曲线的直线段按图示方法延长与横坐标相交作为曲线的原点,由图中量取峰值时的最大荷载 P_T 及最大变形(Y_T 或 X_T)。

当试件直径为 100mm ± 2.0mm、压条宽度为 12.7mm 及试件直径为 150.0mm ± 2.5mm、压条宽度为 19.0mm 时,劈裂抗拉强度 R_T 分别按式(T 0716-1)及式(T 0716-2)计算,泊松比 μ、破坏拉伸应变 ε_T 及破坏劲度模量 S_T 按式(T 0716-3)~式(T 0716-5)计算。

$$R_T = 0.006\ 287 P_T/h \tag{T 0716-1}$$

$$R_T = 0.004\ 25 P_T/h \tag{T 0716-2}$$

$$\mu = (0.135\ 0A - 1.794\ 0)/(-0.5A - 0.031\ 4) \tag{T 0716-3}$$

$$\varepsilon_T = X_T \times (0.030\ 7 + 0.093\ 6\mu)/(1.35 + 5\mu) \tag{T 0716-4}$$

$$S_T = P_T \times (0.27 + 1.0\mu)/(h \times X_T) \tag{T 0716-5}$$

上述式中：R_T——劈裂抗拉强度(MPa)；

ε_T——破坏拉伸应变；

S_T——破坏劲度模量(MPa)；

μ——泊松比；

P_T——试验荷载的最大值(N)；

h——试件高度(mm)；

A——试件垂直变形与水平变形的比值；

$$A = Y_T/X_T$$

Y_T——试件相应于最大破坏荷载时的垂直方向总变形(mm)；

X_T——按图 T 0716-2 的方法量取的相应于最大破坏荷载时水平方向的总变形(mm)；当试验仅测定垂直方向变形 Y_T 或由实测的 Y_T、X_T 计算的 μ 值大于0.5或小于0.2时，水平变形(X_T)可由表 T 0716-1 规定的泊松比(μ)按式(T 0716-6)求算。

$$X_T = Y_T \times (0.135 + 0.5\mu)/(1.794 - 0.031\ 4\mu) \tag{T 0716-6}$$

4.2 计算加载过程中任一加载时刻的应力、应变、劲度模量的方法同上，只需读取该时刻的荷载及变形代替上式的最大荷载及破坏变形即可。

4.3 当记录的荷载—变形曲线在小变形区有一定的直线段时，可以 $(0.1 \sim 0.4)P_T$ 范围内的直线段部分的斜率计算弹性阶段的劲度模量，或以此范围内各测点的应力 σ、应变 ε 数据计算的 $S = \sigma/\varepsilon$ 的平均值作为劲度模量，并以此作为路面设计用的力学参数。σ、ε 及 S 的计算方法同本规程中的 R_T、ε_T、S_T 的计算方法。

5 报告

5.1 当一组测定值中某个数据与平均值之差大于标准差的 k 倍时，该测定值应予舍弃，并以其余测定值的平均值作为试验结果。当试验数目 n 为3、4、5、6时，k 值分别为1.15、1.46、1.67、1.82。

5.2 试验结果均应注明试件尺寸、成型方法、试验温度、加载速率及采用的泊松比 μ 值。

条文说明

  沥青混合料的劈裂试验是对规定尺寸的圆柱体试件,通过一定宽度的圆弧形压条施加荷载,将试件劈裂直至破坏的试验。国外试验规程中,ASTM D 4123 是用动载测定劲度模量(AASHTO 设计指南规定以此作为设计用回弹模量);日本道路协会铺装试验法便览 3-7-6 则是采取静载劈裂求取间接抗拉强度,目的在于评价高温抗车辙能力及低温抗裂性能;英国、澳大利亚目前采用诺丁汉试验机冲击荷载试验小变形时的劲度模量;第 18 届世界道路会议则推荐用来测定抗拉强度和变形性能。可见劈裂试验在国外有两种目的:一是采用动载或冲击法求取设计参数回弹模量;二是用静载试验评价沥青混合料的性质。本试验根据国内外研究成果及试验方法编制,适用于测定破坏时的间接抗拉强度、极限拉伸应变、破坏劲度模量,也可用于求取弹性阶段的劲度模量作为设计参数使用。

  关于试件保温的仪具,鉴于目前试验中对试件基本上采用恒温水槽保温,若采用冰箱保温,试验的温度很难控制,将导致数据不准确,因此本次修订对保温的仪具去掉了原来可以采用的冰箱。另外,圆孔筛已不采用,故去掉了圆孔筛 30mm 的尺寸。在方法与步骤中对记录仪的走纸速度 500~5 000mm/min 可能不合适,修改为由试验温度确定走纸速度。

  劈裂试验采用的试件通常为 ϕ101mm×100mm 的 1:1 圆柱体,但美国、日本、澳大利亚等目前基本上采用 ϕ101.6mm×63.5mm 的标准马歇尔试件,英国则采用 ϕ150mm 的现场钻取试件,厚 40~50mm。本试验法规定采用标准马歇尔试件,同时也可采用现场钻取的 ϕ100mm±2mm 及 ϕ150mm±2.5mm 试件,规定厚度为 40mm±5mm,是参考美国标准及路面实际情况确定的。

  关于试件的加载速率,1983 年试验规程规定为 1mm/min;国外除采用动载试验外,静载试验时大都采用 50mm/min(如日本道路协会铺装试验法便览、AASHTO T 283)。第 18 届世界道路会议报告推荐的速率 -10℃ 时为 0.30mm/s±0.1mm/s,+25℃ 及 +45℃ 时为 0.85mm/s±0.1mm/s,即 18mm/min 或 51mm/min,并要求试验从开始至破坏的时间不超过 30s。因此本试验法规定加载速率根据试验目的或有关规定选用,并推荐采用 50mm/min 的标准加载速率。这样也和其他混合料试验方法的速率一致。

  但是试验目的不同,加载速率也应该不同。美国 SHRP 的研究表明,为评价低温性能,常用较慢的速率,以模拟气候降温的收缩应力作用的情况,如 1.27mm/min(0.05in/min)。故本方法规定加载速率采用 1mm/min 时。此时的试验温度为 -10℃。

  试验温度各国更不相同,ASTM D 4123 用动载试验时采用 5℃、25℃、40℃ 三个温度;第 18 届道路会议报告推荐在 -10℃、25℃、40℃ 温度下进行,其他温度也可选用;日本规定在 -10~+60℃ 范围内根据试验目的选用。本方法规定劈裂试验有两个目的,在什么温度下评价沥青混合料的性能应视目的而定。我国幅员辽阔,各地的设计温度本身就是一个有待研究的问题。本方法推荐了相对于荷载疲劳破坏的设计参数及低温收缩开裂破坏的试验温度,可供目前试验时使用。

  劈裂试验在计算劲度模量时,必须使用泊松比 μ 值。它可以由测定的垂直变形及水平变形求取,这曾经是 20 世纪六七十年代许多国家的研究重点,经大量测定,得出了一些 μ 的推荐值。经近年来我国实际测定证明,仅从单个试件本身的变形测定值计算的 μ 往往出现异常的情况,因此本试验法规定参照英国、澳大利亚、荷兰等国家用诺丁汉试验机测定劲度模量时的 μ 值用于计算,这样变形只需测定垂直或水平变形中的一个。但也可以由实测的垂直变形及水平变形计算,不过此时计算的 μ 值必须在 0.2~0.5 范围内,超出此范围说明变形测定很可能有误差,此时大多是水平变形不准,则可以仅采用垂直变形计算劲度模量。

劈裂试验采用的压条对试验结果及计算模式均有影响。AASHTO T 283 规定对 ϕ102mm 试件压条宽度用 12.7mm,对 ϕ152.4mm 试件用 19.05mm 的压条,压条边际是磨圆的。也可不用压条,因为只要求测定强度(半径未作规定)。但美国等不少国家大都通用 12.7mm 的压条,日本学者也有采用 25.4mm 压条的,都是圆弧形的。但第 18 届道路会议论文集推荐最好不用压条,如果采用压条则为试件宽度的 1/5。日本道路协会试验法也未用压条,这显然与试验法仅为测定强度而不测定模量有关。为此本试验法与国外大多数试验法统一规定,采用 12.7mm 宽的圆弧形压条,对 ϕ150mm 的试件按比例采用 19.0mm 压条,使压条的圆心角相同;为防止边缘的局部嵌入,应该加工磨圆。

试验结果的计算公式采用国内外通用的按弹性理论推导得出的公式。在求取作设计参数用的劲度模量时,应按照弹性理论小变形假设采用荷载较小时的测定数据。根据国内"八五"科技攻关专题的研究成果,采用 0.1~0.4 倍破坏荷载范围内的直线段的斜率或平均值(进行原点修正后是相同的)计算得到的弹性劲度模量与按 ASTM D 4123 方法试验得到的瞬时回弹模量有较好的相关关系。

关于试验允许误差,国外许多规程未作规定,第 18 届道路会议报告提到其变异系数为 5%~10%(重复性)及 10%~20%(再现性)。由于我国尚缺乏这方面的经验和资料,本试验法暂不作规定,仅规定取所有试验的平均值为测定结果。

T 0717—1993 沥青混合料饱水率试验

1 目的与适用范围

本方法适用于测定沥青混合料的饱水率,它可用于沥青拌和厂的混合料质量控制、旧路调查及路面压实沥青混合料的质量评定。非经注明,试验均在室温条件下进行。

2 仪具与材料技术要求

2.1 浸水天平或电子秤:当最大称量在 3kg 以下时,感量不大于 0.1g;最大称量 3~10kg 时,感量不大于 0.5g;最大称量 10kg 以上时,感量不大于 5g。应有测量水中重的挂钩。

2.2 真空干燥箱或真空干燥器:可保持真空度 97.3~98.7kPa(730~740mmHg)且可容纳装试件的水槽,带有橡皮塞。

2.3 压力计、真空表。

2.4 真空泵:不小于 200W。

2.5 水槽:不小于 200mm×200mm×100mm 或 ϕ200mm×100mm。

2.6 其他:金属盘、金属容器、毛巾、秒表、电风扇等。

3 试验步骤

3.1 按本规程 T 0702 沥青混合料试件制作方法中马歇尔标准击实法成型试件;如采

用现场路面芯样钻孔法操作规程用钻孔机在沥青路面上钻取芯样,将其清理干净后用电风扇吹干。根据需要,也可按其他方式制作试件。

3.2 称取试件在空气中的质量(m_a)。

3.3 将试件置常温水槽中,水浸没试件,并将装有试件的水槽置真空干燥箱或真空干燥器中。

3.4 将真空干燥箱或真空干燥器与真空泵、压力计(真空表)相连接,启动真空泵,使真空干燥箱或真空干燥器保持在97.3~98.7kPa(730~740mmHg)的真空度下15min。

3.5 打开释气阀门,使真空干燥箱或真空干燥器恢复常压状态,并使试件在水中继续留放0.5h。

3.6 取出水槽,从水中拿出试件,迅速用拧干的湿毛巾轻轻拭去表面多余的水分后,称取真空饱水后的表干试件质量(m_f)。

注:毛巾不可拧得太干,以防擦拭试件时吸走试件内部的水分。

4 计算

沥青混合料试件的饱水率按式(T 0717-1)计算。

$$S_w = \frac{m_f - m_a}{m_a} \times 100 \tag{T 0717-1}$$

式中:S_w——试件的饱水率(%);

m_a——干燥试件的空中质量(g);

m_f——真空饱水后试件的空中表干质量(g)。

5 报告

一种试样至少平行试验3个试件,取其平均值作为试验结果。

条文说明

沥青混合料的吸水率与饱水率是试件吸水能力的两项指标,但表示方法不同。饱水率是沥青混合料试件在规定真空条件下的吸水能力,是吸水的质量与试件干质量之比。吸水率是在普通条件下,吸水的体积与沥青混合料的体积之比,这是 AASHTO T 1664 中定义的,并以此作为采用表干法还是蜡封法的依据,我国以前较少使用。当试件的矿料级配及沥青含量未知,测定空隙率有困难时,测定饱水率可以大体上反映其空隙情况,这在路况调查时常常有用,有些沥青厂也用本法进行沥青混合料的质量控制,故将其增补入本试验规程。饱水率的试验法是参照前苏联的试验方法及我国的工程实践经验制定的。

测定饱水率用的试件,按照前苏联规定为抗压试验的压实试件,采用静压法制作成型,压力为30MPa。根据我国的实际情况,为便于与空隙率相比较,且使试验简单化,改用马歇尔标准击实试件。

饱水率试验方法及结果计算基本上参照前苏联试验方法的规定,但按前苏联方法试验温度应为20℃±1℃。实践证明,这在我国南方地区夏天往往有困难,而且温度对于吸水率的影响与试验结果的允许误差2%相比要小得多,因此在试验方法上考虑实际情况,对温度未作规定,即在室温条件下进行。这样也就有可能利用真空干燥器来试验,从而使试验大大简化。

T 0718—2011 沥青混合料抗剪强度试验(三轴压缩法)

1 目的与适用范围

1.1 本方法适用于由三轴试验仪在规定温度及加载条件下,测定沥青混合料的抗剪强度,以评价沥青混合料的高温稳定性。本试验标准试验温度为60℃,也可根据需要采用其他温度。

1.2 本方法适用于直径100mm±2.0mm、高150mm±2.0mm的圆柱体试件,也可根据需要采用其他尺寸的圆柱体试件。

2 仪具与材料技术要求

2.1 三轴试验仪:主要由压力室、轴向加压系统、围压施加系统、数据采集和控制系统等组成,构造如图T 0718-1所示。

三轴试验仪可采用液体压力式或气体压力式,其试验系统应满足以下要求:

2.1.1 轴向荷载传感器量程为100kN,分辨率为0.001kN。

2.1.2 侧向压力控制分辨率为1kPa。

2.1.3 位移传感器量程为100mm,分辨率为0.1mm。

2.1.4 压力室温度准确至试验温度±1℃。

2.2 烘箱:应有温度调节器,控温准确至试验温度±1℃。

2.3 橡皮膜:直径100mm,长400mm。
注:橡皮膜必须是未发生老化或不透气的橡皮膜。

2.4 其他:温度计、秒表、天平、滤纸等。

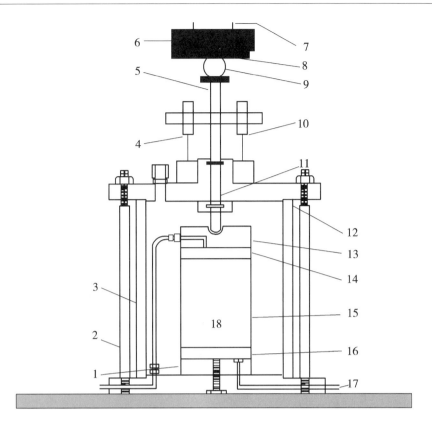

图 T 0718-1 三轴试验仪构造图

1-试件底座;2-系杆;3-三轴室;4-位移传感器;5-活塞杆;6-荷载传感器;7-荷载加载器;8-球座;9-钢球;10-位移传感器托架;11-活塞套管;12-O 形环;13-试件顶盖;14、16-多孔透水石;15-橡皮膜;17-真空引管;18-试件

3 方法与步骤

3.1 试件制备

3.1.1 试件成型方法一:

1)按本规程 T 0736 方法成型直径 150mm、高 172mm 的圆柱体试件。

2)采用取芯机从成型的试件中钻取直径为 100～104mm 的芯样。取芯后的芯样呈圆柱体,形状规则,周边面光滑且与两个端面垂直。

3)采用切割机切除所钻芯样两端,使得试件高度为 150mm±2.0mm。切割后试件表面应平滑。有严重缺陷、试件端部不水平或端部最高与最低处的高差超过 1.0mm 的试件均应废弃。

3.1.2 试件成型方法二:

1)按本规程 T 0704 方法成型直径 100mm±2.0mm、高 200mm±2.0mm 的圆柱体试件。

2)采用切割机切除所钻芯样两端,使得试件高度为 150mm±2.0mm。切割后试件表面应平滑。有严重缺陷、试件端部不水平或端部最高与最低处的高差超过 1.0mm 的试件均应废弃。

3.1.3 用卡尺测量试件的高度和直径,准确至0.1mm。

3.1.4 按本规程规定的方法量测试件的密度、空隙率等各项物理指标。试件密度应符合目标值100%±2%的要求。

3.1.5 将试件置试验温度±1℃的烘箱中保温4~5h。

3.1.6 设定三轴试验仪试验温度,并使压力室温度达到试验温度±1℃。

3.2 试验步骤

3.2.1 从烘箱中取出预热的试件,装于一端密封的橡皮膜中;然后将试件安放在三轴试验仪压力室的上下压头的中线位置,固定到上下压板上,把两端橡皮膜翻下,并用橡皮O形环将橡皮膜两端密封于底部及顶部压盘,为增加橡皮膜与压盘间密封效果,可在端部压盘四周涂抹真空油;仔细清洁用于密封的O形环及其所有接触面;密封好三轴室,将试件在压力室内保温不少于10min。

3.2.2 开启三轴仪控制和采集系统,施加设定的围压。围压的大小与分级可以根据路面的实际荷载情况确定,但不宜少于3级。

注:围压宜为4级,分别为0kPa、138kPa、276kPa和414kPa;对于轻交通道路也可采用3级,分别为0kPa、138kPa、276kPa。

3.2.3 按恒定的加载速率施加轴向荷载,使得轴向应变率恒定在0.05mm/(mm·min),对于高度150mm试件相当于加载速度7.5mm/min。施加荷载的同时读取轴向压力、轴向变形、体积变形,并控制试验过程中围压、温度及变形速率恒定。

注:根据需要可选定其他变形速率。

3.2.4 当轴向压力出现峰值后,停止试验。如不出现峰值,可按20%应变值停止试验。

试验结束后,卸去轴向压力和围压,取出试件,对试件外观进行描述记录。

3.2.5 按3.2.1~3.2.4步骤分别完成各级围压试验。

3.2.6 各级围压的平行试验不少于3个试件。

4 计算

4.1 按式(T 0718-1)计算轴向应变 ε_1。

$$\varepsilon_1 = \frac{\Delta h}{h_0} \qquad (T\ 0718\text{-}1)$$

式中：ε_1——轴向应变（%）；

Δh——试件压缩过程中的垂直变形（mm）；

h_0——试件初始高度（mm）。

4.2 按式（T 0718-2）计算校正后的试件截面面积 A_a。

$$A_a = \frac{V_0 + \Delta V}{h_0 - \Delta h} \qquad (T\ 0718\text{-}2)$$

式中：A_a——试件在压缩过程中的实际截面面积（cm²）；

V_0——试件初始体积（cm³）；

ΔV——试件在压缩过程中的体积变化（cm³）。

4.3 按式（T 0718-3）计算最大主应力 σ_1。

$$\sigma_1 = \frac{P}{A_a} \times 10 + \sigma_3 \qquad (T\ 0718\text{-}3)$$

式中：σ_1——最大主应力（kPa）；

σ_3——侧应力，即围压（kPa）；

P——施加的轴向荷载（N）。

4.4 计算抗剪强度参数 c、φ。

4.4.1 确定各级围压的剪切破坏极限值 $\sigma_{1\max i}$。

1）根据图 T 0718-2 轴向应变—最大主应力曲线图将其中最大主应力 σ_1 的最大值作为试件剪切破坏极限值。

2）每个围压需要进行 3 个平行试验，取 3 个试件剪切破坏极限值的平均值作为各围压 σ_{3i} 下混合料的剪切破坏极限值 $\sigma_{1\max i}$。

4.4.2 可根据计算法或作图法确定抗剪强度参数法 c、φ。

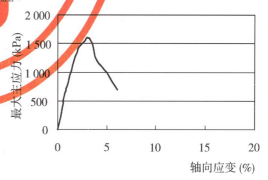

图 T 0718-2　轴向应变—最大主应力曲线图

1）计算法：按式（T 0718-4）～式（T 0718-8）分别计算抗剪强度参数 c、φ 和相关系数 r。相关系数 r 应大于 0.99。

$$\varphi = \arcsin m \qquad (T\ 0718\text{-}4)$$

$$c = \frac{b}{\cos\varphi} \qquad (T\ 0718\text{-}5)$$

上述式中：c——试件的黏结力（kPa）；

φ——内摩擦角（°）；

b——按（T 0718-7）计算；

m——按（T 0718-6）计算；

$$m = \frac{\sum(p_i \times q_i) - \frac{1}{n} \times (\sum p_i) \times (\sum q_i)}{\sum(p_i)^2 - \frac{1}{n} \times (\sum p_i)^2} \quad (\text{T 0718-6})$$

n——试验中围压级数；

p_i——各级莫尔圆圆心的横坐标，即$(\sigma_{1\text{max}i} + \sigma_{3i})/2$；

q_i——各级莫尔圆的半径，即$(\sigma_{1\text{max}i} - \sigma_{3i})/2$。

$$b = \frac{1}{n} \times \sum q_i - \frac{m}{n} \times \sum p_i \quad (\text{T 0718-7})$$

$$r = \frac{\sum(p_i \times q_i) - \frac{1}{n} \times (\sum p_i) \times (\sum q_i)}{\sqrt{\left[\sum(p_i)^2 - \frac{1}{n} \times (\sum p_i)^2\right] \times \left[\sum(q_i)^2 - \frac{1}{n} \times (\sum q_i)^2\right]}} \quad (\text{T 0718-8})$$

2）作图法：以主应力 σ 为横坐标，剪应力 τ 为纵坐标，在横坐标轴上以$(\sigma_{1\text{max}i} + \sigma_{3i})/2$点为圆心，以$(\sigma_{1\text{max}i} - \sigma_{3i})/2$为半径，绘制不同围压下的莫尔圆，作各莫尔圆的包络线，包络线的倾角为内摩擦角 φ，包络线在纵坐标上的截距为黏结力 c，如图 T 0718-3 所示。

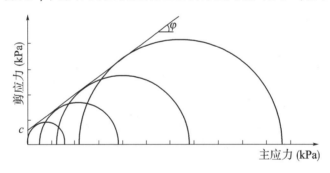

图 T 0718-3　确定抗剪强度参数的莫尔包络线示意图

4.5　按式（T 0718-9）计算抗剪强度 τ_f。

$$\tau_f = c + \sigma \tan\varphi \quad (\text{T 0718-9})$$

式中：τ_f——沥青混合料的抗剪强度（kPa）；

σ——主应力值（kPa），可根据路面的实际荷载情况确定。

5　报告

报告应包括试件成型方法、试件高度和试件密度，三轴压缩试验温度，施加围压的级数和压力值,各级围压的剪切破坏极限值 σ_{1maxi},抗剪强度参数 c、φ。

条文说明

沥青混合料的三轴压缩试验是检验混合料高温稳定性能的一种方法,在沥青混合料性能研究中应用越来越多。目前试验设备与测试技术得到迅速发展,国内新型三轴设备应用较多,其技术日益先进;同时目前国内外采用三轴压缩方法进行沥青混合料抗剪强度试验变化较大,原规程规定的方法已经不能满足实际应用情况。

国内外大量文献表明,目前采用三轴压缩方法进行沥青混合料抗剪切强度试验还没有一个统一的标准试验方法。目前试验设备与测试技术迅速发展,国内 MTS 或 UTM 设备使用较多,传感器技术越来越先进,本次修订主要参考 2002 年 NCHRP Report 465 等研究报告方法,并结合目前我国测试设备和应用情况对试验仪的要求、试件的成型方法、试验步骤等主要内容进行了修订。

求解参数 c、φ 宜采用计算法,必要时可采用作图法校核。

T 0719—2011 沥青混合料车辙试验

1 目的与适用范围

1.1 本方法适用于测定沥青混合料的高温抗车辙能力,供沥青混合料配合比设计时的高温稳定性检验使用,也可用于现场沥青混合料的高温稳定性检验。

1.2 车辙试验的温度与轮压(试验轮与试件的接触压强)可根据有关规定和需要选用,非经注明,试验温度为 60℃,轮压为 0.7MPa。根据需要,如在寒冷地区也可采用 45℃,在高温条件下试验温度可采用 70℃ 等,对重载交通的轮压可增加至 1.4MPa,但应在报告中注明。计算动稳定度的时间原则上为试验开始后 45~60min 之间。

1.3 本方法适用于按 T 0703 用轮碾成型机碾压成型的长 300mm、宽 300mm、厚 50~100mm 的板块状试件。根据工程需要也可采用其他尺寸的试件。本方法也适用于现场切割板块状试件,切割试件的尺寸根据现场面层的实际情况由试验确定。

2 仪具与材料技术要求

2.1 车辙试验机:如图 T 0719-1 所示。它主要由下列部分组成:

2.1.1 试件台:可牢固地安装两种宽度(300mm 及 150mm)规定尺寸试件的试模。

2.1.2 试验轮:橡胶制的实心轮胎,外径 200mm,轮宽 50mm,橡胶层厚 15mm。橡胶硬度(国际标准硬度)20℃ 时为 84±4,60℃ 时为 78±2。试验轮行走距离为 230mm±10mm,往返碾压速度为 42 次/min±1 次/min(21 次往返/min)。采用曲柄连杆驱动加载轮往返运行方式。

注:轮胎橡胶硬度应注意检验,不符合要求者应及时更换。

2.1.3 加载装置:通常情况下试验轮与试件的接触压强在60℃时为0.7MPa±0.05MPa,施加的总荷载为780N左右,根据需要可以调整接触压强大小。

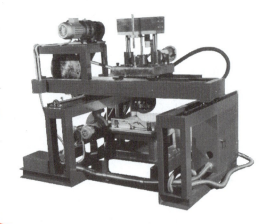

图 T 0719-1 车辙试验机

2.1.4 试模:钢板制成,由底板及侧板组成,试模内侧尺寸宜采用长为300mm,宽为300mm,厚为50~100mm,也可根据需要对厚度进行调整。

2.1.5 试件变形测量装置:自动采集车辙变形并记录曲线的装置,通常用位移传感器LVDT或非接触位移计。位移测量范围0~130mm,精度±0.01mm。

2.1.6 温度检测装置:自动检测并记录试件表面及恒温室内温度的温度传感器,精度±0.5℃。温度应能自动连续记录。

2.2 恒温室:恒温室应具有足够的空间。车辙试验机必须整机安放在恒温室内,装有加热器、气流循环装置及装有自动温度控制设备,同时恒温室还应有至少能保温3块试件并进行试验的条件。保持恒温室温度60℃±1℃(试件内部温度60℃±0.5℃),根据需要也可采用其他试验温度。

2.3 台秤:称量15kg,感量不大于5g。

3 方法与步骤

3.1 准备工作

3.1.1 试验轮接地压强测定:测定在60℃时进行,在试验台上放置一块50mm厚的钢板,其上铺一张毫米方格纸,上铺一张新的复写纸,以规定的700N荷载后试验轮静压复写纸,即可在方格纸上得出轮压面积,并由此求得接地压强。当压强不符合0.7MPa±0.05MPa时,荷载应予适当调整。

3.1.2 按本规程 T 0703 用轮碾成型法制作车辙试验试块。在试验室或工地制备成型的车辙试件,板块状试件尺寸为长300mm×宽300mm×厚50~100mm(厚度根据需要确定)。也可从路面切割得到需要尺寸的试件。

3.1.3 当直接在拌和厂取拌和好的沥青混合料样品制作车辙试验试件检验生产配合比设计或混合料生产质量时,必须将混合料装入保温桶中,在温度下降至成型温度之前迅速送达试验室制作试件。如果温度稍有不足,可放在烘箱中稍事加热(时间不超过30min)后成型,但不得将混合料放冷却后二次加热重塑制作试件。重塑制件的试验结果仅供参考,不得用于评定配合比设计检验是否合格的标准。

3.1.4 如需要,将试件脱模按本规程规定的方法测定密度及空隙率等各项物理指标。

3.1.5 试件成型后,连同试模一起在常温条件下放置的时间不得少于12h。对聚合物改性沥青混合料,放置的时间以48h为宜,使聚合物改性沥青充分固化后方可进行车辙试验,室温放置时间不得长于一周。

3.2 试验步骤

3.2.1 将试件连同试模一起,置于已达到试验温度60℃±1℃的恒温室中,保温不少于5h,也不得超过12h。在试件的试验轮不行走的部位上,粘贴一个热电偶温度计(也可在试件制作时预先将热电偶导线埋入试件一角),控制试件温度稳定在60℃±0.5℃。

3.2.2 将试件连同试模移置于轮辙试验机的试验台上,试验轮在试件的中央部位,其行走方向须与试件碾压或行车方向一致。开动车辙变形自动记录仪,然后启动试验机,使试验轮往返行走,时间约1h,或最大变形达到25mm时为止。试验时,记录仪自动记录变形曲线(图 T 0719-2)及试件温度。

注:对试验变形较小的试件,也可对一块试件在两侧1/3位置上进行两次试验,然后取平均值。

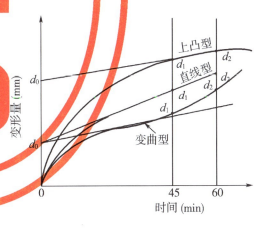

图 T 0719-2 车辙试验自动记录的变形曲线

4 计算

4.1 从图 T 0719-2 上读取45min(t_1)及60min(t_2)时的车辙变形 d_1 及 d_2,准确至0.01mm。

当变形过大,在未到60min变形已达25mm时,则以达到25mm(d_2)的时间为 t_2,将其前15min为 t_1,此时的变形量为 d_1。

4.2 沥青混合料试件的动稳定度按式(T 0719-1)计算。

$$DS = \frac{(t_2 - t_1) \times N}{d_2 - d_1} \times C_1 \times C_2 \tag{T 0719-1}$$

式中：DS——沥青混合料的动稳定度（次/mm）；

d_1——对应于时间 t_1 的变形量（mm）；

d_2——对应于时间 t_2 的变形量（mm）；

C_1——试验机类型系数，曲柄连杆驱动加载轮往返运行方式为1.0；

C_2——试件系数，试验室制备宽300mm的试件为1.0；

N——试验轮往返碾压速度，通常为42次/min。

5 报告

5.1 同一沥青混合料或同一路段路面，至少平行试验3个试件。当3个试件动稳定度变异系数不大于20%时，取其平均值作为试验结果；变异系数大于20%时应分析原因，并追加试验。如计算动稳定度值大于6 000次/mm，记作：>6 000次/mm。

5.2 试验报告应注明试验温度、试验轮接地压强、试件密度、空隙率及试件制作方法等。

6 允许误差

重复性试验动稳定度变异系数不大于20%。

条文说明

众多研究表明，动稳定度能较好地反映沥青路面在高温季节抵抗形成车辙的能力。我国在"七五"国家科技攻关研究课题中对此进行了研究，并提出以此作为沥青混合料配合比设计的检验手段。因此，在1993年的规程修订时增加了车辙试验的方法，该试验法是参照日本道路协会铺装试验法便览3-7-3等制定的。2000年参考了相关课题的研究成果并结合我国车辙机的实际应用情况进行了修订。

沥青混合料的车辙试验是试件在规定温度及荷载条件下，测定试验轮往返行走所形成的车辙变形速率，以每产生1mm变形的行走次数即动稳定度表示。它源于英国TRRL，现在已成为欧洲、日本、澳大利亚等世界大多数国家的通用试验。因此，本次在条文说明里面增加了美国、欧洲等各国车辙试验方法的介绍和说明。

车辙试验是沥青混合料性能检验中最重要的指标。车辙大小除受混合料自身影响外，与荷载、温度、时间（含车速）的关系也很大。根据2002年NCAT试验路的观测，车辙发生在路面连续7d的平均最高气温在28℃以上的日子里，我国绝大部分地区夏季高温季节气温在此温度以上，所以有可能发生车辙。如果还有超载车重载交通的同时作用，尤其是连续上坡的慢速路段，很可能在短短的几天里产生很大的车辙，而且经常发生在中面层或下面层。中面层虽然温度会略低于表面层，但剪应力比表面层更大，所以对动稳定度的要求不能降低。

由于目前大粒径混合料应用比较多，尤其是沥青稳定碎石的应用越来越多，因此对下面层混合料（或基层）的动稳定度进行试验同样重要，而原方法中标准试件尺寸对中、下面层的沥青混合料不合适,所以本次对试件的尺寸作了修订,修订后的板块状试件尺寸为长300mm×宽300mm×厚50~100mm(试验室制作)。根据工程需要也可采用其他尺寸的试件。对现场切割试件的尺寸根据面层的实际情况确定,考虑到现在路面的厚度变化较大,切割试件的尺寸如果大了,放不进试模里,试件尺寸小了,在试验过程中试件会不稳定。因此,建议现场切割试件尺寸可以采用长300mm(允许误差-10mm)、宽300mm(允许误差-10mm),厚度采用实际层厚度,要求切割试件放入试模必须是固定的,如果有晃动可以在缝隙中填充水泥浆等使其固定。现场切割试件的建议尺寸是否合适要通过试验确定,同时考虑到气候条件和重载车等情况,根据需要可以提高试验温度和压强。提出了标准试验温度为60℃,根据气候条件可以采用70℃或其他温度;轮压标准为0.7MPa,根据需要对重载交通轮压可增加至1.4MPa。因此,我们在进行车辙试验时应按照试验规程的要求进行。

车辙试验方法和设备对试验结果有很大的影响。国际上车辙试验机的类型很多,如美国车辙试验方法就有两个,分别为汉堡车辙仪和APA路面分析仪,两者各有差异,即使同一种方法,各规范差异也很大;欧洲车辙试验方法就更多,统一的欧盟标准就有特大型(轮胎宽度为11cm)、大型(轮胎宽度为8cm,相当于法国LPC设备)和小型车辙仪(轮胎宽度为5cm,相当于英国车辙仪),其中小型车辙仪又有A型和B型,而且欧盟各国还有自己的方法,很难统一。值得注意的是,欧洲标准前言部分指出不要采用钢轮车辙仪,这相当于排除了汉堡车辙仪,因为汉堡车辙仪采用钢轮而不是无花纹的橡胶轮胎。钢轮试验时会导致集料颗粒破碎,影响测试结果,同样的理念在美国也有。我国和欧盟、法国、英国、日本、澳大利亚采用的车辙仪均采用无花纹实心橡胶轮胎,相比较而言试验条件更加接近实际荷载状况,其原理都基本相当,这些与美国常用的汉堡车辙仪采用钢轮和APA分析仪采用橡胶管的试验条件差异较大。以上试验设备、方法各有各的特点,作为研究使用都还可以,但荷载、温度等试验条件不同,试验结果也不一样。我国的车辙试验是在温度60℃、荷载0.7MPa、速率42次/min标准条件下试验的,工程发生车辙的实际条件(荷载、温度、车速)与此并不对应,除了沥青混合料自身的因素外,温度、荷载、速度对高温性能的影响是主要因素,而这些因素是目前室内车辙试验所解决不了的。而不同的温度、荷载、车速与标准条件之间不存在固定的换算模式,不同沥青品种、不同混合料的换算公式相差较大,个别研究得到的换算关系并没有通用性。

有的单位建议采用车辙深度代替目前规范中的动稳定度,主要依据是美国APA试验、汉堡车辙仪采用了车辙深度(总变形)或者变形率,而不是采用动稳定度指标,实际情况并非如此。目前,各规范中车辙试验评价沥青混合料的指标主要采用三种:变形斜率(或蠕变斜率、动稳定度)、变形率(总变形量除以总厚度)和总变形量,各规范规定各有差异。如AASHTO T 324—04对于汉堡车辙试验规定运行20 000次,测量总变形量,并计算蠕变斜率(creep slope)、剥落斜率(stripping slope),甚至剥落变形拐点(SIP)。该方法是采用浸水条件,其中总变形量、剥落斜率和剥落变形拐点是用来评价沥青混合料的抗水损坏性能的,只有蠕变斜率用来评价沥青混合料的高温抗车辙性能。美国Asphalt Pavement Technology对汉堡车辙试验指出:"很多单位采用蠕变斜率来评价沥青混合料车辙敏感性,即变形的倒数(次/mm),采用蠕变斜率而不是变形量来评价沥青混合料的抗车辙性能,原因在于蠕变阶段和变形阶段很难判断,不同混合料差异很大,有时即使车辙达到20~30mm也不会出现剥落变形点;剥落变形点和剥落变形斜率是较好的评价混合料抗水损坏的参数,而总变形量,由于采用钢轮会使颗粒破碎进而产生变形,会对总变形产生较大影响;总之,汉堡车辙试验方法只是检验沥青混合料配合比设计,还无法与现场的沥青混合料抗车辙性能相比"。科罗拉多州规定汉堡试验的剥落变形点10 000次变形小于4mm,20 000次变形小于10mm,这些都是评价沥青混合料高温条件抗水损坏能力的指标,而非评价其抗高温车辙变形能力。对于APA试验,AASHTO TP 63—07中规定主要测定8 000次的最大变形。值得注意的是,APA总变形量不包括初始运行25次变形量,这就导致最后测量的变形量与试件的实际变形量存在较大的差异。美国一些州对于 APA 试验实际应用也各有差别,有的采用总变形量,也有的采用变形斜率来评价沥青混合料的车辙性能。

澳大利亚试验方法中采用两个指标——总变形、变形斜率(10 000 和 4 000 次变形量差除以 6,单位 mm/10^3 次),并在试验方法附录中指出,采用变形斜率来评价高温车辙比总变形量更加合理。而日本和我国一致,采用动稳定度。

欧盟标准车辙试验主要有 3 个指标:变形斜率 WTS(单位为 mm/10^3 次)、总变形量和变形率 PRD(单位为%),并规定各国根据自己的情况选择其中指标,如法国习惯采用总变形率,而英国习惯采用变形斜率和总变形量。

以上所说变形斜率或者蠕变速率实际上就是我国所说的动稳定度,是同一个概念,计算方法也一致,只是计算所取的点或者时间有差异。由以上情况可见,各国的车辙试验方法均有差异,一般认为变形斜率是最为可靠、最为常用的指标,因此我国的车辙试验不采用总变形,而采用动稳定度指标。

另外,有人认为配合比设计检验达到了规范指标,路面就不应该发生车辙等损坏了。配合比设计"检验"指标主要是反映了不同沥青结合料和混合料级配类型,在配合比设计合理的情况下它可能达到的水平,是检验配合比及最佳油石比设计是否合理的指标。但路面发生车辙更重要的是受施工质量与均匀性、路面结构组合、气温、荷载及车速等的影响,应辩证地认识这些指标的重要性,并应按规范的要求进行配合比设计的检验。

关于试验的名称,英文名有两种:Wheel tracking test,Rutting test。我国以前称轮辙试验,公路工程名词术语的行标及国标均称为车辙试验,本方法名词统一称为车辙试验。

车辙试验的温度应能反映夏季高温的路面温度。本试验法依照我国绝大多数地区的温度条件,试验温度为 60℃±1℃,但是实际试验中,可以根据工程所处的地理位置、气候条件选择其他温度进行试验。同样对试验轮与试样的接触压强也可以根据交通量大小、重载车情况及路段的地理地貌位置选择压强大小进行配合比的检验,接触压强具体选择多大根据需要确定。

近年来,我国已进口了一些车辙试验机,同时也自行研制开发了车辙试验机,主要是参照日本的车辙试验机仿制的,设备多采用曲柄连杆驱动方式,对链式驱动方式的车辙仪目前已基本不用,因此本次修订时,统一采用曲柄连杆驱动方式。

整个车辙试验机必须放在恒温室内。恒温室中必须有一定的空间用来养生试件,且必须有通风循环设备,使温度均匀,直至试验完成。恒温室可以用保温材料砌筑。有的试验机仅将试件部位保温,空气不回流,将试件放在另外的烘箱中养生,这是不合适的,很难保证试件内部的温度均匀恒定为 60℃±0.5℃。通过比较试验发现,对空气不回流,在烘箱中养生的试件,动稳定度要比在有通风循环设备中的试件几乎高一倍,因此这种检验结果是不合适的。本次修订强调恒温室应具备足够的空间,用于保温试件和进行试验。对试件的保温不少于 5h,也不得超过 12h。

本试验方法作为沥青混合料配合比设计高温稳定性检验指标,试验时有一点很重要,即试件必须是新拌混合料配制的,在现场取样时必须在尚未冷却时即制模,不允许将混合料冷却后再二次加热重塑制作。据"八五"攻关课题研究,重塑制作的动稳定度可能高出 2 倍甚至好几倍,数据是不可信的,不能作为评价合格与否的依据。

T 0720—1993 沥青混合料线收缩系数试验

1 目的与适用范围

1.1 本方法适用于测定沥青混合料的线收缩系数。

1.2 本方法适用于从轮碾成型的板块状试件上切制的棱柱体试件,试件尺寸为长 200mm ± 2.0mm,宽 20mm ± 1.0mm,高 20mm ± 1.0mm,温度区间及降温速率根据当地气候条件决定,通常采用的温度区间为 +10 ~ -30℃,降温速率为5℃/h。

2 仪具与材料技术要求

2.1 收缩仪:殷钢制,如图 T 0720 所示,一端为球形测头,另一端装置千分表或位移计,也可采用能快速准确测定变形的其他仪器。

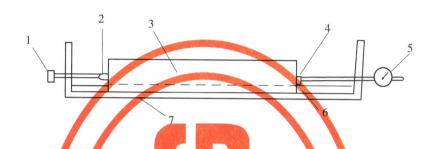

图 T 0720　沥青混合料收缩试验仪
1-调节螺钉;2-圆铜钉测头;3-试件;4-平铜钉测头;5-千分表;6-定位挡板;7-定位架

2.2 高低温循环恒温水槽:装有自动温度控制器,控温准确至 ±0.1℃,降温速率控制准确至1℃/h。内部尺寸不小于长 30cm、宽 20cm 及深 15cm。

2.3 金属测头:长约 15mm,直径约 5mm,接在试件一端的端部为半球形,接在试件另一端的端部为平面。

2.4 冷媒:1:1甲醇水溶液或防冻液。

2.5 温度计:分度值0.1℃。

2.6 卡尺:量程250mm。

2.7 其他:天平、铁盘、玻璃板、502 黏结剂等。

3 方法与步骤

3.1 准备工作

3.1.1 按本规程 T 0703 沥青混合料试件制作方法用轮碾法成型制作 300mm × 300mm × 50mm 的板块状试件,然后用锯石机顺序切割成 20mm × 20mm × 200mm 的棱柱形试件。一组试件不应少于 3 个。

3.1.2 用卡尺量测试件的尺寸，长度为对面两次测定的平均值(L)，高度(h)与宽度(b)为两端及中间3处不同方向的平均值，准确至0.1mm。切割的试件与试件标准尺寸之差，长度不应超过±2mm，高度及宽度不应超过±1mm。

3.1.3 按本规程方法测定沥青混合料的密度及空隙率等各项物理指标。

3.2 试验步骤

3.2.1 将试件两端正中央粘上金属测头，与千分表接触的一端为平头形测头，另一端为半球测头，用502黏结剂粘好，并用手稍加压力待其固化粘牢。注意，测头应准确粘在试件两端的中轴线上，测头平面应与轴线垂直。黏结好测头的试件，置于玻璃板上。

3.2.2 在恒温水槽中注入甲醇水溶液作冷媒，深度应在试件上方20mm以上，并将水槽的温度控制至试验开始温度(+10℃)保温。

3.2.3 将玻璃板及试件(一组3个)移置在恒温水槽中，玻璃板的架空高度距底面不少于30mm，各试件之间的距离不少于10mm。在整个试验过程中，试件的上下位置不得颠倒。在开始试验温度的水槽中恒温30min。

3.2.4 恒温后，将试件迅速从水槽中取出，一手拔出收缩仪千分表(或位移计)测杆，一手将试件置于试件架的左端紧靠测杆，里侧紧靠定位挡板，右手轻轻松开测杆与测头接触，在无受力状态下读取千分表(或位移计)读数(L_0)作为收缩零点，准确至0.001mm。然后，迅速地将试件放回甲醇水溶液中。从恒温水槽中取出试件，至测出千分表读数的时间，不应超过5s。否则，应将试件放回水槽中保温10min左右后再重测。

3.2.5 将试件放回水槽中原来位置，3个试件全部测量完后，水槽开始降温，降温速率为5℃/h(或其他规定降温速率)，直至预定的终点温度-30℃，停止降温，并在此条件下保温30min。重复3.2.4的测定，读取最终读数L_e，准确至0.001mm。

3.2.6 为测定不同温度区间的收缩系数，可每降温10℃并恒温30min后，按3.2.4的方法测定各温度时的试件长度，再继续降温。

4 计算

4.1 降温区间的平均收缩应变及平均收缩系数按式(T 0720-1)、式(T 0720-2)计算。

$$\varepsilon_e = \frac{L_e - L_0}{L_0} \qquad (T\ 0720\text{-}1)$$

$$C = \frac{\varepsilon_e}{\Delta T} \qquad (T\ 0720\text{-}2)$$

上述式中：ε_e——平均收缩应变；

L_e—— -20℃时试件收缩后的长度（mm）；

L_0—— +10℃时试件的原始长度（mm）；

C——沥青混合料的平均线收缩系数；

ΔT——温度区间，从起始温度（+10℃）至最终温度（-30℃）的差，即为40℃。

4.2 分温度区间测定时，可按式（T 0720-1）及式（T 0720-2）计算各温度区间的收缩系数。以该区间的温度中值为代表温度，可得出不同温度的收缩系数变化曲线。

5 报告

同一沥青混合料，至少平行试验3个试件，当测定结果最大值与最小值之差不超过平均值的20%时，取其平均值作为试验结果。

条文说明

沥青混合料的平均线收缩系数是规定尺寸的棱柱体试件在规定的温度区间，以规定速率降温时的收缩变形与试件长度的比值。

沥青混合料的线收缩系数是沥青路面温度应力计算必不可少的参数，它与沥青路面的温度收缩开裂密切相关，为此本试验规程增补此项试验方法。但是国际上尚未见有统一的沥青或沥青混合料的收缩系数试验方法，国内各研究单位自行研制的不少试验仪器及测定方法均不相同。本试验法是参照"七五"国家科技攻关期内研制的试验仪器及试验方法制定的，以便使国内的仪器和方法尽可能统一，便于对比。

沥青混合料的线收缩系数在不同温度区内有不同的值，为简化起见，本试验法采用平均收缩系数的概念。试件试验的温度根据国内寒冷及温和地区的实际情况，也考虑试验设备条件的可能性，并参考国外的资料规定为 +10 ~ -30℃。降温速率根据我国北方地区的实际情况，在大风降温的寒流到来时，夜间降温速率可达 4~7℃/h，故采用其中值为5℃/h。但是根据需要也可采用其他温度区间或降温速率进行试验研究。

关于收缩仪的构造及变形量测方法，为力求简单，本方法采用了千分表测定装置。当然也可采用能快速准确测定变形的其他仪器，如光学测定装置等。

试件两端粘贴金属测头的步骤至为重要，如贴歪了，将严重影响测定结果。测定时取出低温水槽后应非常熟练迅速地测定，由于试件温度变化非常快，千分表读数不可能稳定，故必须在放上去的一瞬间读取，为此规定了5s的时间限制，否则必须重测。

T 0721—1993 沥青混合料中沥青含量试验(射线法)

1 目的与适用范围

1.1 本方法采用射线法测定用黏稠石油沥青拌制的热拌沥青混合料中沥青含量(或油石比),不适用于其他沥青拌制的混合料。

1.2 本方法适用于热拌热铺沥青混合料路面施工时的沥青用量检测,以快速评定拌和厂产品质量。

1.3 本方法规定仪器标定和测定步骤的细节允许按所用仪器说明书规定有所变动。

2 仪具与材料技术要求

2.1 射线法沥青含量测定仪:符合放射性安全规定。

2.2 试样容器:射线法沥青含量测定仪的规定附件。

2.3 沥青混合料拌和机。

2.4 磅秤或天平:称量10kg,感量不大于5g。

2.5 木板:长50cm,宽10cm。

2.6 其他:铁铲、大号金属盘、烘箱、温度计等。

3 方法与步骤

3.1 准备工作

3.1.1 沥青含量测定仪参数标定。

1)用检测对象的实际材料按施工要求的矿料配合比配制矿料8kg,在烘箱中加热到165℃,恒温4h。

2)按本规程 T 0602 准备施工实际使用的沥青试样,按设计沥青用量(或油石比)±0.5%称取2档或3档沥青用量,加热到要求的拌和温度。

3)从小的沥青用量开始分别用沥青混合料拌和机拌和3min。

4)按仪器说明书要求称取沥青混合料(一般不少于6kg)装入试样容器中压实,用木板压平放进射线法沥青含量测定仪中,用16min测定时间测定标定参数。

注:仪器应放在木制仪器箱上方,并远离水源。

5)重复上述步骤,每次增加所需沥青用量,对每一档沥青用量的混合料进行测定,得出标定参数,储存入试验仪器中。

3.1.2 按本规程 T 0701 沥青混合料试样取样法,在拌和厂从运料车上采取沥青混合料试样。

3.2 试验步骤

3.2.1 按仪器操作说明书要求立即将热沥青混合料分别装入两个试样容器,称取质量,使之符合规定取样量,并量测沥青混合料温度。

3.2.2 用木板压紧沥青混合料,达到规定的体积。

3.2.3 依次将试样容器放入沥青含量测定仪中,开动仪器,输入试样号、沥青混合料温度、标定的沥青混合料编号或标定参数,进行测定,测定的时间一般为8min(急需时也可采用4min),到达时间后,测定仪自动显示沥青含量(或油石比),记录在测定报告中。

注:沥青含量测定仪测定时的放置条件应与标定时相同,挪动测定地点时,应重新标定后方可测定,测定时的沥青混合料数量应与标定时相同,混合料温度应接近标定温度,显示的数据是沥青含量还是油石比,与标定用的相同。

4 报告

同一沥青混合料试样,至少平行试验两次,其差值不大于0.2%时,取平均值作为试验结果。

条文说明

沥青混合料的沥青含量是沥青质量在沥青混合料总质量中的比例,当采用油石比时,它表示沥青质量与沥青混合料中的矿料总质量的比例,均以质量百分率表示。近年来,沥青含量测定方法采用较多的有射线法、离心机法,还有抽提—矿料筛分—溶剂回收的自动测定装置等等,均在道路现场得到了应用。"七五"国家科技攻关课题对这些方法作了比较,实际上各有优缺点。本试验规程为适应工程建设的需要,将已得到广泛应用的几个方法均收入其中,供生产单位使用。本试验法规定了利用放射性元素的射线法测定沥青含量的试验方法,是参照美国等国外的射线法沥青含量测定仪的说明书编写的。它通常用于施工单位在拌和厂日常检验沥青含量使用。

由于各国生产的射线法沥青含量测定仪在仪器标定和测定步骤的若干细节上有所不同,故本方法明确规定允许按仪器说明书有所变更。

用射线法沥青含量测定仪测定的沥青含量受环境条件影响很大,试验法明确提出测定时的条件必须与标定时的条件相同,挪动地点则应重新标定。同时明确规定了标定步骤。

T 0722—1993 沥青混合料中沥青含量试验（离心分离法）

1 目的与适用范围

1.1 本方法采用离心分离法测定黏稠石油沥青拌制的沥青混合料中的沥青含量（或油石比）。

1.2 本方法适用于热拌热铺沥青混合料路面施工时的沥青用量检测，以评定拌和厂产品质量。此法也适用于旧路调查时检测沥青混合料的沥青用量，用此法抽提的沥青溶液可用于回收沥青，以评定沥青的老化性质。

2 仪具与材料技术要求

2.1 离心抽提仪：如图 T 0722-1 所示，由试样容器及转速不小于 3 000r/min 的离心分离器组成，分离器备有滤液出口。容器盖与容器之间用耐油的圆环形滤纸密封。滤液通过滤纸排出后从出口流出收入回收瓶中。仪器必须安放稳固并有排风装置。

图 T 0722-1 离心抽提仪

2.2 圆环形滤纸。

2.3 回收瓶：容量 1 700mL 以上。

2.4 压力过滤装置。

2.5 天平：感量不大于 0.01g、1mg 的天平各 1 台。

2.6 量筒：分度值 1mL。

2.7 电烘箱：装有温度自动调节器。

2.8 三氯乙烯：工业用。

2.9 碳酸铵饱和溶液：供燃烧法测定滤纸中的矿粉含量用。

2.10 其他：小铲、金属盘、大烧杯等。

3 方法与步骤

3.1 准备工作

3.1.1 按本规程 T 0701 沥青混合料取样方法,在拌和厂从运料车采取沥青混合料试样,放在金属盘中适当拌和,待温度稍下降后至100℃以下时,用大烧杯取混合料试样质量1 000～1 500g(粗粒式沥青混合料用高限,细粒式用低限,中粒式用中限),准确至0.1g。

3.1.2 当试样在施工现场用钻机法或切割法取得时,应用电风扇吹风使其完全干燥,置烘箱中适当加热后成松散状态取样,不得用锤击,以防集料破碎。

3.2 试验步骤

3.2.1 向装有试样的烧杯中注入三氯乙烯溶剂,将其浸没,浸泡30min,用玻璃棒适当搅动混合料,使沥青充分溶解。

注:也可直接在离心分离器中浸泡。

3.2.2 将混合料及溶液倒入离心分离器,用少量溶剂将烧杯及玻璃棒上的黏附物全部洗入分离器中。

3.2.3 称取洁净的圆环形滤纸质量,准确至0.01g。注意滤纸不宜多次反复使用,有破损者不能使用,有石粉黏附时应用毛刷清除干净。

3.2.4 将滤纸垫在分离器边缘上,加盖紧固,在分离器出口处放上回收瓶,上口应注意密封,防止流出液成雾状散失。

3.2.5 开动离心机,转速逐渐增至3 000r/min,沥青溶液通过排出口注入回收瓶中,待流出停止后停机。

3.2.6 从上盖的孔中加入新溶剂,数量大体相同,稍停3～5min后,重复上述操作,如此数次直至流出的抽提液成清澈的淡黄色为止。

3.2.7 卸下上盖,取下圆环形滤纸,在通风橱或室内空气中蒸发干燥,然后放入105℃±5℃的烘箱中干燥,称取质量,其增重部分(m_2)为矿粉的一部分。

3.2.8 将容器中的集料仔细取出,在通风橱或室内空气中蒸发后放入105℃±5℃

烘箱中烘干(一般需4h),然后放入大干燥器中冷却至室温,称取集料质量(m_1)。

3.2.9 用压力过滤器过滤回收瓶中的沥青溶液,由滤纸的增重 m_3 得出泄漏入滤液中矿粉。无压力过滤器时也可用燃烧法测定。

3.2.10 用燃烧法测定抽提液中矿粉质量的步骤如下:
1)将回收瓶中的抽提液倒入量筒中,准确定量至 mL(V_a)。
2)充分搅匀抽提液,取出 10mL(V_b)放入坩埚中,在热浴上适当加热使溶液试样发成暗黑色后,置高温炉(500~600℃)中烧成残渣,取出坩埚冷却。
3)向坩埚中按每 1g 残渣 5mL 的用量比例,注入碳酸铵饱和溶液,静置 1h,放入 105℃±5℃炉箱中干燥。
4)取出坩埚放在干燥器中冷却,称取残渣质量(m_4),准确至 1mg。

4 计算

4.1 沥青混合料中矿料的总质量按式(T 0722-1)计算。

$$m_a = m_1 + m_2 + m_3 \tag{T 0722-1}$$

式中:m_a——沥青混合料中矿料部分的总质量(g);
m_1——容器中留下的集料干燥质量(g);
m_2——圆环形滤纸在试验前后的增重(g);
m_3——泄漏入抽提液中的矿粉质量(g),用燃烧法时可按式(T 0722-2)计算;

$$m_3 = m_4 \times \frac{V_a}{V_b} \tag{T 0722-2}$$

V_a——抽提液的总量(mL);
V_b——取出的燃烧干燥的抽提液数量(mL);
m_4——坩埚中燃烧干燥的残渣质量(g)。

4.2 沥青混合料中的沥青含量按式(T 0722-3)计算,油石比按式(T 0722-4)计算。

$$P_b = \frac{m - m_a}{m} \tag{T 0722-3}$$

$$P_a = \frac{m - m_a}{m_a} \tag{T 0722-4}$$

上述式中:m——沥青混合料的总质量(g);
P_b——沥青混合料的沥青含量(%);
P_a——沥青混合料的油石比(%)。

5 报告

同一沥青混合料试样至少平行试验两次,取平均值作为试验结果。两次试验结果的差值应小于0.3%,当大于0.3%但小于0.5%时,应补充平行试验一次,以3次试验的平均值作为试验结果,3次试验的最大值与最小值之差不得大于0.5%。

条文说明

本方法规定了用离心法抽提沥青含量的方法,它既适用于沥青厂的新拌沥青混合料,也适用于旧路采取的混合料试样,是现行规范规定的标准试验方法。

离心式抽提仪近年来国内已有较多引进,其构造大体相同,国内也有数家单位仿制,离心法将作为我国测定沥青混合料中沥青含量的标准方法予以推荐。本方法参照日本道路协会铺装试验法便览3-9-6编写,其他国家的方法也与此基本相同。

用离心法抽提的沥青溶液中,不可能不混入少量能通过滤纸的细矿粉成分。为精确测定沥青用量,本方法规定了再用压力过滤器回收沥青抽提液中矿粉的方法。当无压力过滤器时,可用燃烧法测定。在实际使用时,同一种混合料用同一台仪器测定的矿粉泄漏情况大体上变化不大时,也可以不必每一次都进行此项测定,而参考已有数据作少量修正。例如某一台抽提仪试验时,沥青混合料总质量1kg时泄漏的矿粉量约为1g,以后可每次在测定结果上减去0.1%即可。对漏入抽提液中矿粉数量的标定工作很重要,否则每次都可能使测定的油石比偏大。除了规程规定的方法外,还可以做空白试验标定,即用不加沥青的矿料混合料抽提,计算矿料的损失,或将抽提液沉淀24~48h,仔细倒走抽提液,经燃烧测定漏入的矿粉数量。但这些都是近似方法。

T 0725—2000　沥青混合料的矿料级配检验方法

1　目的与适用范围

本方法适用于测定沥青路面施工过程中沥青混合料的矿料级配,供评定沥青路面施工质量时使用。

2　仪具与材料技术要求

2.1　标准筛:方孔筛,在尺寸为53.0mm、37.5mm、31.5mm、26.5mm、19.0mm、16.0mm、13.2mm、9.5mm、4.75mm、2.36mm、1.18mm、0.6mm、0.3mm、0.15mm、0.075mm的标准筛系列中,根据沥青混合料级配选用相应的筛号,标准筛必须有密封圈、盖和底。

2.2　天平:感量不大于0.1g。

2.3　摇筛机。

2.4　烘箱:装有温度自动控制器。

2.5 其他:样品盘、毛刷等。

3 方法与步骤

3.1 准备工作

3.1.1 按照本规程 T 0701 沥青混合料取样方法从拌和厂选取代表性样品。

3.1.2 将沥青混合料试样按本规程 T 0722 等沥青混合料中沥青含量的试验方法抽提沥青后,将全部矿质混合料放入样品盘中置温度 105℃±5℃烘干,并冷却至室温。

3.1.3 按沥青混合料矿料级配设计要求,选用全部或部分需要筛孔的标准筛,作施工质量检验时,至少应包括 0.075mm、2.36mm、4.75mm 及集料公称最大粒径等 5 个筛孔,按大小顺序排列成套筛。

3.2 试验步骤

3.2.1 将抽提后的全部矿料试样称量,准确至 0.1g。

3.2.2 将标准筛带筛底置摇筛机上,并将矿质混合料置于筛内,盖妥筛盖后,压紧摇筛机,开动摇筛机筛分 10min。取下套筛后,按筛孔大小顺序,在一清洁的浅盘上,再逐个进行手筛,手筛时可用手轻轻拍击筛框并经常地转动筛子,直至每分钟筛出量不超过筛上试样质量的 0.1% 时为止,不得用手将颗粒塞过筛孔。筛下的颗粒并入下一号筛,并和下一号筛中试样一起过筛。在筛分过程中,针对 0.075mm 筛的料,根据需要可参照《公路工程集料试验规程》(JTG E42—2005)的方法采用水筛法,或者对同一种混合料,适当进行几次干筛与湿筛的对比试验后,对 0.075mm 通过率进行适当的换算或修正。

3.2.3 称量各筛上筛余颗粒的质量,准确至 0.1g。并将沾在滤纸、棉花上的矿粉及抽提液中的矿粉计入矿料中通过 0.075mm 的矿粉含量中。所有各筛的分计筛余量和底盘中剩余质量的总和与筛分前试样总质量相比,相差不得超过总质量的 1%。

4 计算

4.1 试样的分计筛余量按式(T 0725-1)计算。

$$P_i = \frac{m_i}{m} \times 100 \qquad (\text{T 0725-1})$$

式中:P_i——第 i 级试样的分计筛余量(%);
m_i——第 i 级筛上颗粒的质量(g);
m——试样的质量(g)。

4.2 累计筛余百分率:该号筛上的分计筛余百分率与大于该号筛的各号筛上的分计筛余百分率之和,准确至0.1%。

4.3 通过筛分百分率:用100减去该号筛上的累计筛余百分率,准确至0.1%。

4.4 以筛孔尺寸为横坐标,各个筛孔的通过筛分百分率为纵坐标,绘制矿料组成级配曲线(图 T 0725-1),评定该试样的颗粒组成。

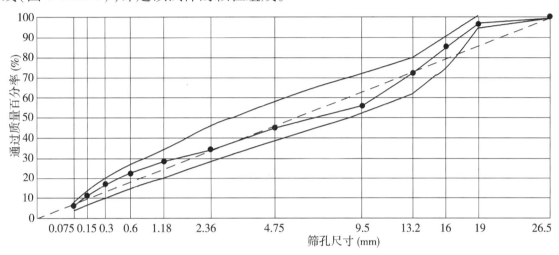

图 T 0725-1　沥青混合料矿料组成级配曲线示例

5　报告

同一混合料至少取两个试样平行筛分试验两次,取平均值作为每号筛上的筛余量的试验结果,报告矿料级配通过百分率及级配曲线。

条文说明

沥青混合料的矿料级配检验是沥青路面施工时重要的质量检查项目。它用于沥青混合料抽提沥青含量后的回收矿料的筛分试验,以检验其组成是否符合设计要求。本试验方法是参照集料筛分试验并根据现场使用的实际情况制定的。

国外在评定沥青路面施工时的矿料级配时,一般在质量要求中并不规定对全部筛孔进行筛分、检验,而注重于关键筛孔的质量检验,以减少工作量。所以近年来我国引进的沥青抽提—矿料筛分—溶剂回收自动化联合测定装置(如德国FHF产品等)中,摇筛机上只能装5个标准筛。在近几年修筑的高速公路指标条件质量要求中,最重要的是3个筛孔,一个是0.075mm,控制矿粉含量,一个是2.36mm,控制细集料含量,一个是4.75mm,控制粗集料量,另两个筛孔则无明确规定。本试验法为统一起见,规定了必须有0.075mm、2.36mm、4.75mm及集料最大粒径等筛孔;另外,再根据混合料类型选用1个适应的筛孔。只要这些筛孔的通过率控制合格,其他筛孔的通过率就不会有较大的出入。因此,筛分试验应按沥青混合料矿料级配设计要求,选用全部或部分需要筛孔的标准筛进行筛分。

筛分的具体步骤与一般的集料筛分试验方法相同,唯应注意不能忽略在抽提过程中泄漏的矿粉。

另外,对抽提筛分联合测定的自动抽提仪,矿料级配相当于水洗法,而将矿料烘干后集中由摇筛机筛分的,相当于干筛,其结果会有所差别。尤其是对施工质量检验,希望尽快得出试验结果,故本方法一般采用干筛;根据需要,也可采用水筛法,以便与配合比设计时的方法一致。这一点对检验0.075mm通过率尤为重要,故本次修订时进行了相应的修改。

现在各单位在绘制沥青混合料矿料级配曲线时有各式各样的画法,很不一致。本方法采用的是泰勒曲线的标准画法,其指数$n=0.45$,横坐标按$y=100.45\lg d_i$计算(表T 0725-1),纵坐标为普通坐标,可利用计算机的电子表格功能绘制。

表 T 0725-1 计算表

d_i(mm)	0.075	0.15	0.3	0.6	1.18	2.36	4.75
y	0.312	0.426	0.582	0.795	1.077	1.472	2.016
d_i(mm)	9.5	13.2	16	19	26.5	31.5	37.5
y	2.745	3.193	3.482	3.762	4.370	4.723	5.109

以后各单位应统一采用此方法绘制矿料级配曲线。

T 0726—2011 从沥青混合料中回收沥青的方法(阿布森法)

1 目的与适用范围

1.1 本方法采用阿布森法从石油沥青混合料中回收沥青。对沥青路面或沥青混合料用溶液抽提,再将抽提液中的溶剂除去,且在操作过程中不改变混合料中沥青的性质。

1.2 按本方法从沥青路面或沥青混合料中回收的沥青,可供评定石油沥青混合料中沥青的老化程度,及分析沥青路面的破坏原因,进行再生沥青混合料的配合比设计等使用。根据需要对回收沥青测定各种性质及化学组分。

2 仪具与材料技术要求

2.1 蒸馏装置:如图T 0726-1所示。它由下列部分组成:

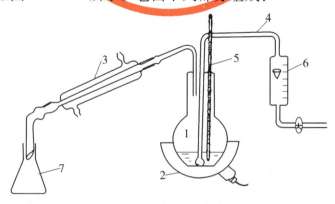

图 T 0726-1 蒸馏装置(尺寸单位:mm)
1-平底烧瓶;2-油浴加热器;3-冷凝管;4-通气管;5-温度计;6-气体流量计;7-溶剂回收瓶

2.1.1 烧瓶:500mL,耐热玻璃制,磨口、平底。

2.1.2 通气管:胶皮管长至少180mm,外径6mm,端球外径10mm,有6个交错的边孔,孔径约1.5mm。

2.1.3 弯玻璃导管:内径10mm。

2.1.4 软木塞:与瓶颈有良好的密封性。

2.1.5 冷凝管:直形,水夹套长至少200mm。

2.1.6 温度计:量程0~300℃,分度值1℃,水银球长6mm。

2.1.7 锥形瓶:500mL。

2.1.8 CO_2气体及储气钢瓶。

2.1.9 气体流量计:测定容量在2 000mL/min以上。

2.1.10 试管架等。

2.2 高速离心分离器:可装置4个以上的离心管,相对离心力不小于$770 \times g$。

2.3 离心管:容量250mL以上。

2.4 减压过滤器。

2.5 油浴加热器(大小与500mL蒸馏烧瓶吻合),并有调温装置,控温精度±1℃。

2.6 溶剂:三氯乙烯,工业用。

2.7 其他:有柄坩埚、烧杯等。

3 方法与步骤

3.1 准备工作

3.1.1 准备沥青混合料试样,一次用量应预计可获得回收沥青试样80~120g,不足沥青试验项目需要时可分次回收后混合使用。沥青混合料若是从施工现场钻取的试样,宜用电风扇吹干水分后再用微波炉或在烘箱内加热,使其成松散状态,加热温度宜控制在105℃±5℃,从开始加热至试样松散的时间控制在35min±5min之内。

3.1.2 按本规程 T 0722 方法将沥青混合料用离心法抽提出沥青溶液,至抽提液达澄清透明为止。

3.1.3 将全部沥青抽提液分次装入离心管中,用高速离心分离法清除抽提液中的矿粉部分,施加相对离心力不小于 $770 \times g$,离心分离的时间不少于30min。

3.1.4 将干净的抽提液取出一部分置减压过滤器的滤纸上过滤,一边抽气一边向滤纸上加新的三氯乙烯溶液洗净。仔细观察滤纸上还有没有矿粉颗粒,检验高速离心分离法清除矿粉是否干净。如果试验室没有配置减压过滤器,可采用马沸炉等高温加热器,把抽提液进行高温加热,并对燃烧后的灰烬进行称量,从而检测分离机清除矿粉等细微颗粒集料是否干净。如不干净,则重复3.1.3的步骤延长分离时间,直至确认抽提液中没有矿粉为止。

3.2 试验步骤

3.2.1 将抽提液全部(350~400mL)倒入一个洁净的500mL蒸馏烧瓶中,用少量溶剂清洗后也并入瓶中。

3.2.2 按图 T 0726-1 装置蒸馏用烧瓶、冷凝管、温度计、流量计、通气管、溶剂回收的锥形瓶等,通气管的端球底应高于液面,蒸馏烧瓶置于电热套中,通气管与流量计、CO_2 储气罐连接,在未通气前先用夹子将胶管夹紧,不使其通气。温度计水银球端部距通气管的端球顶部10mm。烧瓶颈部底部以下应浸泡在油浴中,使溶剂蒸气不在上部遇冷滴回。

3.2.3 开始加热烧瓶,往烧瓶溶液中注入 CO_2 气体,气流量以能使溶液在烧瓶中缓慢翻腾为宜;或者刚开始加热时将烧瓶底部2~4cm部分放在油浴里面,避免溶液沸腾。

3.2.4 调节加热温度,一般恒温油浴的设定温度从开始至三氯乙烯以滴状被蒸馏出来时即可设定在155~165℃。

3.2.5 待三氯乙烯溶剂以滴状蒸馏时,将 CO_2 气体流量增加到 1 400mL/min ± 50mL/min,同时将油浴温度设定在165~175℃,使烧瓶内的温度保持为160~166℃。

3.2.6 保持 CO_2 的通入速度持续加热15min。15min后如冷凝管内有溶剂滴下或蒸馏瓶上部内壁附有溶剂蒸气液滴,可继续吹入 CO_2,待三氯乙烯溶剂停止下滴后,继续吹入 CO_2 5min,除去蒸馏烧瓶内壁的溶剂蒸气。在此过程中,加热温度保持不变。

3.2.7 蒸馏终了时停止通 CO_2 和加热,并趁热将蒸馏烧瓶中的回收沥青倒入一容器中,接着试验回收沥青的性质(不得重复加热)。从抽提开始至回收结束的时间不得超过 8h。

3.2.8 对回收沥青进行黏度、针入度、软化点、组分分析等各项试验,方法与原样沥青的试验方法相同。

4 报告

报告应注明回收沥青的方法,并综合报告回收沥青的各项性质测定结果。

条文说明

从沥青混合料中回收沥青的目的与沥青抽提试验不同。抽提试验的目的仅在于测定沥青含量,回收沥青的关键在于在抽提过程中不应使沥青进一步老化,且必须把其中的溶剂全部除去,以便测定回收沥青的性质。过去从沥青路面或混合料中回收沥青时,一般将回收沥青溶液用蒸馏法回收。由于我国 1983 年试验规程无该试验方法,具体试验步骤均无统一要求,故蒸馏的程度不可能统一掌握。为适应沥青材料研究工作的需要,增加回收沥青的试验方法十分必要。但回收沥青的试验方法难度很大,ASTM D 762 的阿布森法已经终止,并为 D 1856 所代替。此法操作要求很高,日本石油协会等几个单位进行联合试验,对方法作了改进,简化并订成 JPI-5S-31,日本道路协会将其收入铺装试验法便览。本试验方法是参照 ASTM D 1856 及日本道路协会铺装试验法便览 3-9-7 的试验方法制定的。

对回收沥青抽提用的溶剂,第 17 届世界道路会议报告指出现在国际上有尖锐分歧,建议不管使用哪种溶剂,均应在试验条件下对已知性质的沥青进行回收,以评定溶剂对沥青的作用效果。ASTM D 2172 规定用三氯乙烯、三氯甲烷、苯等。日本规定用三氯乙烯,这是对溶剂的毒性及不可燃性、沸点等进行比较后选定的。根据日本的研究,使用化学纯的三氯乙烯时,因无稳定剂,使用时溶剂接触空气氧化生成过氧化物,继而生成多种化合物,在遇热和光线作用下更显著。为此,规程规定采用加有稳定剂的工业用三氯乙烯。为此,本试验方法规定用工业用三氯乙烯。

回收过程中关键的几个因素是升温速度、CO_2 通入的时间及数量、溶剂蒸馏馏出的速度、蒸馏结束后的保持条件等。这些都按照日本道路协会铺装试验法便览的条款编写的。在到达 160℃ 后 ASTM D 1856 规定的 CO_2 通气量是 900mL/min,而日本石油学会从 1984 年起,经过 4 年研究对比,认为 CO_2 通气量不足,导致回收过程中沥青的老化,故将此通气量提高至 1 400mL/min ±50mL/min,我国有关单位也认为试验时通气量不足容易沸腾,为此本试验法修订为 1 400mL/min ±50mL/min。

本次修订参考了有关单位的研究成果,原方法中采用电热套加热时间较长,而且容易出现加热不均匀,特别是在三氯乙烯蒸馏的后期阶段,很难控制加热温度,经常出现烧瓶内的温度上升过快,使回收沥青产生二次老化,因此,修订后的规程要求采用具有控温功能的油浴进行加热,去掉了电热保温套加热。为避免回收沥青内进杂质,减少沸石或玻璃毛细管等物质黏附过多的抽提沥青降低抽提效率,所以去掉了采用掺加沸石或玻璃毛细管等方法防止溶液暴沸。另外,为使烧瓶内的温度保持为 160~

166℃,规定了油浴温度的设定范围。

由于阿布森回收沥青试验方法容易产生误差,建议在进行该试验时,首先选择一种基质沥青,检测针入度、延度、软化点等指标。然后取沥青试样,用三氯乙烯溶剂配成1:5浓度的溶液(建议值),并按照阿布森试验方法进行回收沥青。最后检测回收沥青的针入度指标,并与原样沥青进行比较,如果回收沥青比原样沥青相比针入度偏高,说明三氯乙烯没有完全蒸发,应适当延长蒸馏时间,检查CO_2通气量是否充足;反之,则需要检查加热时间是否过长、加热温度是否在回收后期过高等。

T 0727—2011 从沥青混合料中回收沥青的方法(旋转蒸发器法)

1 目的与适用范围

1.1 本方法采用旋转蒸发器法从石油沥青混合料中回收沥青,对沥青路面或沥青混合料用溶液抽提,再将抽提液中的溶剂除去,且在操作过程中不改变混合料中沥青的性质。

1.2 按本方法从沥青路面或沥青混合料中回收的沥青,可供评定石油沥青混合料中沥青的老化程度,及分析沥青路面的破坏原因,进行再生沥青混合料的配合比设计等使用。根据需要对回收沥青测定各种性质及化学组分。

2 仪具与材料技术要求

2.1 旋转蒸发器沥青回收装置:如图 T 0727-1 所示。它主要由下列部分组成:

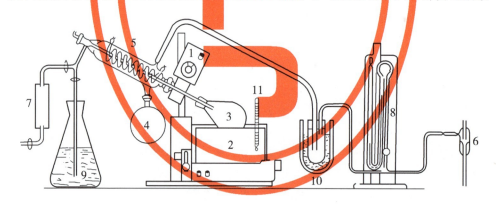

图 T 0727-1 旋转蒸发器沥青回收装置
1-电源及旋转速度控制器;2-加热装置;3-旋转烧瓶;4-溶剂回收烧瓶;5-冷凝器;6-抽气机或真空泵;7-气体流量计;8-真空计;9-沥青抽提液;10-凝气井;11-温度计

2.1.1 旋转烧瓶:容量1 000mL,置于加热装置(油浴)上,可通入CO_2气体。

2.1.2 蒸馏烧瓶:回收溶剂的冷凝器及1 000mL溶剂回收烧瓶。

2.1.3 减压抽气装置:可用真空泵或抽气机,能形成负压小于6.67kPa(50mmHg)。

2.1.4 凝气井:冷凝回收溶剂,冷却液可用甲醇及干冰的混合液。

2.1.5 气体流量计:量程 2 000mL/min。

2.2 高速离心分离器:可装置 4 个以上的离心管,相对离心力不小于 $770 \times g$。

2.3 离心管:容量 250mL 以上。

2.4 减压过滤器。

2.5 电热保温套:大小与 500mL 蒸馏烧瓶吻合,也可用油浴或砂浴,并有调温装置。

2.6 溶剂:工业用三氯乙烯,纯度 99% 以上。

2.7 CO_2 气体及储气钢瓶。

3 方法与步骤

3.1 准备工作

3.1.1 准备沥青混合料试样,一次用量应预计可获得回收沥青试样 80~120g,不足沥青试验项目需要时可分次回收后混合使用。沥青混合料若是从施工现场钻取的试样,宜用电风扇吹干水分后再用微波炉或在烘箱内加热,使其成松散状态,但加热温度不得超过 100℃,从开始加热至试样松散的时间不得超过 30min。

3.1.2 按本规程规定的方法测定沥青混合料密度及空隙率等各项物理指标。

3.1.3 按本规程 T 0722 方法将沥青混合料用离心法抽提出沥青溶液,至抽提液达澄清透明为止。

3.1.4 将全部沥青抽提液分次装入离心管中,用高速离心分离法清除抽提液中的矿粉部分,施加相对离心力 $770 \times g$ 以上,离心分离的时间不少于 30min。

3.1.5 将干净的抽提液取出一部分置减压过滤器的滤纸上过滤,一边抽气一边向滤纸上加新的三氯乙烯溶液洗净。仔细观察滤纸上还有没有矿粉颗粒,检验高速离心分离法清除矿粉是否干净。如有应重复上述步骤延长分离时间,直至确认抽提液中没有矿粉为止。

3.1.6 将旋转蒸馏回收装置按图 T 0727-1 接妥,接头均应密封,不漏气。

3.1.7 将加热装置的油浴调温至50℃±5℃。

3.2 试验步骤

3.2.1 将沥青抽提液全部(350~400mL)装入洁净的1 000mL旋转烧瓶中,用少量溶剂清洗后也并入瓶中。

3.2.2 开动真空泵或抽气机,使整个系统形成负压,真空度94.7kPa(710mmHg),即绝对负压在6.67kPa(50mmHg)以下。

3.2.3 开动旋转烧瓶,在不浸入加热油浴的状态下,以约50r/min的速度旋转5~10min。

3.2.4 在保持上述速度旋转的状态下,缓慢地将旋转烧瓶底部浸入已达50℃±5℃的油浴中,烧瓶内的溶剂开始蒸发。当冷凝装置冷却的溶液流入溶剂回收烧瓶达到稳定状态后,逐渐增加旋转速度。并增大旋转烧瓶浸入油浴的加热面积,加快蒸馏速度。直至无溶剂汽凝回收时,蒸馏结束,将旋转速度降低至20r/min。

3.2.5 旋转烧瓶继续保持旋转状态,同时将油浴升温,在15min内上升至155℃±2℃,并在此状态下保持15min,然后开放CO_2阀门,以1 000mL/min的流速通过2min。

3.2.6 关闭CO_2阀门,逐渐使旋转烧瓶内恢复至常压,停止旋转烧瓶旋转,离开油浴,拆开装置。

3.2.7 迅速倒出烧瓶内的残留沥青,进行回收沥青的各项试验。

3.2.8 对回收沥青进行黏度、针入度、软化点、组分分析等各项试验,方法与原样沥青的试验方法相同。

4 报告

报告应注明回收沥青的方法,并综合报告回收沥青的各项性质测定结果。

条文说明

在日本道路协会铺装试验法便览中,蒸馏回收方法规定了两种装置,除了ASTM D 1856的装置(阿布森法)外,还规定了一套旋转蒸发器装置。旋转蒸发器回收沥青在欧洲广泛采用,第17届世界道路会议及美国SHRP研究中也提出此法,这一点是近年来回收沥青的主要变化。我国已有引进的设备,国产的石油仪器中也有类似的产品。本试验法按照日本道路协会铺装试验法便览3-9-7的方法,列出了旋转蒸发器回收沥青试验方法的步骤,供有此类设备的单位使用。

对溶剂要求采用工业用三氯乙烯,并要求纯度要达到99%以上,因为纯度高回收效果比较好。由于三氯乙烯溶剂易挥发,而且对人体有害,所以,旋转蒸发器整套试验应该在通风良好的室内进行,操作人员也应该配备必要的防护用品,如橡皮手套和防护面罩等。

对真空度的控制可以根据蒸馏情况、仪器本身的功能及结合实践经验进行调整。

由于沥青回收方法难度大,回收条件掌握不好,沥青本身老化就难以避免。因此国外都要求操作者在正式试验前,应进行空白试验,即将已知各项性质的沥青用三氯乙烯溶解至相当浓度后按试验法回收,测定沥青性质有无变化。如技术不熟练,条件掌握不好,沥青性质发生了变化,就说明试验本身不合格。我国这方面的试验开展得还很少,各单位使用本试验方法时亦应反复进行空白试验,以便试验者能熟练操作,达到回收的目的。

T 0728—2000 沥青混合料弯曲蠕变试验

1 目的与适用范围

1.1 本方法适用于测定热拌沥青混合料试件在规定温度和加载应力水平条件下弯曲蠕变的应变速率,以评价沥青混合料的变形性能。

1.2 试验温度根据试验目的需要或有关规定选用,如无特殊规定,试验沥青混合料的低温性能时宜采用0℃,试验高温性能时宜采用30~40℃。

1.3 本方法适用于由轮碾成型后的试件切制成长250mm、宽30mm、高35mm的棱柱体小梁,其跨径为200mm。

2 仪具与材料技术要求

2.1 蠕变试验机:宜采用能施加恒定荷载的电液伺服万能材料试验机,也可采用砝码加载的杠杆式蠕变试验机。荷载由传感器测定,最大荷载应满足不超过传感器量程的80%且不小于量程的20%的要求,宜采用0.2kN,分度值10N。应保持试验机在加载过程中荷载水平基本不变。具有梁式支座,下支座中心距200mm,上压头位置居中,上压头及支座与试件的接触面均为半径10mm的圆弧形钢棒,上压头可以活动与试件紧密接触。应具有环境保温箱,控温准确至±0.1℃。

2.2 位移测定装置:采用LVDT位移传感器。

2.3 数据采集系统或X-Y记录仪:能自动采集或储存传感器及位移传感器的电测信号,能在数据采集系统或在X-Y记录仪上绘制荷载与跨中挠度随时间变化的曲线。

2.4 恒温水槽:温度范围能满足试验要求,控温准确度为±0.1℃。在负温度下试验时,恒温水槽的水中应加少量食盐以降低冰点,或采用1:1的甲醇(或乙二醇)水溶液作冷媒介质。恒温水槽中的液体应能循环回流使温度恒定。

2.5 万能材料试验机:应具有控温环境箱,最大荷载为5kN,准确至0.01kN。

2.6 卡尺。

2.7 秒表。

2.8 温度计:分度值0.1℃。

2.9 天平:感量不大于0.1g。

2.10 其他:平板玻璃等。

3 方法与步骤

3.1 准备工作

3.1.1 按本规程 T 0703 沥青混合料试件制作方法由轮碾成型的板块状试件上用切割法制作棱柱体试件,试件尺寸应符合长250mm±2mm、宽30mm±2mm、高35mm±2mm的要求,一块300mm×300mm×50mm的板块通常可切制6根试件。

3.1.2 在跨中及两支点断面用卡尺量取试件的尺寸,当两支点断面的高度(或宽度)之差超过2mm时,试件应作废。跨中断面的宽度为b,高度为h,取相对两侧的平均值,准确至0.1mm。

3.1.3 按本规程规定的方法测量试件的密度、空隙率等各项物理指标。

3.1.4 将试件置于规定温度的恒温水槽中保温1h,试件之间的距离应不小于10mm。当进行沥青混合料的高温弯曲蠕变试验时,试件必须平放在支起的平板玻璃上。

3.1.5 将试验机环境箱调到规定温度±0.1℃。

3.1.6 将试验机梁式试件支座准确安放好,测定支点间距为200mm±0.5mm,使上压头与下压头钢棒保持平行且距离相等,然后将位置固定。

3.2　从一组 6 根试件中随机选取 2 根试件,在规定温度条件下按本规程 T 0715 的方法进行弯曲试验,加载速率为 50mm/min。测定试件的破坏荷载 P,求取平均值。以破坏荷载的 10% 作为弯曲蠕变试验的荷载 P_0。

3.3　方法与步骤

3.3.1　将试件从恒温水槽中取出,立即对称安放在支座上,试件上下方向应与试件成型时方向一致。高温弯曲蠕变试验必须在恒温水槽中进行,低温弯曲蠕变试验可在试验机的环境箱或恒温水槽中进行。

3.3.2　将荷载传感器、LVDT 位移传感器与数据采集系统连接,以 X 轴为时间轴,Y 轴记录荷载(Y_1)及位移(Y_2),选择适宜的量程后调零。

3.3.3　在梁跨正中央安放位移测定装置,跨中挠度用 LVDT 传感器测定。位移传感器支座固定在试验机机身上。位移传感器测头支于试件跨中中央(1 个位移传感器)或两侧(用 2 个位移传感器)。位移传感器有效量程应大于预计最大挠度的 1.2 倍。当采用 X-Y 记录仪记录时间挠度曲线时,为正确地从曲线读取数据,在开始加载后的 60s 内,记录仪的走纸速度(或扫描速度)宜不小于 100mm/min,直至试验结束宜不小于 10mm/min。

当采用电子数据采集系统记录挠度变形时,为正确地根据输出数据绘制曲线,在开始加载后的 10s 内,采样频率宜不小于 100Hz,此后 5min 宜不小于 1Hz,然后以不小于 0.2Hz 的采样频率直至试验结束。

3.3.4　施加荷载 P_0。当采用能施加恒定荷载的电液伺服万能材料试验机时,开动试验机,快速(宜为 50mm/min)在跨中施以荷载达到要求的恒定荷载,并符合破坏荷载的 $10\% \pm 1\%$ 的要求。当采用砝码加载的杠杆式蠕变试验机时,直接一次加上要求的砝码荷载,施加在试件上的荷载应符合破坏荷载的 $10\% \pm 1\%$ 的要求。

3.3.5　在施加荷载的同时开动记录仪。记录荷载变化过程及跨中挠度曲线,如图 T 0728-1 所示。直至变形进入直线稳定发展的时间不得少于 0.5h,根据需要可试验至试件断裂为止。

3.3.6　按同样顺序对其他试件进行试验,一组试件重复试验的试件数不得少于 3 根。

4　计算

4.1　从图 T 0728-1 试验时间—跨中挠度曲线上按试验数据采样频率读取不同时间 t_i 的跨中挠度 d_i,至时间—挠度曲线进入直线段(稳定期)后,读取直线段起点及终点的时间及变形(t_1、d_1 及 t_2、d_2)。

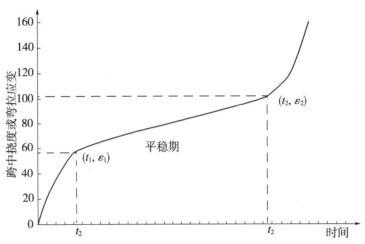

图 T 0728-1 试验时间—跨中挠度曲线

4.2 当进行低温弯曲蠕变试验,且试验是在试验机环境箱中进行时,小梁的自重影响在计算时可略去不计,按式(T 0728-1)~式(T 0728-5)计算蠕变弯拉应力 σ_0、梁底弯拉应变 $\varepsilon(t)$ 及弯曲蠕变劲度模量 $S(t)$、弯曲蠕变柔量 $J(t)$、弯曲蠕变速率 ε_s。此组公式不适用于温度高于 20℃ 的情况。

$$\sigma_0 = \frac{3 \times L \times F_0}{2 \times b \times h^2} \times 10^{-6} \quad (\text{T 0728-1})$$

$$\varepsilon(t) = \frac{6 \times h \times d(t)}{L^2} \quad (\text{T 0728-2})$$

$$S(t) = \frac{\sigma_0}{\varepsilon(t)} \quad (\text{T 0728-3})$$

$$J(t) = \frac{1}{S(t)} \quad (\text{T 0728-4})$$

$$\varepsilon_s = \frac{\varepsilon_2 - \varepsilon_1}{(t_2 - t_1)/\sigma_0} \quad (\text{T 0728-5})$$

上述式中:σ_0——试件的蠕变弯拉应力(MPa);

$\varepsilon(t)$——试件梁底的弯拉应变;

$S(t)$——试件的弯曲蠕变劲度模量(MPa);

$J(t)$——试件的弯曲蠕变柔量(1/MPa);

ε_s——试件的弯曲蠕变速率[1/(s·MPa)];

t_1、t_2——分别为蠕变稳定期直线段起始点及终点的时间(s);

ε_1、ε_2——分别为对应于时间 t_1、t_2 时的蠕变应变;

b——跨中断面试件的宽度(m);

h——跨中断面试件的高度(m);

L——试件的跨径(m);

F_0——试件在试验加载过程中承受的荷载(N);

$d(t)$——试件加载过程中随时间 t 变化的跨中挠度(m)。

4.3 当在恒温水槽中进行沥青混合料的弯曲蠕变试验时,均应计算小梁的自重,并考虑水的浮力,按式(T 0728-6)~式(T 0728-10)分别计算蠕变、弯拉应力 σ_0、梁底弯拉应变 $\varepsilon(t)$ 及弯曲蠕变劲度模量 $S(t)$、弯曲蠕变柔量 $J(t)$、弯曲蠕变速率 ε_s。

$$\sigma_0 = \frac{3 \times (2 \times L \times F_0 + q \times L^2 - 4 \times q \times L_1^2)}{4 \times b \times h^2} \times 10^{-6} \quad (\text{T 0728-6})$$

$$\varepsilon(t) = \frac{24 \times h \times (2 \times L \times F_0 + q \times L^2 - 4 \times q \times L_1^2)}{(8 \times L^3 \times F_0 + 5 \times q \times L^4 - 24 \times q \times L^2 \times L_1^2)} \times d(t) = \alpha \times d(t) \quad (\text{T 0728-7})$$

$$S(t) = \frac{\sigma_0}{\varepsilon(t)} \quad (\text{T 0728-8})$$

$$J(t) = \frac{1}{S(t)} \quad (\text{T 0728-9})$$

$$\varepsilon_s = \frac{\varepsilon_2 - \varepsilon_1}{(t_2 - t_1)/\sigma_0} \quad (\text{T 0728-10})$$

上述式中:σ_0——试件的蠕变弯拉应力(MPa);

$\varepsilon(t)$——试件梁底的弯拉应变;

$S(t)$——试件的弯曲蠕变劲度模量(MPa);

$J(t)$——试件的弯曲蠕变柔量(1/MPa);

ε_s——试件的弯曲蠕变速率[1/(s·MPa)];

t_1、t_2——蠕变稳定期直线段起始点及终点两点的时间(s);

ε_1、ε_2——对应于时间 t_1、t_2 时的蠕变应变;

b——跨中断面试件的宽度(m);

h——跨中断面试件的高度(m);

L——试件的跨径(m),一般为 0.2m;

L_1——试件的端部到支点的距离(m),一般为 0.025m;

q——小梁试件单位长度的质量(N/m),由下式计算:

$$q = (D - 1) \times b \times h \times 1\,000 \times 9.81$$

D——沥青混合料密度(t/m³);

F_0——试件在试验加载过程中承受的荷载(N);

$d(t)$——试件加载过程中随时间 t 变化的跨中挠度(m)。

5 报告

5.1 每个试验温度下,一组平行试验的试件不得少于3个,取其平均值作为试验结果。

5.2 试验结果均应注明试件尺寸、成型方法、试验温度及加载速率。

条文说明

沥青混合料弯曲蠕变试验的目的是对规定尺寸的小梁试件,在跨中施加恒定的集中荷载,测定随时间不断增长的蠕变变形。跨中断面下缘的总应变与应力之比值为弯曲蠕变柔量,以1/MPa计。在单位应力条件下,变形等速增长的稳定期内单位时间增加的应变值即蠕变速率,以$1/(s \cdot MPa)$计。本方法是按照"八五"国家科技攻关专题"道路沥青及沥青混合料的路用性能"的研究成果编写的,配套设备已供应市场。

T 0729—2000 沥青混合料冻融劈裂试验

1 目的与适用范围

1.1 本方法适用于在规定条件下对沥青混合料进行冻融循环,测定混合料试件在受到水损害前后劈裂破坏的强度比,以评价沥青混合料的水稳定性。非经注明,试验温度为25℃,加载速率为50mm/min。

1.2 本方法采用马歇尔击实法成型的圆柱体试件,击实次数为双面各50次,集料公称最大粒径不得大于26.5mm。

2 仪具与材料技术要求

2.1 试验机:能保持规定加载速率的材料试验机,也可采用马歇尔试验仪。试验机负荷应满足最大测定荷载不超过其量程的80%且不小于其量程的20%的要求,宜采用40kN或60kN传感器,读数准确至0.01kN。

2.2 恒温冰箱:能保持温度为-18℃。当缺乏专用的恒温冰箱时,可采用家用电冰箱的冷冻室代替,控温准确至±2℃。

2.3 恒温水槽:用于试件保温,温度范围能满足试验要求,控温准确至±0.5℃。

2.4 压条:上下各1根。试件直径100mm时,压条宽度为12.7mm,内侧曲率半径50.8mm。压条两端均应磨圆。

2.5 劈裂试验夹具:下压条固定在夹具上,压条可上下自由活动。

2.6 其他:塑料袋、卡尺、天平、记录纸、胶皮手套等。

3 方法与步骤

3.1 按本规程 T 0702 方法制作圆柱体试件。用马歇尔击实仪双面击实各 50 次,试件数目不少于 8 个。

3.2 按本规程规定的方法测定试件的直径及高度,准确至 0.1mm。试件尺寸应符合直径 101.6mm±0.25mm、高 63.5mm±1.3mm 的要求。在试件两侧通过圆心画上对称的十字标记。

3.3 按本规程规定的方法测定试件的密度、空隙率等各项物理指标。

3.4 将试件随机分成两组,每组不少于 4 个。将第一组试件置于平台上,在室温下保存备用。

3.5 将第二组试件按本规程 T 0717 标准的饱水试验方法真空饱水,在真空度为 97.3~98.7kPa(730~740mmHg)条件下保持 15min;然后打开阀门,恢复常压,试件在水中放置 0.5h。

3.6 取出试件放入塑料袋中,加入约 10mL 的水,扎紧袋口,将试件放入恒温冰箱(或家用冰箱的冷冻室),冷冻温度为 -18℃±2℃,保持 16h±1h。

3.7 将试件取出后,立即放入已保温为 60℃±0.5℃ 的恒温水槽中,撤去塑料袋,保温 24h。

3.8 将第一组与第二组全部试件浸入温度为 25℃±0.5℃ 的恒温水槽中不少于 2h,水温高时可适当加入冷水或冰块调节。保温时试件之间的距离不少于 10mm。

3.9 取出试件立即按本规程 T 0716 用 50mm/min 的加载速率进行劈裂试验,得到试验的最大荷载。

4 计算

4.1 劈裂抗拉强度按式(T 0729-1)及式(T 0729-2)计算。

$$R_{T1} = 0.006\,287 P_{T1}/h_1 \tag{T 0729-1}$$

$$R_{T2} = 0.006\,287 P_{T2}/h_2 \tag{T 0729-2}$$

上述式中：R_{T1}——未进行冻融循环的第一组单个试件的劈裂抗拉强度（MPa）；

R_{T2}——经受冻融循环的第二组单个试件的劈裂抗拉强度（MPa）；

P_{T1}——第一组单个试件的试验荷载值（N）；

P_{T2}——第二组单个试件的试验荷载值（N）；

h_1——第一组每个试件的高度（mm）；

h_2——第二组每个试件的高度（mm）。

4.2 冻融劈裂抗拉强度比按式（T 0729-3）计算。

$$\text{TSR} = \frac{\overline{R}_{T2}}{\overline{R}_{T1}} \times 100 \qquad (\text{T 0729-3})$$

式中：TSR——冻融劈裂试验强度比（%）；

$\overline{R}_{T2}$——冻融循环后第二组有效试件劈裂抗拉强度平均值（MPa）；

$\overline{R}_{T1}$——未冻融循环的第一组有效试件劈裂抗拉强度平均值（MPa）。

5 报告

5.1 每个试验温度下，一组试验的有效试件不得少于3个，取其平均值作为试验结果。当一组测定值中某个数据与平均值之差大于标准差的 k 倍时，该测定值应予舍弃，并以其余测定值的平均值作为试验结果。当试件数目 n 为3、4、5、6时，k 值分别为1.15、1.46、1.67、1.82。

5.2 试验结果均应注明试件尺寸、成型方法、试验温度、加载速率。

条文说明

本方法名为冻融劈裂试验，其真正含义是检验沥青混合料的抗水损害能力，不过条件比一般的浸水更苛刻一些。它不同于抗冻性试验，用于评价抗冻性的冻融循环试验次数要多达数十次甚至数百次之多。它虽然是冻融循环试验，但由于是为了评价水稳定性，所以对南方非冰冻地区也是适用的。

本方法是按照"八五"国家科技攻关专题"道路沥青及沥青混合料的路用性能"研究成果编写的，实际上是由美国 AASHTO T 283 Lottmen 方法修正简化而成（主要参考了1989年版）。为便于了解美国 AASHTO T 283—98 沥青混合料水损害评价方法（即冻融劈裂试验方法），兹将其试验方法概要介绍如下：

（1）每次制作最少6个试件，其中一半用于干燥条件的试验，另一半用于冻融条件的试验。采用马歇尔试件的尺寸为 ϕ101.6mm×63.5mm，适用于集料的公称最大粒径不大于26.5mm的混合料。

（2）按规定的试验条件拌和沥青混合料，将拌和均匀的试样放在面积不小于 48 400~64 500mm² （75~100in²）的盘子里，深度约25mm（1in），在室温下冷却 2h±0.5h；然后将混合料放入60℃烘箱里养生16h。盘子应被架起在通风条件下，一盘最多放置3个试件的混合料，且事先称好每个试件的量分开放置。

（3）养生以后，将混合料放入135℃烘箱中加热2h，供压实成型试件使用。

(4)采用马歇尔击实仪或搓揉试验机成型试件,必须使试件的空隙率为7%±1.0%或者是符合工程要求的一个期望的空隙率。为了达到此空隙率,可以通过调整马歇尔击实次数和搓揉次数得到。

(5)试件脱模后在室温中放置72~96h。

(6)按规定方法测定混合料的最大理论密度,测量试件的高度和毛体积相对密度,计算试件的空隙率,空隙率不符合要求的试件作废。

(7)将试件分成两组。其中的一组作为干燥条件试验的试件,试件放在塑料袋中,在室温条件下存放,直至劈裂试验前放入25℃水槽中保温不少于2h。

另一组供冻融劈裂试验用的试件按以下步骤处理:

将试件放入一真空容器中,试件底部离开容器底部有一定的间隙,向容器注入蒸馏水至试件以上不少于25mm,在短时间(5~10min)内达到绝对压力13~67kPa(3.8~19.8inHg),再在短时间内(5~10min)撤去真空,取出试件,按T 166的方法计算毛体积相对密度,并计算饱水率,应在55%~80%的范围内;如果饱水率小于55%或大于80%,应调整抽真空的时间和真空度,使之符合要求。

关于真空度的要求,美国一些规程的要求是不同的,AASHTO 也一直在变化。1998 年 ASTM 4867—96 仅规定为达到饱和度55%~88%,未规定真空条件。AASHTO 1985 年 T 283—85 规定 67.7kPa(20inHg),达到55%~80%饱和度。1998 年 T 283—96 规定绝对压力13~67kPa (3.8~19.8inHg),5~10min,且规定达到55%~80%饱和度。SHRP TP-34 规定真空度为68kPa(510mmHg),5min±0.2min,未规定饱和度。而在 NAPA QIP 119 中介绍水损害的文章对比试验方法提到 T 283 时,改进 Lottman 规定为67.7kPa (20inHg),5~30min,饱和度55%~80%。ASTM D 4867/D 4867 M-96 则规定真空度为67.7kPa(20inHg),5min,且达到55%~80%的饱和度(如饱和度不合适,可调整真空度)。

(8)将试件放入60℃±1℃水槽中24h±1h(原来几版的 T 283 及 ASTM 没有这一步)。

(9)用塑料薄膜或塑料袋套住试件,向其中注入10mL水,封口。

(10)将塑料密封的试件放入 -18℃±3℃的冰箱中不少于16h。

(11)移出冰箱,立即放入60℃±1℃的水槽中24h±1h,一浸入水中就尽快将塑料袋或薄膜去除。

(12)在浸泡24h后将试件移至25℃±0.5℃的水槽中,保持2h±1h。如果需要的话,可以向水槽中加冰块,使调整室温达到25℃的时间不超过15min。

(13)将在干燥条件下试验的试件同样放入水槽中保温2h,然后与经上述步骤处理的试件同时进行劈裂试验,试验的压条宽度为12.7mm,测定劈裂抗拉强度,加载速率50mm/min,计算破坏强度比 TSR。

$$TSR = \frac{S_{T2}}{S_{T1}} \times 100 \qquad (T\ 0729\text{-}4)$$

式中:TSR——劈裂抗拉强度比(%);

S_{T1}、S_{T2}——分别为干燥条件试件和冻融条件试件的劈裂抗拉强度(kPa);

$$S_T = 2\,000 \times P/(\pi \times t \times D)$$

P——最大荷载(N);

t、D——试件的高度和直径(mm)。

可见,AASHTO T 283 的方法同样还在不断修订过程中,而且,它要求空隙率为7%是根据设计空隙率4%,考虑压实度以后,相当于铺筑在路面上的混合料空隙率设定的。在我国,规范还不能做到要求所有的混合料设计空隙率为4%,对所有不同的设计空隙率的试件都采用7%的空隙率进行水损害性能评价也不符合我国的实际情况。正因为如此,根据我国配合比设计时击实次数75次,水损害试验时采用击实50次是符合我国具体情况的。事实上,有的路面设计空隙率本身可能达到7%,如果也采用7%空隙率的设计进行试验反而不合适了。所以在现阶段,以 T 283 的方法代替本试验方法是不适宜的。另外,据一些单位试验研究,对设计空隙率接近4%的试件,采用 T 283 的方法和本方法具有较好的相关性。对 SMA 或其他有关的混合料配合比设计,采用50次击实次数的试件,施工时能达到的压实度一般较高。施工时压实功的大小并不因为试件成型75次或50次而有所区别,所以统一采用50次是适宜的。如在50次的基础上再减少至35次或40次,试件的空隙率过大,进行冻融劈裂试验会有困难。

为进一步对美国 AASHTO T 283—98 方法与我国冻融劈裂试验方法进行比较,兹将其要点比较列于表 T 0729-1。

表 T 0729-1 试验方法比较

美国 AASHTO T 283—98 方法	我国冻融劈裂试验方法
1. 混合料短期老化,60℃烘箱16h,135℃烘箱2h,马歇尔或搓揉压实法成型,试件要求空隙率为6%~8%	1. 马歇尔试件成型(加抗剥落剂的需短期老化)击实次数50次,制作8个试件
2. 室温试件放置72~96h	2. 一般不需处理(加抗剥落剂的需长期老化)
3. 一组试件不进行真空饱水;一组试件进行真空饱水,在真空度33.9~88.0kPa(254~660mmHg)条件下保持5~10min,要求饱水率55%~80%	3. 一组试件不进行真空饱水;一组试件进行真空饱水,在真空度97.3kPa(730mmHg)条件下保持15min后恢复常压
4. 试件立即放入60℃水中24h	4. 在常温水中放置0.5h
5. 试件放入塑料袋中,加10mL水	5. 试件放入塑料袋中,加10mL水
6. 试件在-18℃下冻16h	6. 试件在-18℃下冻16h
7. 试件立即放入60℃水中24h	7. 试件立即放入60℃水中24h
8. 两组试件均25℃养生2h	8. 两组试件均25℃养生2h
9. 劈裂试验(50mm/min),求劈裂强度比 TSR	9. 劈裂试验(50mm/min),求劈裂强度比 TSR

T 0730—2011 沥青混合料渗水试验

1 目的与适用范围

本方法适用于测定碾压成型的沥青混合料试件的渗水系数,以检验沥青混合料的设计配合比。

2 仪具与材料技术要求

2.1 路面渗水仪:形状和尺寸如图 T 0730-1 所示,上部盛水量筒由透明有机玻璃制成,容积600mL,上有刻度,在100mL及500mL处有粗标线,下方通过ϕ10mm的细管与底座相接,中间有一开关。量筒通过支架联结,底座下方开口内径150mm,外径220mm。仪器附不锈钢圈压重两个,每个质量约5kg,内径160mm。

2.2 量筒及大漏斗。

2.3 秒表。

2.4 密封材料：防水腻子、油灰或橡皮泥。

2.5 其他：水、粉笔、塑料圈、刮刀、扫帚等。

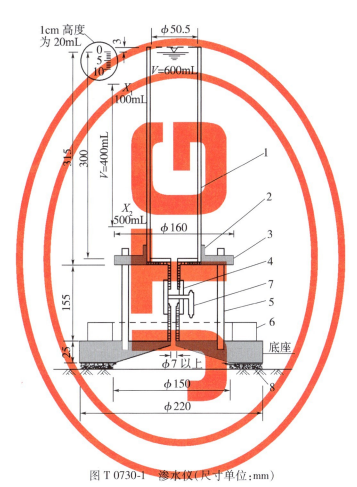

图 T 0730-1　渗水仪（尺寸单位：mm）

1-透明有机玻璃筒；2-螺纹连接；3-顶板；4-阀；5-立柱支架；6-压重钢圈；7-把手；8-密封材料

3　方法与步骤

3.1　准备工作

3.1.1　组合安装路面渗水仪。

3.1.2　按照本规程 T 0703 沥青混合料试件成型方法（轮碾法）制作沥青混合料试件，冷却到规定的时间后脱模，并揭去成型试件时垫在表面的纸。

3.2 试验步骤

3.2.1 将试件放置于稳定的平面上,将塑料圈置于试件中央的测点上,用粉笔分别沿塑料圈的内侧和外侧画上圈,在外环和内环之间的部分就是需要用密封材料进行密封的区域。

3.2.2 用密封材料对环状密封区域进行密封处理,注意不要使密封材料进入内圈;如密封材料不小心进入内圈;必须用刮刀将其刮走。然后再将搓成拇指粗细的条状密封材料摞在环状密封区域的中央,并且摞成一圈。

3.2.3 用适当的垫块或木块在左右两侧架起试件,试件下方放置一个接水容器。将渗水仪放在试件的测点上,注意使渗水仪的中心尽量和圆环中心重合,然后略微使劲将渗水仪压在条状密封材料表面,再将配重加上,以防压力水从底座与试件间流出。

3.2.4 将开关关闭,向量筒中注满水,然后打开开关,使量筒中的水下流排出渗水仪底部内的空气,当量筒中水面下降速度变慢时用双手轻压渗水仪使渗水仪底部的气泡全部排出。关闭开关,并再次向量筒中注满水。

3.2.5 将开关打开,待水面下降至100mL刻度时,立即开动秒表开始计时,每间隔60s,读记仪器管的刻度一次,至水面下降500mL时为止。测试过程中,如水从底座与密封材料间渗出,说明底座与路面密封不好,应重新密封。当水面下降速度较慢,则测定3min的渗水量即可停止;如果水面下降速度较快,在不到3min的时间内到达了500mL刻度线,则记录到达了500mL刻度线时的时间;若水面下降至一定程度后基本保持不动,说明基本不透水或根本不透水,在报告中注明。

3.2.6 按以上步骤对同一种材料制作3块试件测定渗水系数,取其平均值作为检测结果。

4 计算

沥青混合料试件的渗水系数按式(T 0730-1)计算,计算时以水面从100mL下降到500mL所需的时间为标准;若渗水时间过长,也可以采用3min通过的水量计算。

$$C_w = \frac{V_2 - V_1}{t_2 - t_1} \times 60 \quad (\text{T 0730-1})$$

式中:C_w——路面渗水系数(mL/min);
V_1——第一次计时时的水量(mL),通常为100mL;
V_2——第二次计时时的水量(mL),通常为500mL;
t_1——第一次计时的时间(s);

t_2——第二次计时的时间(s)。

5 报告

逐点报告每个试件的渗水系数及3个试件的平均值。若试件不透水,应在报告中注明。

条文说明

沥青路面渗水性能是反映路面沥青混合料级配组成的一个间接指标,也是沥青路面水稳定性的一个重要指标。所以要求在配合比设计阶段对沥青混合料的渗水系数进行检验。

原规程的试验方法是在我国以往实践经验的基础上参照日本道路协会铺装试验法便览的透水试验方法编写的。本次修订是通过对国内外多种渗水测定方法和渗水指标的研究,将原规程中的沥青路面渗水仪进行了适当的改变,用我国原来类似于NCAT的两段式渗水仪进行了大量的对比试验后,发现原规程的渗水仪存在不足,决定对原规程的渗水仪进行改进完善。其主要改进的地方有:增大了底座的外围直径,由原来的16.5cm增大为22cm,这样底盘的圆环宽度由原来的0.75cm增大为3.5cm;增加了渗水仪的高度,由原来的31cm增加为51.5cm;增加了和底盘形状面积一样的塑料环。渗水仪由于底座改进后,接地面积是原来的5.5倍,大大增加了密封性能。通过使用塑料环画圈,可以比较精确地控制渗水面积,而且采取的密封措施可以使渗水面积在试验过程中不会发生改变。

若渗水较快,水面从100mL降至500mL的时间不很长,则中间也可不读数;若渗水太慢,则从水面降至100mL时开始,测记3min即可中止试验;若水面基本不动,说明试件不透水,则在报告中注明即可。

原渗水系数计算公式里的说明不清楚,修改后的公式更加合理,实施起来也方便。本方法所采用的仪器与《公路路基路面现场测试规程》(JTG E60—2008)的相同。

T 0731—2000 沥青混合料表面构造深度试验

1 目的与适用范围

本方法适用于测定碾压成型的沥青混合料试件的表面构造深度,用以检验沥青混合料的配合比设计。

2 仪具与材料技术要求

2.1 人工砂铺仪:由圆筒、推平板组成。

2.1.1 量砂筒:形状和尺寸如图T 0731-1所示,一端是封闭的,容积为25mL±0.15mL,可通过称量砂筒中水的质量以确定其容积V,并调整其高度,使其容积符合规定要求。带一专门的刮尺将筒口量砂刮平。

2.1.2 推平板:形状和尺寸如图 T 0731-2 所示,推平板应为木制或铝制,直径 50mm,底面粘一层厚 1.5mm 的橡胶片,上面有一圆柱把手。

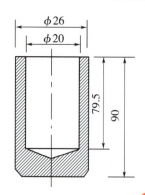 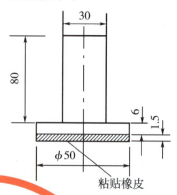

图 T 0731-1　量砂筒(尺寸单位:mm)　　　图 T 0731-2　推平板(尺寸单位:mm)

2.1.3 刮平尺:可用 30cm 钢板尺代替。

2.2 量砂:足够数量的干燥洁净的匀质砂,粒径 0.15~0.3mm。

2.3 量尺:钢板尺、钢卷尺,或采用已按式(T 0731-1)将直径换算成构造深度作为刻度单位的专用的构造深度尺。

2.4 其他:装砂容器(小铲)、扫帚或毛刷、挡风板等。

3　方法与步骤

3.1　准备工作

3.1.1 按本规程 T 0703 沥青混合料试件成型方法(轮碾法)制作沥青混合料试件,试件尺寸为 30cm×30cm×5cm。

3.1.2 量砂准备:取洁净的细砂,晾干,过筛,取 0.15~0.3mm 的砂置适当的容器中备用。量砂只能使用一次,不宜重复使用。回收砂必须干燥、过筛处理后方可使用。

3.2　试验步骤

3.2.1 应用小铲沿筒壁向圆筒中装满砂,手提圆筒上方,在地面上轻轻地叩打 3 次,使砂密实,补足砂面用钢尺一次刮平。注意不得直接用量砂筒装砂,以免影响量砂密度的均匀性。

3.2.2 将砂倒在试件表面上,用底面粘有橡胶片的推平板,由里向外重复作摊铺运动,稍稍用力将砂细心地尽可能向外摊开,使砂填入凹凸不平的试件表面的空隙中,尽可能将砂摊成圆形,并不得在表面上留有浮动余砂。摊铺时不可用力过大或向外推挤。当试件表面已不足以摊铺全部用砂时,在试验报告中注明。

3.2.3 用钢板尺测量所构成圆的两个垂直方向的直径,取其平均值,准确至1mm。

3.2.4 按以上方法,同一种材料平行测定不少于3个试件。

4 计算

沥青混合料表面构造深度测定结果按式(T 0731-1)计算,准确至0.01mm。

$$TD = \frac{100 \times V}{\pi \times D^2/4} = \frac{31\,831}{D^2} \quad (T\ 0731\text{-}1)$$

式中:TD——沥青混合料表面构造深度(mm);
  V——砂的体积,25cm³;
  D——摊平砂的平均直径(mm)。

5 报告

取3个试件的表面构造深度的测定结果平均值作为试验结果。当平均值小于0.2mm时,试验结果以<0.2mm表示。

条文说明

沥青路面的抗滑性能是一项重要的路用性能,它取决于集料自身的表面纹理结构(微观结构,现用粗集料的加速磨光值PSV表述),以及混合料的级配所决定的表面构造深度(宏观结构)。如果沥青混合料的配合比设计所选择的级配不能形成足够的表面构造深度,施工单位不可能在施工过程中达到所要求的构造深度,因此必须在配合比设计阶段对构造深度进行检验。这对于沥青混合料抗滑表层及沥青玛蹄脂碎石混合料(SMA)尤为重要。

本方法参照沥青路面构造深度测试方法编写,并统一采用手工法测定。

T 0732—2011 沥青混合料谢伦堡沥青析漏试验

1 目的与适用范围

本方法用以检测沥青结合料在高温状态下从沥青混合料中析出多余的自由沥青数量,供检验沥青玛蹄脂碎石混合料(SMA)、排水式大空隙沥青混合料(OGFC)或沥青碎石类混合料的最大沥青用量使用。

2 仪具与材料技术要求

2.1 烧杯:800mL。

2.2 烘箱。

2.3 小型沥青混合料拌和机。

2.4 玻璃板。

2.5 天平:感量不大于0.1g。

2.6 其他:手铲、棉纱等。

3 试验步骤

3.1 根据实际使用的沥青混合料的配合比,对集料、矿粉、沥青、纤维稳定剂等按T 0702的方法用小型沥青混合料拌和机拌和混合料。拌和时纤维稳定剂应在加入粗细集料后加入,并适当干拌分散,再加入沥青拌和至均匀。每次只能拌和一个试件。一组试件分别拌和4份,每1份约为1kg。第1锅拌和后即予废弃不用,使拌和锅黏附一定量的沥青结合料,以免影响后面3锅油石比的准确性。当为施工质量检验时,直接从拌和机取样使用。

3.2 洗净烧杯,干燥,称取烧杯质量 m_0,准确至0.1g。

3.3 将拌和好的1kg混合料,倒入800mL烧杯中,称烧杯及混合料的总质量 m_1,准确至0.1g。

3.4 在烧杯上加玻璃板盖,放入170℃±2℃烘箱中,当为改性沥青SMA时宜为185℃,持续60min±1min。

3.5 取出烧杯,不加任何冲击或振动,将混合料向下扣倒在玻璃板上,称取烧杯以及黏附在烧杯上的沥青结合料、细集料、玛蹄脂等的总质量 m_2,准确至0.1g。

4 计算

沥青析漏损失按式(T 0732-1)计算。

$$\Delta m = \frac{m_2 - m_0}{m_1 - m_0} \times 100 \quad (\text{T 0732-1})$$

式中：m_0——烧杯质量(g)；

m_1——烧杯及试验用沥青混合料总质量(g)；

m_2——烧杯及黏附在烧杯上的沥青结合料、细集料、玛蹄脂等总质量(g)；

Δm——沥青析漏损失(%)。

5 报告

试验至少应平行试验3次，取平均值作为试验结果。

条文说明

谢伦堡沥青析漏试验(Schellenberg Binder Drainage Test)是德国为沥青玛蹄脂碎石沥青混合料(SMA)的配合比设计而制定的方法。它是为了确定沥青混合料有无多余的自由沥青或沥青玛蹄脂而进行的试验，由此确定最大沥青用量。与飞散试验相结合，可以得出一个合理的沥青用量范围。

关于试验温度，目前市场上改性剂的品种较多，特别是高黏改性沥青的应用，对于这类材料，可按实际的施工温度调整试验温度。为了保证室内拌和沥青混合料的均匀性，在试验步骤中去掉了手工炒拌混合料的方法。

德国一般采用烧杯试验析漏量，它是目前世界上使用最普遍的试验方法，规定析漏损失平均值小于0.2%为合格，析漏损失超过0.3%为不合格。所以本规程采用此方法作为标准试验方法。但是，由于用烧杯进行沥青析漏试验的沥青混合料的厚度较大，集料层厚，沥青析漏较为困难，黏附在烧杯上的沥青量太少，所以日本便将试验方法改成用搪瓷盘进行试验，原理是相同的。采用搪瓷盘测定时按下列步骤进行：

(1)将搪瓷盘洗净、干燥，称取搪瓷盘的空质量。

(2)将拌好的混合料称量一份2kg放入搪瓷盘中。此时应注意将附在拌和锅中的沥青尽量一起取出放入搪瓷盘中，使沥青用量尽量准确。均匀地摊开混合料。称取搪瓷盘及沥青混合料的总质量。

(3)将搪瓷盘平放入170℃±2℃烘箱中，保持1h。

(4)取出搪瓷盘，将沥青混合料倒扣入另一个容器中，如有碎石黏附在盘底的应予取出，称取搪瓷盘及黏附的沥青质量，便可计算沥青析漏量。

美国AASHTO T 305—97提出了一个新的网篮法析漏试验方法"Determination of Draindown Characteristics in Uncompacted Asphalt Mixtures"，适用于检验沥青玛蹄脂碎石混合料(SMA)、大空隙排水性沥青混合料(OGFC)在存储、运输和铺筑过程中有无自由沥青，是配合比设计及现场生产过程施工质量检验的一个试验方法。

在美国的SMA配合比设计方法中，建议采用网篮法测定，网篮直径108mm±10.8mm，高165mm±16.5mm，在距底部25mm±2.5mm处有一个筛算，网篮与筛算的孔径均为6.3mm。显然，它可能使部分玛蹄脂(不仅仅是沥青，难免还包括部分矿粉、纤维、细集料)通过网孔。网篮法测定步骤要点如下：

(1)将搪瓷盘洗净、干燥，称取搪瓷盘的空质量。

(2)称取网篮空质量。将拌好的一份混合料稍稍冷却，不低于100℃，取1.2kg放入网篮中。此时应注意将附在拌和锅中的沥青尽量一起取出放入网篮中，使沥青用量尽量准确。均匀地摊开混合料。称取网篮及沥青混合料的总质量，二者相减得沥青混合料质量。

(3)将搪瓷盘平放入拌和厂拌和温度(现场检验)或拌和厂拌和温度、拌和温度以上15℃两个不同温度(试验室检验)的烘箱中,将网篮架在搪瓷盘上,保持1h±5min(已放冷的试样为70min±5min)。

(4)取出搪瓷盘和网篮,称取搪瓷盘及黏附的沥青质量,便可计算沥青析漏量。

很显然,烧杯法、搪瓷盘法、网篮法三种不同方法测定的结果肯定会有所不同。我们比较过,搪瓷盘法要比烧杯法析漏量多得多,而网篮法最多。所以除了研究工作外,工程上试验时必须采用统一规定的烧杯法进行。如采用其他方法必须注明,且不能互相比较。

为了确定混合料允许的最大沥青用量,可以调整几个不同的油石比制作几组试件,进行析漏试验,得出沥青黏附量与油石比的关系曲线,由曲线的拐点确定黏附甚少的沥青用量,作为最大沥青用量的限值。

T 0733—2011 沥青混合料肯塔堡飞散试验

1 目的与适用范围

1.1 本方法用以评价由于沥青用量或黏结性不足,在交通荷载作用下,路面表面集料脱落而散失的程度,以马歇尔试件在洛杉矶试验机中旋转撞击规定的次数,沥青混合料试件散落材料的质量的百分率表示。

1.2 标准飞散试验可用于确定沥青路面表面层使用的沥青玛蹄脂碎石混合料(SMA)、排水式大空隙沥青混合料、抗滑表层混合料、沥青碎石或乳化沥青碎石混合料所需的最少沥青用量。

1.3 本方法的浸水飞散试验用以评价沥青混合料的水稳性。

2 仪具与材料技术要求

2.1 沥青混合料马歇尔试件制作设备,同 T 0702。

2.2 洛杉矶磨耗试验机。

2.3 恒温水槽:水温控制在20℃±0.5℃。

2.4 烘箱:大、中型各1台,装有温度调节器。

2.5 天平或电子秤:用于称量矿料的感量不大于0.5g,用于称量沥青的感量不大于0.1g。

2.6 插刀或大螺丝刀。

2.7 温度计:分度值1℃。宜采用有金属插杆的插入式数显温度计,金属插杆的长度不小于150mm。量程0～300℃。

2.8 其他:电炉或煤气炉、沥青熔化锅、拌和铲、标准筛、滤纸(或普通纸)、胶布、卡尺、秒表、粉笔、棉纱等。

3 方法与步骤

3.1 准备工作

3.1.1 根据实际使用的沥青混合料配合比,按 T 0702 标准击实法成型马歇尔试件,除非另有要求,击实成型次数为双面各50次。试件尺寸应符合直径101.6mm±0.2mm、高63.5mm±1.3mm的要求,一组试件的数量不得少于4个。拌和时应注意事先在拌和锅中加入相当于拌和沥青混合料时在拌和锅内所黏附的沥青用量,以免影响油石比的准确性。

3.1.2 量测试件的直径及高度,准确至0.1mm。尺寸不符合要求的试件应作废。

3.1.3 按本规程规定的方法测定试件的密度、空隙率、沥青体积百分率、沥青饱和度、矿料间隙率等物理指标。

3.1.4 将恒温水槽调节至要求的试验温度。标准飞散试验的试验温度为20℃±0.5℃;浸水飞散试验的试验温度为60℃±0.5℃。

3.2 试验步骤

3.2.1 将试件放入恒温水槽中养生。对标准飞散试验,在20℃±0.5℃恒温水槽中养生20h。对浸水飞散试验,先在60℃±0.5℃恒温水槽中养生48h,然后取出后在室温中放置24h。

3.2.2 对标准飞散试验,从恒温水槽中取出试件,用洁净柔软的毛巾轻轻擦去试件的表面水,称取逐个试件质量m_0,准确至0.1g;对浸水飞散试验,称取放置24h后的每个试件质量m_0,准确至0.1g。

3.2.3 立即将一个试件放入洛杉矶试验机中,不加钢球,盖紧盖子(一次只能试验1个试件)。

3.2.4 开动洛杉矶试验机,以30～33r/min的速度旋转300转。

3.2.5 打开试验机盖子,取出试件及碎块,称取试件的残留质量。当试件已经粉碎时,称取最大一块残留试件的混合料质量 m_1。

3.2.6 重复以上步骤,一种混合料的平行试验不少于3次。

4 计算

沥青混合料的飞散损失按式(T 0733-1)计算。

$$\Delta S = \frac{m_0 - m_1}{m_0} \times 100 \qquad (\text{T 0733-1})$$

式中:ΔS——沥青混合料的飞散损失(%);
m_0——试验前试件的质量(g);
m_1——试验后试件的残留质量(g)。

条文说明

沥青混合料的飞散试验,国外称之为肯塔堡试验(Cantabro Test)。沥青玛蹄脂碎石混合料(SMA)、大空隙排水性沥青混合料(OGFC)、抗滑表层混合料、沥青碎石或乳化沥青碎石混合料等路面的表面层材料,往往表面构造深度较大,粗集料外露,孔隙中经常充满了水,在交通荷载的反复作用下,由于集料与沥青的黏结力不足而引起集料的脱落、掉粒、飞散,并成为坑槽的路面损坏,是常见的一种严重的沥青路面破坏现象。为了防止这种破坏,在配合比设计时,辅以飞散试验进行检验是必要的。本方法是根据日本道路协会铺装试验法便览1-1-2T制定的。美国、欧洲、日本、澳大利亚等国的试验方法,大体上都与此相同。

为了保证室内拌和沥青混合料的均匀性,去掉了手工炒拌混合料的方法。对控制混合料拌和温度等采用的温度计宜采用有金属插杆的插入式数显温度计,在试验步骤里面对标准飞散试验及浸水飞散试验称取逐个试件的质量进行了规定。

为了确定上述混合料的最少沥青用量,可以调整几个不同的油石比制作几组试件,进行飞散试验,得出飞散损失与油石比的关系曲线,由曲线的拐点确定基本上很少散失的沥青用量,而且往往以此作为最佳沥青用量。

浸水飞散试验是在60℃水中浸水48h后进行试验的,目的是考察试件在热水中膨胀和沥青老化,对集料和沥青黏结力下降的影响。对于积雪寒冷地区,也可进行较低温度的飞散试验。

T 0734—2000 热拌沥青混合料加速老化方法

1 目的与适用范围

本方法用于模拟沥青混合料的短期老化及长期老化过程,试件在进行长期老化试验前必须先经过短期老化。

2 仪具与材料技术要求

2.1 烘箱:强制通风干燥箱。

2.2 温度计:分度值1℃。宜采用有金属插杆的插入式数显温度计,金属插杆的长度不小于150mm。量程0～300℃。

2.3 小型沥青混合料拌和机。

2.4 其他:天平、搪瓷盘、铁铲。

3 短期老化的方法

3.1 根据要求的矿料级配和沥青用量,按本规程规定的方法加热矿料和沥青,用小型沥青混合料拌和机在标准条件下拌和混合料。混合料数量根据试验需要确定。

3.2 将沥青混合料均匀摊铺在搪瓷盘中,松铺约21～22kg/m²,将混合料放入135℃±3℃的烘箱中在强制通风条件下加热4h±5min,每小时用铲在试样盘中翻拌混合料一次。加热4h后,从烘箱中取出混合料,供试验使用。

4 长期老化的方法

4.1 试样准备:在试验室拌和沥青混合料,或在施工现场取样,按上述步骤对松散混合料进行短期老化,然后按本规程要求的试件尺寸和成型方法制作试件。如试样温度低于要求的成型温度时,可对混合料适当加热。

4.2 将试件连同试模一起置于室温条件下冷却不少于16h,然后脱模。

4.3 将试件放置于试样架上送入85℃±3℃烘箱中,在强制通风条件下连续加热5d(120h±0.5h)。注意在恒温过程中直至冷却前不得触摸试件和移动试件。

4.4 5d后关闭烘箱,打开烘箱门,经自然冷却不少于16h至室温。取出试件,供试验使用。

条文说明

本方法规定在强制通风的高温条件下对热拌沥青混合料进行加速老化的方法。松散混合料的短期老化是指沥青混合料在施工现场拌和及铺筑过程中的老化,压实混合料的长期老化是指直至沥青混合料在它的服务年限里的全部老化过程。

本方法参照美国1995年AASHTO PP2—1994"Practice for Short and Long Term Aging of Hot Mix Asphalt(HMA)"的方法编写。

我国对沥青混合料的试验历来都采用新拌沥青混合料进行。对这一点一直存在着疑问,因为沥青材料和其他材料不一样,它在使用过程中,有一个老化的过程。沥青路面的损坏也往往发生在各个不同时期,例如车辙最容易在混合料劲度小的早期的高温季节产生,而低温开裂即使是质量很差的沥青也较少在第一年冬天发生,一般是3~5年以后裂缝才多起来,更不用说疲劳裂缝出现得还要晚。沥青路面的水损害主要是沥青与集料的黏附性逐渐丧失而造成的,它也是在经过相当时间后才产生。所以国外已经注意到,对不同的性能指标应该采用经过不同老化履历的沥青及沥青混合料进行。具体来说,高温稳定性采用原样沥青及经过TFOT(相当于拌和后)试验后的沥青以及新拌沥青混合料经过短期老化后进行,而低温抗裂性能、疲劳性能、水损害试验采用压力老化后的沥青以及经过长期老化后的沥青混合料进行。

本方法适用于模拟沥青混合料的短期老化及长期老化。根据美国SHRP计划的研究,试验规程规定的松散混合料的短期老化采用135℃、4h,大体相当于沥青混合料在施工现场拌和后在铺筑过程中的老化,而压实混合料的长期老化采用85℃、5d,大体相当于沥青路面使用5~7年服务年限里的老化过程。很显然,在进行长期老化前必须先经短期老化。

经本方法短期老化的混合料可供评价沥青混合料的高温稳定性试验使用;经长期老化后的沥青混合料,可供评价沥青混合料低温抗裂、疲劳、水损害等主要是在使用过程中逐渐发生的破坏指标的试验使用,也适用于与未进行老化过程的沥青混合料的性能试验结果进行对比,供评价沥青混合料的耐老化性能使用。

但是,现有规范的一系列性能指标值都是基于新拌沥青混合料的试验基础上提出的,所以在现阶段,主要是对掺加抗剥落剂的混合料进行效果评价试验。

另外,按美国AASHTO的方法,对沥青混合料经过短期老化后制作的试件,还要求放入60℃的恒温箱内冷却至60℃±3℃(通常为2h);然后以72kN/min±0.05kN/min的速度向试件两端加载压平,进行端面处理,当样品两端平整或荷载达到56kN后,以同样的速率卸荷;再将试件置于室温条件下冷却16h±1h;然后在室温条件下脱模,才能将试件放置于试样架上送入85℃±3℃烘箱中恒温120h±0.5h,进行长期老化。但是,我国制作沥青混合料试件方法与美国不同,美国要求用搓揉成型机或轮碾法成型,而我国一般采用击实法、轮碾法或静压法,这样成型的试件既没有办法,也没有必要再按AASHTO的要求进行端面处理。故本方法将此加载卸载过程省略,直接冷却一夜后脱模,其余方法相同。这样规定对老化过程并不会有多大影响。

T 0735—2011 沥青混合料中沥青含量试验(燃烧炉法)

1 目的与适用范围

1.1 本方法适用于采用燃烧炉法测定沥青混合料中沥青含量,也适用于对燃烧后的沥青混合料进行筛分分析。

1.2 本方法适用于热拌沥青混合料以及从路面取样的沥青混合料在生产、施工过程中的质量控制。

2 仪具与材料技术要求

2.1 燃烧炉:由燃烧室、称量装置、自动数据采集系统、控制装置、空气循环装置、试样篮及其附件组成。

2.1.1 燃烧室的尺寸应能容纳 3 500g 以上的沥青混合料试样,并有警示钟和指示灯,当试样质量的变化在连续 3min 内不超过试样质量的 0.01% 时,可以发出提示声音。燃烧室的门在试验过程中应锁死。

2.1.2 称量装置:该标准方法的称量装置为内置天平,感量 0.1g,能够称量至少 3 500g 的试样(不包括试样篮的质量)。

2.1.3 燃烧炉:具有数据自动采集系统,在试验过程中可以实时检测并且显示质量,有一套内置的计算机程序来计算试样篮质量的变化,并且能够输入集料损失的修正系数,进行自动计算、显示试验结果,并可以将试验结果打印出来。

2.1.4 燃烧炉:应具有强制通风降低烟雾排放的设施,在试验过程中燃烧炉的烟雾必须排放到室外,不得有明显的烟味进入到试验室里。

2.2 试样篮:可以使试样均匀地摊薄放置在篮里。能够使空气在试样内部及周围流通。2 个及 2 个以上的试样篮可套放在一起。试样篮由网孔板做成,一般采用打孔的不锈钢或者其他合适的材料做成,通常情况下网孔的尺寸最大为 2.36mm,最小为 0.6mm。

2.3 托盘:放置于试样篮下方,以接受从试样篮中滴落的沥青和集料。

2.4 烘箱:温度应控制在设定值 ±5℃。

2.5 天平:满足称量试样篮以及试样的质量,感量不大于 0.1g。

2.6 防护装置:防护眼镜、隔热面罩、隔热手套、可以耐高温 650℃ 的隔热罩,试验结束后试样篮应该放在隔热罩内冷却。

2.7 其他:大平底盘(比试样篮稍大)、刮刀、盆、钢丝刷等。

3 准备试样

3.1 按本规程 T 0701 沥青混合料取样方法,在拌和厂从运料卡车采取沥青混合料试样,宜趁热放在金属盘(或搪瓷盘)中适当拌和,待温度下降至 100℃ 以下时,称取混合料试样,准确至 0.1g。

3.2 当用钻孔法或切割法从路面上取得的试样时,应用电风扇吹风使其完全干燥,但不得用锤击以防集料破碎;然后置烘箱 125℃±5℃ 加热成松散状态,并至恒重;适当拌和后称取试样质量,准确至 0.1g。

3.3 当混合料已经结团时,不得用刮刀或者铲刀处理,应该将试样置于托盘中放在烘箱 125℃±5℃ 中加热成松散状态取样。

3.4 试样最小质量根据沥青混合料的集料公称最大粒径按表 T 0735-1 选用。

表 T 0735-1 试样最小质量要求

公称最大粒径(mm)	试样最小质量(g)	公称最大粒径(mm)	试样最小质量(g)
4.75	1 200	19	2 000
9.5	1 200	26.5	3 000
13.2	1 500	31.5	3 500
16	1 800	37.5	4 000

4 标定

4.1 标定要求

4.1.1 对每一种沥青混合料都必须进行标定,以确定沥青用量的修正系数和筛分级配的修正系数。

4.1.2 当混合料中任何一档料的料源变化或者单档集料配合比变化超过 5% 时均需要标定。

4.2 标定步骤

4.2.1 按照沥青混合料配合比设计的步骤,取代表性各档集料,将各档集料放入 105℃±5℃ 烘箱加热至恒重,冷却后按配合比配出 5 份集料混合料(含矿粉)。

4.2.2 将其中 2 份集料混合料进行水洗筛分。取筛分结果平均值为燃烧前的各档筛孔通过百分率 P_{Bi},其级配需满足被检测沥青混合料的目标级配范围要求。

4.2.3 分别称量 3 份集料混合料质量 m_{B1},准确至 0.1g。按照配合比设计时成型试件的相同条件拌制沥青混合料,如沥青的加热温度、集料的加热温度和拌和温度等。

4.2.4 在拌制 2 份标定试样前,先将 1 份沥青混合料进行洗锅,其沥青用量宜比目标沥青用量 P_b 多 0.3%~0.5%,目的是使拌和锅的内侧先附着一些沥青和粉料,这样可以防止在拌制标定用的试样过程中拌和锅粘料导致试验误差。

4.2.5 正式分别拌制 2 份标定试样,其沥青用量为目标沥青用量 P_b。将集料混合料和沥青加热后,先将集料混合料全部放入拌和机,然后称量沥青质量 m_{B2},准确至 0.1g。将沥青放入拌和锅开始拌和,拌和后的试样质量应满足表 T 0735-1 要求。拌和好的沥青混合料应直接放进试样篮中。

4.2.6 预热燃烧炉。将燃烧温度设定 538℃±5℃。设定修正系数为 0。

4.2.7 称量试样篮和托盘质量 m_{B3},准确至 0.1g。

4.2.8 试样篮放入托盘中,将加热的试样均匀地在试样篮中摊平,尽量避免试样太靠近试样篮边缘。称量试样、试样篮和托盘总质量 m_{B4},准确至 0.1g。计算初始试样总质量 m_{B5}(即 $m_{B4}-m_{B3}$),并将 m_{B5} 输入燃烧炉控制程序中。

4.2.9 将试样篮、托盘和试样放入燃烧炉,关闭燃烧室门,检查燃烧炉控制程序中显示的 m_{B4} 质量是否准确,即试样、试样篮和托盘总质量(m_2)与显示质量(m_{B4})的差值不得大于 5g,否则需调整托盘的位置。

4.2.10 锁定燃烧室的门,启动开始按钮进行燃烧。燃烧至连续 3min 试样质量每分钟损失率小于 0.01% 时,燃烧炉会自动发出警示声音或者指示灯亮起警报,并停止燃烧。燃烧炉控制程序自动计算试样燃烧损失质量 m_{B6},准确至 0.1g。按下停止按钮,燃烧室的门会解锁,并打印试验结果,从燃烧室中取出试样盘。燃烧结束后,罩上保护罩适当冷却。

4.2.11 将冷却后的残留物倒入大盘子中,用钢丝刷清理试样篮确保所有残留物都刷到盘子中待用。

4.2.12 重复以上 4.2.6~4.2.11 步骤将第 2 份混合料燃烧。

4.2.13 根据式(T 0735-1)分别计算两份试样的质量损失系数 C_{fi}。

$$C_{fi} = \left(\frac{m_{B6}}{m_{B5}} - \frac{m_{B2}}{m_{B1}}\right) \times 100 \qquad (\text{T 0735-1})$$

式中:C_{fi}——质量损失系数;

m_{B1}——每份集料混合料质量(g);
m_{B2}——沥青质量(g);
m_{B5}——初始试样总质量(g);
m_{B6}——试样燃烧损失质量(g)。

1) 当两个试样的质量损失系数差值不大于0.15%,则取平均值作为沥青用量的修正系数 C_f。

2) 当两个试样的质量损失系数差值大于0.15%,则重新准备两个试样按以上步骤进行燃烧试验,得到4个质量损失系数,除去1个最大值和1个最小值,将剩下的两个修正系数取平均值作为沥青用量的修正系数 C_f。

4.2.14 当沥青用量的修正系数 C_f 小于0.5%时,按照4.2.17进行级配筛分。

4.2.15 当沥青用量的修正系数 C_f 大于0.5%时,设定482℃±5℃燃烧温度按照4.2.1~4.2.13重新标定,得到482℃的沥青用量的修正系数 C_f。如果482℃与538℃得到的沥青用量的修正系数差值在0.1%以内,则仍以538℃的沥青用量作为最终的修正系数 C_f;如果修正系数差值大于0.1%,则以482℃的沥青用量作为最终修正系数 C_f。

4.2.16 确保试样在燃烧室得到完全燃烧。如果试样燃烧后仍然有发黑等物质,说明没有完全燃烧干净。如果沥青混合料试样的数量超过了设备的试验能力,或者一次试样质量太多燃烧不够彻底时,可将试样分成两等份分别测定,再合并计算沥青含量。不宜人为延长燃烧时间。

4.2.17 级配筛分。用最终沥青用量修正系数 C_f 所对应的2份试样的残留物,进行筛分,取筛分平均值为燃烧后沥青混合料各筛孔的通过率 P_{Bi}'。燃烧前、后各筛孔通过率差值均符合表T 0735-2的范围时,则取各筛孔的通过百分率修正系数 $C_{Pi}=0$,否则应按式(T 0735-2)进行燃烧后混合料级配修正。

$$C_{Pi} = P'_{Bi} - P_{Bi} \quad (T\ 0735\text{-}2)$$

式中:P'_{Bi}——燃烧后沥青混合料各筛孔的通过率(%);

P_{Bi}——燃烧前的各档筛孔通过百分率(%)。

表 T 0735-2 燃烧前后混合料级配允许差值

筛孔(mm)	≥2.36	0.15~1.18	0.075
允许差值	±5%	±3%	±0.5%

5 试验方法和步骤

5.1 将燃烧炉预热到设定温度(设定温度与标定温度相同)。将沥青用量的修正系数 C_f 输入到控制程序中,将打印机连接好。

5.2 将试样放在105℃±5℃的烘箱中烘至恒重。

5.3 称量试验篮和托盘质量m_1,准确至0.1g。

5.4 试样篮放入托盘中,将加热的试样均匀地摊平在试样篮中。称量试样、试验篮和托盘总质量m_2,准确至0.1g。计算初始试样总质量m_3(即m_2-m_1),将m_3作为初始的试样质量输入燃烧炉控制程序中。

5.5 将试样篮、托盘和试样放入燃烧炉,关闭燃烧室门。查看燃烧炉控制程序显示质量,即试样、试样篮和托盘总质量(m_2)与显示质量(m_{B4})的差值不得大于5g,否则需调整托盘的位置。

5.6 锁定燃烧室的门,启动开始按钮进行燃烧。

5.7 按照标定步骤4.2.10的方法进行燃烧,连续3min试样质量每分钟损失率小于0.01%时结束,燃烧炉控制程序自动计算试样损失质量m_4,准确至0.1g。

5.8 按照式(T 0735-3)计算修正后的沥青用量P,准确至0.01%。此值也可由燃烧炉控制程序自动计算。

$$P = \left(\frac{m_4}{m_3} \times 100\right) - C_f \qquad (\text{T 0735-3})$$

5.9 燃烧结束后,取出试样篮罩上保护罩,待试样适当冷却后,将试样篮中残留物倒入大盘子中,用钢丝刷将试样篮所有残留物都清理到盘子中,然后进行筛分,得到燃烧后沥青混合料各筛孔的通过率P'_i,修正得到混合料级配P_i(即P'_i-C_{Pi})。

6 允许误差

沥青用量的重复性试验允许误差为0.11%,再现性试验的允许误差为0.17%。

7 报告

同一沥青混合料试样至少平行测定两次,取平均值作为试验结果。报告内容应包括燃烧炉类型、试验温度、沥青用量的修正系数、试验前后试样质量和测定的沥青用量试验结果,并将标定和测定时的试验结果打印并附到报告中。当需要进行筛分试验时,还应包括混合料的筛分结果。

条文说明

近年来国外采用燃烧炉法测定沥青用量的应用越来越多,其主要原因是此方法既快又比较简单。

国内引进已有多台,也有厂商开始生产这种仪器。为使试验方法规范化,本次修订时参考 ASTM D 6307—05 和 AASHTO T 308—08 方法,结合我国工程实践增补了本方法。

本方法对于测定沥青混合料中掺加有纤维或橡胶粉(干法施工)等易燃烧的掺加剂时需慎用。由于掺加剂本身的燃烧特性,导致在燃烧过程中质量会损失一部分,最终将影响沥青用量的测定结果。

目前我国燃烧炉类型很多,按照加热方式有对流式和直接辐射式。对流式燃烧炉燃烧温度至少可调到 538℃±5℃ 和 482℃±5℃ 并保持稳定。对于直接辐射式燃烧炉,一般设有 3 个燃烧模式,即一般燃烧模式、低温燃烧模式和强烧模式。一般燃烧模式适合于大部分沥青混合料;低温燃烧模式适合于质量损失较大的软颗粒的混合料;而强烧模式适合于燃烧不够充分的混合料。

称量装置分为内置天平和外置天平。对于外置天平燃烧炉,其试验前后质量变化需要另备天平称量,燃烧过程难以获知燃烧质量损失率,难以判断什么时候燃烧到质量恒定,因此需要重复多次燃烧、冷却、称量过程,不能自动记录试验过程质量变化,其试验结果完全靠人工控制和计算。因此对于大规模施工过程中的质量控制,宜采用内置天平式燃烧炉。

关于含水量修正,ASTM 和 AASHTO 中规定,将试件置烘箱 120℃±5℃ 至恒重或者测定含水量,对于加热至恒重试件不用进行含水量修正,而对于未烘干至恒重的沥青混合料则需要修正,即燃烧试验前试件里有部分水的质量。为了减少工作量,节省试验时间,本方法统一规定当用钻孔法或切割法从路面上取得试样时,除了吹风使其完全干燥外,还应在烘箱中加热 125℃±5℃ 至恒重,然后直接采用燃烧法测定沥青混合料沥青含量,因此无需进行含水量修正。

关于试验结束条件,本方法与 AASHTO、ASTM 以及美国一些州的要求一致。

对于筛分级配的修正方法,本方法与 AASHTO T 308—08 的要求一致。

沥青混合料在高温燃烧过程中,一些集料也会被燃烧掉,因此需要将这部分损失量从总沥青混合料损失量中扣除,同时一些集料在高温下会破碎,从而导致燃烧前与燃烧后的筛分结果有差异。因此,本方法参照 AASHTO 及 ASTM 的规定,要求对于每一种沥青混合料都必须进行标定。当混合料的任何一档料的料源变化或者单档集料配合比变化超过 5% 时均需要重新标定。

最新的 AASHTO、ASTM 均规定,沥青用量修正系数 C_f 大于 1.0% 时,需要采用 482℃ 进行重新标定,而以及以前的 AASHTO、ASTM 规定为 0.5%。本方法要求为 0.5%。

用燃烧炉法测定沥青混合料中的沥青含量,在使用过程中一定要注意标定和试验的研究,认真总结经验。由于该仪器有进口的也有国产的,不同型号的燃烧炉在操作上可能会有所不同,但是基本原理应该是一样的,所以在使用过程中应按照仪器的说明书进行操作。

T 0736—2011 沥青混合料旋转压实试件制作方法(SGC 方法)

1 目的与适用范围

1.1 本方法适用于旋转压实法成型 ϕ150mm 或 ϕ100mm 沥青混合料圆柱体试件,以供试验室进行沥青混合料物理力学性质试验使用。

1.2 本方法也适合于在试件成型过程中测量剪切应力的变化,用于分析沥青混合料性能。

2 仪具与材料技术要求

2.1 旋转压实仪:主要由反力架、加载装置、旋转基座、计算机控制系统、内旋转角测量装置、试模、锤头(上压盘)和底座(下压盘)、测力装置和压力传感器等组成。必要时可配置剪切应力测试系统和压头加热系统。

2.1.1 反力架应有足够的刚度,以保证旋转压实时旋转角的稳定;应有安全防护门,并配有电源控制开关。

2.1.2 加载装置,应保证旋转压实过程中垂直压力的稳定,使垂直压力达到设定值 ±18kPa。

2.1.3 旋转基座由旋转套、压实角度调整功能、旋转传动功能、试模底座等组成。压实角度可调,其调整范围应满足试验的要求。出厂前压实角度应进行标定,使有效内旋转角允许波动范围为设定值的 ±0.02°。旋转基座的工作转速应达到设定值 ±0.5r/min。

2.1.4 计算机控制系统应具有对旋转压实仪运行的自动控制和试验数据采集、分析等功能。

2.1.5 内旋转角测量装置,应具备数据采集系统、温度测量、数据显示等功能。

2.1.6 试模、锤头(上压盘)和底座(下压盘)。

1)试模应采用钢材制造,试模壁的厚度大于7.5mm,洛氏硬度至少为HRC48~HRC57,试模内壁应足够光滑(粗糙度Ra0.4μm)。φ150mm试模内径为149.90~150.00mm,φ100mm试模内径为99.90~100.00mm,高度不小于250mm。

2)锤头(上压盘)和底座(下压盘)必须采用钢材制造,洛氏硬度宜为HRC48~HRC55。φ150mm试件锤头(上压盘)和底座(下压盘)其外直径尺寸为149.50~149.75mm,φ100mm试件其外直径尺寸为99.50~99.75mm。锤头和底座与混合料接触面应平坦,光滑(粗糙度Ra 0.4μm)。锤头和底座尺寸宜每年标定一次,试模内直径和压盘外直径之差应小于0.50mm。

2.2 旋转压实仪应具有自动测定试件高度、旋转次数及对应高度的记录和显示功能,精确至0.1mm。同时应配备标定装置,对内旋转角、垂直力和试件高度测量装置宜每半年自校一次,旋转转速宜每年自校一次。

2.3 脱模仪。

2.4 试验室用沥青混合料拌和机:容量不小于10L。

2.5 烘箱:大、中型各1台,装有温度调节器。

2.6 天平或电子秤:感量不大于0.1g。

2.7 温度计:宜采用有金属杆的插入式数显温度计,金属杆长度不小于150mm。量程0~300℃,分度值1℃。

2.8 其他:游标卡尺、托盘、沥青熔化锅、拌和铲、刮刀、隔热手套、垫纸等。

3 方法与步骤

3.1 标定步骤

3.1.1 确定试验条件,加载装置垂直压力为600kPa±18kPa,压实转速为30r/min±0.5r/min。

3.1.2 将试模、上下压盘和内旋转角测量装置的表面清理干净。当试模内壁或者上下压盘接触混合料的表面处有划痕或损坏时,不得再使用。

3.1.3 检测内旋转角有加热和室温两种方式。通常情况下宜选择加热方式,即开始检测前将试模置150℃±5℃的烘箱中加热不少于45min,内旋转角测量装置无需加热。室温检测时试模不需加热。

3.1.4 按3.3的步骤准备好旋转压实仪,按照该仪器的说明书设定旋转次数。

3.1.5 将内旋转角测量装置组装好,放进试模中,将仪器探头或参考基座适当定位以测量底部内部角和顶部内部角。将试模放入旋转压实仪中,注意试模和旋转压实锤对中。

3.1.6 开始旋转压实,使试模和内旋转角测量装置一起作旋转运动,如图 T 0736-1 所示。旋转时宜符合以下条件:产生的偏心距 e 为 22mm,力矩 M(即 $e \times F$)为 466.5N·m±10N·m。

3.1.7 旋转到设定次数后,停止压实,待旋转压实仪上压头上升至一定高度后,从试模中取出内旋转角测量装置。记录测定结果,准确至0.01°。

3.1.8 不断调整内旋转角测量装置位置,按照 3.1.4~3.1.6 的步骤分别测定底部内旋转角 α_{bi} 和顶部内旋转角 α_{ti},底部内旋转角和顶部内旋转角分别测定 3 次。如果分别测定的 3 个底部内旋转角(或顶部内旋转角)差值大于 0.02°,则必须重新测定。取 3 个底部内旋转角 α_{bi} 的平均值为底部内旋转角 α_b;取 3 个顶部内旋转角 α_{ti} 的平均值为顶部内旋转角 α_t。取 α_b 和 α_t 平均值为有效内旋转角 α_e。α_b 和 α_t 差值不宜大于 0.02°;有效内旋转角 α_e 应该满足设定值的 ±0.02°要求。

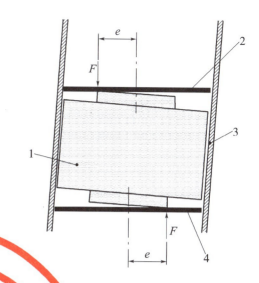

图 T 0736-1 模拟加载法测定内旋转角示意图
1-内旋转角测量装置;2-上压盘;3-试模;4-下压盘;e-偏心距,一般为 22mm;F-施加的荷载

3.2 准备工作

3.2.1 按照本试验规程 T 0702 的方法确定制作沥青混合料试件的拌和与压实温度。常温沥青混合料的拌和及压实在常温下进行。

3.2.2 按本规程 T 0701 在拌和厂或施工现场采取代表性的沥青混合料,当混合料温度符合要求时,可直接用于成型。在试验室人工配制沥青混合料时,按本规程 T 0701 的方法准备矿料及沥青,然后按本规程 T 0702 的方法拌制沥青混合料。

3.3 成型步骤

3.3.1 按照该设备的使用说明书进行操作。如打开压实仪的电源开关、配件的电源(或气源)开关、计算机(或控制面板),并与压实仪连接;需要打印数据时,还需连接打印机等。

3.3.2 设定旋转压实仪旋转角、垂直压力和旋转速率。不同的设计方法和体系,旋转角、垂直压力和旋转速率可能不同,因此参数的设定需根据混合料设计方法要求选定(如,Superpave 设计方法要求有效内旋转角为 1.16° ± 0.02°,垂直压力为 600kPa ± 18kPa,旋转速率为 30r/min ± 0.5r/min)。

3.3.3 根据需要选定试验结束条件,一般选择设定要求的旋转压实次数作为试验结束条件。也可以根据需要选择压实到要求的试件高度作为试验结束条件。

3.3.4 当旋转压实仪压头具有保温功能时,在旋转压实前需将压头加热保温不少于 15min。

3.3.5 用蘸有少许黄油的棉纱擦净试模及下压盘等,然后置烘箱中加热并保持到压实温度±5℃,恒温至少45min。常温沥青混合料用试模不需加热。

3.3.6 将拌和好的沥青混合料,均匀称取一个试件所需的混合料质量 m,混合料的质量应使成型后的试件高度达到试验所需高度±3mm。

3.3.7 从烘箱中取出预热的试模、下压盘,在下压盘上垫一张圆形纸片,防止沥青粘到下压盘上。将称好的沥青混合料迅速倒入试模内,将混合料的表面整平,然后在顶面盖上一张圆形纸片。

3.3.8 将盛有沥青混合料的试模放入旋转压实仪中,启动计算机(或控制面板),设定各试验参数,开动旋转压实仪,将压实锤头降下,直至施加的压力达到设定值±18kPa。旋转压实仪将按照设置的旋转次数开始自动成型试件。

3.3.9 试验过程中自动连续记录不同压实次数下的试件高度,并显示垂直压力。根据需要还可以测定、记录旋转压实过程中的剪应力。压实结束后,按照压实仪的提示恢复压实仪的旋转角,升起旋转压头,从旋转压实仪中取出试模。

3.3.10 刚成型好的热试件不宜马上脱模,需在室温下适当冷却。当为了缩短试验时间,可以采用电风扇降温约5~10min后再进行脱模。对于需要继续进行性能试验的试件,同时空隙率又较大(如大于7%)时,冷却时间宜延长15min以上。脱模后揭去垫在试件底面和顶面的圆形纸片。

3.3.11 根据需要可按照本规程相关方法测定试件毛体积相对密度等参数。

3.3.12 用于测定试件体积参数时平行试验一般不少于4个,用于其他试验平行试验试件个数按相关规定确定。

4 计算

4.1 按照式(T 0736-1)计算不同旋转压实次数下的试件密度(体积法),取3位小数。

$$\rho_x = \frac{m}{h_x \times \pi \times (d/2)^2} \times 10^3 \quad (T\ 0736\text{-}1)$$

式中:ρ_x——不同旋转压实次数下的试件密度(体积法)(g/cm³);
  m——沥青混合料试件质量(g);
  h_x——不同旋转压实次数下的试件高度(mm);
  d——试模的直径(mm)。

4.2 按照式(T 0736-2)计算不同旋转压实次数下试件的毛体积相对密度,取3位小数。

$$\gamma_{fx} = \frac{\gamma_f \times h_x}{h} \tag{T 0736-2}$$

式中:γ_{fx}——不同旋转压实次数下试件的毛体积相对密度,无量纲;

γ_f——按照 T 0705 方法测定的试件毛体积相对密度,无量纲;

h——最终成型试件高度(仪器显示试件的高度)(mm)。

5 报告

报告应该包括旋转压实仪的有效内旋转角(包括标定方法)、垂直压力、旋转速率、拌和和压实温度等参数。

6 允许误差

试件毛体积相对密度试验重复性的允许误差,当集料公称最大粒径小于或等于 13.2mm 时为平均值的 0.9%,集料公称最大粒径大于或等于 13.2mm 时为平均值的 1.4%。试件毛体积相对密度试验再现性的允许误差为平均值的 1.7%。

条文说明

本方法主要参考 AASHTO T 312、AASHTO TP 71—2007 编写,主要参数参考 AASHTO T 312、ASTM D 6925—08 和 EN 12697-31:2007 的标准。

目前我国使用的旋转压实仪,主要是进口的 SHRP 旋转压实仪、GTM 或者澳大利亚旋转压实仪。旋转压实仪在美国、法国、澳大利亚、瑞典和瑞士等国得到大量应用,各国的旋转压实仪基本原理相同,但是又各有不同。

1939 年,美国得克萨斯州公路局提出旋转压实仪的概念,利用垂直压力来制作试件,能够模拟现场实际碾压的效果,并开发了旋转压实仪,之后于 1946 年制定标准试验规程,并纳入规范。20 世纪 50 年代,美国工程兵在得克萨斯州公路局概念基础上研发了搓揉式旋转压实仪,并于 1957 年申请了专利,1993 年开始计算旋转剪切模量和旋转抗压模量,称为 GTM 法。

1991 年 SHRP 战略研究计划项目组、沥青协会(AI)和法国 LCPC 一起开发基于得克萨斯州旋转压实仪的 LCPC 版的旋转压实仪,旋转角为 1°,试件直径为 152.4mm。沥青协会(AI)将旋转角调整为 1°,并进行沥青混合料试验,发现由于旋转角太低,空隙率很难达到 4% 以下。由此 SHRP 研究人员推测,法国的低旋转角 1° 仅仅能模拟施工阶段的初始碾压,不足以达到设计 4% 的目标空隙率。然后又将旋转角提高为 1.23°,最终 SHRP 建议采用的旋转压实仪 SGC 参数为旋转角 1.25°、垂直压力 600kPa、转速 30r/min,工作原理示意图如图 T 0736-2 所示。SGC 压实基本原理是:试件在一个控制室中缓慢地压实,试件运动的轴线如同一圆锥,它的顶点与试件顶部重合。旋转底座将试模定位于 1.25° 的旋转压实角,以 30r/min 的恒定速率旋转。压力加载头

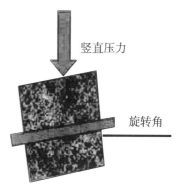

图 T 0736-2 SHRP 旋转压实仪 SGC 工作原理示意图

对试件实施600kPa的竖直压力。这样在材料倒入试模中后同时受到竖向压力与水平剪力的作用,使集料颗粒定向形成骨架。这种过程模拟了荷载对道路搓揉压实作用,利用SGC旋转压实仪成型试件,然后测试相应的体积参数。由于在研制中没有考虑测试诸如抗剪强度等参数,因此SGC并不能直接提供判定路面是否稳定所必需的应力和应变特征,这也是和GTM、LCPC的主要区别。但是最近几年,美国已经开发了多种类型的SGC。

澳大利亚于20世纪90年代也开发了旋转压实仪Servopac,能够同时满足AASHTO TP 4、EN 12697-31标准要求。

为了能够了解各种旋转压实仪的发展和特点,将旋转压实仪发展大致情况汇总于表T 0736-1。

表 T 0736-1 旋转压实仪的发展和基本参数情况

年份	设备	试件直径—高度(mm)	垂直压力(kPa)	旋转角(°)	旋转速度(r/min)	模具加热设备
1939	美国得克萨斯州公路局提出概念,并制作旋转压实仪。垂直压力采用人工压力	φ101.6—50.8	未知	手动	手动	无
1946	美国得克萨斯州公路局制定试验规程,并纳入规范	φ101.6—50.8 或 φ152.4—76.2	可变	固定6	60	无
1957	美国工程兵开发GTM	φ152.4—可变	可变	浮动 0~3	可变 12~18	有
1960	法国LCPC开发第一代得克萨斯州式旋转压实仪	未知	可变	可变	可变	无
1968	法国LCPC开发第二代得克萨斯州式旋转压实仪	φ80—可变 或 φ120—可变	可变	浮动 0~5	可变	有
1974~1986	法国LCPC开发PCG1及PCG2	φ160—固定 80~300	600	固定 1~4	固定 6~30	有
1991	美国FHWA研发改进的旋转压实仪	φ101.6—63.5	600	固定 0.5~3	30	无
1991	美国SHRP在得克萨斯州式旋转压实仪基础上研制SGC	φ152.4—95.3	600	—	可变	有
1992	澳大利亚开发Servopac	φ150—50—170 或 φ100—50—170	10~999	固定 0~3	固定 3~60	—
1993	美国SHRP开始应用SGC	φ150—115	600	固定1.25	30	无
—	Troxler的SGC(Model 4142)	φ150—可变	固定 200~1000	固定 0.5~4	—	无
—	Troxler的SGC(Model 4140-B)	φ150—115	固定 200~1000	固定 0.5~2	—	无
1996	法国LCPC开发PCG3	φ150—固定 100~160	固定 500~800	固定 0.5~2	固定 6~30	无

注:表中旋转角均为外旋转角。表中"浮动"指旋转角在旋转压实过程是变化的,设定的旋转角只是初始旋转角。
表中"固定"指旋转压实仪在试验前根据需要在一定范围内选定一个值,旋转压实过程中旋转角是不变的。

由表 T 0736-1 可以看出,各国旋转压实仪均有一定差异,各有特色。如何选择和开发我国旋转压实仪还需要做进一步工作。但是从不同使用目的来看,旋转压实仪的各参数宜在一定范围内可调,不宜只有一个固定参数,且应有多种直径的试模,同时宜能够测定剪应力。

关于旋转压实仪参数的选择,如果压实参数不相同,其压实效果肯定有差异,因此对于一个以旋转压实仪为设计体系的设计方法必须统一旋转压实仪的基本参数,这样才能保证试验结果具有良好的重复性和再现性。影响试验结果的3个主要参数是:旋转压实角、垂直压力和旋转速度。表 T 0736-2 为不同设计方法中旋转压实仪参数对比表。

表 T 0736-2　不同设计方法中旋转压实仪参数对比表

参　　数		欧　　洲	SHRP	GTM
旋转角(°)		有效内旋转角 0.82±0.02	有效内旋转角 1.16±0.02 (外旋转角 1.25±0.02)	外旋转 1(ASTM D3387 新标准将调整为 2)
垂直荷载或压力	压力(kPa)	—	前5次 600±60,之后 600±18	根据需要设定
	荷载(N)	ϕ160mm:12 500±1 000 ϕ150mm:10 000±1 000 ϕ100mm:4 700±200	ϕ150mm:10 600±310	—
旋转速率(r/min)		30(1±10%)	30±0.5	12~18
试模		洛氏硬度不小于 HRC48, Ra 不大于 1μm,直径: 150.0mm±0.1mm 160.0mm±0.1mm 100.0mm±0.1mm	洛氏硬度不小于 HRC48, Ra 不大于 1.6μm,直径: 149.90~150.00mm	—
压盘(压头)		洛氏硬度不小于 HRC55, Ra 不大于 0.8μm。 压盘外径与试模内径差值为 0.1~0.6mm	洛氏硬度不小于 HRC48, Ra 不大于 1.6μm,直径: 149.50~149.75mm	

注:欧洲 2007 年前采用 1°外旋转角,垂直压力 600kPa,2007 年后调整为有效内旋转角,并采用垂直荷载。SGC 早期均采用 1.25°±0.02°的外旋转角,2007 年 ASTM 增加了内旋转角,2004 年 AASHTO 增加内旋转角,但 2008 年只采用外旋转角。

由于旋转角、垂直压力和旋转速率对旋转压实效果影响很大,在制定具体参数值时,还必须规定这些参数的允许波动范围,以控制试验精度。同时试模厚度、试模的刚度、试模的垂直度和试模与压盘的间隙等对旋转压实均有较大影响。SHRP 确定旋转角的允许波动为 ±0.02°,此波动范围在于控制旋转角变异影响旋转压实效果,使得设计的沥青用量变异小于 0.1%,目前这一指标欧洲和美国是一致的。在所有指标中旋转角要求是最苛刻的,这样设备成本会增加 10 000 美元以上。SHRP 根据工程经验确定垂直压力允许波动为 ±10kPa;旋转速率允许波动为 ±0.5r/min,相应的欧洲标准会偏低一些,根据垂直荷载反算垂直压力允许波动约为 ±60kPa,而旋转速率允许波动为 ±3r/min。

美国在使用中又发现随着试模在使用中不断磨损会影响旋转压实效果。为了减小试模尺寸变化对旋转压实影响,SGC 对相关尺寸进行了严格规定,要求试模直径为 149.90~150.00mm,压盘直径为 149.50~149.75mm,这样就可以使得间隙(试模内直径-压盘外直径)控制在 0.15~0.50mm 之间。同时为了降低试模壁对旋转压实效果影响,要求试模壁必须光滑;而且在旋转压实过程中试模和压盘不变形,对试模厚度,试模和压盘刚度都要有要求。试模和压盘,相应欧洲的标准会高一些。

关于旋转压实仪内旋转角的标定问题,2000年,FHWA对美国30个现场混合料进行对比试验,发现Pine试件较Troxler毛体积相对密度平均偏大0.005,指出虽然外旋转角一致,而内旋转角不同是造成不同旋转压实仪压实效果差异的重要原因。外旋转角指试模侧壁相对于主旋转轴线的倾角;而内旋转角为试模侧壁相对于压盘(或压头)垂直线的倾角,一般将底部内旋转角和顶部内旋转角的平均值称为有效内旋转角。外旋转角和内旋转角示意图如图T 0736-3所示。

对于每个试模,均需要标定内旋转角,当更换不同的上、下压盘时也应该进行标定。只有在上下压盘平行且水平的情况下,才能保证内外旋转角相等。

现在美国至少有6家SHRP的SGC旋转压实仪生产厂家,型号较多。每个型号的旋转角的设置都很独特,每个厂家都有自己的标定系统,一般都是试模壁旋转角,即外旋转角,且都没有一个通用的旋转角标定系统。FHWA出于统一旋转角标定方法考虑,特别是为了解决内旋转角标定方法,最早开发了内旋转角的标定工具和方法,在此基础上制定了内旋转角的标定方法,即AASHTO PP48,如图T 0736-4所示。内旋转角需要在动态过程中测定,这是与外旋转角最大不同。

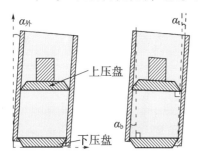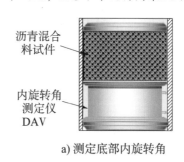

a) 测定底部内旋转角　　b) 测定顶部内旋转角

图T 0736-3　外旋转角和内旋转角示意图　　图T 0736-4　AASHTO PP 48 内旋转角测定方法

AASHTO PP 48在内旋转角测定时需要利用沥青混合料试件,发现这种方法存在一些问题,一个是沥青混合料试件不是稳定的(非标准物质),另外标定块和沥青混合料试件高度太高,标定的数值需要外推到标准高度时的内旋转角。

2008年AASHTO T 312替代了AASHTO PP 48和TP 4方法,旋转压实仪的标定方法统一采用AASHTO TP 71—2007,也取消外旋转角标准,统一为内旋转角方法。但是对于模拟荷载方法在美国还是存在一些争论,主要是上下压盘是否需要加热到高温条件。另外ASTM旋转压实仪旋转角还是规定外旋转角和内旋转角两个指标,但是内旋转角没有采用自己的ASTM D 7115—2005标准,而是AASHTO PP 48标准。有报道说,ASTM正在修订,也是向内旋转角上靠,采用ASTM D 7115—2005。美国各州目前基本上按AASHTO标准,即采用模拟荷载测定内旋转角方法作为标准方法。

成型试件时沥青混合料的实际质量由混合料类型确定。一般在试验之前要试拌一个试件,如果试拌试件的高度不符合要求,必须根据具体情况调整混合料质量。

对试件的脱模冷却时间,AASHTO T 312规定对绝大部分混合料可以马上脱模,但是为了不使试件损坏,用电风扇加速冷却5~10min是必要的。而ASTM D 6925则规定,为了避免产生试件变形,热的试件不宜马上脱模,需在室温下适当冷却;为了缩短试验时间,可以采用电风扇降温,对于需要继续进行下一步性能试验的试件,同时空隙率又较大(如大于7%)时,冷却时间宜延长15min以上。而EN 12697-31则没有要求冷却,但是又指出必要时需冷却5~10min。美国一些州的规定也是要求不宜马上脱模。我国国内一些混合料试验时,成型后马上脱模确实发现有松散情况,然后改为适当冷却就没有出现这种现象。考虑在试验中无法预判一种混合料是否会松散,因此本方法要求适当冷却,不建议马上脱模。

对试验前试模的预热,AASHTO T 312 要求在压实温度下预热 30min 以上,如果试模需要重复利用则第二次需再加热 5min 以上。ASTM D 6925 规定,试模在压实温度 ±5℃ 预热 45min 以上,如果试模需要重复利用,则第二次需再加热 20min 以上。而 EN 12697-31 规定,试验前在压实温度 ±10℃ 预热 2h 以上。同时美国各州差异也较大,如华盛顿州要求预热 1h 以上。本方法参考以上的这些方法,结合我国应用的情况调整为在压实温度 ±5℃,恒温至少 45min。

关于旋转压实次数,一般根据交通量、沥青混合料类型等参数按照混合料设计要求选择。本方法的规定与 AASHTO T 312、ASTM D 6925 和 EN 12697-31 是一致的。

对试件毛体积相对密度的重复性与再现性的允许误差,与 AASHTO T 312 和 ASTM D 6925 的规定是相同的。

T 0737—2011 沥青混合料旋转压实和剪切性能试验(GTM 方法)

1 目的与适用范围

1.1 本方法适用于 GTM 试验机成型试件,同时能测定沥青混合料试件的密度、抗剪强度、剪应力、抗压模量、抗剪模量及旋转压实指数等,也可以采用 GTM 方法进行沥青混合料的配合比设计或沥青路面施工质量检验与控制。

1.2 GTM 试验机可分为油压法和气压法两种。根据混合料最大粒径选择不同的试模尺寸,一般直径为 101.6mm、152.4mm、203.2mm 三种,分别对应最大公称粒径 ≤26.5mm、37.5mm 和 63mm 的沥青混合料。成型时一组试件的数量不得少于 3 个。

2 仪具与材料技术要求

2.1 旋转压实剪切试验机(GTM):由计算机自动控制,具有对沥青混合料试件压实成型、参数测定等功能。仪器的主要部件如图 T 0737-1 所示。

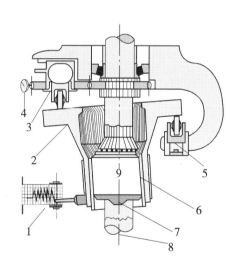

图 T 0737-1 GTM 旋转压实剪切试验机主要部件图
1-旋转角记录器;2-卡盘;3-上滚轴;4-压力表;5-下滚轴;6-试模;7-中心轴线;8-试件(卡盘)轴线;9-试件

2.2 金属标定块:标定高度传感器用的恒高度金属块,有 12.7mm、101.6mm、152.4mm、203.2mm 四种。

2.3 试模:由高碳钢或工具钢制成,根据沥青混合料最大粒径选择不同直径的试模。一般沥青混合料宜选择 101.6mm 和 152.4mm 两种直径的试模,成型高度一般控制在高径比接近 1:1。

2.4 试验室用沥青混合料拌和机：能保证拌和温度并充分拌和均匀，可控制拌和时间，容量不小于10L，搅拌叶自转速度70～80r/min，公转速度40～50 r/min。

2.5 烘箱：大、中型各1台，具有温度调节器。

2.6 天平或电子秤：用于称量矿料的，感量不大于0.5g；用于称量沥青的，感量不大于0.1g。

2.7 温度计：宜采用有金属杆的插入式数显温度计，金属杆长度不小于150mm。量程0～300℃，分度值1℃。

2.8 其他：试样托盘、沥青熔化炉、拌和铲、滤纸、秒表等。

3 准备工作

3.1 按照本试验规程T 0702的方法确定制作沥青混合料试件的拌和与压实温度。

3.2 常温沥青混合料的拌和及压实在常温下进行。

3.3 按本规程T 0701的方法在拌和厂或施工现场采取代表性的沥青混合料，如混合料温度符合要求，可直接用于成型。需要拌和时可倒入已加热的室内沥青混合料拌和机中适当拌和，时间不超过1min。不得在电炉或明火上加热炒拌。

3.4 在试验室人工配制沥青混合料时，试件的制作按下列步骤进行：

3.4.1 将各种规格的矿料置105℃±5℃的烘箱中烘干至恒重（一般不少于4～6h）。

3.4.2 将烘干分级的粗、细集料，按每个试件设计级配要求称其质量，在一金属盘中混合均匀，矿粉单独放入小盆里，然后置烘箱中加热至沥青拌和温度以上约15℃备用。一般按单个试件备料（每个油石比平行试验一般不少于3个试件）。

3.4.3 将按本规程T 0601采取的沥青试样，用烘箱加热至规定的沥青混合料拌和温度备用，但不得超过175℃。当不得已采用燃气炉或电炉直接加热进行脱水时，必须使用石棉垫隔开。

3.4.4 用蘸有少许黄油的棉纱擦净试模、下压盘等置60℃左右烘箱中加热保温备用。常温沥青混合料用试模不加热。

3.5 调试和设定 GTM 设备参数：

3.5.1 打开试验机的电源开关、液压柱油泵（或气泵）开关、加热套开关、控制计算机开关，并与试验机连接。

3.5.2 根据路面荷载情况及沥青混合料所处的结构层位，确定混合料旋转压实过程中的垂直压力 ρ_{des}。

3.5.3 设置 GTM 试验机初始旋转角 θ_0。对于油压法宜为 0.8°，采用气压法为 2°。也可以根据需要采用不同的初始旋转角。

3.5.4 标定高度传感器。根据试模直径的不同，选择对应的金属标定块，标定高度传感器。设计压强不变时，一般不需要标定高度传感器。

3.5.5 设定试验温度，并进行加热保温。标准试验温度为 60℃。根据需要也可采用其他温度，但应在报告中注明。

3.5.6 选择试验的方式。GTM 可以通过设定平衡状态、转数、试件高度及试件密度中的一种方式来控制试验过程。平衡状态是指 GTM 每旋转 50 次沥青混合料试件密度变化小于 $0.008g/cm^3$。试验时宜选择平衡状态为试验方式。

4 试验步骤

4.1 按照本规程 T 0702 的要求拌制沥青混合料。将拌和好的沥青混合料，均匀称取一个试件所需的混合料用量 m（实际试件的用量需要根据混合料的类型确定）。成型试件的高度应达到试验所需高度 ±2.5mm 的要求。

4.2 从烘箱中取出预热的试模、下压盘，在下压盘上垫一张圆形的吸油性小的纸片（与试模直径相近），将沥青混合料迅速倒入试模内，整平表面。

4.3 用盛试模的托盘将试模在试验机的底座上放置好，操作试验机使压头与沥青混合料接触，然后上紧试模外套，紧固螺栓。

4.4 按照 3.5 的步骤与方法，确认试验的垂直压力、试验温度、试验方式等，点击控制程序开始按钮，然后打开 GTM 旋转开关，试验机开始运转，进行试验。

4.5 试验过程中，计算机将显示不同旋转压实次数对应的沥青混合料试件的密度、高度、轮压、应变、温度等的变化曲线，试件达到平衡状态后 GTM 自动停机。

4.6 如果不进行动态模量试验,设备将试验曲线及试验结果直接打印出来,试验结束;如果需要,则进行动态模量试验。打开试验机旋转开关,点击相应控制程序按钮,GTM试验机开始自动测定试件动态模量,测试完毕后GTM自动停机。打印试验结果。

4.7 测定摩擦力

4.7.1 GTM试验结束后,提升压头,卸下试模。

4.7.2 将试模固定在摩擦力测试装置上,将测力千斤顶置于试模底面,逐渐加力,观察测力计力值变化,记录达到峰值的力值即为试件与试模间的摩擦力 F。

4.8 根据需要脱模后的试件可按照本规程相关试验方法测定试件毛体积相对密度等参数。

5 计算

5.1 按式(T 0737-1)计算不同旋转压实次数下的试件密度(体积法),取3位小数。

$$\rho_x = \frac{m}{h_x \times \pi \times (d/2)^2} \times 10^3 \qquad (\text{T 0737-1})$$

式中:ρ_x——不同旋转压实次数下的试件密度(体积法)(g/cm³);
$\quad m$——沥青混合料试件质量(g);
$\quad h_x$——不同旋转压实次数下的试件高度(mm);
$\quad d$——试模的直径,为101.6mm或152.4mm。

5.2 按式(T 0737-2)或式(T 0737-3)计算旋转压实指数(Gyratory Compactability Index,简称GCI),取3位小数。

$$\text{GCI} = \frac{\rho_{x30}}{\rho_{x60}} \qquad (\text{T 0737-2})$$

$$\text{GCI} = \frac{h_{x30}}{h_{x60}} \qquad (\text{T 0737-3})$$

上述式中:GCI——旋转压实指数,旋转压实30次时的试件密度(或高度)与旋转压实60次时的试件密度(或高度)的比值,无量纲;
$\quad \rho_{x30}$——旋转压实30次时的试件密度(体积法)(g/cm³);
$\quad \rho_{x60}$——旋转压实60次时的试件密度(体积法)(g/cm³);
$\quad h_{x30}$——旋转压实30次时的试件高度(mm);
$\quad h_{x60}$——旋转压实60次时的试件高度(mm)。

5.3 按式(T 0737-4)计算旋转稳定指数(Gyratory Stability Index,简称GSI),取2位小数。

$$\mathrm{GSI} = \frac{\theta_{\max}}{\theta_i} \qquad (\text{T } 0737\text{-}4)$$

式中:GSI——旋转稳定指数,最大角应变 $\theta_{\max}$ 与最小角应变 θ_i 的比值;

  $\theta_{\max}$——旋转压实达到平衡状态时的最大角应变(即最大旋转角),可由试验系统自动测定或根据图 T 0737-2 不同旋转次数下的旋转角曲线图中得到最大角应变值,取2位小数(即旋转角曲线中最大宽度点处的对应角应变值;图 T 0737-2中,曲线最大宽度处的宽度为17.0,则 $\theta_{\max}=17.0/10=1.70°$);

  θ_i——旋转压实过程中最小角应变值(或最小旋转角),可由试验系统自动测定或根据图 T 0737-2 不同旋转次数下的旋转角曲线图中得到最小角应变值,取2位小数(即旋转角曲线中最小宽度点处的角应变值;图 T 0737-2 中,曲线最大宽度处的宽度为10.2,则 $\theta_i=10.2/10=1.02°$)。

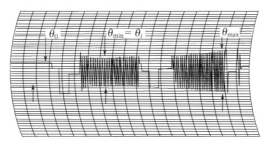

图 T 0737-2　GTM 试验过程中旋转角—旋转次数图

5.4 按式(T 0737-5)计算旋转剪切强度 S_G,取2位小数。

$$S_G = \frac{2 \times (P \times L - F \times a) + N \times b}{A \times h} \times \left(\frac{\theta_{\max}}{\theta_0}\right) \qquad (\text{T } 0737\text{-}5)$$

式中: S_G——旋转剪切强度(MPa);

  P——上滚轴的作用荷载(N);

  L——荷载 P 的力臂(mm);

  N——压头垂直作用在试件上的荷载(N);

  A——试件的端面面积(mm²);

  h——试件高度(mm);

  a——摩擦力 F 的力臂(即 $0.637R$,R 试模的半径)(mm);

  b——荷载 N 的力臂(即 $h\tan\theta_0$)(mm);

  F——试件与试模侧壁的摩擦力(N)。

5.5 按式(T 0737-6)计算沥青混合料抗剪强度因子(Gyratory Shear Factor,简称GSF),取1位小数。

$$\text{GSF} = \frac{S_G}{\tau_{max}} \quad\quad (\text{T } 0737\text{-}6)$$

式中：GSF——沥青混合料抗剪强度因子，无量纲；

τ_{max}——沥青混合料所处层位中最大剪切应力（MPa）。

6 报告

6.1 GSI 与 GSF 的结果处理：当一组测定值中某个测定值与平均值之差大于标准差的 k 倍时，该测定值应予舍弃，并以其余测定值的平均值作为试验结果。当试件数目 n 为 3、4、5、6 时，k 值分别为 1.15、1.46、1.67、1.82。

6.2 试验结果应报告垂直设计强度、试验温度、试件密度、旋转压实指数 GCI、旋转稳定指数 GSI、最大角应变值 θ_{max}、最小角应变值 θ_i、旋转剪切强度 S_G、抗剪强度因子 GSF 等。

条文说明

GTM 是美国工程兵旋转压实剪切试验机（Gyratory Testing Machine）的简称，是由美国工程兵团（U.S. Army Corps of Engineers）在 20 世纪 50 年代开发的路面材料试验机，与此相应的是基于 GTM 旋转压实的沥青混合料设计方法，即 GTM 设计方法。最近几年我国已引进了 GTM 试验机，同时将 GTM 设计方法也引进了我国。目前国内有的省市已经开展了 GTM 方法的研究与应用，同时在国内也有厂商已经生产了 GTM 试验机。为了便于广大工程技术人员的操作和将试验方法规范化，本次主要参考 ASTM D 3387，并结合我国 GTM 的应用情况编写了该试验方法。

由于 ASTM D 3387 是 1996 年修订的，随着新技术的发展，其一些方法已经不再适用，本试验方法根据最新应用情况进行了以下修订。

原 ASTM D 3387 中将 GTM 试验机按照滚轴驱动方式划分为固定轴式和油压式两种。固定轴式由于只能成型，不能进行旋转角应变等测定，其应用越来越少。气压式 GTM 试验设备近来应用越来越多。因此，本试验方法根据我国进口 GTM 试验机情况，将 GTM 试验机划分为油压式和气压式两种。其试验方法本质是相同的，只是初始旋转角有差异。据相关文献报道，ASTM D 3387 也要将 GTM 划分为油压式和气压式两种。

关于初始旋转角，美国工程兵团认为压实期间的角度变化和路面永久变形有关，因此旋转压实机 GTM 角度非恒定。GTM 旋转角一般在 1°~3°之间，旋转角越大，旋转压实效果会越大，设计的沥青用量会相应越低。ASTM D 3387 指出：标准的试验参数，初始旋转角为 1°，理论上说初始旋转角应该根据路面变形情况进行选择，但是应该说初始旋转角 1°有很大的适应范围，但是当路面工程师采用不同的旋转角时应该在报告中说明。在美国很多沥青混合料 GTM 标准一般也为 1°，也都是根据 ASTM D 3387 确定的，主要针对油压式 GTM 试验机。据相关文献，ASTM D 3387 新修订版可能将 GTM 试验机的初始旋转角定为 2°。目前我国 GTM 方法也没有统一初始旋转角，油压法为 0.8°，也有 1°或 1.4°等，气压式为 2°。本试验方法初步推荐对于油压法为 0.8°，气压式为 2°，也可以根据需要采用不同的初始旋转角。

关于试验方式即试验结束条件，ASTM D 3387 中规定为旋转压实次数达到 60 次即可，美国有的技术要求对于 GTM 方法一般要求压实为 60 次,但是也有的按照 30~300 次等不同次数作为试验结束条件。目前已逐渐统一到采用压实到"平衡状态"作为结束条件,据说 ASTM D 3387 也将采用这一标准。所谓"平衡状态"即试件旋转压实过程中当每旋转压实一定次数后试件密度变化率(体积法)小于某一值时即认为达到此时混合料达到了平衡状态。国外一些文献和正在修订的 ASTM D 3387 则采用每旋转 50 次试件密度变化率小于 0.008g/cm^3 称为"平衡状态"。本方法也采用这一标准作为试验结束的条件。

关于垂直压力的问题,ASTM 对于垂直压力值,规定为可能预测的最大轮胎接地压力作用下按照条形荷载、各向同性均匀弹性体计算的最大垂直压力,一般为 0.83MPa。新修订的 ASTM D3387 也可能用预测的最大轮胎接地压力作为设计的垂直压力。对垂直压力选择,我国一些工程对于中、下面层采用 0.8 MPa,表面层采用 0.9~1.1MPa,而美国混合料设计规范中对于公路沥青混合料一般为 0.69~1.38MPa,对于一些特别的机场道面甚至达到 1.66MPa。垂直压力越大,则说明沥青混合料所处层位的压应力越大,会使得设计的沥青用量减小,这样设计的混合料更加符合实际情况。本方法要求根据实际情况确定垂直压力。

关于计算的旋转剪切强度 S_G 修正的问题,在 ASTM D 3387 试验方法中,要求新设备在使用之前或旋转压实次数、垂直压力、试模尺寸等试验条件发生较大差异时均需要对设备参数重新标定,通过标定得到旋转剪切强度的修正系数 S_{G_0};按式(T 0737-5)计算的旋转剪切强度 S_G 加上旋转剪切强度修正系数 S_{G_0},便得到实际的沥青混合料旋转剪切强度 S_G。当试验条件没有发生变化时无需标定修正系数 S_{G_0}。

标定原理为莫尔圆原理。标定时采用无黏结性的干标准砂(0.3~0.6mm 单一粒径)代替沥青混合料,试验过程中无需加热,按照沥青混合料试验时相同的步骤和试验条件测定标准砂的旋转剪切强度 S_G,但是需要选定至少三种垂直压力水平,先从较小的垂直压力水平开始,然后增加垂直压力水平,最后一级的垂直压力水平与试验时压力水平相同。标定过程如下:

(1)确定沥青混合料的试验条件:如旋转次数 60 次;标准垂直压力 0.8MPa;初始旋转角 $\theta_0 = 1°$;试模直径 150mm。

(2)标定条件:标定时的试验条件与混合料试验时条件一致,如旋转次数 60 次;初始旋转角 $\theta_0 = 1°$;试模直径 150mm;但试验垂直压力需选定三级,如 0.4MPa、0.6MPa、0.8MPa 三级。

(3)标定材料:0.3~0.6mm 标准砂。0.3mm 通过率为 0%;0.6mm 通过率为 100%。

(4)分别采用三种水平的垂直压力进行试验,测定各种试验值,根据各测定值按式(T 0737-5)计算三级荷载对应的旋转剪切强度 S_G,如 0.4MPa、0.6MPa、0.8MPa 对应的 S_G 为 0.31MPa、0.42MPa、0.51MPa。

(5)分别以三级荷载为 X 坐标,三级荷载对应的旋转剪切强度 S_G 为 Y 坐标作图,如图 T 0737-3 所示。作三点连线交于 Y 坐标,此值即为旋转剪切强度的修正系数 $S_{G_0} = -0.1$MPa。如某一种沥青混合料,根据测定的各试验参数按式(T 0737-5)计算得到的旋转剪切强度 S_G 平均值为 0.56MPa;则修正后的旋转剪切强度 S_G 为 0.46MPa。

目前较多的对比试验结果表明,GTM 设计方法较普通的马歇尔方法设计确定的最佳沥青用量要低得多,这对于一些重载、超载路段或炎热地区的沥青路面来说可以实现降低沥青用量,从而提高沥青混合料的抗车辙

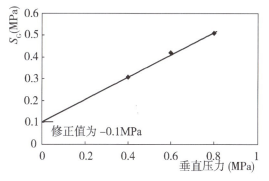

图 T 0737-3 旋转剪切强度 S_G 修正系数的确定

变形能力的目的。但是一些文献指出，GTM设计方法过于注重超载、重载情况，没有太多地考虑路面结构的耐久性、抗老化能力、施工和易性和抗疲劳开裂能力等，也缺少这些性能的评价方法和指标，所以还需要进一步研究和完善。

不同型号GTM试验机在操作上可能会有所不同，但是基本原理应该是一样的，所以在使用过程中应按照仪器的说明书进行操作。

T 0738—2011 沥青混合料单轴压缩动态模量试验

1 目的与适用范围

1.1 本方法适用于测定沥青混合料在线黏弹性范围内的单轴压缩动态模量。在无侧限条件下，按一定的温度和加载频率对试件施加偏移正弦波或半正矢波轴向压应力，量测试件可恢复的轴向应变。本方法适用在 -10℃、5℃、20℃、35℃及50℃条件下采用0.1Hz、0.5Hz、1Hz、5Hz、10Hz、25Hz的加载频率进行测试。

1.2 本方法适用于试验室制备的直径为100mm±2mm、高为150mm±2.5mm的沥青混合料圆柱体试件。集料的最大公称粒径不得大于37.5mm。

1.3 本方法所测得的动态模量可用于评价沥青混合料材料性能，以及作为沥青混合料设计、沥青路面设计和评价分析的参数。

2 仪具与材料技术要求

2.1 材料试验机：能施加偏移正弦波或半正矢波形式荷载的加载设备，施加荷载的频率在0.1~25Hz范围，且施加的最大应力水平应达到2 800kPa。加载分辨率能达到5N。

2.2 环境箱：控温范围-10~60℃，控温准确度为±0.5℃，且具有一定的容量，至少能存放3个试件。

2.3 数据测量及采集系统：采用微机控制，能测量并记录试件在每个加载循环中所承受的轴向荷载和产生的轴向变形。荷载传感器所需最小量程为0~25kN，分辨率不大于5N，误差不大于1%；位移传感器可采用LVDT或其他合适的设备，具有良好的动态响应特性，其量程应大于1mm，分辨率不大于0.2μm，误差不大于2.5μm。

2.4 加载板：可采用硬质钢板或经处理过的高强度铝板，直径大于或等于试件的直径，分别置于试件的底部和顶部，用来将荷载从试验机传递给试件。

2.5 旋转压实仪：成型直径为150mm、高度为170mm的圆柱体试件。

2.6 钻机:从旋转压实仪成型试件中钻取直径为 100mm 的芯样,要求将钻机及取芯试件固定,钻头与地面垂直。

2.7 切割机:用来将所取芯样切割至动态模量试验试件所需高度,推荐采用双面锯,在能确保芯样两个锯面平行的前提下采用单面锯亦可。

2.8 聚四氟乙烯薄膜:厚度 0.3mm±0.05mm。

2.9 台秤或天平:感量不大于 0.1g。

2.10 温度计:分度值 0.5℃。

2.11 卡尺。

3 方法与步骤

3.1 试件制备

3.1.1 预备试件制备。该试验用来确定正式试验时试件所需沥青混合料的用量。

1)按目标配合比拌制沥青混合料,在规定的拌和温度下拌和均匀后,用旋转压实仪成型 ϕ150mm×170mm(高)的试件。

2)采用钻机从旋转压实仪成型的试件中钻取直径为 100~104mm 的芯样。在取芯时应充分固定钻机和取芯试件,钻头与地面垂直,同时保证取芯试件水平放置,调整合适的钻头旋转速度和下降速度,以确保钻取的芯样呈圆柱体,形状规则,周边面光滑且与两个端面垂直。

3)采用切割机切除所取芯样两端,保证试件高度为 150mm±2.5mm。将试件固定,保证试件的轴向与锯片垂直,合理调整切割机锯片旋转速度和试件推进速度,以确保试件的两个切割端面平行,且表面平滑无沟纹。对端面平整度要求为沿任何直径方向沟纹高差控制在±0.05mm 内。保证试件的两个端面与试件轴向垂直,当垂直偏差超过 1°时应舍弃该试件。

4)芯样取出后,测量试件的直径。在试件的中部和距上下表面 1/3 试件高度的 3 个位置测定其直径,每个位置量测两次,每测一次后,将试件旋转 90°再测一次,然后计算 6 个直径测量值的平均值 $\overline{D}$ 和标准差。如果标准差大于 2.5mm,则舍弃该试件。对于直径符合要求的试件,平均值 $\overline{D}$ 将作为试件的直径用于后续计算,准确至 0.1mm。

5)测量芯样的空隙率,根据芯样空隙率与目标空隙率的偏差来调整并最终确定所需沥青混合料的用量,确保正式试件的空隙率与目标空隙率的偏差能控制在±0.5% 范围内。

3.1.2 正式试件制备。根据预备试件制备得到的混合料标准用量按上述步骤制备并量测试件,保证有效试件不少于4个。

3.2 试件储存

试件制备后两天内如不进行试验,需用聚乙烯薄膜将试件包裹好,在温度为5~27℃环境下保存,时间不宜超过两周。存放时试件不可堆叠。

3.3 试验步骤

3.3.1 将位移传感器安置于试件侧面中部,使其与试件端面垂直,沿圆周等间距安放3个(即每2个相距120°)。调节位移传感器,使其测量范围可以测量试件中部的压缩变形。

3.3.2 将试件放置在试验加载架的加载板中心位置,为减少试件表面与上下加载板间的摩阻力,减小端部效应,可在试件与上下加载板间各放一块聚四氟乙烯薄膜,应注意使试件中心与加载架的中心对齐。

3.3.3 将试件放入规定试验温度±0.5℃的环境箱中,恒温4~5h直至试件内部达到试验温度。当试验温度为5℃以下时,试件恒温时间应不少于8h。同时也可以通过在环境箱中放置另一个同类试件,在该试件的中部埋设一个温度传感器,根据传感器测定的试件内部温度判断试件是否达到试验温度。

3.3.4 当试件内外的温度达到测试温度以后,就可以开始进行加载试验。将试件与上加载板轻微接触,调节位移传感器并清零,施加试验荷载,以5%的接触荷载对试件进行预压,持续10s,使试件与上下加载板板接触良好。

3.3.5 对试件施加偏移正弦波或半正矢波轴向压应力试验荷载,在设定温度下从25~0.1Hz由高频至低频按表T 0738-1给出的重复加载次数进行试验。在试验之前,先对试件进行加载预处理,预处理的方法是对试件施加偏移正弦波或半正矢波轴向压应力试验荷载,频率为25Hz,200个循环。在任意两个试验频率下,推荐试验间隔时间为2min,间隔时间可适当延长,但不应超过30min。试验采集最后5个波形的荷载及变形曲线,记录并计算试验施加荷载、试件轴向可恢复变形、动态模量及相位角。

表 T 0738-1　各荷载频率下重复加载次数

频率(Hz)	重复次数(次)	频率(Hz)	重复次数(次)
25	200	1	20
10	200	0.5	15
5	100	0.1	15

3.3.6 对该试件进行下一个温度试验,温度选择应从 $-10 \sim 50$℃ 由低温到高温进行。当试件在各设定温度下各频率的试验累计塑性变形超过 $1\,500\mu\varepsilon$ 时,该试件应予以废弃。

4 计算

量测各试验条件下最后 5 次加载循环中荷载的平均幅值 p_i 和可恢复轴向变形平均幅值 Δ_i 及同一加载循环下变形峰值与荷载峰值的平均滞后时间 t_i,然后根据下列各式计算测试沥青混合料的动态模量及相位角。

$$\sigma_0 = \frac{P_i}{A} \quad (\text{T } 0738\text{-}1)$$

式中:σ_0——轴向应力幅值(MPa);
  P_i——最后 5 次加载循环中轴向试验荷载平均幅值(N);
  A——试件径向横截面面积(可取试件上下端面面积均值)(mm^2)。

$$\varepsilon_0 = \frac{\Delta_i}{l_0} \quad (\text{T } 0738\text{-}2)$$

式中:ε_0——轴向应变幅值(mm/mm);
  Δ_i——最后 5 次加载循环中可恢复轴向变形平均幅值(mm);
  l_0——试件上位移传感器的量测间距(mm)。

$$|E^*| = \frac{\sigma_0}{\varepsilon_0} \quad (\text{T } 0738\text{-}3)$$

式中:$|E^*|$——沥青混合料动态模量(MPa);
  σ_0——轴向应力幅值(MPa);
  ε_0——轴向应变幅值(mm/mm)。

$$\varphi = \frac{t_i}{t_p} \times 360 \quad (\text{T } 0738\text{-}4)$$

式中:φ——相位角(°);
  t_i——最后 5 次加载循环中变形峰值与荷载峰值的平均滞后时间(s);
  t_p——最后 5 次加载循环的平均加载周期(s)。

5 报告

5.1 沥青混合料参数:沥青含量、矿料级配、密度、空隙率及试件尺寸。

5.2 试验参数:各试验温度和试验频率及在此条件下最后 5 次加载循环中应力平均幅值 σ_0、可恢复轴向应变平均幅值 ε_0 及变形峰值与荷载峰值的平均滞后时间 t_i。

5.3 当一组试件的测定值中某个测定值与平均值之差大于标准差的 k 倍时,该测定值应予舍弃。有效试件数目 n 为 3、4、5、6 时,k 值分别为 1.15、1.46、1.67、1.82。

5.4 测试资料整理。根据上述确定的有效测试数据,按 t 分布法计算整理动态模量代表值 $|E^*|$。

$$|E^*| = \overline{|E^*|} - t \times \frac{S}{\sqrt{n}} \qquad (\text{T } 0738\text{-}5)$$

式中：$|E^*|$——动态模量代表值(MPa)；

$\overline{|E^*|}$——一组试件实测动态模量平均值(MPa)；

S——一组试件实测值的标准差(MPa)；

n——一组试件的有效试件个数；

t——随保证率变化的系数,对高速公路及一级公路的保证率为95%,其他等级公路的保证率为90%, $t/\sqrt{n}$ 值见表 T 0738-2。

表 T 0738-2　有效试件数与 t 值的关系

有效试件数 n	临界值 k	$t/\sqrt{n}$	
		保证率95%	保证率90%
3	1.15	1.686	1.089
4	1.46	1.177	0.819
5	1.67	0.954	0.686
6	1.82	0.823	0.603
7	1.94	0.734	0.544
8	2.03	0.670	0.500
9	2.11	0.620	0.466
10	2.18	0.580	0.437

5.5 报告各试验温度和试验频率下沥青混合料动态模量及相位角。

条文说明

本方法主要参照美国 ASTM D 3497、AASHTO TP 62—03 及结合我国的试验情况编写。对该方法可以采用 MTS 810 系列伺服液压材料试验机、基本性能试验仪(SPT)和 UTM 系列伺服液压或气压材料试验机等进行测试。

关于加载波形及频率,美国 ASTM D 3497 中规定加载波形为正弦波或半正矢波,加载频率分别为 1Hz、4Hz、16Hz。AASHTO TP 62—03 中同样规定加载波形为正弦波或半正矢波,但加载频率分别为 0.1Hz、0.5Hz、1Hz、5Hz、10Hz、25Hz。本方法允许两种可以选择的加载波形即偏移正弦波(波形与正弦波相同,仅数值全在压力轴一侧)或半正矢波,加载频率分别为 0.1Hz、0.5Hz、1Hz、5Hz、10Hz、25Hz。

对单轴压缩动态模量测试的试验温度,ASTM D 3497 中规定试验温度为 5℃、25℃、40℃；AASHTO TP 62—03 中规定试验温度为 -10℃、4.4℃、21.1℃、37.8℃、54.4℃。本方法采用的试验温度为

−10℃、5℃、20℃、35℃、50℃，主要是考虑到我国通用的试验温度单位，而 AASHTO TP 62—03 中规定的试验温度不便于试验控制，故将试验温度进行了调整。

本试验需要 4 次以上的平行试验。对于完整性不好或尺寸不合格的试件应作废，在方法中给出了试件尺寸合格的判定标准。因此，必须成型足够的试件来确保有效试验试件的数目。

关于试件的制备，ASTM D 3497 中规定试验试件的尺寸为高度直径比 2∶1，且试件的最小直径为 101.6mm(4in)；本方法对试件尺寸的要求与 AASHTO TP 62—03 基本一致，直径为 100mm ± 2mm，高为 150mm ± 2.5mm。试件制备过程分三步：压实成型、取芯、切割。旋转压实成型的原始试件密度和经取芯切割后的试验试件密度一般有较大的差距，试验时对试验试件的空隙率进行控制，故试验试件制备分预备试件制备和正式试件制备两个阶段，压实成型采用 170mm 高度控制，通过混合料的加减来得到所需空隙率试件。AASHTO TP 62—03 要求最终的试验试件空隙率与目标空隙率的偏差不能超过 ±0.5%。本方法考虑到空隙率对沥青混合料动态模量具有较大影响，为了保证最终试验试件的空隙率与马氏设计确定的目标空隙率相当，规定最终的试验试件空隙率与目标空隙率的偏差不能超过 ±0.3%，试验试件的 VMA 与目标值偏差不能超过 ±0.5%。

对试验荷载，ASTM D 3497 规定在试验温度和试验荷载下对试件施加 0 ~ 241kPa 的正弦荷载，加载时间最少 30s，但不超过 45s。本方法对加载时间的控制是通过指定各加载频率下荷载的重复次数来确定的。为了便于试验，本方法给出了各试验温度下试验荷载的大致水平(表 T 0738-3)以及各试验频率下作用荷载的重复次数，同时对试验温度要求从低温到高温进行测试，在每个试验温度下又规定由高频到低频进行，这些与 AASHTO TP 62—03 方法基本一致。

表 T 0738-3　各试验温度下试验荷载水平

试验温度(℃)	试验荷载范围(kPa)	试验温度(℃)	试验荷载范围(kPa)
50	35 ~ 70	5	700 ~ 1 400
35	140 ~ 250	−10	1 400 ~ 2 800
20	350 ~ 700		

在进行本方法测试过程中，考虑到试件在高温低频的试验条件下使应变达到 50 ~ 150με 所需的荷载比较小，同样在低温高频的试验条件下使应变达到 50 ~ 150με 所需的荷载又比较大，从而导致在这两种极端条件下试验所得的模量值失真，本方法建议试验时应避免高温低频和低温高频下分别采用小应变值和大应变值来进行试验。

ASTM D 3497 没有给出试件在试验中的废弃条件，仅提到如果在试验过程中试件的变形超过 2 500με 应将最大试验荷载减至 121kPa。本方法规定试件在各设定温度下各频率的试验累计塑性变形超过 1 500με 后应予废弃，这与 AASHTO TP 62—03 一致。

ASTM D 3497 计算沥青混合料动态模量时，荷载是取所有加载循环的均值，而应变是取最后 3 个加载循环的均值。本方法计算沥青混合料动态模量和相位角时，对应力幅值、应变幅值和滞后时间均是取最后 5 次加载循环中荷载的平均幅值、可恢复轴向变形平均幅值及同一加载循环下变形峰值与荷载峰值的平均滞后时间来计算，这与 AASHTO TP 62—03 一致。

对特殊沥青混合料，如聚合物改性沥青混合料、高黏度改性沥青混合料或者特殊级配沥青混合料，各试验温度下的试验荷载应作相应调整，确保试件的轴向响应应变能控制在 50 ~ 150με 之间。

试验报告中要求提供混合料类型、沥青含量、矿料级配、试件密度、空隙率、沥青品种集料来源、试件尺寸及制作日期和试验日期等相关信息。对试验结果应进行剔差处理，保证平行试验的有效性和一致性。

T 0739—2011 沥青混合料四点弯曲疲劳寿命试验

1 目的与适用范围

1.1 本方法适用于采用四点弯曲疲劳试验机在规定试验条件下，测定压实沥青混合料承受重复弯曲荷载的疲劳寿命。

1.2 标准的试验条件为试验温度15℃±0.5℃，加载频率10Hz±0.1Hz，采用恒应变控制的连续偏正弦加载模式。也可根据需要选择其他试验条件。

1.3 试验终止条件为弯曲劲度模量降低到初始弯曲劲度模量50%对应的加载循环次数。

1.4 本方法适用于试验室轮碾成型的沥青混合料板块试件或从现场路面钻取板块试件，切割成长度为380mm±5mm、厚度为50mm±5mm、宽度为63.5mm±5mm的小梁试件。

2 仪具与材料技术要求

2.1 测试系统：测试系统基本技术要求和参数见表 T 0739-1。

表 T 0739-1 测试系统基本技术要求和参数

项 目	范 围	分 辨 率	准 确 度
荷载控制与测量	0～5kN	2N	±5N
位移控制与测量	0～5mm	2μm	±5μm
频率控制与测量	5～10Hz	0.005Hz	±0.01Hz
温度控制与测量	-10～30℃	0.25℃	±0.5℃

2.2 加载装置：气动或者液压加载装置，能够为疲劳试验系统提供循环动力荷载，可根据试验要求输出不同频率、不同振幅的偏正弦加载波形。并保证每次加载循环结束时，应使试件回到原点（初始位置）。试件夹持系统采用三等分间距布设夹头，相邻夹头中心间距一般为0.119m，梁跨距为0.357m。各夹头宜采用可调节加持力大小的小型电机进行夹持。

2.3 数据采集与控制装置：使用计算机控制每个加载循环，测量梁的峰值位移，计算梁的峰值拉应变，调整施加荷载保证峰值位移的水平为一常量，确保试验期间与期望的峰值拉应变水平保持一致。并能够实时记录和计算加载次数、荷载大小、试件位移、最大拉应力、最大拉应变、相位角、劲度模量、耗散能及累计耗散能等用户所需的相关技术指标。

2.4 环境箱:环境箱应保持箱体内试验温度均匀分布,能够准确测量并显示试件测试位置的温度,保证试验温度误差在±0.5℃以内。同时应能使加载装置与外部数据采集等控制装置顺利连接,并具有足够的内部空间容纳加载装置,除了试验的试件,至少还能存放两个养生试件,同时能够允许调整加载装置,方便试件放入和移出。

2.5 其他:游标卡尺、天平等。

3 方法与步骤

3.1 准备工作

3.1.1 试件准备:按照振动轮碾成型的方法制作沥青混合料板块试件,或者从现场路面切割板块试件。然后用高精度金刚石双面锯对板块试件进行切割,取碾压成型方向为试件长度方向制作梁试件,试件的尺寸应符合长度380mm±5mm、高度50mm±6mm、宽度为63mm±6mm的要求。一块400mm×300mm×75mm的沥青混凝土板块通常可切制4根小梁试件。

3.1.2 试验前试件的存放:沥青混合料板块试件和切割后的试件存放温度应不超过35℃,切割好的试件应在30d内完成试验。存放期间,试件应水平放置于表面平整并具有一定刚度的硬玻璃板(或瓷砖)上,防止试件发生变形。

3.1.3 试件尺寸测量:应用游标卡尺测量试件的宽度和厚度,分别测定5个位置,即试件的两端20mm内的点位、梁中点的10mm内的点位及距离梁中点各90mm的点位,准确至0.01mm。取5个测量值的平均值为试件尺寸,准确至0.1mm。如果宽度或者厚度的5个测量值中的任何一个值与平均值相差大于1.5mm,则该梁试件作废。

3.1.4 试件体积参数测量:沥青混合料疲劳和弯曲性能较大程度上依赖于混合料的实际压实水平,每一根小梁试件在进行疲劳试验前需先进行空隙率(VV)和矿料间隙率(VMA)的测定。试件实际空隙率应在目标空隙率±0.5%范围内,实测矿料间隙率(VMA)应在目标矿料间隙率±0.5%范围内,超过该范围的试件应作废。

3.2 试验步骤

3.2.1 试件养生:小梁试件宜直接放入环境箱内进行养生,应在试验温度±0.5℃条件下养生4h以上方可进行试验。

3.2.2 试件安放:将养护好的试件放入四点弯曲疲劳加载装置内,用夹具进行固定。使位移传感器LVDT滑轮接触试件表面,调整位移传感器到试件中部,LVDT的读数尽可能接近于零。

3.2.3 试验参数选择：选择偏正弦加载模式，在试验参数设定界面输入试件编号和尺寸、目标拉应变、加载频率及试验终止标准等参数。

3.2.4 在目标试验应变水平下预加载 50 个循环，计算第 50 个加载循环的试件劲度模量为初始的劲度模量，作为确定试件疲劳失效判据的基准劲度模量。

3.2.5 开始试验：当确定好初始劲度模量后，试验机应在 50 个循环内自动调整并稳定到试验所需要的目标拉应变水平，同时按选择的加载循环间隔监控和记录试验参数和试验结果，确保系统操作正确。当试件达到疲劳试验终止条件时，自动停止加载。

4 计算

4.1 最大拉应力按式（T 0739-1）计算。

$$\sigma_t = \frac{L \times P}{w \times h^2} \tag{T 0739-1}$$

式中：σ_t——最大拉应力（Pa）；
  L——梁跨距，即外端两个夹具间距（一般为 0.357m）（m）；
  P——峰值荷载（N）；
  w——梁宽（m）；
  h——梁高度（m）。

4.2 最大拉应变按式（T 0739-2）计算。

$$\varepsilon_t = \frac{12 \times \delta \times h}{3 \times L^2 - 4 \times a^2} \tag{T 0739-2}$$

式中：ε_t——最大拉应变（m/m）；
  δ——梁中心最大应变（m）；
  a——相邻夹头中心间距（为 $L/3$，一般为 0.119m）（m）。

4.3 弯曲劲度模量按式（T 0739-3）计算。

$$S = \frac{\sigma_t}{\varepsilon_t} \tag{T 0739-3}$$

式中：S——弯曲劲度（Pa）。

4.4 相位角按式（T 0739-4）计算。

$$\varphi = 360 \times f \times t \tag{T 0739-4}$$

式中：φ——相位角（°）；

f——加载频率(Hz);

t——应变峰值滞后于应力峰值的时间(s)。

4.5 单个循环耗散能按式（T 0739-5）计算。

$$E_D = \pi \times \sigma_t \times \varepsilon_t \times \sin\varphi \qquad (T\ 0739\text{-}5)$$

式中：E_D——单个循环耗散能(J/m^3)。

4.6 累积耗散能按式（T 0739-6）计算。

$$E_{CD} = \sum_{i=1}^{n} E_{Di} \qquad (T\ 0739\text{-}6)$$

式中：E_{CD}——疲劳试验过程中累积耗散能(J/m^3)；

E_{Di}——第 i 次加载的单个循环耗散能(J/m^3)，按式（T 0739-5）计算。

5 报告

5.1 同一种沥青混合料，在相同试验条件下应至少进行 3 次平行试验。平行试验结果按试验数据的离散程度应进行弃差处理，弃差标准为：当一组试件的测定值中某个测定值与平均值之差大于标准差的 k 倍时，该次试验数据应予以舍弃，同时应保证每组试验的有效试件不少于 3 根。有效试件数为 n 时的 k 值见表 T 0739-2。

表 T 0739-2 有效试件数为 n 时的 k 值

有效试件数 n	临界值 k	有效试件数 n	临界值 k
3	1.15	7	1.94
4	1.46	8	2.03
5	1.67	9	2.11
6	1.82	10	2.18

5.2 报告应包括如下内容：

5.2.1 混合料类型、集料公称最大粒径、沥青含量、集料来源、沥青品种、沥青混合料板块试件的制作日期、从路面切割试件的日期、空隙率等相关信息。

5.2.2 试验条件参数，包括加载模式、目标拉应变、试验温度、频率、失效条件等。

条文说明

目前四点弯曲疲劳试验机通常提供两种加载波形，即偏正弦和正弦。国内外大量的试验研究证明，移动的车轮荷载对路面产生接近于偏正弦曲线的应力应变效应。本规范主要参照美国 AASHTO T 321—03 标准，采用偏正弦波作为疲劳试验的标准加载波形。

标准试验温度定于15℃,主要依据1993年哈尔滨建筑大学在交通部科研项目"沥青路面设计指标与参数的研究"中,根据国内各地区的气温资料,最终计算得出的我国沥青混合料疲劳当量温度为15℃而定,且与现行沥青路面设计规范中取疲劳计算模量按15℃抗压模量标准相一致。除此原因外,选择一个相对较低的温度(低于美国标准的20℃试验温度5℃)有利于获得一个更为真实的疲劳结果。疲劳试验过程是一个长时间的作用过程,在试验研究过程中发现:若在疲劳试验温度较高或沥青标号较大的情况下,试件容易在夹头部位发生较严重的蠕变变形(小应变水平情况下,会达到在厚度方向上1mm左右的变形),进而影响其本身与试验理论计算模型的相符性。实际上理想的情况是各地区通过气象资料研究得到各地的当量温度,再依据各自的当量温度进行疲劳试验。但目前国内尚未有各地区的当量温度计算方法与计算结果。现阶段而言,建议选择15℃作为试验温度,并允许根据需要开展不同温度的疲劳试验研究。

对试件,一般宜直接放入环境箱内进行养生;若采用恒温水浴进行养生,应在试验温度±0.5℃条件下养生2h以上,且试件放入环境箱内仍应在试验温度±0.5℃条件下稳定1h后方可进行试验。

平行试验时,试件尺寸或体积指标不合格的试件应作废。因此,必须具备足够的试件确保获得有效的试验数据。由于疲劳试验结果离散性比较大,因此,要求进行3次以上的平行试验,以便对平行试验结果进行统计分析,并剔除异常结果。

对试验所用的试件规定储存日期不超过30d,试验前应确保没有变形且未受到外力作用,否则将影响疲劳特性。在试件的存放期间,应该将试件水平放置在具有一定刚度的表面光滑的平板上。

在进行疲劳试验时,若要获得沥青混合料完整的疲劳特性,试验方案设计应覆盖一定温度范围、拉应变水平和加载频率。通常获得一条完整的疲劳曲线应选择3个或3个以上的试验水平,且疲劳寿命次数宜涵盖几千次至几百万次的范围。对于常规的基质沥青混合料,根据国内外大量的疲劳试验结果,建议选择的试验温度范围为5~25℃;目标拉应变范围一般为200~750με;加载频率范围为5~15Hz。

对特殊沥青混合料的疲劳寿命试验,例如聚合物改性沥青、高黏度改性沥青、环氧沥青或特殊级配沥青混合料,其测试条件应进行相应的调整。如聚合物改性沥青混合料测试的最小拉应变水平可采用400με以上,钢桥面铺装用环氧沥青混合料或高沥青用量的应力吸收层材料测试的最小拉应变水平可选择在1 000με以上。以上的试验条件仅供参考,对不同品种的沥青混合料,最合适的测试条件应通过实际试验后再确定。

本试验方法仅为确定沥青混合料四点弯曲疲劳寿命,尚未涉及疲劳方程的建立等内容。通常认为,一般情况下仅需获得疲劳寿命曲线图即能满足工程材料疲劳性能的比较与分析,无需建立疲劳寿命方程,且疲劳方程的建立方法较多,目前国际上也并没有统一的标准。若出于研究需要,各试验单位也可依据情况选定影响疲劳寿命的因素进行疲劳方程的研究。

本试验终止条件为达到弯曲劲度模量降低到初始弯曲劲度模量的50%对应的加载循环次数。对于自行设定试验终止条件的疲劳试验,应注明试验终止条件。

T 0751—1993 乳化沥青稀浆封层混合料稠度试验

1 目的与适用范围

本方法规定用圆锥体测定乳化沥青稀浆封层混合料的稠度,用以检验乳化沥青稀浆封层混合料的摊铺和易性,在乳化沥青稀浆封层混合料的配合比设计中确定合适的用水量。

2 仪具与材料技术要求

2.1 乳化沥青稀浆封层混合料稠度仪：如图 T 0751-1 所示，由截头圆锥体及底板组成，金属制，圆锥体上下口内径为 38mm 及 89mm，高 76mm，壁厚 2mm。底板上有同心圆刻线。

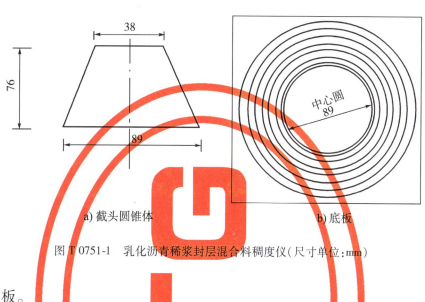

图 T 0751-1 乳化沥青稀浆封层混合料稠度仪(尺寸单位:mm)

2.2 金属板。

2.3 天平：感量不大于 1g。

2.4 其他：拌锅、拌铲。

3 方法与步骤

3.1 准备工作

按要求的级配准备粗、细集料及填料，烘干，称混合料总质量 500g，准确至 1g。

3.2 试验步骤

3.2.1 拌锅内放入 500g 矿料拌匀。

3.2.2 加入预定的用水量拌匀。

3.2.3 加入定量的乳化沥青，拌和时间不少于 1min，不超过 3min，拌匀。

3.2.4 把圆锥体小端向下，放在金属板上，然后装入拌匀的稀浆混合料并刮平。

3.2.5 将稠度仪底板刻有同心圆的一面盖在圆锥体大端面上,使圆锥体大端外圆正好对准底板的中心圆上居中。

3.2.6 把圆锥体连同底板一起拿住倒转过来,使圆锥体大端向下立在底板上,立即向上提起圆锥体,让里面的混合料自然向下坍落。

3.2.7 量取坍下的稀浆混合料边缘离中心圆边的距离为稀浆的稠度,准确至1cm。

3.2.8 记录试验时的气温和湿度。

4 报告

报告应记述下列事项:

4.1 配制乳化沥青的乳化剂及沥青的品种、乳化剂用量、沥青含量。

4.2 矿料种类及级配。

4.3 用水量与稠度。

条文说明

近年来,乳化沥青稀浆封层施工工艺在我国逐渐得到广泛使用,因此对于稀浆混合料的室内试验也应有相应的试验方法,以便在试验室中预先确定稀浆混合料的合理配合比。因此本试验规程增补了有关乳化沥青稀浆封层混合料的试验方法。这些试验方法主要是参照美国的ASTM、AASHTO及ISSA(国际稀浆封层协会)的标准,并根据近年来我国的研究成果制定的。

ASTM D 3910及ISSA T 106试验方法中,规定本试验必须在气温25℃±1℃、湿度50%±5%的条件下进行。考虑到我国各地的试验室很难做到,而且与施工实际的温度、湿度条件也不一致,并无实际意义,因此本规程规定在室温条件下进行。

拿掉圆锥体后,坍落下来的稀浆混合料边缘离中心圆边线的距离为稀浆混合料的稠度。ASTM及ISSA均规定此距离为2~3cm时最合适,并具有良好的施工性能。如稠度不在2~3cm范围内,适当调整用水量,重复3.2试验步骤,直至合格为止。

T 0752—2011 稀浆混合料湿轮磨耗试验

1 目的与适用范围

本方法适用于检验成型后的稀浆混合料的配伍性和抗水损害能力,可与负荷轮载试验一起确定混合料的最佳沥青含量。

2 仪具和材料技术要求

2.1 湿轮磨耗仪:如图 T 0752-1 所示。它由下列部分组成:

2.1.1 磨耗头:磨耗头总质量(包括橡胶磨耗管)2 270g±20g,其固定装置可在轴套内垂直 12.7mm±1.0mm 范围内自由活动。磨耗头的转速为自转 140r/min±2r/min,公转为 61r/min±1r/min。

2.1.2 磨耗管:磨耗管为内径 19mm、壁厚 6.4mm、长度 127mm 的橡胶软管。磨耗管外层应为聚氯丁橡胶,中间需加筋。磨耗管外层橡胶硬度为 HRC60~HRC70。

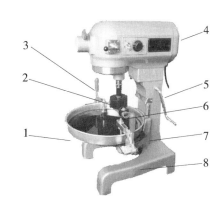

图 T 0752-1 湿轮磨耗仪
1-试件托盘;2-磨耗头;3-试件夹具;4-电机;5-提升手柄;
6-磨耗管;7-试件台;8-底座

2.1.3 试样托盘:试样托盘为平底金属圆盘,内径不小于 320mm,深度 50 mm±5mm。试样托盘可以方便取下,可依靠夹具与升降平台固定。

2.2 模板:边长为 360mm 的塑料板,中间有一直径为 280mm±1mm 的圆孔。试模厚度为 6.4mm±0.2mm。

2.3 油毛毡圆片:直径为 286mm。

2.4 天平:称量 6kg,感量不大于 0.1g。

2.5 水浴:温度能控制在 25℃±1℃。

2.6 烘箱:带强制通风,温度能控制在 60℃±3℃。

2.7 刮板:有橡胶刮片,长 300mm。

2.8 其他:拌锅和拌铲等。

3 方法与步骤

3.1 试样制备

3.1.1 将烘干的矿料用4.75mm筛过筛后备用。

3.1.2 将油毛毡圆片平铺在操作台上,再将模板放在平整的油毛毡圆片上居中。

3.1.3 试样中各组分的配合比以拌和试验所确定的矿料、填料、添加剂、乳化沥青或改性乳化沥青和水的比例为准,其中矿料为4.75mm筛余部分。

3.1.4 称取总质量800g的矿料放入拌锅,掺入填料,拌匀;然后加入水拌匀,再加入乳化沥青或改性乳化沥青拌和,拌和时间不超过30s±2s;将拌匀的混合料倒入试模中并迅速刮平。对于快凝的混合料,整个操作过程宜在45s内完成。

3.1.5 取走模板,将试样放入60℃±3℃的烘箱中烘至恒重,一般不少于16h。

3.2 试验步骤

3.2.1 从烘箱中取出混合料试件,冷却到室温,称取油毛毡圆片及试件的合计质量(m_a),准确至0.1g。

3.2.2 浸水1h湿轮磨耗试验时,将试件放入25℃±1℃的水浴中保温60min;浸水6d湿轮磨耗试验时,将试件放入25℃±1℃的水浴中保温6d。

3.2.3 把试件及油毛毡从水浴中取出,放入试样托盘中,往试样托盘中加入25℃的水,使试件完全浸入水中,水面到试件表面的深度不少于6mm。

3.2.4 把装有试件的试样托盘固定在磨耗仪升降平台上,提升平台并锁住,此时试件顶起磨耗头。

3.2.5 开动仪器,使磨耗头转动300s±2s后停止。每次试验后把磨耗头上的橡胶管转动一定角度以获得新的磨耗面(用过的面不得使用),或换上新的橡胶管。

3.2.6 降下平台,将试件从盛样盘中取出冲洗,然后放入60℃烘箱中烘至恒重。

3.2.7 从烘箱中取出试件,冷却到室温,称取试件与油毛毡的总质量(m_b),准确至0.1g。

4 计算

磨耗值按式(T 0752-1)计算。

$$WTAT = (m_a - m_b)/A \qquad (T\ 0752\text{-}1)$$

式中:WTAT——稀浆混合料的磨耗值(g/m^2);

m_a——磨耗前的试件质量(g);

m_b——磨耗后的试件质量(g);

A——磨耗头胶管的磨耗面积(m^2)(由仪器说明书提供)。

5 报告

5.1 当一组测定值中某个测定值与平均值之差大于标准差的 k 倍时,该测定值应予舍弃,并以其余测定值的平均值作为试验结果。当试样数目 n 为 3、4、5、6 时,k 值分别为 1.15、1.46、1.67、1.82。一组试样个数一般不少于 3 个。

5.2 报告应包括:混合料配合比、试件的湿轮磨耗值。

条文说明

本试验方法是参照国际稀浆封层协会 ISSA T 100,对《公路工程沥青及沥青混合料试验规程》(JTJ 052—2000)中的乳化沥青稀浆封层混合料湿轮磨耗试验(T 0752—1993)进行修订后提出的。与 T 0752—1993 相比,本试验方法主要有以下修订:

(1)将制备试样的矿料由原来的合成矿料修订为筛除 4.75mm 以上部分的矿料;

(2)增加了浸水 6d 湿轮磨耗的试验方法;

(3)提出了湿轮磨耗试验仪的技术要求。

T 0753—2011 稀浆混合料破乳时间试验

1 目的和适用范围

本方法适用于确定稀浆混合料的破乳时间。

2 仪具与材料技术要求

2.1 吸水白纸巾。

2.2 计时工具。

2.3 环形试模:内径为 60mm,试模厚度为 6mm 或者 10mm。

2.4 油毛毡:尺寸 152mm×152mm。

2.5 其他：拌和杯和拌铲等。

3 方法与步骤

3.1 按照拌和试验确定的配合比称取矿料、水、乳化沥青或改性乳化沥青和添加剂。通常以干矿料100g为准。

3.2 将矿料、填料倒入杯中，拌匀，再将水、添加剂倒入杯中拌匀，然后倒入乳化沥青或改性乳化沥青拌和，时间不超过30s±2s。

3.3 取刚拌匀的稀浆混合料立即倒入油毛毡上的试模内，ES-1、ES-2、MS-2型混合料采用6mm厚的试模，ES-3、MS-3型混合料采用10mm厚的试模，开始计时。

3.4 将试样在25℃±2℃的环境下成型，对于微表处和快凝型稀浆封层试样，隔5 min后，用一张吸水白纸巾轻轻按压混合料表面。如果在纸上没有见到褐色的斑点，就认为乳化沥青已经破乳；如果有褐色斑点出现，就再隔5 min重复测试；如果1h后仍未破乳，就每隔15 min测试一次，直至破乳为止。对于慢凝型稀浆封层试样，试验的时间间隔为15min；如果1h后仍未破乳，就每隔30 min测试一次，直至达到破乳为止。

3.5 记录破乳时间。注意，每次按压的位置不要重复。

3.6 记录试验时的气温和湿度。

4 报告

4.1 同一试样平行试验两次，当两次测定值的差值符合重复性试验允许误差要求时，取其平均值作为试验结果，准确至5min。

4.2 报告应包括：混合料配合比；试验温度、湿度；稀浆混合料的破乳时间。

5 允许误差

当试样破乳时间小于或等于60min时，重复性试验的允许误差为5min；当试样破乳时间大于60min时，重复性试验的允许误差为15min。

条文说明

本试验方法是参照国际稀浆封层协会ISSA的有关试验方法对《公路工程沥青及沥青混合料试验规程》(JTJ 052—2000)中的乳化沥青稀浆封层混合料初凝时间试验(T 0753—1993)进行修订后提出的。实际上，稀浆混合料的破乳和初凝是两个不同的概念。初凝时间一般认为是黏聚力值达到

1.2N·m的时间,通过黏聚力试验确定;而破乳时间是乳化沥青中的沥青和水分离,沥青微粒吸附到石料上而水析出所需要的时间。因此,本试验方法称为"稀浆混合料破乳时间试验"。

在试验步骤里面,原方法要求隔15min测试,3h后仍未破乳,就每隔30 min测试一次,直至达到破乳为止。修订后的步骤为隔5min测试,如果1h后仍未破乳,就每隔15 min测试一次,直至达到破乳为止。

T 0754—2011 稀浆混合料黏聚力试验

1 目的与适用范围

本方法适用于确定稀浆混合料的初凝时间和开放交通时间。

2 仪具和材料技术要求

2.1 黏聚力试验仪:如图 T 0754-1 所示。并应满足以下要求:

2.1.1 压头尺寸:压头呈圆柱形,由不锈钢材料制作,并牢固连接在气缸传力杆下部。压头直径 28.6 mm ±0.1mm,压头厚度 28mm ±1.0mm。

2.1.2 压头底部装有橡胶垫片,橡胶垫片直径 28.6 mm ±0.1mm,厚度 6.4mm ±0.1mm,橡胶硬度为 HRC60 ± HRC2。

2.1.3 压头高度与下落速度:压头底面距离底座顶面的高度适宜,既有足够的空间以方便放置和取下试样,又不得超过气缸行程,一般在 50~70mm。压头下落速度不应大于 8cm/s。

图 T 0754-1　黏聚力试验仪
1-测试台;2-进气口;3-气压调节阀;4-压力表;5-释放钮;6-气缸;7-传力杆;8-压头;9-橡胶垫片;10-扭矩扳手

2.1.4 压头压力:在试样台上产生的压力为 128.5N ±1.0N。

2.1.5 扭矩扳手:扭矩扳手套在传力杆上。扭矩表量程不小于 3.5N·m,宜采用数显式扭矩扳手。采用机械指针式扭矩扳手时,扭矩表应带有从动指针。

2.1.6 气缸:气缸活塞的行程不宜小于 75mm。

2.1.7 空气压力表:空气压力表量程 0~700kPa,分度值 10kPa。

2.1.8 重复性:用220号粗砂纸做"黏聚力试验",10次试验扭矩扳手读数最大值和最小值的差值应小于0.3N·m,测量结果的标准差不应大于0.2N·m。

2.2 环形试模:内径为60mm。ES-1、ES-2、MS-2型混合料的试模厚度6mm,ES-3、MS-3型混合料的试模厚度10mm。

2.3 计时工具。

2.4 砂纸:220号。

2.5 油毛毡:面积150mm×150mm。

2.6 其他:拌和杯、拌铲等。

3 方法与步骤

3.1 黏聚力仪的标定

用220号粗砂纸做"黏聚力试验",10次试验扭矩扳手读数最大值和最小值的差值应小于0.3N·m,测量结果的标准差不应大于0.2N·m。

3.2 试样制备

3.2.1 按照拌和试验确定的混合料配比备料,通常以干矿料300g为准。

3.2.2 将矿料、填料倒入杯中,拌匀,再将水、添加剂倒入杯中拌匀,然后倒入乳化沥青或改性乳化沥青拌和,时间不超过30s±2s。

3.2.3 将稀浆混合料倒入预湿过的试模中,用油毡垫底,刮平,脱模并记时。试样在25℃±2℃的环境下养生。

3.3 试验步骤

3.3.1 养生30min后测试步骤如下:
1)将试件置于黏聚力试验仪的测试台上。
2)将气动压头压在试件上,此时空气压力表的读数应保持在200 kPa。
3)保持压力不变,将扭矩扳手测力表归零并套住气缸杆上端,在0.7~1.0 s内平稳、坚定、水平地扭转90°~120°,读取扭矩扳手读数。
4)按以下四种情况描述试样的破损状态:

(1)完全成型:试样没有任何破损或裂纹,没有集料散落情况出现,压头在试样表面打滑,表面沥青膜可能被磨掉而留下圆形痕迹(与黏聚力值2.6N·m等效);

(2)中度成型:试样表面没有裂纹出现,但压头下的集料会被碾落或粘起(与黏聚力值2.3N·m等效);

(3)初级成型:试样表面有一条裂纹出现(与黏聚力值2.0 N·m等效);

(4)未成型:多条裂纹出现,甚至整个试样被碾散(黏聚力低于1.2N·m)。

5)升起压头,擦干净后待下次测试使用。

3.3.2 试样养生60min后的测试步骤同3.3.1。

4 报告

4.1 同一试样平行试验两次,当两次测定值的差值符合重复性试验允许误差要求时,取其平均值作为试验结果,准确至0.1N·m。

4.2 报告应包括:混合料配合比;试验温度、湿度,及其他环境条件;混合料30min和60min的黏聚力值,并描述60min黏聚力试样测试后的破坏状态。

5 允许误差

重复性试验的允许误差为0.2N·m。

条文说明

本试验方法是参照国际稀浆封层协会ISSA TB 139对《公路工程沥青及沥青混合料试验规程》(JTJ 052—2000)中的乳化沥青稀浆封层混合料固化时间试验(T 0754—2000)进行修订后提出的。与T 0754—2000相比,本试验方法主要有以下改进:

(1)针对黏聚力值经常出现假象,不能真实反映混合料成型情况的现象,借鉴ISSA TB 139提出了对试验后试样的破损情况进行描述的要求;
(2)借鉴ISSA TB 139提出了黏聚力试验仪的标定方法;
(3)提出了黏聚力试验仪的技术要求;
(4)对试验方法名称进行了改动。

T 0755—2011 稀浆混合料负荷轮粘砂试验

1 目的与适用范围

本方法适用于控制稀浆混合料中沥青用量的上限。

2 仪具和材料技术要求

2.1 负荷车轮试验仪:如图T 0755-1所示。它应满足以下要求:

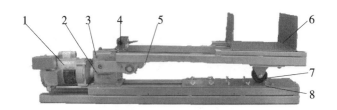

图 T 0755-1 负荷车轮试验仪
1-电动机;2-曲柄;3-减速器;4-计数器;5-从动连杆;6-配重箱;7-负荷轮;8-试件承板

2.1.1 碾压频率:应选择适宜的电动机和齿轮减速器,使橡胶轮的碾压频率满足44次/min±1次/min 的要求。

2.1.2 曲柄半径:与齿轮减速器相连的传动曲柄的半径为152mm±2mm。

2.1.3 橡胶轮尺寸:橡胶轮直径76.5mm±1.0mm,橡胶厚度12.0mm±0.5mm,橡胶轮宽度26.0mm±1.0mm。

2.1.4 橡胶轮的橡胶硬度:橡胶轮的橡胶硬度应在 HRC60～HRC70 之间。

2.1.5 橡胶轮位置:橡胶轮轮轴至曲柄连杆铰接轴的水平距离为610mm±1mm。

2.1.6 橡胶轮加载质量:曲柄连杆,连同配重、橡胶轮等通过橡胶轮作用在试样上的总质量为56.7kg±0.5kg。

2.1.7 橡胶轮跑偏量:在加入规定的负荷后,橡胶轮的跑偏量小于2mm。

2.2 加载物:铁砂或铁块。

2.3 标准砂:粒径0.15～0.6mm。

2.4 试模:试模厚度分别为6.4mm±0.1mm(Ⅱ型级配用)、12.7mm±0.1mm(Ⅲ型级配用),内部尺寸为长380.0mm±1.0m,宽50.0mm±1.0mm,外部尺寸为长406.0mm±1mm,宽76.0mm±1mm。

2.5 砂框架:钢质砂框架的内部尺寸为长355.0mm±1.0mm,宽38.0mm±1.0mm,厚度为5.0 mm±0.5mm。砂框架底部应粘贴厚度为6 mm 左右的泡沫橡胶,防止试验过程中砂外泄。

2.6 钢盖板:尺寸为长353mm,宽36mm,高3mm。

2.7 台称:称量100kg,感量不大于0.5kg。

2.8 天平:称量2 000g,感量不大于0.1g。

2.9 烘箱:带强制通风,温度能控制在60℃±3℃。

2.10 筛子:孔径为0.6mm和0.15mm。

2.11 其他:拌锅和拌铲等。

3 方法与步骤

3.1 试样制备

3.1.1 按要求的级配准备粗、细集料及填料,烘干。

3.1.2 按照试模厚度一般比最大矿料粒径大25%的原则选择合适厚度的试模。

3.1.3 试样中各组分的配合比以拌和试验所确定的矿料、填料、添加剂、乳化沥青或改性乳化沥青和水的比例为准。

3.1.4 称取总质量500g的矿料放入拌锅,掺入填料,拌匀,然后加入水拌匀,再加入乳化沥青或改性乳化沥青拌和,拌和时间不超过30s±2s;然后将拌匀的混合料倒入试模中并迅速刮平。刮平过程宜一次完成,不能反复刮,整个操作过程宜在45s内完成。成型的试件表面应均匀,否则应废弃。

3.1.5 取走试模,把试样放入60℃的烘箱中烘至恒重,一般不少于16h。取出试样,冷却至室温备用。

3.2 试验步骤

3.2.1 将负荷车轮试验仪调整好,使负荷质量为56.7kg。

3.2.2 将试样正确安装在试件承板上。

3.2.3 保持试验温度在25℃±2℃。

3.2.4 将橡胶轮放下,压到试样上。

3.2.5 将计数器复位到零,调整碾压频率为 44 次/min。

3.2.6 开机碾压 1 000 次后(碾压过程中如发现试样上出现发黏现象或明显发亮时,可洒少量水防止轮子粘起样品),停机、卸载、冲洗、烘干至恒重(60℃,不少于 16 h),冷却至室温并称质量 m_1,准确至 0.1g。

3.2.7 把试样重新装在仪器的原来位置上。把砂框放在试样上对好位置,把 300g 82℃的热砂倒入砂框架中摊平(或称取 200g 82℃的热砂倒入砂框架中摊平,将钢盖板放在砂框架中间),然后将橡胶轮放下开机碾压 100 次。

3.2.8 取下试样,用毛刷刷去试样上的浮砂,然后称质量 m_2,准确至 0.1g。

4 计算

黏附砂量按式(T 0755-1)计算。

$$LWT = (m_2 - m_1)/A \quad (T\ 0755\text{-}1)$$

式中:LWT——稀浆混合料的黏附砂量(g/m^2);
　　　A——碾压面积(m^2);
　　　m_1——经过 1 000 次碾压、冲洗和烘干后的试件质量(g);
　　　m_2——经过加砂碾压 100 次后试件质量(g)。

5 报告

5.1 当一组测定值中某个测定值与平均值之差大于标准差的 k 倍时,该测定值应予舍弃,并以其余测定值的平均值作为试验结果。当试样数目 n 为 3、4、5、6 时,k 值分别为 1.15、1.46、1.67、1.82。一组试样一般不少于 3 个。

5.2 报告应包括:混合料配合比、试件的黏附砂量。

条文说明

本试验方法是参照国际稀浆封层协会 ISSA TB 109 对《公路工程沥青及沥青混合料试验规程》(JTJ 052—2000)中的乳化沥青稀浆封层混合料碾压试验(T 0755—2000)进行修订后提出的。与 T 0755—2000 相比,本试验方法主要有以下改进:

(1)对试验方法名称进行了改动;
(2)提出了负荷车轮试验仪的技术要求;
(3)调整和进一步明确了试验步骤。

T 0756—2011 稀浆混合料车辙变形试验

1 目的和适用范围

本方法适用于测定微表处混合料的抗车辙能力。

2 仪具和材料技术要求

2.1 负荷轮载试验仪:同 T 0755。

2.2 加载物:铁砂或铁块。

2.3 试模:试模厚度分别为 12.7mm ± 0.1mm,内部尺寸为长 380.0mm ± 1.0mm,宽 50.0mm ± 1.0 mm,外部尺寸为长 406.0mm ± 1.0mm,宽 76.0mm ± 1.0mm。

2.4 台称:称量 100kg,感量不大于 0.5kg。

2.5 天平:称量 2 000g,感量不大于 0.1g。

2.6 烘箱:带强制通风,温度能控制在 60℃ ± 3℃。

2.7 游标卡尺。

2.8 其他:拌锅和拌铲等。

3 方法与步骤

3.1 试样制备

3.1.1 试样制备与 T 0755 中负荷车轮黏附砂试验的试样制备相同。

3.1.2 试样烘干至恒重,冷却至室温后,量测试样的宽度 L_a 和厚度 d_a,准确至 0.1mm。

3.2 试验步骤

3.2.1 将负荷车轮试验仪调整好,使负荷质量为 56.7kg。

3.2.2 将试样正确安装在试件承板上。

3.2.3 保持试验温度在 25℃ ±2℃。

3.2.4 将橡胶轮放下,压到试样上。

3.2.5 将计数器复位到零,调整碾压频率为 44 次/min。

3.2.6 开机碾压 1 000 次。

3.2.7 取下试样,测量碾压后的试样宽度 L_b 和车辙深度 d_b,准确至 0.1mm。

4 计算

试样的宽度变形率和车辙深度率按式(T 0756-1)和式(T 0756-2)计算。

$$PLD = (L_b - L_a) \times 100 / L_a \quad (T\ 0756\text{-}1)$$
$$PVD = d_b \times 100 / d_a \quad (T\ 0756\text{-}2)$$

式中:PLD——微表处试样单位宽度的变形率(%);

PVD——微表处试样单位厚度的车辙深度率(%)。

5 报告

5.1 当一组测定值中某个测定值与平均值之差大于标准差的 k 倍时,该测定值应予舍弃,并以其余测定值的平均值作为试验结果。当试样数目 n 为 3、4、5、6 时,k 值分别为 1.15、1.46、1.67、1.82。一组试样一般不少于 3 个。

5.2 报告应包括:混合料配合比、试件的宽度变形率和车辙深度率、试验前试件的宽度和厚度、试验温度。

条文说明

微表处混合料可以用于车辙填充,但是,目前我国还没有相关的试验评价方法。为此,借鉴 ISSA T 147 制定本试验方法,用于评价微表处混合料的抗车辙能力。

T 0757—2011 稀浆混合料拌和试验

1 目的与适用范围

本方法适用于确定稀浆混合料的可拌和时间和成浆状态。

2 仪具与材料技术要求

2.1 拌和工具：容积为300～500mL的拌和杯（硬质纸杯、塑料杯等），拌和匙1把。

2.2 天平：称量1 000g，感量不大于1g。

2.3 秒表：1只。

2.4 油毡：若干。

3 方法与步骤

3.1 在拌和杯中放入一定量的工程实际用矿料（通常为100g）、固体添加剂，拌匀，再将水、液体添加剂等倒入锅中拌匀，然后倒入一定量的乳化沥青或改性乳化沥青，并开始计时。

3.2 在乳化沥青或改性乳化沥青倒入后的最初3～8s内用力快速拌和，然后用拌和匙沿杯壁顺时针均匀拌和，一般速度采用60～70r/min，注意观察混合料的拌和状态。

3.3 当稀浆混合料变稠，手感到有力时，表明混合料开始有破乳的迹象，记录此刻的时间，即为可拌和时间。

3.4 继续拌和，当混合料完全抱团，无法拌和时，记录此刻的时间，称为不可施工时间。

3.5 混合料的可拌和时间不能满足要求时，重新调整混合料的配合比，重复进行上述试验步骤。

3.6 记录试验时的气温和湿度。

3.7 按照拌和时间满足要求的配合比重新称料、拌和，拌和30s后摊到油毡上铺平，厚度约8mm。将试样在室温下放置24h后，观测集料与沥青的配伍性和沥青用量大小，方法见表T 0757-1。

4 报告

4.1 同一试样平行试验两次，当两次可拌和时间测定值的差值符合重复性试验允许误差要求时，取其平均值作为试验结果，准确至5s。可拌和时间试验结果大于180s时记为">180s"。

4.2 报告应包括：混合料配合比；各种混合料配合比下的可拌和时间；不可施工时间和拌和状态；拌和试验的温度、湿度、日照等环境条件；根据表 T 0757-1 定性描述成型后试样沥青用量大小与配伍性。

表 T 0757-1　试样沥青用量大小与配伍性优劣的判断依据

项目		试样的表观效果
沥青用量	偏小	试样呈棕黄色；用手在试样表面捻动会有颗粒散落
	偏大	试样表面有油膜，用手捻动会粘手
混合料配伍性	好	试样呈黑色，手掰有韧性，石料与沥青裹覆良好
	差	试样呈棕黄色，脆，易掰开，掰开后可见未裹覆沥青膜的石料

5 允许误差

当试样可拌和时间小于或等于 120s 时，重复性试验的允许误差为 10s；当试样可拌和时间大于 120s 时，重复性试验的允许误差为 15s。

条文说明

本方法是参照国际稀浆封层协会 ISSA TB 113 对《公路工程沥青及沥青混合料试验规程》(JTJ 052—2000) 中的乳化沥青与矿料的拌和试验 (T 0659—1993) 进行修订提出的。T 0659—1993 采用固定比例掺配的矿料，经过固定时间的拌和，观察矿料与乳液裹覆是否均匀。本拌和试验方法则是采用工程实际用矿料和乳化沥青，以拌和时间的长短评价稀浆混合料的可操作时间，并根据试样成型情况定性判断混合料配伍性的好坏，对工程实际有更强的指导性。

T 0758—2011　稀浆混合料配伍性等级试验

1 目的与适用范围

本方法适用于测定特定级配的集料与改性乳化沥青之间的配伍性。

2 仪具与材料技术要求

2.1 旋转瓶试验仪：如图 T 0758-1 所示。它应满足以下要求：

2.1.1 旋转速度：旋转瓶试验仪的旋转由电动机带动，通过齿轮减速器和链条传动带动旋转瓶的旋转，旋转速度应满足 20r/min ± 0.5r/min 的要求。

2.1.2 磨耗管内径和长度：磨耗管由丙烯酸材料制成（图 T 0758-2），内径 60mm ± 0.2mm，内部高度 400mm ± 1mm。

2.1.3 磨耗管的固定位置:磨耗管通过旋紧螺钉以垂直于旋转轴的方向固定在转轴两侧。磨耗管中心轴与旋转轴的水平距离为70mm±1mm。

图 T 0758-1 旋转瓶磨耗仪

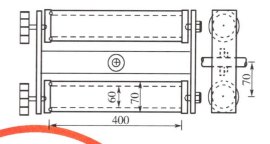

图 T 0758-2 磨耗管样式(尺寸单位:mm)

2.1.4 试模尺寸:由不锈钢制作的一个底座、一个压头和一个套管组成。压头和底座的尺寸如图 T 0758-3 所示。套管的内径 30mm,高 70mm。压头直径、压头的下部长度、套管内径套管长度的公差为 ±0.1mm,底座上部直径的公差为 -0.1mm,其余尺寸的公差为 ±0.2mm。

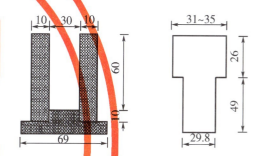

图 T 0758-3 试模和压头的样式(尺寸单位:mm)

2.1.5 压头的压力:采用气压装置或者万能压力机通过压头对待成型试样进行压力成型。压力应稳定在10kN±20N。

2.2 天平:感量不大于0.01g。

2.3 烘箱:带强制通风,温度能控制在60℃±3℃。

2.4 吊篮:直径50mm、高50mm的镀锌金属吊篮,可以合适的方式悬挂于沸水中。

3 方法与步骤

3.1 试样制备

3.1.1 将集料筛分和复配。复配后的集料应满足表 T 0758-1 的级配要求。

表 T 0758-1 配伍性分级试验用集料级配要求

筛孔(mm)	质量百分比(%)	筛孔(mm)	质量百分比(%)
0.6~2.36	25	0.075~0.3	15
0.3~0.6	40	<0.075	20

3.1.2 试验用集料也可不进行筛分和复配,而是将实际级配矿料筛除 2.36mm 以上部分后使用,这时需在试验结果中注明。

3.1.3 取 200g 准备好的集料、2g 水泥或其他外加剂、充足的水放入拌和容器中搅拌均匀。

3.1.4 加入相当于纯沥青含量 8.1%±0.1% 的乳化沥青进行拌和,直至破乳。

3.1.5 将破乳的混合料移至一个平盘中养生至少 1h,然后移入 60℃烘箱中烘至恒重。

3.1.6 将在 60℃烘干的 40g±1g 均匀搅拌的混合料放入试模中,预热至 60℃;然后立即用 10kN 的压力对混合料加压 1min,脱模。

3.2 试验步骤

3.2.1 将脱模后的试样晾至室温,除去试样表面的松散物质,称其质量,准确至 0.01g。

3.2.2 将试样放在 25℃±2℃ 的水中养生 6d。

3.2.3 取出试样,用滤纸将试样表面擦干至滤纸表面无湿点为止,称其质量,记为吸水质量。

3.2.4 将试样放入盛有 750mL±25mL 蒸馏水(或纯净水)的磨耗管中,拧紧磨耗管两端的盖子后放到旋转瓶磨耗仪上。

3.2.5 开启旋转瓶磨耗仪,以 1 200r/h 的速度转 3h±3min。

3.2.6 取出试样,用滤纸将试样表面擦干至滤纸表面无湿点为止,称其质量,准确至 0.01g,记为磨耗质量。用吸水重减去磨耗重得到试样的磨耗损失。

3.2.7 将磨耗后的试样放在吊篮上,放至沸腾的水中煮 30min。

3.2.8 取出试样,选取最大的一块试样,将表面擦干后称取质量,将该质量占吸水质量的比例记为完整率。

3.2.9 将试样在空气中干燥24h,估计试样表面沥青膜裹覆面积占试样总表面积的比例,记为裹覆率。

4 计算

按表 T 0758-2 进行混合料配伍性分级。

表 T 0758-2 混合料配伍性等级计算方法

配伍性分级	等级值	磨耗损失(g)	裹覆率(%)	完整率(%)
A	4	0~0.7	90~100	90~100
B	3	0.7~1.0	75~90	75~90
C	2	1.0~1.3	50~75	50~75
D	1	1.3~2.0	10~50	10~50
E	0	>2.0	0	0

5 报告

报告应包括:集料级配情况;磨耗损失、裹覆率和完整率分别对应的配伍性分级;求取磨耗损失、裹覆率和完整率分别对应的等级值的和,记为配伍性等级值。

6 允许误差

当一组测定值中某个测定值与平均值之差大于标准差的 k 倍时,该测定值应予舍弃,并以其余测定值的平均值作为试验结果。当试样数目 n 为 3、4、5、6 时,k 值分别为 1.15、1.46、1.67、1.82。一组试样一般不少于 3 个。

条文说明

配伍性等级试验是微表处混合料性能的重要评价方法,可以较好地评价改性乳化沥青与细集料的配伍性。为此,借鉴 ISSA T 144 制定本试验方法,用于评价微表处混合料的配伍性和抗水损坏能力。

公路工程现行标准、规范、规程、指南一览表

(2016年9月版)

序号	类别	编 号	书名(书号)	定价(元)
1	基础	JTG A02—2013	公路工程行业标准制修订管理导则(10544)	15.00
2		JTG A04—2013	公路工程标准编写导则(10538)	20.00
3		JTJ 002—87	公路工程名词术语(0346)	22.00
4		JTJ 003—86	公路自然区划标准(0348)	16.00
5		JTG B01—2014	★公路工程技术标准(活页夹版,11814)	98.00
6		JTG B01—2014	★公路工程技术标准(平装版,11829)	68.00
7		JTG B02—2013	公路工程抗震规范(11120)	45.00
8		JTG/T B02-01—2008	公路桥梁抗震设计细则(1228)	35.00
9		JTG B03—2006	公路建设项目环境影响评价规范(0927)	26.00
10		JTG B04—2010	公路环境保护设计规范(08473)	28.00
11		JTG B05—2015	公路项目安全性评价规范(12806)	45.00
12		JTG B05-01—2013	公路护栏安全性能评价标准(10992)	30.00
13		JTG B06—2007	公路工程基本建设项目概算预算编制办法(06903)	26.00
14		JTG/T B06-01—2007	★公路工程概算定额(06901)	110.00
15		JTG/T B06-02—2007	★公路工程预算定额(06902)	138.00
16		JTG/T B06-03—2007	★公路工程机械台班费用定额(06900)	24.00
17		交通部定额站2009版	公路工程施工定额(07864)	78.00
18		JTG/T B07-01—2006	公路工程混凝土结构防腐蚀技术规范(0973)	16.00
19		交通部2007年第30号	国家高速公路网相关标志更换工作实施技术指南(1124)	58.00
20		交通部2007年第35号	收费公路联网收费技术要求(1126)	62.00
21		交通运输部2015年第40号	★收费公路联网收费多义性路径识别技术要求(12484)	40.00
22		JTG B10-01—2014	公路电子不停车收费联网运营和服务规范(11566)	30.00
23		交通运输部2011年	公路工程项目建设用地指标(09402)	36.00
24	勘测	JTG C10—2007	★公路勘测规范(06570)	28.00
25		JTG/T C10—2007	★公路勘测细则(06572)	42.00
26		JTG C20—2011	公路工程地质勘察规范(09507)	65.00
27		JTG/T C21-01—2005	公路工程地质遥感勘察规范(0839)	17.00
28		JTG/T C21-02—2014	公路工程卫星图像测绘技术规程(11540)	25.00
29		JTG/T C22—2009	公路工程物探规程(1311)	28.00
30		JTG C30—2015	★公路工程水文勘测设计规范(12063)	70.00
31	设计	公路	JTG D20—2006	★公路路线设计规范(0996)	38.00
32			JTG/T D21—2014	公路立体交叉设计细则(11761)	60.00
33			JTG D30—2015	★公路路基设计规范(12147)	98.00
34			JTG/T D31—2008	沙漠地区公路设计与施工指南(1206)	32.00
35			JTG/T D31-02—2013	★公路软土地基路堤设计与施工技术细则(10449)	40.00
36			JTG/T D31-03—2011	★采空区公路设计与施工技术细则(09181)	40.00
37			JTG/T D31-04—2012	多年冻土地区公路设计与施工技术细则(10260)	40.00
38			JTG/T D32—2012	★公路土工合成材料应用技术规范(09908)	42.00
39			JTG D40—2011	★公路水泥混凝土路面设计规范(09463)	40.00
40			JTG D50—2006	★公路沥青路面设计规范(06248)	36.00
41			JTG/T D33—2012	公路排水设计规范(10337)	40.00
42		桥隧	JTG D60—2015	★公路桥涵设计通用规范(12506)	40.00
43			JTG/T D60-01—2004	公路桥梁抗风设计规范(0814)	28.00
44			JTG D61—2005	公路圬工桥涵设计规范(0887)	19.00
45			JTG D62—2004	公路钢筋混凝土及预应力混凝土桥涵设计规范(05052)	48.00
46			JTG D63—2007	公路桥涵地基与基础设计规范(06892)	48.00
47			JTG D64—2015	★公路钢结构桥梁设计规范(12507)	80.00
48			JTG D64-01—2015	公路钢混组合桥梁设计与施工规范(12682)	45.00
49			JTG/T D65-01—2007	公路斜拉桥设计细则(1125)	28.00
50			JTG/T D65-04—2007	公路涵洞设计细则(06628)	26.00
51			JTG/T D65-05—2015	公路悬索桥设计规范(12674)	55.00
52			JTG/T D65-06—2015	公路钢管混凝土拱桥设计规范(12514)	40.00
53			JTG D70—2004	公路隧道设计规范(05180)	50.00
54			JTG/T D70—2010	★公路隧道设计细则(08478)	66.00
55			JTG D70/2—2014	公路隧道设计规范 第二册 交通工程与附属设施(11543)	50.00
56			JTG/T D70/2-01—2014	公路隧道照明设计细则(11541)	35.00
57			JTG/T D70/2-02—2014	公路隧道通风设计细则(11546)	70.00

续上表

序号	类别	编号	书名(书号)	定价(元)
58	设计 交通工程	JTG D80—2006	高速公路交通工程及沿线设施设计通用规范(0998)	25.00
59		JTG D81—2006	★公路交通安全设施设计规范(0977)	25.00
60		JTG/T D81—2006	★公路交通安全设施设计细则(0997)	35.00
61		JTG D82—2009	公路交通标志和标线设置规范(07947)	116.00
62	综合	交公路发〔2007〕358号	公路工程基本建设项目设计文件编制办法(06746)	26.00
63		交公路发〔2007〕358号	公路工程基本建设项目设计文件图表示例(06770)	600.00
64		交公路发〔2015〕69号	公路工程特殊结构桥梁项目设计文件编制办法(12455)	30.00
65	检测	JTG E20—2011	公路工程沥青及沥青混合料试验规程(09468)	106.00
66		JTG E30—2005	公路工程水泥及水泥混凝土试验规程(0830)	32.00
67		JTG E40—2007	★公路土工试验规程(06794)	79.00
68		JTG E41—2005	公路工程岩石试验规程(0828)	18.00
69		JTG E42—2005	公路工程集料试验规程(0829)	30.00
70		JTG E50—2006	★公路工程土工合成材料试验规程(0982)	28.00
71		JTG E51—2009	公路工程无机结合料稳定材料试验规程(08046)	48.00
72		JTG E60—2008	公路路基路面现场测试规程(07296)	38.00
73		JTG/T E61—2014	公路路面技术状况自动化检测规程(11830)	25.00
74	施工 公路	JTG F10—2006	公路路基施工技术规范(06221)	40.00
75		JTG/T F20—2015	★公路路面基层施工技术细则(12367)	45.00
76		JTG/T F30—2014	公路水泥混凝土路面施工技术细则(11244)	60.00
77		JTG/T F31—2014	公路水泥混凝土路面再生利用技术细则(11360)	30.00
78		JTG F40—2004	★公路沥青路面施工技术规范(05328)	38.00
79		JTG F41—2008	公路沥青路面再生技术规范(07105)	25.00
80	桥隧	JTG/T F50—2011	★公路桥涵施工技术规范(09224)	110.00
81		JTG/T F81-01—2004	公路工程基桩动测技术规程(0783)	20.00
82		JTG F60—2009	公路隧道施工技术规范(07992)	42.00
83		JTG/T F60—2009	公路隧道施工技术细则(07991)	58.00
84	交通	JTG F71—2006	★公路交通安全设施施工技术规范(0976)	20.00
85		JTG/T F72—2011	公路隧道交通工程与附属设施施工技术规范(09509)	35.00
86	质检 安全	JTG F80/1—2004	公路工程质量检验评定标准 第一册 土建工程(05327)	46.00
87		JTG F80/2—2004	公路工程质量检验评定标准 第二册 机电工程(05325)	26.00
88		JTG G10—2016	公路工程施工监理规范(13275)	40.00
89		JTG F90—2015	★公路工程施工安全技术规范(12138)	68.00
90	养护 管理	JTG H10—2009	公路养护技术规范(08071)	49.00
91		JTJ 073.1—2001	公路水泥混凝土路面养护技术规范(0520)	12.00
92		JTJ 073.2—2001	公路沥青路面养护技术规范(0551)	13.00
93		JTG H11—2004	公路桥涵养护规范(05025)	30.00
94		JTG H12—2015	公路隧道养护技术规范(12062)	60.00
95		JTG H20—2007	公路技术状况评定标准(1140)	15.00
96		JTG/T H21—2011	★公路桥梁技术状况评定标准(09324)	46.00
97		JTG H30—2015	公路养护安全作业规程(12234)	90.00
98		JTG H40—2002	公路养护工程预算编制导则(0641)	9.00
99	加固设计 与施工	JTG/T J21—2011	公路桥梁承载能力检测评定规程(09480)	20.00
100		JTG/T J21-01—2015	公路桥梁荷载试验规程(12751)	40.00
101		JTG/T J22—2008	公路桥梁加固设计规范(07380)	52.00
102		JTG/T J23—2008	公路桥梁加固施工技术规范(07378)	30.00
103	改扩建	JTG/T L11—2014	高速公路改扩建设计细则(11998)	45.00
104		JTG/T L80—2014	高速公路改扩建交通工程及沿线设施设计细则(11999)	30.00
105	造价	JTG M20—2011	公路工程基本建设项目投资估算编制办法(09557)	30.00
106		JTG/T M21—2011	公路工程估算指标(09531)	110.00
1	技术 指南	交公便字〔2006〕02号	公路工程水泥混凝土外加剂与掺合料应用技术指南(0925)	50.00
2		厅公路字〔2006〕418号	公路安全保障工程实施技术指南(1034)	40.00
3		交公便字〔2009〕145号	公路交通标志和标线设置手册(07990)	165.00

注:JTG——公路工程行业标准体系;JTG/T——公路工程行业推荐性标准体系;JTJ——仍在执行的公路工程原行业标准体系。
批发业务电话:010-59757973;零售业务电话:010-85285659(北京);网上书店电话:010-59757908;业务咨询电话:010-85285922。带"★"的表示有勘误,详见中国交通运输标准服务平台 www.yuetong.cn/bzfw。